中国高等教育学会工程教育专业委员会新工科“十三五”规划教材

江苏省“十三五”高等学校重点教材（2019-2-173）

教育部华育兴业产学合作协同育人项目成果

交通大数据——理论与方法（第二版）

刘志远　张文波　著

ZHEJIANG UNIVERSITY PRESS
浙江大学出版社
·杭州·

图书在版编目（CIP）数据

交通大数据 ：理论与方法 / 刘志远，张文波著．—2版．— 杭州 ：浙江大学出版社，2022.8(2025.8重印)
ISBN 978-7-308-22849-7

Ⅰ．①交… Ⅱ．①刘… ②张… Ⅲ．①数据处理—应用—交通运输管理—研究 Ⅳ．①U495

中国版本图书馆CIP数据核字(2022)第128671号

交通大数据——理论与方法（第二版）

JIAOTONG DASHUJU——LILUN YU FANGFA

刘志远 张文波 著

责任编辑 吴昌雷
责任校对 王 波
封面设计 周 灵
出版发行 浙江大学出版社
(杭州市天目山路148号 邮政编码310007)
(网址：http://www.zjupress.com)
排 版 杭州晨特广告有限公司
印 刷 浙江新华数码印务有限公司
开 本 889mm×1194mm 1/16
印 张 17.75
字 数 537千
版 印 次 2022年8月第2版 2025年8月第5次印刷
书 号 ISBN 978-7-308-22849-7
定 价 49.80元

前言

本书意义

随着信息通信技术的不断发展，各行各业都产生了海量的数据，与此同时，一门新的学科——数据挖掘应运而生。数据挖掘是从大量数据（包括文本数据）中挖掘出隐含的、先前未知的、对决策有潜在价值的信息、知识和关联关系，并基于这些信息和相应规则建立可用于决策支持与优化分析的模型，提供可支持预测性决策的方法和工具。此外，数据挖掘还可帮助企业和科研团体发现业务与学科中的新趋势，揭示已知的事实，预测未知的结果，因此"数据挖掘"已成为其保持竞争力的必要手段。

在大数据发展的背景下，交通领域的各类大数据同样以惊人的速度产生，并被应用于各种各样的场景。例如，基于手机信令数据分析城市人口分布及交通出行分布特征，从而为交通规划的进一步决策提供量化依据；利用网约车数据分析城市路网流量，进而优化信号配时方案，提升交通控制方案的效率；利用线圈、视频、浮动车等多源数据，实现对路网交通状态的识别和实时监控等；利用公交IC卡数据和公交GPS数据推算公交乘客的出行OD矩阵，进而诊断公交线路的瓶颈站点和瓶颈断面，为公交线路优化与运营管理提供决策依据。

在对交通大数据的处理过程中，面对规模庞大的交通大数据，交通工程师和研究者所面对的数据日益纷杂，传统的数据分析技术在一些方面存在种种局限。这些局限往往是由大数据本身的多源性、庞杂性、紧迫性等特点带来的。如果没有强有力的工具，我们将难以有效理解数据，造成"数据丰富，知识贫乏"的窘境。因此，需要新的理论知识和数据挖掘方法来指导我们有效分析大数据，进而构建基于大数据的新一代交通工程方法与理论体系。针对这一问题，在大数据时代应运而生的机器学习、统计模型、数据库等方法和工具可以帮助交通领域的研究者和从业者对大数据进行有效的挖掘，本书也在这一需求下应运而生。

现有的数据挖掘方法和工具在交通领域的应用还存在一定的局限。为了有效克服这些问题，本书选择了合适的数据挖掘工具，结合相应的机器学习和深度学习算法探索有效的数据分析方法。更重要的是，作为一本面向交通运输工程专业的数据分析类教材书，本书结合了交通领域的大量实例，对各类理论方法与分析工具的学习提供了诸多参考，非常有助于交通工程专业背景的初学者迅速、深入掌握各类大数据分析的工具与方法。

本书特色

本书从最基本的理论知识出发，首先介绍了Python这一数据挖掘工具的基本用法；其次以它为载体，介绍了大数据的数据探索方法、数据预处理、数据描述统计分析等方法；随后，为了增强本书读者对目前常用的热门算法的了解，本书深入浅出地介绍了包括回归、分类、聚类等在内的机器学习算法和深度学习算法。此外，在介绍上述理论知识和算法时，为了帮助读者对书中所介绍的知识与方法的理解，编者在书中的各章都嵌入了大量的交通案例，展示如何将各类算法模型应用到交通实践当中。

本书主要面向的是交通运输工程专业本科高年级学生，以及硕士、博士新生等交通数据分析的初学者。为了进一步增强此类学生的交通大数据挖掘实战能力，本书将以网约车轨迹数据为例，从数据采集、数据探索、数据预处理、数据信息挖掘、数据结果分析、数据可视化展示等过程，更加清晰地介绍交通大数据的具体处理和分析方法，增强交通大数据理论知识的可解释性。

为了更好地满足读者对案例的理解，本书将配套案例中使用的原始数据文件，供读者免费下载。为了方便教师授课和学生自学，编者将持续建设与本书相配套的在线学习资料库（https://github.com/Tlab-seu/traffic-big-data-theory-and-applications），提供本书中各类案例的源代码，以及各种数据挖掘工具的下载和安装方法，同时不断推出更多的交通大数据挖掘工程案例，以帮助读者提高实战能力。

作者简介

刘志远，教授、博导。东南大学青年首席教授，澳大利亚蒙纳士大学客座教授。目前担任东南大学国家卓越工程师学院副院长，复杂交通网络研究中心主任，获国家自然科学基金优秀青年科学基金资助、自2021年起连续多年入选“爱思唯尔中国高被引学者”、“全球前2%顶尖科学家”。获评江苏省双创人才、江苏省青年双创英才、东南大学“五四青年奖章”、2022年度中国智能交通协会优秀科技创新领军人才奖、江苏省科学技术二等奖2项、华夏建设科学技术奖一等奖1项、华为难题揭榜“火花奖”2项。长期从事交通大数据分析与建模、交通网络规划与管理、公共交通、智能交通系统等领域的研发工作。

张文波，东南大学交通学院交通工程系副教授、至善青年学者，主要研究领域为大数据技术与交通应用、城市交通系统感知与控制、公路数字化与智能化等，长期从事交通大数据、数据分析与建模、人工智能等专业基础课程教学。

本书的适用对象

（1）入门阶段的大数据分析者

本书以基本的数据挖掘理论知识作为支撑，并嵌入大量的案例，适合对数据挖掘知识感兴趣的读者作为入门阶段的读物进行阅读和学习。本书还为交通数据挖掘开发人员提供了一定的参考价值，帮助其在理解交通大数据挖掘应用需求和设计方案的基础上，开发具有使用价值的第三方数据挖掘工具。

（2）开设数据挖掘课程的高校教师和学生

目前，国内不少高校将数据挖掘引入教学工作，在数学、计算机、自动化、电子信息和金融等专业开设了数据挖掘技术相关课程，但目前这一课程的教学仍然主要限于理论介绍，缺少实战分析。其中的理论教学相对抽象，学生理解较为困难，教学效果也不理想。本书在阐述理论知识时深入浅出，并辅以大量的案例和教学材料帮助学生理解，提高教师和学生的互动性和创造性，理论联系实际，从而获得最佳的教学效果。

（3）交通专业的数据挖掘人员

本书是专门针对交通专业的数据挖掘人员编写的一本书，书中在介绍相关编程理论知识时贯穿了大量的交通实例辅助读者理解；此外，本书是交通大数据系列的第一本，后续还会专门推出系列教材，介绍交通领域的大数据工程案例，将对交通数据挖掘的流程进行翔实、全面的介绍，从而提升读者的实战能力。

致谢

本书初稿完成后，香港理工大学王帅安教授、东南大学耿新教授、东南大学虞文武教授等分别给予审阅，并编写提出许多宝贵意见，在此向他们表示衷心感谢。在本书写作过程中，道路交通工程国家级实验教学示范中心（东南大学）和江苏省高校品牌专业建设工程二期项目（交通工程）给予了大力支持，以及东南大学交通学院刘志远教授课题组的吕呈、张凯、俞俊、刘少韦华、程龙、袁钰、王云珊、李喆康、张媛等多位同学也给予了极大帮助，在此一并致谢。在本书的出版过程中，浙江大学出版社的责任编辑吴昌雷给予了很多帮助，在此特向他致谢。

由于作者水平所限，书中难免有错误和不当之处，欢迎专家和读者给予批评指正，来函请发zhiyuanl@seu.edu.cn。

主要符号表

符号	含义
$\mathbb{R}$	实数集
$\mathcal{G}$	图
x	标量
$\boldsymbol{x}$	向量
$\mathbf{x}$	变量集
A	矩阵
I	单位阵(大小根据上下文确定)
I_n	$n \times n$单位阵
$\mathcal{X}$	样本空间或状态空间或输入空间
$\mathcal{Y}$	标记空间或输出空间
$f:\mathcal{X}\mapsto\mathcal{Y}$	输入空间到输出空间的映射
d	输入空间的维度或输入特征数量
$\mathcal{D}$	概率分布
D	数据样本(数据集)
m	数据集中的样本数
$\boldsymbol{x}_i$	第i个样本特征向量
x_{ij}	第i个样本第j个属性的取值
$\mathcal{L}(\cdot)$	损失函数
$J(f(\cdot))$	模型复杂度
η	学习率
$\mathbf{w}$	权重
b	偏置
$\hat{y}_i$	对应于第i个样本的预测值
y_i	对应于第i个样本的真实值
$\frac{\mathrm{d}y}{\mathrm{d}x}$	y对x的导数
$\frac{\partial y}{\partial x}$	y对x的偏导
$\nabla_x y$	y对x的梯度
$(\cdot, \ \cdot, \ \cdot,)$	行向量
$(\cdot; \ \cdot; \ \cdot;)$	列向量

续表

符号	含义
$(\cdot)^{\mathrm{T}}$	向量转置
$\{\cdots\}$	集合
$\|\{\cdots\}\|$	集合基数，即集合$\{\cdots\}$中元素个数
$\\|\cdot\\|_p$	L_p范数，p缺省时为L_2范数
$\langle\cdot,\cdot\rangle$	内积
$\lfloor\cdot\rfloor$	向下取整
$\kappa(\cdot,\cdot)$	核函数
$P(\cdot)$, $P(\cdot \mid \cdot)$	概率质量函数，条件概率质量函数
$p(\cdot)$, $p(\cdot \mid \cdot)$	概率密度函数，条件概率密度函数
$\mathbb{I}(\cdot)$	指示函数，在·为真和假时分别取值为1，0
$\mathrm{sign}(\cdot)$	符号函数，在·<0，$=0$，>0时分别取值为$-1,0,1$

目录

第1章　绪论

第2章　Python数据分析应用

第3章 数据预处理与探索性数据分析

第4章　大数据可视化的Python实践

第5章　机器学习简介

第6章 线性模型

第7章 支持向量机

第8章 决策树

第9章 聚类分析

第10章 集成学习

第11章 人工神经网络

第12章 深度学习

第1章 绪　论

1.1　本书的定位

1.1.1　背景

虽然现在的你还没开始阅读这本书，但你一定对“大数据”不陌生，进入21世纪以后，各个领域的数据随着时间的推移持续产生、不断流动，汇聚成为广为人知的大数据资源库。我们每天早上醒来，所说的每一句话，走的每一步路，打过的每一通电话，浏览的每一条信息，都成了这个数据时代下宝贵的财富。数据，已经成为与物质资产同样重要的基础生产要素。以大数据、人工智能为代表的数据科学与技术，正在改变着人们思考世界的方式方法，并引起社会、经济、甚至衣食住行方方面面前所未有的变革。

那到底什么是大数据呢？大数据是一个复杂的概念，有人简单地认为大数据就是体量大，大到不再是随机样本，不再是局部样本，而是全时空、全样本的所有数据。但实际上，源于信息收集方式的重大变化与革新，大数据不单单代表数据体量上的“大”，还蕴含了丰富的相关关系和因果关系，包含了“5V”特性：大量(Volume)、高速(Velocity)、多样(Variety)、真实(Veracity)、和低密度价值(Value)[1]。

大数据技术的发展源远流长，可以追溯到计算机科学的早期。从数据库管理系统的出现，到互联网的兴起，再到分布式计算的突破，这些里程碑标志着大数据技术的逐步演进。2006年Apache Hadoop项目的诞生推动了大数据处理的革命，使得海量数据的存储和处理成为可能。随后，NoSQL数据库的兴起为非结构化数据提供了解决方案，而实时大数据处理技术的发展则满足了对即时性数据分析的需求。大数据技术与人工智能、机器学习的结合进一步推动了智能应用的发展。近年来，随着物联网设备的普及，边缘计算开始崭露头角，为大数据处理带来了新的机遇和挑战。在不断壮大的同时，数据隐私和安全也日益受到重视。通过持续不断的创新和进步，大数据技术正不断地改变着各个行业和领域的面貌，为人类带来更加智能、高效和便利的未来。

根据数据的组织形式，可进一步细分为三类：结构化、半结构化和非结构化数据，其中非结构化数据最为常见。IDC(International Data Corporation)的调查报告显示：企业中80%的数据都是半结构化和非结构化数据，如图1-1所示，近年来，这些数据呈指数级快速增长[2]。因此，研究这些数据的处理和分析技术，并促进其在各行各业的应用，显得十分重要，这一点不言而喻。

党的二十大明确提出，要加快构建新发展格局，建设交通强国。建设交通强国，必须大力发展智慧交通，推动大数据、互联网、人工智能等新技术与交通行业深度融合，推进数据资源赋能交通发展，加速交通基础设施网、运输服务网、能源网与信息网络融合发展，构建泛在先进的交通信息基础设施，构建综合交通大数据中心体系，深化交通公共服务和电子政务发展。

数字交通“十四五”规划中也提出，要打造综合交通运输“数据大脑”。构建综合交通大数据中心体系，有效支撑综合交通运输信息平台功能实现。推动交通运输数据资源在部、省两级有效汇聚整合，推动形成质量高、覆盖广、体系全的交通运输核心数据库。构建以国家综合交通大数据中心为枢纽，覆盖和连接各省级综合交通大数据中心的架构体系。加强交通运输大数据治理，实现全生命周期的数据质量管控。

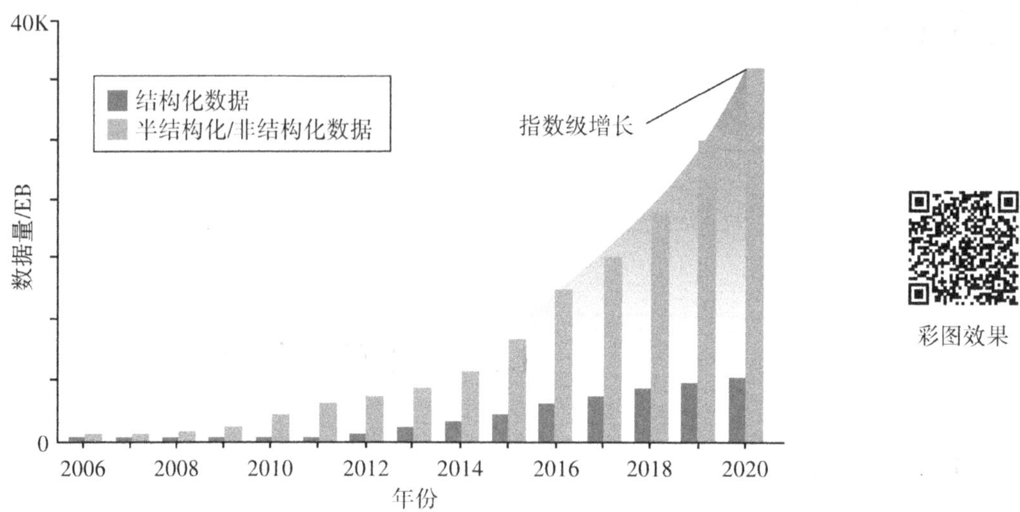

注：1EB=1024PB，1PB=1024TB，1TB=1024GB，1GB=1024MB

图1-1　各类海量数据的增长趋势（截至2020年）[2]

那大数据究竟是如何在交通领域发挥作用的？在城市信息化浪潮发展与数据科学崛起的共同推动下，智慧交通与交通大数据，开始在世界范围内成为下一代城市化发展的新理念和新实践，GPS数据、公交IC卡数据、卡口数据等多源交通大数据正以惊人的速度产生，应用场景也越来越广泛。通过对城市交通场景下的多源数据进行动态监测、分析、整合和利用，能够实现对交通状态的实时感知与精准研判。例如，利用手机定位数据进行城市人口分布、交通出行分布特征的分析，从而服务于交通规划；利用网约车数据对路网流量进行分析，进而优化各路口配时方案，提升道路的通行效率；利用线圈、视频、浮动车等多源数据，实现对路网交通状态的识别和实时监控等。

在交通大数据技术的推动下，我国交通运输新技术新业态蓬勃发展。数据互联互通、智慧化智能化新技术应用不断创新，交通运输新技术从供给侧到需求侧都有划时代性的转变。无人驾驶、车路协同等研究应用快速发展；网约车、定制公交、预约出行、网络货运等新模式不断涌现；邮政智能快递终端广泛布点，无人机、无人车、无人仓在快递领域示范应用。传统交通业态和新信息技术相结合，催生了很多交通运输新业态，在服务人民群众、带来更加美好的生活等方面发挥了重要作用。

在大数据时代，交通工程师可以从各个维度获取交通数据。然而，面对日益庞杂的数据，传统数据分析和建模方法存在各种局限性[3]。如果没有强有力的工具来解析数据，我们将陷入“数据丰富，知识贫乏”的困境[4]，无法充分发挥数据的价值。更深层次来说，交通工程作为一门诞生百年的悠久学科，其本身也积累了丰富的领域知识，因此，亟需基于新兴的数据分析和机器学习技术，结合交通工程的领域知识，构建起新一代交通大数据分析理论和方法，指导交通工程师从繁杂的大数据中提取关键信息，解决交通问题。

大数据分析技术的成型来源于多个基础理论与学科，其中机器学习、统计学等的影响最大[5]。本书深入剖析当前交通大数据的特点，并对机器学习、计算机编程等相关数据分析技术进行有针对性和目的性的介绍，以期为培养合格的交通大数据分析人才提供有力支撑。

1.1.2　本书特点

目前市面上有很多大数据相关的优秀教材或课程，总结而言，它们大体分为以下几类：①对大数据的发展历程，大数据时代的新机遇、新挑战进行宏观且通俗易懂的讨论；②对大数据中的关键技术（如Python基础语言及常用模块）的应用进行专题介绍；③着重对机器学习算法的数学或物理原理进行详细推导和分析；④对大数据的经典应用案例及其使用算法进行分析和介绍。

从以上总结中能够发现，这些课程和书籍或适合科班学生进行专业技能学习，或适合跨专业人员了解机器学习算法的原理，同时也对读者的数学基础提出了一定的要求。除此之外，现有书籍更偏重于大数据和机器学习的通用化理论方法的描述，并未能针对某些具体的领域，结合实际的工程化应用需要，进行面向实战的指导。

更进一步，从交通大数据领域来看，既有书籍均缺乏对交通大数据分析的工程指导，不能够给读者，尤其是初学者，带来全方位解读。另外，由于交通大数据的特殊性，其常用数据分析技术和机器学习算法也有自身特点，但目前缺乏相应的总结性说明。

本书正是围绕交通大数据，以面向行业入门群体为导向，在结合大量交通领域工程实例的基础上，有层次、有梯度地介绍交通大数据常用处理方法，并对几种关键技术和重要工具进行了简洁而全面、完整而不冗余的描述，让所有交通工程领域的从业人员，都能够从头开始进行大数据处理方法的学习。

1.1.3　本书目标

深入学习本书后，预计将达到以下目标：

(1)对Python基础语法及常用模块有初步的了解，并能利用其进行实际的数据分析和建模任务；

(2)对机器学习的基础概念和几种经典算法有深入了解，对相关算法在交通问题上的应用有相应了解；

(3)能够选用不同的机器学习算法，对交通数据进行处理、分析和建模；

(4)深入理解大数据技术在交通工程问题中的应用思想，并在实战中加以应用。

1.1.4　本书内容提要

本书包含12章，其中第1~4章将首先概述交通大数据分析的背景，并对常用的数据预处理工具Python进行介绍，随后讲解探索性数据分析与数据可视化的基本流程与方法，包括常见的异常数据类型判别和处理方法、常用的大数据特征分析方法以及不同数据特征和维度下的可视化展示方法。

第5～12章将详细介绍机器学习的基本概念及七类常见算法，主要包括统计机器学习概论、线性模型的概念和算法、支持向量机的算法思想和应用、决策树的算法原理和应用、常用的聚类分析算法和应用、集成学习的基本原理和应用、常用的几种神经网络算法的介绍。

1.2　本书的基础

1.2.1　何为数据挖掘

数据挖掘是一系列技术任务和流程的总称，其主要目的是从大规模数据集中找到数据的内在模式，而在此过程中，需要用到机器学习、统计学等方面的技术。数据挖掘的最主要目标是从数据集中提取信息，并将信息转换为一种容易理解的数据结构，从而为进一步的应用提供条件[4]。

1.2.2　数据分析与建模的典型流程

1. 数据选择

针对研究的需求，我们需要谨慎地选择所用的数据。计算机科学中有一句习语："垃圾进，垃圾出"(Garbage in, Garbage out)。它指的是，如果将错误的、无意义的数据输入计算机系统，计算机自然也一定会输出错误的、无意义的结果。同样，在数据挖掘过程中，如果初始数据存在大量错误或缺失大量重要的信息，甚至与研究的需求毫不相关，那无论采用哪种算法，都不可能获取有意义的结果。

2. 数据预处理

在选择了与研究需求相匹配的数据之后，我们就要着手对数据进行初步处理。数据预处理主要包括数

据清洗、数据集成、数据变换等过程。

3.探索性数据分析

在对数据进行预处理之后,我们得到了质量相对较好的“原料”,其中包含了待挖掘的信息[5]。在进行精确的定量分析之前,我们需要对整体数据的趋势和特征进行定性分析。探索性数据分析(Exploratory Data Analysis,EDA)的主要目的是对数据的主要特征进行总体概括,并对其中的大致模式和特点有整体的认识。这有助于灵活选择和调整适合的分析模型,使整个分析过程更简便、更精确[6]。此阶段通常会使用多种可视化手段,同时也为未来的数据采集提供可能的新方向[7]。

4.数据建模

数据建模是数据挖掘中的一个核心步骤。它利用定量的模型,对数据的趋势、特征以及其中潜在的模式进行分析提取,从而为我们提供有用的信息。简而言之,数据建模问题便是针对需求,以经过处理的数据为输入(input),通过建立适当的模型对输入进行处理,从而获取所期望的输出(output)。其关键在于找到输入与输出之间的映射关系。建模问题又可以进一步细分为回归问题、分类问题、聚类问题等。

1.2.3 交通数据类型介绍

1.静态数据

此类数据在短期内不会发生变化,通常为其他数据分析和各类研究提供了基础,在交通领域主要包括以下两类:

路网数据:路网数据包括路网GIS数据、CAD数据、交通小区数据、城市功能片区数据等。利用各类路网数据,可提取出城市的路网空间分布、城市功能分区等城市规划类信息。

公交线网数据:公交线路数据包含公交(地铁)线路、站点数据等,是线网性能评估、公共交通系统运营状况评估等研究的基础。

2.固定检测器数据

固定检测器数据,顾名思义,指利用固定在某些特定地点的检测器所收集的数据,是对单一地点进行不间断的采样得到的数据,常见数据有以下两类:

传统检测器数据:传统检测器数据通常包括利用线圈、微波、雷达等获得的数据。这类数据时间覆盖率高,但由于投入大及维护困难,空间覆盖率通常较低。这类数据可以用于交通流模型的建立和验证、仿真模型的标定、数据补全技术的研究、交通流预测模型的建立等。

新型检测器数据:此类数据来源于道路上的新型检测器。例如,通过图像处理技术对高清摄像头获取的视频数据进行分析可以获取的通过车辆的速度和车牌号码数据;基于射频识别技术(RFID)获取的道路流量数据等。

3.移动检测器数据

此类数据通常由设备收集获得。这类数据能够对单一的移动物体进行不间断的采样,随着相关设备的普及,其时空覆盖率也逐渐提高。

GPS轨迹数据:GPS轨迹数据是指基于车载定位设备(公交车、出租车、网约车等营运车辆),以一定的时间间隔对车辆的位置进行采样,获取车辆的经纬度坐标。该数据常用于路网交通流参数的估计、路网拥堵识别及预测、基于公交GPS数据的公交系统运行评估以及短时交通流预测等问题。

手机信令数据:相较于其他数据,由于目前手机的普及,手机信令数据的一大优势便是采样率高,能够比较精准地反映全样的特征。手机信令数据的一个重要应用场景就是代替传统的交通调查手段,进行城市居民出行特征的分析。

电动汽车数据:电动汽车数据主要包括车辆以及充电桩两类数据。车辆数据可以记录车辆的轨迹位置信息、车辆电池状态信息等,充电桩数据包括充电桩位置以及充电信息(充电车辆ID,充电时间等)。电动汽车数据能够用于对电动车驾驶人充电行为、充电桩位置及数量设置、电动汽车重要参数的优化调整等方面的研究。

4.运营数据

运营数据是指公共交通系统、出租车系统等在运营过程中产生、收集的与用户使用信息相关的数据。此类数据对于系统在运营、管理层面的优化分析至关重要。

公共交通刷卡数据:此类数据包括地铁刷卡数据、公交刷卡数据。地铁刷卡数据主要用于对线路站点OD流量分布进行分析,从而进行地铁时刻表编制等方面的研究。公交刷卡数据往往只有上车的刷卡数据,可进行下车站点识别算法、线路运营情况分析、线网规划等方面的研究。

定制公交数据:定制公交,指公交公司根据乘客的动态需求所提供的灵活的城市公交服务,采用需求响应、在线预订等形式,提供点对点直达的服务。定制公交数据包括公交车行驶的轨迹数据、各站点的上下车人数等。定制公交数据能够用于公交线网规划、运行情况评估等方面的研究。

出租车运营数据:该类数据包括乘客上下车时间、上下车位置、距离、费用等信息,可以应用于分析乘客选择出租车出行的行为特征、上下车位置的空间分布等方面的研究。

公共自行车数据:公共自行车数据包括IC卡刷卡数据、公共自行车租赁点数据等,主要用于公共自行车系统运营、公共自行车的借还特征、公共自行车站点选址、公共自行车调度等方面的研究。

1.3 本书的算例数据集简介

为帮助读者更好地理解大数据处理方法和机器学习算法,本书设计了一系列深入浅出的交通实战案例。本书使用网约车轨迹数据集,从初始的数据预处理,到数据的探索性分析,再到机器学习算法下的路况分类和预测问题,都进行了探讨。希望读者朋友们可以从这些案例中,真正感受到大数据处理与分析问题的魅力,体会到大数据处理技术对交通传统理论与方法的改变。

在本书成稿之际,"共享经济"已成为我国经济社会中备受关注的领域,其中网约车市场作为一个典型代表,为传统的交通出行方式带来了革命性变化。因此,研究网约车出行特点,挖掘网约车数据集中蕴含的交通信息和财富,将为深入研究城市交通问题提供全新的支撑。目前,网约车的乘客端和司机端都需要通过智能手机进行操作,而通过手机端的高精度、全时空的GPS定位服务,能够有效记录一个网约车订单全过程的车辆位置信息(又称网约车轨迹数据)。

为了帮助大家进行各类算例的实践操作,编者利用随机数生成了一套数据集,命名为DATASET-A表征网约车原始轨迹数据。DATASET-B是在原始轨迹数据基础上,进行网格化和特征提取后的衍生数据(具体处理方法会在第3章中详细介绍),基于这两套数据集,本书展开了一系列算例的研究。其主要字段如表1-1所示。

表1-1 网约车轨迹数据字段信息

字段名	示例
司机ID	jietxr8ebrz-hrxnikCDqbf-xu6cyxsk
订单ID	joiGGC7e7rs0hDnypmvHD3i6wt4ctzmp
时间戳	1477998234
经度	104.08576
纬度	30.65656

1.4 本书简介

全书共两大部分，12章，分别介绍交通大数据分析所需的实用编程技术和算法。

本书的第1章到第4章是第一部分，主要介绍交通大数据基础理论和方法，主要包括：①针对大数据分析常用的Python语言，介绍该语言的基本语法、数据类型以及常用的函数模块；②引入数据挖掘的第一个步骤，即探索性数据分析的方法和流程。对数据预处理的方法和类型，不同特征数据的各类可视化分析方法，以及其他常用的描述性统计分析技术都进行了详细的介绍。

本书的第5章到第12章是第二部分，核心介绍大数据应用技术。主要结合交通大数据领域的实际案例，深入浅出地剖析各类机器学习算法，对基本概念、基本要素及算法的框架、流程都进行详细介绍。并在此基础上，对不同类型问题下的常用机器学习算法做了说明。

为支持教材使用者更加高效掌握交通大数据理论与方法，尤其是交通运输工程领域的实际应用和建模需求，本书编写小组特组织东南大学交通学院从事教学科研工作的一线教师建设慕课教学视频。该套慕课视频以教材知识点为核心，延伸讲解交通大数据发展趋势和模型需求，以达到使用者快速理解并能实际运用的目的。该套慕课视频共由124个短视频组成，每个短视频以一个知识点为核心讲解，时长10~15分钟，教材每章根据知识点数量设置10~15个短视频。该套慕课视频不仅辅助教材使用者学习，而且可以帮助相关专业建设交通大数据相关课程体系。

本课程学习网站

1.5 参考文献

[1]Intel IT Center. 非结构化数据分析[EB/OL].(2012-06-01)[2020-04-24]. https://www.intel.cn/content/www/cn/zh/big-data/unstructured-data-analytics-paper.html.

[2]Business Analytics 3.0. Big data infographic and gartner 2012 top 10 strategic tech trends[EB/OL].(2011-11-11)[2020-04-24]. https://practicalanalytics.wordpress.com/2011/11/11/big-data-infographic-and-gartner-2012-top-10-strategic-tech-trends/.

[3]Tan P N, Steinbach M, Kumar V. 数据挖掘导论[M].北京：人民邮电出版社，2006.

[4]韩家炜，范明，孟小峰. 数据挖掘：概念与技术[M].北京:机械工业出版社，2012.

[5]周志华. 机器学习[M].北京：清华大学出版社，2016.

[6]Tukey J W. The future of data analysis[J]. Annals of Mathematical Statistics, 1962, 33(1): 1-67.

[7]Behrens J T. Principles and procedures of exploratory data analysis[J]. Psychological Methods, 1997, 2(2): 131-160.

第2章

Python数据分析应用

国务院印发《"十四五"数字经济发展规划》,指出要加快推进能源、交通运输、水利、物流、环保等领域基础设施数字化改造。发展数字经济是把握新一轮科技革命和产业变革新机遇的战略选择,数据要素是数字经济深化发展的核心引擎,数据对提高生产效率的乘数作用不断凸显,成为最具时代特征的生产要素。数据的爆发增长、海量集聚蕴藏了巨大的价值,为智能化发展带来了新的机遇。发展规划明确,到2025年,数字经济迈向全面扩展期,数字经济核心产业增加值占GDP比重达到10%。

交通运输是国民经济中基础性、先导性、战略性产业和重要服务性行业,在构建新发展格局中具有重要地位和作用。交通是一个交叉学科,发展交通数据经济需要与数据处理、网络爬虫、数据可视化、地理信息、复杂网络、数据挖掘、机器学习等多学科知识深度融合。Python在这些方面具备丰富的开源库和庞大的社区,使得Python在交通领域发展数字经济中占编程语言的主导地位。

对于交通多源数据的高效存取,一般采用数据库技术,基于SQL语言对数据进行简单的清洗和处理。但是,在交通大数据领域,我们如果想对数据进行深入挖掘,通常会涉及一些复杂的模型与算法,此时,由于SQL语言本身设计层面的限制,某些任务及需求难以简洁、高效地在数据库中被实现。因此,为了满足复杂的数据挖掘需求,我们需要基于高级的编程语言来对数据进行处理,Python便是一个常见的选择。

随着大数据技术的发展,作为高级脚本语言的Python,以其易用性、灵活性,逐渐成为交通大数据领域乃至整个数据科学领域最受欢迎的编程语言。Python最初作为ABC语言的继承者,由Guido van Rossum于1991年开发,其设计哲学是"优雅、明确、简单、易读",其语法简洁,代码可读性强,适合非专业程序员使用。同时受益于庞大的社群和强大的可扩展性,Python具有数量庞大且功能成熟的第三方模块,这些模块实现了交通大数据处理中常用的科学计算、机器学习等领域的基本功能,并以函数接口的方式进行封装,简单易用,能够节省大量的编码时间。庞大的社区也使得使用者在解决程序问题时,能够更快地通过搜索引擎找到相应的解决方法,从而提升处理代码问题的效率。可以说,对于交通大数据处理任务而言,Python提供了一套学习成本较低,且灵活强大的编程工具。

学习Python进行大数据处理的最佳方法是基于数据动手进行实践,并在实践中查阅不同模块的官方说明文档,进而熟悉不同模块的用法。对于利用Python进行数据处理的理论方法,读者可参考《利用Python进行数据分析》[1]一书,书中对Python的数据分析方法进行了详细介绍。对于实践练习,在此推荐UCI数据集网站[2],读者可在此处获取包括交通领域数据的多种开源数据集,从而利用Python进行基本数据处理方法的练习。本章节将对Python环境的配置、Python的基本语法,以及交通大数据处理中一些常用的第三方模块的功能进行简要介绍。需要特别指出的是,本书后续章节在介绍交通大数据处理相关技术时均以Python作为编程语言。

2.1 Python环境配置

我们使用Python前,需要先对Python编程环境进行配置,本节介绍Windows环境下配置Python编程环境的两种常用方法,读者可根据需要进行选取。除此之外,为了提升编程的效率和可视化,本节也将介绍一种常用的编程工具(Jupyter Notebook)的安装及使用方法,供读者参考。

2.1.1 基础Python环境配置

本小节仅介绍最基本的Python编程环境安装方法,第三方模块的安装方法则将在2.8节中进行介绍。

(1)首先根据Windows的版本,从www.python.org下载相应的Python安装文件。

(2)打开安装文件,(注意勾选Add Python 3.5 to PATH)在安装时自动添加环境变量。之后点击Install Now进行安装即可,一般安装在C盘,如图2-1所示。

图2-1　安装界面

(3)安装完成后,按Win+R,输入cmd运行进入命令行界面,再输入Python,若安装成功将出现如图2-2所示的界面。

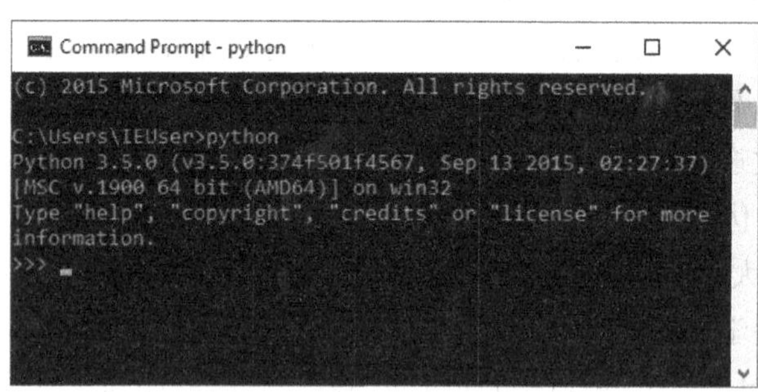

图2-2　Python使用界面

2.1.2 Anaconda环境配置

不同于上面介绍的方法,Anaconda是一种可以便捷地获取模块并对其进行有效管理的Python发行版本。Anaconda拥有超过1400个软件包,使用软件包管理系统conda进行管理。从www.anaconda.com下载后,打开安装文件,完成Anaconda安装步骤即可,而无需单独安装Python环境。

2.1.3 常用交互式工具——Jupyter Notebook

Anaconda环境集成了Jupyter Notebook,完成Anaconda的安装后即可使用。Jupyter Notebook的界面美观简洁(见图2-3),使用时能够在每个代码块的下方直接输出,方便查看运行结果,在程序设计阶段非常实用[①]。

①建议在每个脚本开头,加上%matplotlib inline一行,否则在使用Matplotlib画图时,图片将无法显示。目前功能更为完善的Jupyter Notebook的升级版——Jupyter Lab已经发布,读者可选择进行安装。

图2-3 Jupyter Notebook用户界面

2.2 Python基础知识

在使用Python进行编程之前，读者还需要了解一些编程基础概念，主要包括Python中基本数据类型、变量定义及赋值的方法以及运算符。由于这些内容相对简单，且参考资源也比较丰富，限于篇幅，本章仅选择核心知识进行介绍。如果读者想深入了解Python编程的详细知识，本书推荐参考此博客中的相关内容[3]。

2.2.1 基础数据类型

1.整数

Python中的整数表示方法和数学上的写法完全一致，如：

```
0,1,100,-33
```

2.浮点数

浮点数也就是小数，之所以称为浮点数，是因为按照科学记数法表示时，一个浮点数的小数点位置是可变的，比如，1.23×10^9和12.3×10^8是完全相等的。由于整数和浮点数在计算机内部存储的方式是不同的，因此浮点数的运算往往因不能精确表示而必须进行四舍五入。

3.字符串

字符串是用单引号或双引号定义的任意文本，如：

```
'hello', "world"
```

当字符串内包含单引号或双引号，就需要使用转义字符(\)，例如：

```
'I\'m fine!'
```

或使用不同的引号表示字符串，如：

```
"I'm fine!"
```

都表示：I'm fine!

转义字符还有很多其他用法，读者可自行查阅参考资料。

4.布尔值

Python中的布尔值只有两个，即：

```
True
False
```

5.空值

Python中表示空值的字段为：

```
None
```

2.2.2 变量和赋值

Python是一种动态编程语言，变量定义较为简单，无需提前定义其数据类型，例如：

```
a = 1
```

a就表示一个变量，=为赋值号，上面便是一个赋值语句。

代码下载

1.字符串运算符

字符串运算符如表2-1所示。

表2-1 字符串运算符

操作符	描述
+	字符串连接
*	重复输出字符串
[i]	通过索引获取字符串中索引为i的字符
[m:n]	截取字符串中索引m到n-1的字符
in	成员运算符——如果字符串中包含给定的字符返回True
not in	成员运算符——如果字符串中不包含给定的字符返回True

```
print('a' * 4)      #输出为:aaaa
s = "abc"
print('a' in s)     #输出为:True
print('d' in s)     #输出为:False
```

2.字符串处理常用函数

```
s = 'transport BIG DATA'
len(s)              #返回字符串长度,结果为18
s.lower()           #将字符串转为小写字母,结果为'transport big data'
```

```
s.upper()                 #将字符串转为大写字母,结果为'TRANSPORT BIG DATA'
s.capitalize()            #首字母大写,结果为'Transport big data'
s.strip('t')              #去除字符串开头或结尾的指定字符,无参数时则去除空格、回车。
                          #结果为'ransport BIG DATA'
s.split(' ')              #以空格将字符串分割为列表,结果为['transport','BIG','DATA']
s.count('a')              #统计字符串中'a'出现的次数,结果为1
s.find('a')               #找到指定字符第一次出现的位置,结果为2
'+'.join(['1','2','3'])   #用指定字符将列表中字符连接,结果为'1+2+3'
```

Python中其他字符串处理函数的详细介绍请参考其他专题学习资料或网站[4]。

2.2.3 缩进和注释

1.缩进

Python中利用缩进来对不同的代码块进行区分,例如循环语句、判断语句、函数定义等都要进行缩进。

2.单行注释

Python中利用“#”作为单行注释的标记。

3.多行注释

多行注释使用三对单引号,如下所示:

```
'''
此处放注释文本
'''
```

2.3 Python中的容器

编程语言中,容器(Container)是存储在内存中的数据结构。容器是一种能够包含任意数量的其他对象的一种数据类型,能够将相似的对象存储为一个整体,从而方便存取。对于多源交通大数据而言,简单的基础数据类型难以满足数据存储的需要,因此,本节将介绍Python语言中的几种常用容器,包括列表、元组、字典以及集合,这四类容器数据类型具有不同的特征,同时也能够在不同的应用场景中发挥作用。

2.3.1 列表

1.列表的定义

列表(list)是一种有序的集合,并且可以随时对其中的元素进行增删。在定义一个列表时,用方括号表示,方式如下:

代码下载

```
station_names = ['a1','a2','a3','a4']
len(station_names)        #len()为计算列表长度的函数,输出结果为4
```

2.列表的取值和切片

```
station_names[1]            #第1个元素,结果为'a2'
station_names[1:3]          #第1-2个元素,结果为['a2','a3']
station_names[:3]           #第0-2个元素,结果为['a1','a2','a3']
station_names[2:]           #第2至最后一个元素,结果为['a3','a4']
station_names[-1]           #最后一个元素,结果为'a4'
station_names[:-2]          #第0个至倒数第3个元素,结果为['a1','a2']
```

3.元素的增删

```
station_names.append('a4')      #添加到末尾,结果为['a1','a2','a3','a4','a4']
station_names.insert(1,'a4')    #插入到指定位置,结果为['a1','a4','a2','a3','a4']
station_names.pop()             #删除末尾元素,处理后列表为['a1','a2','a3'],返回值为末尾元素
station_names.pop(2)            #删除指定索引处元素,处理后列表为['a1','a2','a4'],
                                #返回指定索引处元素
```

4.列表的生成

有时我们需要基于一个列表A生成一个新的列表B,一般的思路是利用循环将A中元素取出,进行计算后再加入新的列表中。Python提供了更为简便的方法,可从基于列表或其他容器进行新列表的生成,如下例子所示:

```
a = [1, 2, 3]
b = [x + 2 for x in a]                    #b的返回值为[3, 4, 5]
c = {'a':1, 'b':3, 'c':7}
d = [(x, y+1) for x, y in c.items()]      #返回[('a', 2), ('b', 4), ('c', 8)]
```

2.3.2 元组

元组(tuple)与列表相似,是一种有序列表。与列表不同的是,元组一旦初始化后就不能修改,元组使用圆括号进行定义,方式如下:

```
station_names = ('a1', 'a2', 'a3', 'a4')
station_name = ('a1', ) #定义只有一个元素的元组,需要加逗号
```

2.3.3 字典

1.字典的定义

字典(dict)使用键-值(key-value)存储,查找起来非常便捷。"键"类似于在一本字典中的某个字,而"值"则表示这个字对应的含义解释,通过一本字典我们能够查找某个字的含义,而Python中通过对字典的操作,能够获得某个"键"对应的值。

字典在Python中用大括号定义，方式如下：

```
lon_dict = {'a1': 118.773, 'a2': 118.778, 'a3': 118.781, 'a4':118.783}
```

需要注意的是，字典条目的存储顺序与定义字典时“键”的顺序是无关的。

代码下载

2.字典的取值

读取字典中键对应的值的方法为：

```
lon_dict['a2']                #结果为118.778
lon_dict.get('a5', 0)         #第一个参数为所需要查找的键，第二个参数为查找不到时返回的值，
                              #此处返回0
```

3.字典元素的增删

```
lon_dict.pop('a2')            #删除键为'a2'的条目
lon_dict['a5'] = 118.797      #直接增加一个条目
```

4.取出字典的键值

```
lon_dict.keys()               #取出字典的键
lon_dict.values()             #取出字典的值
lon_dict.items()              #取出字典的键值对
```

2.3.4　集合

1.集合的定义

集合(set)和字典类似，是一组“键”的集合，但不存储值，且“键”不能重复。定义一个集合，需要提供一个list。

```
s = set([1, 2, 2, 3])         #输出为{1, 2, 3}
```

2.集合元素的增删

```
s.add(4)                      #输出为{1, 2, 3, 4}
s.remove(3)                   #输出为{1, 2, 4}
```

3.集合的运算

```
s = set([1, 2, 3])
p = set([3, 4, 5])
```

```
s & p                  #交集,输出为{3}
s | p                  #并集,输出为{1, 2, 3, 4, 5}
s - p                  #等价于s-s∩p,输出为{1, 2}
p - s                  #等价于p-s∩p,输出为{4, 5}
```

2.4 流程控制语句

有了Python的基本数据存储类型和运算,该如何实现对数据进行处理分析的算法和流程呢?这里就不得不提流程控制语句(control flow),它是所有高级编程语言的重要部分,既构成了代码的骨架,也是整个算法思想的核心部分,本节将简要介绍Python中的流程控制语句。

2.4.1 条件判断

条件判断语句主要包括单条件和多条件,如下所示:

单条件

```
if条件:
    运行语句1
else:
    运行语句
```

多条件

```
if 条件1:
    运行语句1
if 条件2:
    运行语句2
else:
    运行语句
```

```
if 条件1:
    运行语句1
elif条件2:
    运行语句2
else:
    运行语句
```

2.4.2 循环

1.两种循环

for 循环

```
for x in [1, 2, 3, 4, 5]:
    执行语句
for x in'python':
    执行语句
for x in range(1, 10):
    执行语句
```

while 循环

```
while循环判断语句:
    执行语句
```

2.循环控制

break: 提前停止循环,直接运行下一块代码
continue: 跳过当前循环,进入下一次循环

2.5 函数的定义与调用

对高级编程语言来说,需要构建起很多组织好的、可重复实现的一些功能代码段,这些代码段将能够在解决相同问题时被重复使用,被称为函数。函数能显著提高应用的模块性和代码的重复利用率。Python本身提供了许多内置函数,比如最常用的函数print(),就可以用来输出某些结果。当然,针对用户想自己实现的很多复杂流程,也可以自行创建函数,这被叫作用户自定义函数。

1. 函数的定义

Python中函数定义方法如下:

```
def 函数名(参数1,参数2,…):
    函数语句1
    函数语句2
    return 返回值            #是否包含返回值可以根据实际情况而定
```

2. 函数的调用

函数调用方法即函数名(参数),以内置函数floor为例,其功能为向下取整:

```
import math                  #导入math模块,参见2.8.2.1
math.floor(2.6)              #结果为2
```

2.6 异常处理

在程序运行的时候,当碰到一些程序无法正常处理的事件时,就会触发异常处理操作,最终导致程序停止运行。而在实际的数据处理过程中,可能会出现一些异常,为了使程序继续运行,许多高级编程语言中都实现了try...except...finally语句。

调试过程中某些代码在特定情况下会出错,可使用try语句,如果代码执行出错,则会跳至except语句块,执行完except语句块后,如果定义了finally语句块,便会执行其中的语句,最后再执行接下来的代码。例如在下面的例子中,首先尝试将1/0赋值给变量a,由于0不能作为除数,运行第2行时会抛出ZeroDivisionError错误代码,此时程序不会停止运行,而会继续运行第4行,最后运行第6行,输出为1:

代码下载

```
1. try:
2.     a = 1 / 0
3. except ZeroDivisionError as e:     #此处e为ZeroDivisionError的别名,可通过它获得更详细的信息
4.     a = 1
5.     print(e)                       #输出为 division by zero
6. finally:
7.     print(a)
```

2.7 匿名函数

某些时候，函数A会被用作另一个函数B的参数，即在函数B中对函数A进行调用。传统做法是先定义函数A，再将A的函数名传入函数B，但如果A的代码段很短，封装成单独的函数则略显臃肿，此时“匿名函数”的作用便凸显出来。匿名函数是指不使用单独的定义语句进行定义的函数，Python中使用lambda关键词实现。

以Python内置的map函数为例，它的第一个参数是函数，第二个参数是一个列表，map函数能够批量将函数作用于列表中的每一个元素。一般来说，如果不使用匿名函数，我们需要先定义一个函数，再将函数名传入map函数，例子如下：

代码下载

```
def add(x):                #定义加1函数
    return x + 1
num = [1, 2, 3]
list(map(add, num))        #返回[2, 3, 4]，由于map函数返回的是map对象，需要使用list函数转换为list
```

而使用匿名函数后，则无需单独使用函数定义语句对传入的函数进行定义，一行匿名函数语句就能够对传入函数进行定义。匿名函数结构如下，函数以lambda开头，声明之后语句为匿名函数，其中x为函数的输入变量，冒号后为函数返回值的表达式，此处以加1函数为例，其中x可用任意符号表示；同时，也可以定义具有2个或多个变量的匿名函数。

```
lambda x: x+1
lambda x, y:x+y
```

使用匿名函数，上述例子可改写为下列语句，返回结果相同。

```
num = [1, 2, 3]
list(map(lambda x: x+1, num)) #返回[2, 3, 4]
```

在实际的数据分析工作中，匿名函数经常在第三方模块出现，比较实用，在本书的后续章节也会经常用到。

2.8 Python中的模块

Python作为一种全世界范围内广泛流行的语言，有着庞大的开源社区，并有许多功能强大且能够直接使用的模块。这些模块中集成了各类处理函数，只需简单调用即可，而无需重复编码实现。强大的模块功能，是Python语言的最大优势之一。本节将对Python中模块的基本安装方法进行简要介绍，并介绍几种大数据处理中常用模块的基本功能和使用方法。

2.8.1 模块的使用方法

1.模块检索

PyPI(https://pypi.org/)是Python官方的模块发布网站,只需在其中按关键词搜索即可。利用搜索引擎按所需功能进行搜索,获取相应的Python模块。

2.模块安装

环境变量添加方法

(1)使用pip安装。Windows系统下,在命令行中输入pip install 模块名即可,之后安装过程会自动进行,如图2-4所示。

```
C:\WINDOWS\system32\cmd.exe
Microsoft Windows [版本 10.0.17763.503]
(c) 2018 Microsoft Corporation。保留所有权利。

C:\Users\yuany>pip install pandas
```

图2-4 使用pip进行安装

若提示类似"不是内部或外部命令"的错误信息,则需要检查Python及pip是否添加至环境变量,环境变量添加方法参见二维码内容。

> Anaconda环境下的Python路径:X:\Program Files\Anaconda3。
>
> pip路径:X:\Program Files\Anaconda3\pkgs\pip-8.1.2-py35_0\Scripts

其中X为安装位置的盘符,需要注意X:\Program Files\Anaconda3\pkgs\下可能有多个pip版本,需要将与环境变量中设置的Python版本相对应,例如以上py35代表pip为Python3.5的版本。

(2)Anaconda环境下安装。当安装了Anaconda环境时,在命令行中输入conda install 模块名即可,如图2-5所示。

图2-5 conda下的模块安装

(3)手动安装whl文件。在某些特殊情况下,需要手动下载.whl文件进行安装。下载好.whl文件后,在存放文件的目录下,地址栏输入cmd,在弹出的命令行界面中输入"pip install文件名"即可手动安装。

3.模块使用

以导入Pandas的文件读取函数为例,一种方法是导入pandas模块(设置别名为pd),使用别名pd,间接引用read_csv()函数读取文件名为'file.csv'的文件。

```
import pandas as pd
pd.read_csv('file.csv')
```

也可以用如下的方法导入read_csv()函数并读取文件。

```
from pandas import read_csv
read_csv('file.csv')
```

其他模块的使用方法大同小异,一般在官方文档中都能找到模块的详细调用方法。

2.8.2 Python标准库简介

1.math模块

(1)基本概念。math模块是Python中用于科学计算的内建模块,其中的函数都经过了特殊的算法优化,效率较高。

(2)常用函数。这里仅列出了较常用的函数,感兴趣的读者可查阅官方文档学习其他函数[5]。

①常规数学运算函数

```
import math          #调用
math.ceil(x)         #向上取整
math.floor(x)        #向下取整
math.fabs(x)         #求绝对值
```

②幂函数与对数函数

```
math.exp(x)          #返回e^x
math.log(x, base)    #返回自然对数log(x),base为可选参数,若提供base,则返回log(x)/log(base)
math.pow(x, y)       #返回x^y
math.sqrt(x)         #返回x的平方根
```

③三角函数

```
math.sin(x)
math.cos(x)
math.tan(x)
```

④常用常数

```
math.pi          #圆周率π
math.e           #e
math.inf         #无穷大
math.nan         #空值
```

2.time模块

(1)基本概念。time模块是Python中用于处理时间的一个内建模块,具体用法和解释可参考官方文档[5]。这里将简要介绍相关概念:

时间戳：从1970年1月1日00:00:00开始按秒计算的偏移量。

元组(struct_time)：struct_time元组共有9个元素，如表2-2所示。gmtime()，localtime()，strptime()这三个函数会返回struct_time元组。

表2-2 struct_time的元素

属性	值
tm_year	年(例如2019)
tm_mon	月(1-12)
tm_mday	日(1-31)
tm_hour	时(0-23)
tm_min	分(0-59)
tm_sec	秒(0-6)
tm_wday	周几(0-6)0是周日
tm_yday	一年中第几天(1-366)
tm_isdst	是否夏令时(默认-1)

(2)常用函数。数据处理中经常遇到的情况是，将时间戳或字符串形式的时间转化为标准的时间格式，方便进行日期的运算。对于例如%Y的格式化符号，在时间转换中比较常用，可参考官方文档。

下面的例子，介绍了两种常见时间类型数据的处理与转换方法，同时对脚本运行时间进行输出。

```
import time
start = time.time()             #记录代码开始运行时间，time.time()用于获取当前时间戳
a = 1566897866                  #类型1：时间戳数据，常见的时间输入格式
c = time.localtime(a)           #将时间戳转换为时间格式
print(c)
#输出结果如下：
#time.struct_time(tm_year=2019, tm_mon=8, tm_mday=27, tm_hour=17, tm_min=24, tm_sec=26,
#tm_wday=1, tm_yday=239, tm_isdst=0)
a = "2017-6-11 17:51:30"        #类型2：字符型时间数据
c=time.strptime(a,"%Y-%m-%d %H:%M:%S")
print(c)
#输出结果如下：
#time.struct_time(tm_year=2017, tm_mon=6, tm_mday=11, tm_hour=17, tm_min=51, tm_sec
#=30, tm_wday=6, tm_yday=162, tm_isdst=-1)
c.tm_year                       #年
c.tm_mon                        #月
c.tm_mday                       #日
c.tm_hour                       #小时
c.tm_min                        #分钟
c.tm_sec                        #秒
c.tm_wday                       #星期几
c.tm_yday                       #到当年1月1日的天数
```

```
end = time.time()                    #运行结束时间
timeSpent = end - start              #计算运行时间
print("Time spent: {0} s".format(timeSpent))
```

3.random模块

代码下载

(1)基本概念。random模块是Python内建的用于生成随机数的模块。详细介绍可在官方文档中查找[5]。

(2)常用函数

```
import random
random.random()                          #生成0-1之间均匀分布的随机浮点数
random.normalvariate(0, 1)               #生成1个符合均值为0,方差为1正态分布的随机数
[random.normalvariate(0, 1) for x in range(10)]    #生成长度为10的正态分布序列
random.uniform(a, b)                     #生成[a, b]区间内的随机浮点数
random.randint(a, b)                     #生成[a, b]区间内的随机整数
random.choice(s)                         #从序列s中随机获取一个值
random.shuffle(s)                        #将序列s中元素打乱
random.sample(s, k)                      #从序列s中获取长度为k的片段
```

random模块只包含一些简单的功能,关于交通领域一些常用分布(如泊松分布、负二项分布)的生成方法,详见以下介绍。

2.8.3 NumPy简介

NumPy是一个用于科学计算的基础模块,它提供了高性能的数组对象、矩阵对象,以及众多的基础数学、线性代数、基本统计运算等领域所需的相关函数,是基于Python进行大数据处理中常用的第三方模块。本小节将对NumPy的安装以及NumPy的基本概念及用法进行介绍。

1.安装NumPy

如果已经安装Anaconda环境,则无需再安装NumPy。如果需要安装NumPy,可以在cmd(Windows系统)或terminal(Linux系统)中输入pip install numpy进行安装。

2.ndarray对象

代码下载

ndarray是NumPy中的一种最基本的数组对象,与原生的列表类型相比,ndarray的大小是固定的,同时其内部数据类型需要一致,开发者针对高级数学运算,对ndarray进行了优化,因此其在数学运算的效率、稳定性上均有较大的优势,基本操作如下所示。

```
import numpy as np
a = np.array([[1, 2, 3], [4, 5, 6], [7, 8, 9]])    #定义一个ndarray对象
#[[1, 2, 3],
# [4, 5, 6],
```

```
# [7, 8, 9]]
a.ndim                    #ndarray的维数(阶),输出为2
a.shape                   #ndarray的形状,输出为(3, 3),对应(行数,列数)
a.size                    #ndarray的元素个数,输出为9
```

对ndarray进行复制有三种形式,分别为:引用,浅复制和深复制。引用不会创建一个新的数组,新数组只是原数组的一个别名,通过引用创建的新数组和原数组指向的内存地址是相同的;浅复制会创建一个新的对象,具有独立的形状等属性,但数据仍与原数组共享,对于引用和浅复制,修改原数组,新创建的数组也会发生变化,对新创建的数组进行修改也是如此;而深复制则是完全创建一个新的对象,具有独立的属性、数据。

```
b = a                     #引用
print(id(a)== id(b))      #id()能够输出对象的内存地址,输出为True
c = a.view()              #浅复制
print(id(a)==id(c))       #输出为False
d = a.copy()              #深复制
```

3.多维数组的下标存取

NumPy中数组的下标存取方法如下,与内置的list对象的存取和切片方法类似:

```
a[0, 1]                   #输出2 (行、列的索引都是由0开始)
a[[0, 2], [1, 2]]         #输出为array([2, 9]),等价于np.array([a[0, 1], a[2, 2]])
a[:2, 1:3]                #第0至1行,第1至2列array([[2, 3], [5, 6]])
a[2, 1:]                  #第2行,第1至最后1列
a[:-1]                    #第0至倒数第2行
a[1, :]                   #第1行,shape为(3,),一维,array([4, 5, 6])
a[1:2, :]                 #第1行,shape为(1,3), 二维,array([[4, 5, 6]])
a[:,1]                    #第1列,shape为(3, ), 一维,array([2, 5, 8])
a[:,1:2]                  #第1列,shape为(3, 1), 二维,array([[2], [5], [8]])
```

NumPy中还能直接用判断条件(布尔矩阵)取出符合某些条件的元素:

```
a>2                       #输出为array([[False, False, True],
                          #             [True, True, True],
                          #             [True, True, True]])
a[a>2]                    #输出数组中大于2的值,为一个一维数组
a[(a>2) & (a<6)]          #使用逻辑运算符连接多个条件,注意不能使用and,or之类的关键词
                          #进行连接,否则会报错
```

4.数组运算

```
#逐元素运算
a + b
a * b
a/b
a ** 2
np.sin(a)
#矩阵运算
a.dot(b)                          #a与b矩阵相乘
a = np.mat(a)                     #转换为矩阵对象
a.I                               #逆矩阵
a.T                               #转置
a.trace()                         #迹
np.linalg.det(a)                  #矩阵a的行列式
np.linalg.norm(a,ord=None)        #矩阵a的范数
np.linalg.eig(a)                  #矩阵a的特征值和特征向量
np.linalg.cond(a,p=None)          #矩阵a的条件数
```

5.随机数生成

```
np.random.normal(0, 1, 100)                 #生成均值为0,方差为1(不是标准差),长度为100的
                                            #正态分布样本
np.random.poisson(5, 100)                   #生成均值为5,长度为100的泊松分布样本
np.random.negative_binomial(1, 0.1, 100)    #生成n=1, p=0.1,长度为100的负二项分布样本
```

6.知识拓展

NumPy中还提供了许多方便实用的内置函数,以及一些高级编程机制,具体内容可参考官方文档进行了解并多加练习[6]。

2.8.4 Pandas简介

Pandas是一个数据分析模块,它提供了快速、灵活并且直观的类似SQL中的表的数据结构,从而能够便捷高效地处理具有不同字段、不同来源的数据。Pandas根据此类数据的特点,封装了大量函数用于数据分析与处理过程,例如缺失数据的处理、数据转换、数据关联、分组分析等过程。本章对Pandas的安装与常用功能进行了介绍。

1.安装Pandas

Anaconda环境同样自带了Pandas,因此,如果已安装了Anaconda,则无需安装Pandas。如果想安装Pandas,通过Win+R进入运行界面,输入cmd进入命令行窗口,输入pip install pandas。

2.DataFrame数据类型

Pandas的基本数据类型是DataFrame,它类似于表的概念,能够用标签对不同的列进行标识,从而能够更为直观便捷地对不同数据进行处理。

代码下载

```
import pandas as pd
df = pd.DataFrame([[1, 2, 3], [4, 5, 6],
                   [7, 8, 9]])
df.columns = ['A','B','C']  #定义表头
df['A']                     #取一列,输出为
#0    1
#1    4
#2    7
df[['A','B']]               #取多列,输出为
#     A  B
 #0   1  2
 #1   4  5
 #2   7  8
df[1:3]                     #取1到2行,输出为
#   A  B  C
#1  4  5  6
#2  7  8  9
df.iloc[1:3, 2]             #多维索引,输出为
#1    6
#2    9
#切片需要用.iloc
df[df['A']>1]               #根据条件选择,输出为
#   A  B  C
#1  4  5  6
#2  7  8  9
```

每个DataFrame的一列是一个Series,可理解为每个DataFrame由多个Series组成。DataFrame和Series的许多操作是通用的,在后文会进行介绍。

```
print(type(df.A))                    #输出<class 'pandas.core.series.Series'>
tmp = pd.Series([1,2,3], name='tmp') #创建一个名为tmp的Series
```

3. 文件的读取与写入

```
df = pd.read_csv('file.csv')                       #读取csv格式文件,自动识别第一行为表头
df = pd.read_csv('file.csv', names=['A','B','C'])  #指定表头
df = pd.read_csv('file.csv', index_col=0)          #指定索引列
df.to_csv('newfile.csv')                           #在工作目录下新建csv文件
```

4. 对列进行操作

(1)创建新列。在Pandas中,创建新列比较简单,例如,假设需要建立一个新的名为"new"的新列,值为1,按照如下代码进行操作:

```
df['new'] = 1                                        #新建一列(添加为最后一列),赋值为1
df['new1'] = range(len(df))                          #新建一列,赋值为由0开始的递增序列
df['date'] = ['20190801', '20190702', '20190601']    #新建一列存储日期
```

(2)基于已有列进行计算。在实际的数据分析中,需要基于已有的字段进行处理,获得新的字段,对于简单的情形,可按以下方法进行:

```
df['new'] = df['A'] + 1                #新建一列,赋值为列A加1
df['new'] = df['A'] + df['B']          #新建一列,赋值为列A与列B的和
#新建一列,赋值为列A与列B的商,转换为NumPy数组进行计算,能提升性能
df['new'] = df['A'].values / df['B'].values
```

在其他计算较为复杂的情况下,需要利用apply语句,传入自定义函数进行列的运算,通常来说,此种用法更为通用。

```
#任务:新建一列,将date字段的月份取出,并转换为int类型,此处使用了匿名函数,
#也可直接传入已有函数的函数名
df['new'] = df['date'].apply(lambda x: int(x[4:6]))
#任务:新建一列,对两列进行apply操作,获得列A与列B的和
df['new'] = df[['A','B']].apply(lambda x: x[0]+x[1], axis=1)
```

5.分组操作

分组操作能够将具有一个或多个相同字段的样本分为同一组,进而对这些组进行取平均值、最大值等操作,是一个常用的统计方法。

```
#划分
grouped = df.groupby(by=['A'])      #按列A进行分组
grouped['C']                        #取分组后的C列
df['C'].groupby(df['A'])            #等价于上面两行语句
```

在对数据进行分组后,若希望获得各组单独的数据,需要进行组间的迭代。

```
for name, group in grouped:
    print(name)
    print(group)
grouped.get_group('xx')  #直接获取列A的值为'xx'的组,例如:grouped.get_group(1)
```

分组的目的是获得各组的数据分布,或进行进一步的计算。

```
grouped.sum()       #对各组进行单独求和
grouped.size()      #获取各组的大小
grouped.mean()      #获取各组的均值
grouped.min()       #获取各组最小值
grouped.max()       #获取各组最大值
grouped.std()       #获取各组标准差
grouped.var()       #获取各组方差
```

```
#使用自定义函数
grouped.aggregate(f)    #f为自定义函数,例如,np.mean,也可采用匿名函数的形式
```

以下为一个小例子,统计不同车型的平均车速:

```
df = pd.DataFrame({'VehicleType': ['Car', 'Truck', 'Car', 'Truck'], 'Speed': [67., 43., 72., 49.]})
df.groupby(['VehicleType']).mean()
#输出
#VehicleType  Speed
#Car          69.5
#Truck        46.0
```

6.数据拼接

在实际的数据处理过程中,往往存在相同来源数据的多个部分或不同来源的数据进行关联的需求,而Pandas也具有满足此类需求的功能。

Pandas中数据拼接的方法主要有三种,分别为append、concat以及merge方法。其中,append方法是简单的竖向拼接。

```
df = pd.DataFrame([[1, 2], [3, 4]], columns=list('AB'))
df2 = pd.DataFrame([[5, 6], [7, 8]], columns=list('AB'))
df.append(df2)
#输出
#   A  B
#0  1  2
#1  3  4
#0  5  6
#1  7  8
```

而concat方法的一大特点是,其能够同时拼接2个及2个以上的DataFrame,也能够自定义连接的方向以及索引匹配的方式。

```
df1 = pd.DataFrame([['a', 1], ['b', 2]], columns=['letter', 'number'])
df2 = pd.DataFrame([['c', 3], ['d', 4]], columns=['letter', 'number'])
pd.concat([df1, df2], axis=0)
#输出
#   letter  number
#0    a       1
#1    b       2
```

```
#0   c   3
#1   d   4
```

merge方法与SQL语言中表连接的方法类似，也最为灵活，在具体应用中可自定义连接的规则，图2-6列举了merge语句中能够实现的一些连接方法[7]。

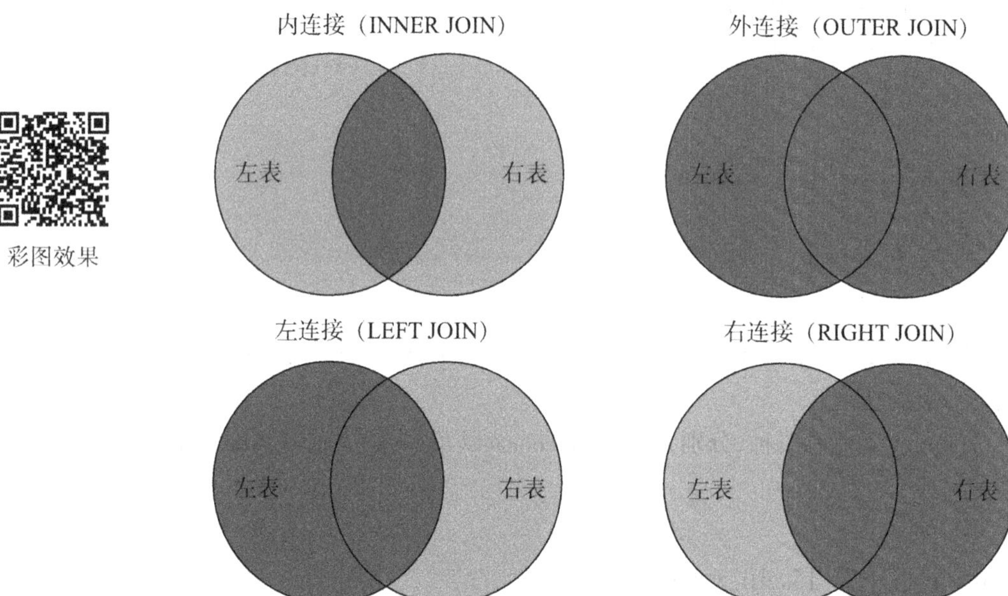

图2-6　不同的连接方式

7.Pandas中的统计特征函数

统计特征函数主要用于计算统计数据的均值、方差、标准差、分位数、相关系数和协方差等，这些统计特征能反映出数据的总体分布特征。本小节所介绍的统计特征函数如表2-3所示，它们主要作为Pandas的对象DataFrame或Series的统计方法使用。

表2-3　Pandas中的主要统计特征函数

函数名	函数功能
sum()	数据样本的总和（按列计算）
mean()	数据样本的算术平均数
median()	数据样本的算术中位数（50%分位数）
quantile()	样本的分位数（0到1）
min()、max()	数据样本的最大值和最小值
argmin()、argmax()	最小值和最大值的索引位置（整数，Series类型适用）
var()	数据样本的方差
std()	数据样本的标准差
corr()	数据样本的Spearman（Pearson）相关系数矩阵
cov()	数据样本的协方差矩阵
diff()	数据样本的一阶差分（对时间序列很有用）
skew()	样本值的偏度（三阶矩）
kurt()	样本值的峰度（四阶矩）
describe()	样本的基本描述（基本统计量如均值、标准差等）

上述统计特征函数的命令格式为D.function()，按列计算样本D的各类统计指标，样本D的数据类型可为DataFrame或者Series。这些统计函数也能够用在如2.8.4小节中的分组统计部分。某些统计函数可以添加函数选项，进行功能拓展，例如：

（1）corr()函数

```
D.corr(method='pearson')
```

样本D可为DataFrame类型，返回相关系数矩阵，method参数为计算方法，支持pearson（皮尔逊相关系数，默认选项）、kendall（肯德尔系数）、Spearman（斯皮尔曼系数）等；计算两个Series之间（或DataFrame的两列之间）的相关系数可采用S1.corr（S2,method='pearson'）的格式，其中S1、S2均为Series。

（2）describe()函数

```
D.describe()
```

括号里可以带一些参数，比如percentiles=[0.2, 0.4, 0.6, 0.8]就是指定只计算第20、40、60、80百分位数，而不是默认的第25、50、75百分位数。

8.高级统计特征函数

除了上述基本的统计特征函数外，Pandas还提供了一些非常方便实用的计算统计特征的函数，主要有累积计算函数（cum()）、移动窗口函数（rolling()）和指数加权函数（ewm()）。如表2-4至表2-6所示。

表2-4　累积统计特征函数

函数名	函数功能
cumsum()	依次给出前1, 2,…,n个数的和
cumprod()	依次给出前1, 2,…,n个数的积
cummax()	依次给出前1, 2,…,n个数的最大值
cummin()	依次给出前1, 2,…,n个数的最小值

表2-5　移动窗口函数

函数名	函数功能
rolling(windowSize).count()	各窗口非NA观测值的数量，windowSize为移动窗口长度，下同
rolling(windowSize).sum()	移动窗口的和
rolling(windowSize).mean()	移动窗口的算术平均值
rolling(windowSize).median()	移动窗口的中位数
rolling(windowSize).var() rolling(windowSize).std()	移动窗口的方差和标准差
rolling(windowSize).min() rolling(windowSize).max()	移动窗口的最小值和最大值
rolling(windowSize).corr()	移动窗口的相关系数
rolling(windowSize).cov()	移动窗口的协方差
rolling(windowSize).skew()	移动窗口的偏度
rolling(windowSize).kurt()	移动窗口的峰度

表2-6 指数加权函数

函数名	函数功能
ewm().mean()	指数加权移动平均
ewm().var()、ewm().std()	指数加权移动方差和标准差
ewm().corr()、ewm().cov()	指数加权移动相关系数和协方差

以上函数也是作用在DataFrame或Series对象上，其命令格式为D.function()。例如，D.rolling(windowSize).mean()语句的意思是对每windowSize行计算一次均值，滚动计算；类似的，指数加权平均函数的用法为D.ewm().mean()。

Pandas模块还提供了许多诸如时间序列处理，分类数据处理，数据转换等实用功能，详见官方文档[8]。

2.8.5 Matplotlib简介

1.Matplotlib安装

方法一：按Win+R进入运行界面，输入cmd进入命令行窗口，输入pip install matplotlib和pip install seaborn进行安装；

方法二：在Anaconda Navigator中搜索模块名，按提示进行安装。

2.Matplotlib简介

Matplotlib是一种基本的绘图工具，它主要有以下几大类功能：

(1)基本绘图。Matplotlib自带了一些常用图形的绘制函数，例如散点图、条形图、直方图、堆积图、饼图、轮廓图等，如图2-7所示。

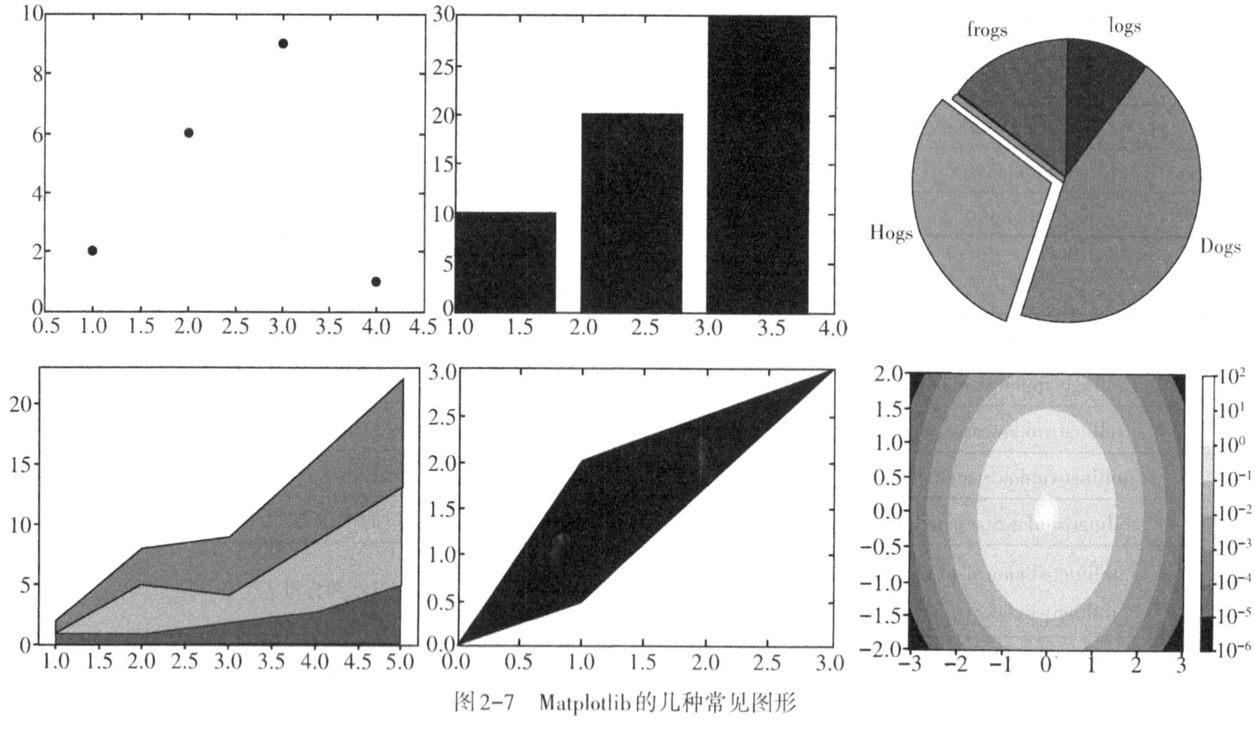

图2-7 Matplotlib的几种常见图形

(2)精细化绘图。Matplotlib不仅能绘制基本的图表，还能基于各类参数对绘制图表的颜色、风格、坐标轴的范围和标签、图片的标注等进行深度定制和修改。如图2-8所示，图片由三个子图构成，每个子图具有单独的轴标签。

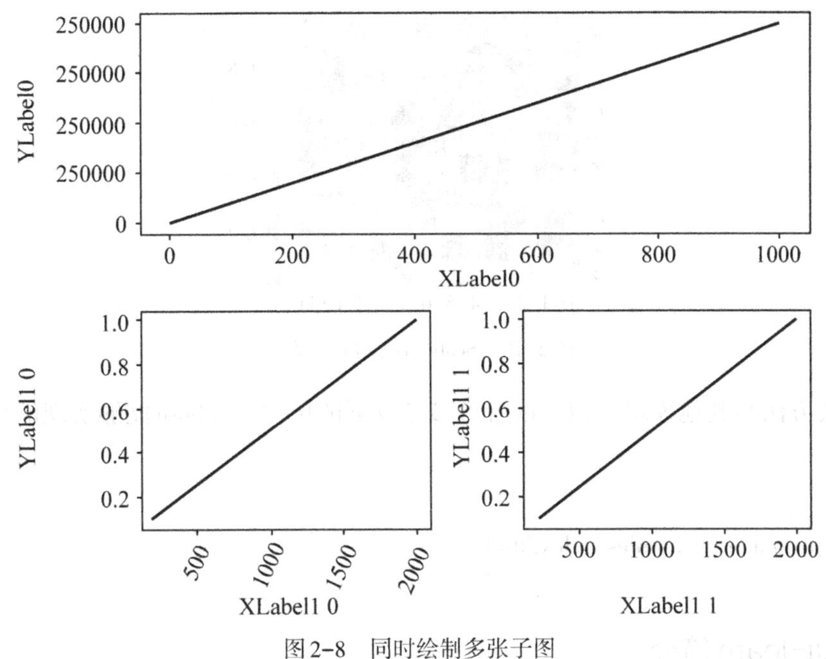

图2-8 同时绘制多张子图

(3)拓展应用。Matplotlib还有其他高阶绘图功能，例如3D绘图、地理绘图等，如图2-9所示。读者可在官方文档中进行查阅，其中列举了Matplotlib能够实现的绘图效果[9]。

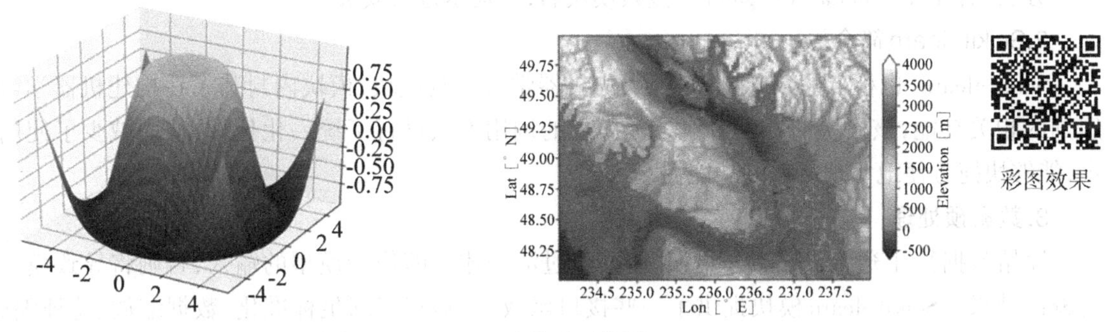

图2-9 Matplotlib中的地理绘图

3.Seaborn简介

Seaborn是一个基于Matplotlib的高层级科学绘图模块。它通过对Matplotlib的一些功能进行封装，提供使用方便的绘图接口；同时，该模块提供了不同的绘图风格，在美观度上有较大的提升。下面为一段利用Seaborn绘制热力图的代码，输出图片如图2-10所示。

```
import numpy as np
import seaborn as sns
np.random.seed(0)                          #将0设置为随机种子
sns.set()                                  #设置绘图风格
uniform_data = np.random.rand(10, 12)      #生成随机数据
ax = sns.heatmap(uniform_data)             #绘制热力图，输出结果如图2-10所示
```

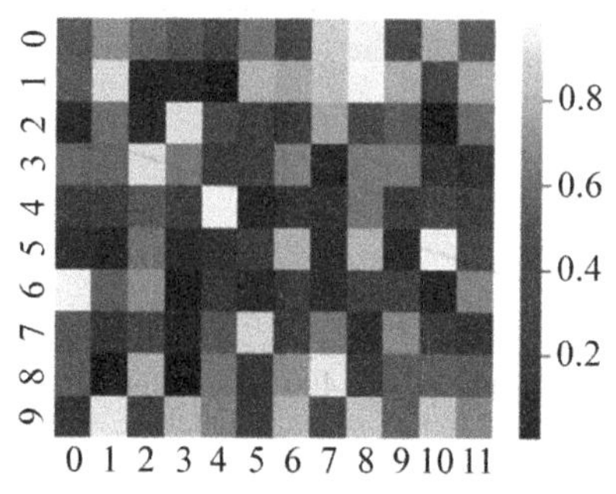

图2-10 Seaborn绘制的热力图

Seaborn的安装方法与其他模块类似。读者可参考以下链接，对Seaborn能够实现的功能以及各功能的实现方法进行了解。

https://seaborn.pydata.org/examples/index.html

2.8.6 Scikit-learn简介

1.Scikit-learn安装

方法一：按Win+R进入运行界面，输入cmd进入命令行窗口，输入pip install scikit-learn进行安装；

方法二：在Anaconda Navigator中搜索模块名，按提示进行安装。

2.Scikit-learn简介

Scikit-learn（也称sklearn）是一个强大的机器学习工具模块，模块内封装了在构建机器学习模型时需要用到的相关功能，该模块的开发者对各类模型的调用方法进行了统一化处理，从而减少了使用者的学习成本，能够快捷方便地实现所需的功能。

3.数据预处理

原始数据往往充满了噪声和错误，需要经过清洗才能够作为模型的输入，否则将导致模型产出无意义的输出结果。Scikit-learn模块提供了一些接口函数，能够直接满足标准化、数据缩放、特征编码、缺失值填充、样本空间降维等数据预处理过程中常见的需求。

4.常用模型

Scikit-learn中内置了许多常用的模型：1）对于分类问题，涵盖了支持向量机、贝叶斯模型、决策树、集成学习等方法；2）对于回归问题，最简单的线性模型、广义线性模型、支持向量机回归、决策树回归、岭回归等模型均包括在内；3）对于聚类问题，模块实现了K-均值聚类、DBSCAN、层次聚类等多种常见算法，并在模型中提供了多样的聚类参数可供调节；4）另外，模块也提供了模型参数标定、模型选择的方法。具体功能可详见官方文档[10]。

2.8.7 TensorFlow简介

1.TensorFlow简介

TensorFlow是谷歌开发的一个开源机器学习框架，它提供了不同层级的模型接口，从而使开发者既能实现简洁快速的模型调用，也能借助底层接口实现高度定制化的机器学习模型构建。基于TensorFlow，能够实现多层感知机、卷积神经网络、循环神经网络以及各类复杂的深度学习模型。

TensorFlow能够在CPU和GPU上运行，其中GPU能够极大地提升神经网络的训练和推理速度，但对电脑的GPU具有一定的性能要求，在不符合性能要求的电脑上（如没有独立显卡的商务笔记本）无法使用。需要注意，若要在GPU上使用TensorFlow，除安装TensorFlow库外，还需要安装部分显卡驱动程序，较为复杂，有条件的读者可以自行查阅TensorFlow官方文档。以下先介绍TensorFlow的安装方法，然后对Google开发的基于网页的Colaboratory和TensorFlow的高阶API——Keras进行介绍。其中，Colaboratory集成了TensorFlow环境，无需配置即可使用TensorFlow，网站实现类似于Jupyter Notebook的功能，十分方便，非常适合在初期学习阶段进行使用。

2.TensorFlow2版本安装

正常情况下，在命令行中输入以下命令（命令行的打开方法见前文），即可安装TensorFlow2的最新稳定版本。

```
python -m pip install tensorflow
```

若提示类似"不是内部或外部命令"的错误信息，参考本章2.8.1小节。

安装完成后，在Python命令行中，输入以下代码进行验证，若能够正常输出，则代表安装成功：

```
import tensorflow as tf
hello = tf.constant('Hello, TensorFlow!')
print(hello)
```

3.Colaboratory使用方法

（1）进入以下链接：

```
https://colab.research.google.com/notebooks/welcome.ipynb
```

（2）新建notebook。在打开的网页中，点击"文件"→"新建Python3记事本"，登录后即可开始使用。如图2-11所示。

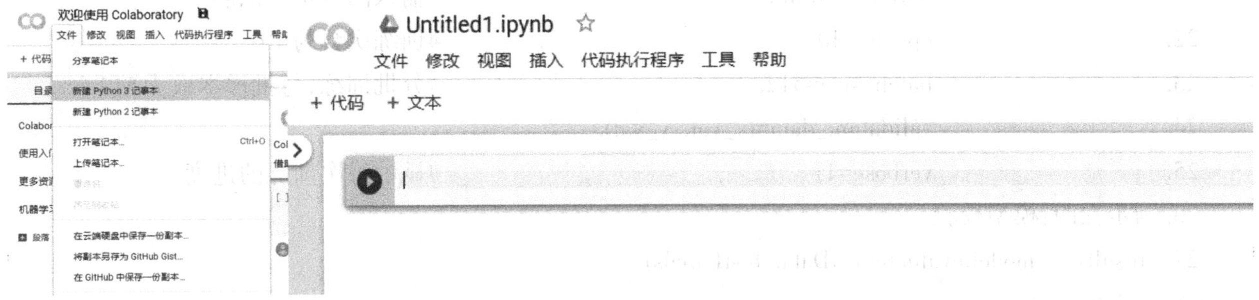

图2-11 新建文件方法与编辑界面

4.TensorFlow高阶API——Keras简介

使用TensorFlow的底层API的一大优势是能够对模型结构进行深度的自定义和调整，但在交通等交叉学科中，使用经过高度封装的高阶API能够在保证模型效果的前提下，简便快捷地实现各种深度学习模型。Keras是一个基于TensorFlow，对TensorFlow底层API进行深度封装的模块，最初Keras是一个独立的模块，现已经整合进TensorFlow模块中。以下简要介绍Keras的基本逻辑和调用方法。

Keras中模型调用可概括为以下几个步骤：模型定义、模型编译、模型训练、模型校验。深度学习模型一般由前后"连接"的层组成，Keras也遵循这个逻辑，用户只需要定义一个模型，将所需要的层添加到模型中，

并定义各层参数即可。模型定义完成之后，需要对模型进行编译，并定义使用的优化方法、损失函数以及评价指标。最后再进行模型的训练和校验。整个过程结构清晰，容易理解。下面的例子构建了一个典型的文本分类模型，读者目前仅需要对整体流程做简要了解，模型构建的具体方法将在第11、12章介绍。此例子的完整代码和数据请参考官方教程[11]。

代码下载

```
from tensorflow import keras
vocab_size = 10000                                        #词汇表的大小,可理解为一个参数,
                                                          #目前无需深究
#步骤一:模型定义
model = keras.Sequential()
model.add(keras.layers.Embedding(vocab_size, 16))         #添加Embedding层
model.add(keras.layers.GlobalAveragePooling1D())          #添加池化层
model.add(keras.layers.Dense(16, activation=tf.nn.relu))  #添加全连接层
model.add(keras.layers.Dense(1, activation=tf.nn.sigmoid))   #添加全连接层
model.summary()                                           #输出模型结构
#步骤二:模型编译
model.compile(optimizer='adam',                           #使用adam方法进行参数优化
              loss='binary_crossentropy',                 #损失函数选用二元交叉熵
              metrics=['acc'])                            #评价指标采用准确率
x_val = trainData[:10000]                                 #训练集中前10000个样本作为验证集
partial_x_train = trainData[10000:]
y_val = trainLabels[:10000]
partial_y_train = trainLabels[10000:]
#步骤三:模型训练
history = model.fit(partial_x_train,                      #输入自变量
                    partial_y_train,                      #输入因变量(标签)
                    epochs=40,                            #训练次数为40
                    batch_size=512,                       #分批训练,每批样本数为512
                    validation_data=(x_val, y_val),
                    verbose=1)                            #显示每次训练的进度
#步骤四:模型校验
results = model.evaluate(testData, testLabels)
print(results)
```

2.9 本章小结

本章介绍了一种常用的高级编程语言——Python。主要包括以下几项内容：1）对Python基础语法、特性以及环境配置进行了介绍；2）介绍了Python中模块的安装和使用方法；3）介绍了几个常用模块的功能和基本用法；4）介绍了TensorFlow等拓展性模块。读者在阅读完本章后，应对Python的基本用法、应用范围及适用场景有初步的了解。

Python是一种高效的数据分析工具，它可以帮助我们对数据进行处理和分析，实现我们所构建的算法。在掌握Python基本知识的基础上，基于Python进行交通大数据分析还需要更多理论和方法层面的支撑。后续的章节将进一步介绍相关内容。

2.10　本章习题

1. 在Python语言中，定义列表时，是否需要声明列表内容的类型？不同类型的内容能否加入同一列表中？

2. 请列举字符串、列表、字典三种容器各自常用的几种内置方法，不限于本书涉及的内容（例：列表的.append()方法）。

3. 请列举常用的基础数据处理、绘图、科学计算、机器学习模块。

4. 首先定义一个列表，依次包含“Python”、“便捷”、“实用”三项内容，然后把“处理”添加为列表的第三项内容，最后删除列表中第二项内容。

5. 请编写一段程序，用来判断输入的年份是否为闰年。

6. 请编写一段程序，用来判断输入的日期是该年的第几天。

7. 基于提供的网约车数据完成以下任务，需要用到标准数据集中的DATASET-B：

（1）请基于网约车数据，统计20161101当天每小时全区域的车流量并绘图，数据中time_id字段以10分钟粒度计算；

（2）统计每个网格内20161101的总车流量，绘制热力图。

8. 尝试使用网约车数据（DATASET-B），分析20161101、20161102、20161103三日网格流量的相关性，并绘制散点图（可采用Seaborn模块中的pairplot方法进行绘制）。

2.11　参考文献

[1]Mckinney W.利用Python进行数据分析[M].北京：机械工业出版社，2018.

[2]UCImachine Learning Repository[EB/OL].[2020-06-10]. https://archive.ics.uci.edu/ml/datasets.php.

[3]廖雪峰.Python教程[EB/OL]. [2020-06-10]. https://www.liaoxuefeng.com/wiki/1016959663602400.

[4]Python基础教程[EB/OL]. [2020-06-10]. https://www.runoob.com/Python/Python-tutorial.html.

[5]The Python Standard Library[EB/OL]. [2020-06-10]. https://docs.Python.org/3/library.

[6]NumPy[EB/OL]. [2020-06-30]. https://www.numpy.org.

[7]Vutukuru A. Different Types of Joins in SQL Server[EB/OL]. [2019-01-08]. https://mindmajix.com/joins-sql-server/.

[8]10 minutes to pandas[EB/OL]. [2023-05-15]. https://pandas.pydata.org/docs/user_guide/10min.html.

[9]Matplotlib gallery[EB/OL]. [2023-05-15]. https://matplotlib.org/stable/gallery/index.html.

[10]Scikit-learn User Guide[EB/OL]. [2019-01-08]. https://scikit-learn.org/stable/user_guide.html.

[11]Text classification with preprocessed text: movie reviews[EB/OL]. [2023-05-15]. https://www.tensorflow.org/tutorials/keras/text_classification.

第3章

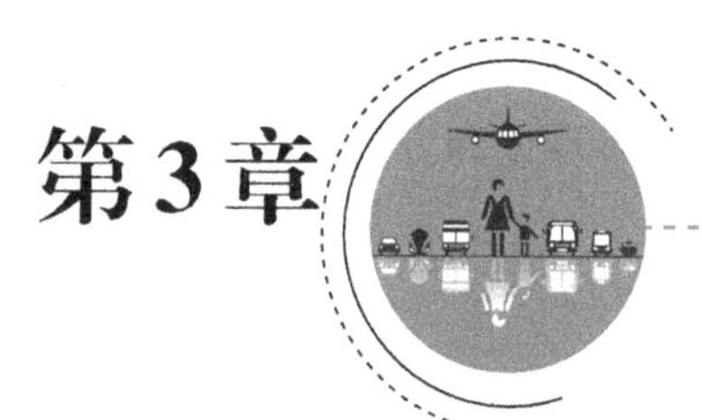

数据预处理与探索性数据分析

本书第2章介绍了大数据问题中常用的分析工具Python。有了需要处理的数据，也有了分析数据的工具，那究竟该如何着手对完全陌生的数据进行处理呢？传统的思路往往选择直接采用“假设—模拟—检验”的证实性数据分析策略，但常常会发现模型的处理结果不理想。是传统数据分析策略有问题，还是选择的模型不合理？其实该问题往往是由于没有在展开分析之前就深入了解这份数据的主要特征，导致初始假设不合理，从而产生了较大的误差甚至是得到了错误的结果。因此，当面对海量数据，尤其是多源、非结构化和高维交通大数据时，不能直接进行建模处理，必须分为“探索”和“证实”两个阶段进行分析。这里提到的探索阶段，就是本章的核心——探索性数据分析，该阶段的主要工作是挖掘出数据的分布模式和特征，提取相应规律作为数据分析者的先验知识和建模依据。

探索性数据分析的本质，是一种数据驱动的建模方法，即直接从数据出发建立描述对象的模型，用最全面的角度考察数据，在发现数据基本结构的基础上，从不同层次挖掘数据中各方面的信息，而不是过度依赖于描述对象的内部机理。因此，探索性数据分析方法适用于机理复杂，难以用已有的数学或物理知识建立对象模型的情况。具体到方法中，探索性数据分析将综合数理统计、模式识别、信息论等多学科分析思想，对数据进行全方位的描述性分析、相关性分析和可视化分析等。除此之外，由于大数据在采集、存储和传输的过程中存在数据损坏及数据异构化问题，因此在对数据进行分析前，也必须对数据进行相应的预处理，使其适合进行接下来的分析。

本章将按照处理数据的逻辑顺序，首先从数据预处理开始，介绍数据清洗、数据变换、缺失异常数据处理等相关手段，然后结合交通大数据的时空分布特点进一步介绍“探索性数据分析”的理论基础和技术方法，并以网约车轨迹数据为例，全面展示时空大数据的探索性分析方法。

3.1 数据预处理

数据分析的成功与否，或者说能否从数据中挖掘出有价值的结果，取决于所采集数据是否真实反映研究对象的情况。获取数据的手段通常有人工采集和自动采集两种方式。人工采集数据是人工使用仪器对研究对象进行观测和记录。自动采集是由传感器自动测量，并将测量信息自动转换成数字信号，传送至终端数据存储设备。但现实中，不管采用哪种采集方式，由于采集环境、采集设备、处理人员等差异，数据中都可能包含虚假、缺失和谬误的信息，很难完全准确地描述研究对象。这些错误信息也被称为噪声(noise)，它们会影响数据质量以及数据分析结果的可靠性。

此外，交通大数据在进行处理时还面临如下挑战：交通大数据的设备覆盖面广、建设规模大，但设备质量良莠不齐；同一类交通数据在不同城市或地区没有统一的标准和技术规范；交通大数据在进行采集、传输、存储等环节时都可能出现不同程度的错误[1]。因此采集到的交通数据常常会出现数据重复、字段名与结构前后不一、数据损坏、字段缺失等问题，如果直接对数据进行处理，就极有可能得到错误的结论。

为了正确地处理采集到的海量交通数据，让交通大数据准确地描述各种交通现象，在对交通数据处理前需要对交通数据进行预处理，该过程十分重要且烦琐，有时甚至会占据整个数据分析工作80%的时间[2]。

基于交通数据的处理特点，本节将介绍交通大数据预处理的四个核心阶段：数据质量分析、缺失值处理、异常值处理和数据标准化处理。

3.1.1 数据质量分析

数据质量分析是预处理的重要一环，也是确保数据分析结论有效性和准确性的基础。没有可靠的数据，数据分析的结论将是空中楼阁[3]。数据质量分析的主要任务是检查是否存在“脏数据”。脏数据指不符合要求、不能直接进行相应分析的数据，包括缺失值、异常值、格式不一致的值、重复数据及含有特殊符号（如#、￥、*）的数据等[2]。下文主要介绍缺失值和异常值的处理方法。

1.缺失值检查

缺失值主要包括数据记录的整体缺失，以及记录中某些字段信息的缺失。这两者都会造成计算中断或者分析结果的不准确[4]。

（1）缺失值产生原因有：

①交通数据中部分信息无法获取，或者获取信息的代价太大。如为了保护隐私，网约车数据中司机或乘客的联系方式等信息常常会做脱敏处理；

②部分信息由于某些特定原因被遗漏。如因为疏忽、遗忘或对数据理解错误等一些人为因素而遗漏；或是由于交通数据采集设备、存储介质、传输媒介的故障等非人为原因而丢失；

③在某些情况下，缺失值并不意味着数据有错误，而是由于某些属性值对一些对象来说是不存在的。如在网约车乘客属性调查中，儿童乘客的固定收入水平这一属性默认是空值。

（2）缺失值的影响有：

①缺失值本身可能丢失了大量的有用信息；

②缺失值使数据分析时所表现出来的不确定性更加显著，其隐藏的规律更难把握；

③包含空值的数据可能会使数据分析过程陷入混乱，导致输出存在误差或者输出没有具有数字意义的值。

2.异常值检查

异常值是指录入错误或者不合常理的数据，异常值通常明显偏离大部分观测值的取值范围。直接对包含异常值的数据进行计算分析，可能会对后续的结果造成严重影响。此外，在数据分析中，如果重视异常值存在，分析其产生原因，往往能发现潜在问题，进而找到改进决策的契机。

造成异常值有人为原因和自然原因。人为原因包括数据输入错误、测量误差、实验误差、抽样错误等因素，会对后续分析带来较大的影响。自然原因造成的异常值，也称为离群点，其在一定程度上反映了数据集的分布特征。

异常值检查方法，主要包括如下几种[5]：

（1）基础统计量分析。先对变量做一个“描述性统计”分析，得到一些基础统计量，从而查看哪些数据是不合理的。最常用的统计量是最大值和最小值，用来判断这个变量的取值是否超过了合理的范围。如某用户数据集中年龄最大值为199岁，则该值显然是个异常值。

（2）3σ原则。如果数据服从正态分布，在3σ原则下，异常值被定义为一组测定值中与平均值的偏差超过3倍标准差的值。此时，距离平均值3σ之外的值出现的概率为$P(|x-\mu|)>3\sigma)=0.003$，属于极小概率事件。如果数据不服从正态分布，也可以使用数据点远离平均值的n倍标准差（n的取值根据实际数据而定）进行描述。

（3）箱型图分析。箱型图识别异常值的标准是：小于$Q_L-1.5IQR$或大于$Q_U+1.5IQR$的值。如图3-1所示，Q_L是“下四分位数”，表示全部样本中有四分之一的数据取值比它小；Q_U是“上四分位数”，表示全部样本中有四分之一的数据取值比它大；$IQR=Q_U-Q_L$被称为四分位数间距。

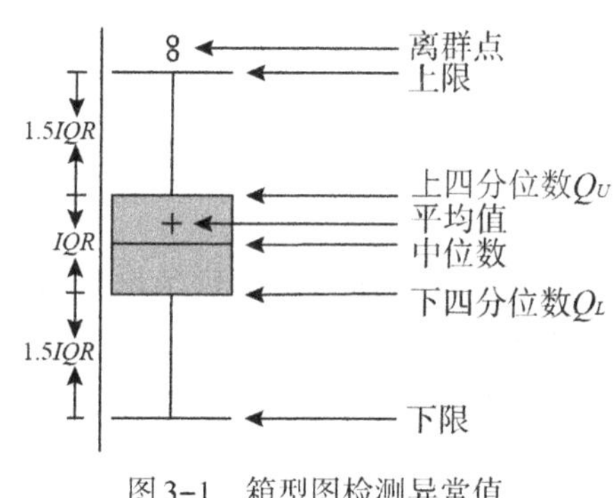

图3-1　箱型图检测异常值

箱型图在识别异常值方面有一定的优越性。一方面,箱型图不需要确定数据的分布形式,适用性广。另一方面,四分位数不会因离群点而产生很大的扰动,所以异常值本身不会对判定标准造成很大影响,因此箱型图分析具有一定的鲁棒性,其识别结果比较客观。

(4)一致性检查。一致性检查是指,检查数据间是否存在互相矛盾、冲突、不相关等不一致的情况。直接对不一致的数据进行分析,会产生与实际相悖的结论。不一致数据通常产生于数据集成过程中,可能是由于数据来自不同的数据源,或者对重复存储数据未能进行一致性更新。例如,两张表都存储了某个用户的电话号码,若该用户的电话号码发生变更时,只更新了一张表中的数据,那么这两张表中就产生了不一致的数据。

3.1.2　缺失值处理

处理缺失值的方法包括删除记录和数据插补。要注意的是,对于部分缺失的数据,如果缺失的部分不影响分析,那么即使对这些缺失数据不做处理也不会影响数据的分析结果。

1. 删除记录

假设某条样本记录的大部分有效数据都缺失了,且插补操作可能改变该条记录原本的含义,所以常常将之直接删除[5-7]。Pandas中使用dropna函数来执行此类删除操作。但只要该行或列中有一个NaN元素(即缺失值),该行或列全部都会被删除,所以在实际应用中可以添加特定的条件,使用how选项指定删除所有元素都为NaN的行或列。

2. 缺失值插补

对于分析中必不可少的缺失值,需要进行插补填充,常见的缺失值插补方法如表3-1所示。

表3-1　常用的缺失值插补方法[6]

插补方法	方法描述	插补函数
均值/中位数/众数	根据属性值的类型,用该属性值的平均数/中位数/众数进行插补	fillna(mean())、fillna(median())
固定值插补	将缺失的属性值用一个常量替换	fillna(a)(a为任意常数值)
最近邻插补	在记录中找到与缺失样本最接近的样本的该属性值插补	fillna(method='pad')/ fillna(method='bfill')
插值法	是利用已知点建立合适的插值函数$f(x)$,未知值由对应点x_i求出的函数值$f(x_i)$近似替代	-

一般情况下,为了提高插补数据的可靠度,常采用插值法。插值法是指利用函数$f(x)$在某区间中已知的若干点的函数值,拟合出适当的函数,在区间的其他点上用这特定函数的值作为函数$f(x)$的近似值。根据函数选取不同,插值方法也包括线性插值法、拉格朗日插值法、牛顿插值法、Hermite插值法、分段插值法和样条插值法等[6]。

在这里着重介绍一下两种多项式插值法的原理与实现。

(1)拉格朗日插值法。拉格朗日插值成功地用构造插值基函数的方法解决了求n次多项式插值函数问题。它的基本思想是将待求的n次多项式插值函数改写成另一种表示方式，再利用插值条件确定其中的待定函数，从而求出插值多项式。对于平面上已知的n个点(x_1, y_1),(x_2, y_2), …,(x_n, y_n),可以找到一个$n-1$次多项式$y=a_0+a_1x+a_2x^2+\cdots+a_{n-1}x^{n-1}$,使此多项式曲线过这$n$个点，通过代入未知点的$x_{n+1}$,可求得插补值$\hat{y}_{n+1}$。具体步骤为：

①求已知的过n个点的$n-1$次多项式：

$$y=a_0+a_1x+a_2x^2+\cdots+a_{n-1}x^{n-1} \tag{3.1}$$

将n个点的坐标(x_1, y_1),(x_2, y_2), …,(x_n, y_n)代入多项式函数，得：

$$\begin{aligned} y_1&=a_0+a_1x_1+a_2x_1^2+\cdots+a_{n-1}x_1^{n-1} \\ y_2&=a_0+a_1x_2+a_2x_2^2+\cdots+a_{n-1}x_2^{n-1} \\ &\cdots \\ y_n&=a_0+a_1x_n+a_2x_n^2+\cdots+a_{n-1}x_n^{n-1} \end{aligned} \tag{3.2}$$

解出拉格朗日插值多项式为：

$$\begin{aligned} L(x)=&y_1\frac{(x-x_2)(x-x_3)\cdots(x-x_n)}{(x_1-x_2)(x_1-x_3)\cdots(x_1-x_n)} \\ &+y_2\frac{(x-x_1)(x-x_3)\cdots(x-x_n)}{(x_2-x_1)(x_2-x_3)\cdots(x_2-x_n)} \\ &\cdots \\ &+y_n\frac{(x-x_1)(x-x_2)\cdots(x-x_{n-1})}{(x_n-x_1)(x_n-x_2)\cdots(x_n-x_{n-1})} \\ =&\sum_{i=1}^{n}y_i\prod_{j=1,j\neq i}^{n}\frac{x-x_j}{x_i-x_j} \end{aligned} \tag{3.3}$$

②将缺失的函数值对应的点x_{n+1}代入插值多项式得到缺失值的近似值$\hat{y}_{n+1}=L(x_{n+1})$。

拉格朗日插值公式结构紧凑，理论分析方便，考虑了全局信息，但当插值节点增减时，插值多项式就会随之变化，在实际计算中不方便。为了克服这一缺点，可以使用牛顿插值法。

(2)牛顿插值法。牛顿插值法也是多项式插值，但引入了差商的概念，相比于拉格朗日插值法优势在于它具有承袭性和易于变动节点的特点。从本质上来说，两者给出的结果是一样的(相同次数、相同系数的多项式)，只不过表示形式不同。

①求已知的n个点对(x_1, y_1),(x_2, y_2), …,(x_n, y_n)的所有阶差商公式[5,7]：

$$f[x_1,x]=\frac{f[x]-f[x_1]}{x-x_1}=\frac{f(x)-f(x_1)}{x-x_1} \tag{3.4}$$

$$f[x_2,x_1,x]=\frac{f[x_1,x]-f[x_2,x_1]}{x-x_2} \tag{3.5}$$

$$f[x_3,x_2,x_1,x]=\frac{f[x_2,x_1,x]-f[x_3,x_2,x_1]}{x-x_3} \tag{3.6}$$

……

$$f[x_n,x_{n-1},\cdots,x_1,x]=\frac{f[x_{n-1},\cdots,x_1,x]-f[x_n,x_{n-1},\cdots,x_1]}{x-x_n} \tag{3.7}$$

联立以上差商公式建立如下：

$$\begin{aligned}f(x)=&f(x_1)+(x-x_1)f[x_2,x_1]+(x-x_1)(x-x_2)f[x_3,x_2,x_1]+\cdots\\&+(x-x_1)(x-x_2)\cdots(x-x_{n-1})f[x_n,x_{n-1},\cdots,x_2,x_1]+\\&+(x-x_1)(x-x_2)\cdots(x-x_n)f[x_n,x_{n-1},\cdots,x_1,x]\\=&P(x)+R(x)\end{aligned}\tag{3.8}$$

其中：

$$\begin{aligned}P(x)=&f(x_1)+(x-x_1)f[x_2,x_1]+(x-x_1)(x-x_2)f[x_3,x_2,x_1]+\cdots\\&+(x-x_1)(x-x_2)\cdots(x-x_{n-1})f[x_n,x_{n-1},\cdots,x_2,x_1]\end{aligned}\tag{3.9}$$

$$R(x)=(x-x_1)(x-x_2)\cdots(x-x_n)f[x_n,x_{n-1},\cdots,x_1,x]\tag{3.10}$$

$P(x)$是牛顿插值逼近函数，$R(x)$是误差函数。

②将缺失的函数值对应的点x_{n+1}代入插值多项式得到缺失值的近似值$\hat{y}_{n+1}=f(x_{n+1})$。

(3)插值法在网约车轨迹数据的应用。案例数据表3-2是网约车轨迹数据DATASET-A中某订单的部分经纬度信息。传感器记录的时间间隔一般为3秒左右，但有时会因为信号不佳等原因产生缺失值(时间间隔大于等于6秒则被定义为缺失值)。

代码下载

表3-2　某订单部分轨迹数据

	lat	lon	timestamp
0	30.65971	104.0833	1477964431
1	30.65984	104.0834	1477964434
2	30.66019	104.0836	1477964437
3	30.66038	104.0837	1477964440
4	30.66082	104.084	1477964446
5	30.66108	104.0841	1477964449
6	30.66124	104.0843	1477964452
7	30.66153	104.0844	1477964455
8	30.66177	104.0845	1477964458
9	30.66208	104.0848	1477964461
10	30.66236	104.0849	1477964464
11	30.66259	104.0851	1477964467
12	30.66279	104.0852	1477964470
13	30.66296	104.0853	1477964473
14	30.66319	104.0854	1477964476

在此场景下，可以通过多项式插值的方法进行填充。通过以下代码处理，使用拉格朗日插值法，可以得到插值结果表3-3，插值得到的新数据用黑体表示。

```
import pandas as pd
import numpy as np
# 拉格朗日插值
from scipy.interpolate import lagrange  #scipy.interpolate是内置工具包
def ploy (s,n,k=4):
```

```
    y=s[list(range(n-k,n))+list(range(n+1,n+1+k))] #取出插值位置前后k个数据
    y=y[y.notnull()]  #剔除空值
    return lagrange(y.index,list(y))(n)
traj = pd.read_csv('DATASET-A.csv', usecols=[2,3,4]).iloc[:15]
traj.columns = ['timestamp', 'lon', 'lat']
traj['time_interval'] = traj['timestamp'] - traj['timestamp'].shift(1)
index = traj[traj['time_interval'] >=6].index.to_list()
for i in index:
    timestamp = traj['timestamp'].loc[i-1] + 3
    insertRow = pd.DataFrame([[np.nan, np.nan, timestamp]], columns=['lon', 'lat', 'timestamp'])
    traj = pd.concat([traj[:i], insertRow, traj[i:]], ignore_index=True)
    traj['lon'][i]=ploy(traj['lon'],i)
    traj['lat'][i]=ploy(traj['lat'],i)
traj = traj.drop(['time_interval'], axis=1)
```

表3-3 插值结果表

	lat	lon	timestamp
0	30.65971	104.0833	1477964431
1	30.65984	104.0834	1477964434
2	30.66019	104.0836	1477964437
3	30.66038	104.0837	1477964440
4	30.66056	104.0838	1477964443
5	30.66082	104.084	1477964446
6	30.66108	104.0841	1477964449
7	30.66124	104.0843	1477964452
8	30.66153	104.0844	1477964455
9	30.66177	104.0845	1477964458
10	30.66208	104.0848	1477964461
11	30.66236	104.0849	1477964464
12	30.66259	104.0851	1477964467
13	30.66279	104.0852	1477964470
14	30.66296	104.0853	1477964473
15	30.66319	104.0854	1477964476

3.1.3 异常值处理

在数据预处理时，可以根据3.1.1节的内容对数据中的异常值进行检测和识别。但对于异常值的处理方法，则需视其产生原因及其对数据分析任务和模型产生的影响而定，也需结合实际情况考虑，没有固定统一的方法。常见的异常值处理方法见表3-4。

表 3-4　异常值处理常用方法

异常值处理方法	方法描述
删除含有异常值的记录	直接将含有异常值的记录删除
视为缺失值	将异常值视为缺失值，利用缺失值处理的方法进行处理
不处理	直接在具有异常值的数据集上进行数据挖掘和分析

将含有异常值的记录直接删除这一方法简单易行，但缺点也很明显。在观测值很少的情况下，这种删除异常值的做法会造成样本量不足，而且可能会改变数据的原有分布，从而造成分析结果的不准确。因此可以将异常值视为缺失值来进行处理，这种处理方法的好处是可以利用现有变量的信息，对异常值（缺失值）进行填补。具体操作与上述缺失值的处理方法一致，在此就不再赘述。

3.1.4　数据标准化处理

数据标准化（规范化或归一化）处理，是数据挖掘的一项非常重要的基础工作。因为不同类型的数据往往具有不同的量纲，数值间的差别可能很大。为了消除不同类型数据间的量纲和取值范围差异的影响，需要对其进行标准化处理，将数据按照比例进行缩放，使之落入一个特定的区域，便于进行综合分析，如将工资属性值映射到[−1,1]或者[0,1]内。此外，数据标准化对于涉及神经网络的分类算法或基于距离度量的分类（如最邻近分类）和聚类算法都十分有用。例如训练神经网络模型时，对数据集中的数值标准化将有助于加快模型训练的速度；而对于基于距离的模型，标准化可以帮助防止具有较大初始值域的属性与有较小初始值域的属性相比权重过大。更多的具体应用场景会在后续章节案例中进行介绍。

在交通大数据分析问题中，常用的数据标准化方法有三种：最小-最大标准化、零均值标准化和小数定标标准化。

1.最小-最大标准化

最小-最大标准化也称为离差标准化，是对原始数据的线性变换，将数值映射到[0,1]之间。转换公式如下：

$$x^* = \frac{x - \min}{\max - \min} \tag{3.11}$$

其中，max 为样本数据的最大值，min 为样本数据的最小值，max-min 为极差。离差标准化保留了原来数据中存在的关系，是消除量纲和数据取值范围影响的最简单方法。这种处理方法的缺点是：如果数据集中且某个数值很大，则标准化后各值会接近于0，并且标准化后的数据之间将会相差不大。同时，如果遇到超过目前属性取值范围[min,max]的时候，会引起系统出错，需要重新确定 min 和 max。

2.零均值标准化

零均值标准化也称标准差标准化，是当前用得最多的数据标准化方法。经过零均值标准化处理的数据均值为0，标准差为1。变换公式如下：

$$x^* = \frac{x - \bar{x}}{\sigma} \tag{3.12}$$

其中，$\bar{x}$ 为原始数据的均值，σ 为原始数据的标准差。

3.小数定标标准化

通过移动属性值的小数位数，将属性值映射到[−1,1]之间，移动的小数位数取决于属性值绝对值的最大值。变换公式如下：

$$x^* = \frac{x}{10^{\lceil \log|x| \rceil}} \tag{3.13}$$

最小-最大标准化可以通过 Scikit-learn 中的 preprocessing.MinMaxScaler()函数实现，零均值标准化可以通过preprocessing.StandardScaler()函数实现。大多数模型训练之前会进行数据标准化，具体代码实现方法可以参考后续章节内容。

3.2 时空数据分析基础

3.1节介绍了常用的数据预处理技术。交通大数据具有其特殊性，它包含一类含有时空属性的结构化数据。对于这类时空数据，一般该如何处理和分析呢？本节将详细介绍时空数据的分析方法。

时间型数据具有典型的序列性，根据其应用场景可以分为两种：一类是时间戳(timestamp)，记录的是某个特定时刻，比如GPS定位时间、IC卡刷卡时间等；另一种是时间间隔(interval)，与统计性特征相关，比如观测到的小时交通流量。空间型数据是指带有空间坐标的数据，用点(轨迹点)、线(路段)、面(城市)等基本空间数据结构来表示。时空数据处理的基本思想是在充分理解时间数据、空间数据、其他特征数据及其关联性的基础上，通过整合、清洗和转换不同来源的时空数据，以满足特定时空特征分析与数据挖掘算法的需求。

表3-5所示的网约车轨迹数据是一类最典型的时空数据(具体的介绍可以参考第1章中的1.3小节)，其中，第一列和第二列分别是加密处理后的司机编号和订单编号，第三列指的是时间戳(timestamp)，最后两列分别是经纬度数据，使用GCJ-02坐标系。该表中的每一条数据记录，代表该订单在"timestamp"对应的时间点所处的具体位置。本节就将以原始的网约车轨迹数据(即DATASET-A)为例介绍时空数据相关的基本分析方法。由于原始数据量过大，本章选用2016年11月1日08:00:00至09:00:00的数据进行示范。

表3-5 网约车轨迹示例数据

加密处理后的司机编号	加密处理后的订单编号	时间戳	经度	纬度
rxcrGx4c4vw-nvvpwpzIq955wDbfoxxm	mrkrDueb.tx3nwoylfyxqhjbwD6hvtst	1477969147	104.0751	30.72724
rxcrGx4c4vw-nvvpwpzIq955wDbfoxxm	mrkrDueb.tx3nwoylfyxqhjbwD6hvtst	1477969150	104.0751	30.72702
rxcrGx4c4vw-nvvpwpzIq955wDbfoxxm	mrkrDueb.tx3nwoylfyxqhjbwD6hvtst	1477969154	104.075	30.72672
rxcrGx4c4vw-nvvpwpzIq955wDbfoxxm	mrkrDueb.tx3nwoylfyxqhjbwD6hvtst	1477969156	104.075	30.7263
rxcrGx4c4vw-nvvpwpzIq955wDbfoxxm	mrkrDueb.tx3nwoylfyxqhjbwD6hvtst	1477969159	104.075	30.72582
rxcrGx4c4vw-nvvpwpzIq955wDbfoxxm	mrkrDueb.tx3nwoylfyxqhjbwD6hvtst	1477969162	104.075	30.72544
rxcrGx4c4vw-nvvpwpzIq955wDbfoxxm	mrkrDueb.tx3nwoylfyxqhjbwD6hvtst	1477969168	104.0749	30.72487
rxcrGx4c4vw-nvvpwpzIq955wDbfoxxm	mrkrDueb.tx3nwoylfyxqhjbwD6hvtst	1477969171	104.0748	30.72456
rxcrGx4c4vw-nvvpwpzIq955wDbfoxxm	mrkrDueb.tx3nwoylfyxqhjbwD6hvtst	1477969174	104.0746	30.72434
rxcrGx4c4vw-nvvpwpzIq955wDbfoxxm	mrkrDueb.tx3nwoylfyxqhjbwD6hvtst	1477969177	104.0743	30.72406
rxcrGx4c4vw-nvvpwpzIq955wDbfoxxm	mrkrDueb.tx3nwoylfyxqhjbwD6hvtst	1477969180	104.0742	30.72379

3.2.1 空间坐标系转换

空间位置信息的格式和数值与其所对应的空间坐标系相关，而不同空间数据的坐标系往往不同。常见的坐标系有WGS-84、GCJ-02(火星坐标系)、BD-09、UTM坐标系。其中，WGS-84是国际上采用的以经纬度为存储单位的球面地理坐标系统，而GCJ-02和BD-09是在前者基础上对经纬度进行单次和多次非线性偏移形成的投影坐标系统。UTM不同于前三个坐标系，是平面直角坐标系统，可以从任意一个地理坐标系转化而来。在融合不同的空间数据时，需要通过坐标系转换算法来统一坐标系，部分地图服务也提供了Web API来将其内部坐标系转换为常见的坐标系，具体可参考本章文献[6]。下面的代码展示了一个例子，将WGS-84坐标系下的经纬度转化为Pseudo-Mercator坐标系下的横纵坐标。

```
from utm import *
from tqdm import tqdm, tqdm_pandas
import pandas as pd
import numpy as np
import time
time1 = '20161101 15:00:00'
time2 = '20161101 16:00:00'
stamp1 = time.mktime(time.strptime(time1, "%Y%m%d %H:%M:%S"))
stamp2 = time.mktime(time.strptime(time2, "%Y%m%d %H:%M:%S"))
df = pd.read_csv('DATASET-A.csv')
df.columns=['driver_id', 'order_id', 'timestamp', 'lon', 'lat']
# 转换为utc+8时区
df.timestamp = df.timestamp + 8 * 3600
df = df[(df['timestamp'] >= stamp1) & (df['timestamp'] < stamp2)].reset_index(drop=True)
```

```
`import pyproj
# 定义WGS-84和Pseudo-Mercator坐标系的投影
wgs84 = pyproj.CRS("EPSG:4326") # WGS-84坐标系
mercator = pyproj.CRS("EPSG:3857") # Pseudo-Mercator坐标系

# 创建转换器
transformer = pyproj.Transformer.from_crs(wgs84,mercator,always_xy=True)
# 使用转换器将经纬度转换为Pseudo-Mercator坐标系
df['x'],df['y'] = transformer.transform(df['lon'].values,df['lat'].values)
```

3.2.2 时空单元划分

时空单元划分是时空数据处理的重要方法，一方面可以高效地挖掘数据中隐含的时空特征，另一方面便于不同类别的时空数据进行融合。时间数据只有一维属性且具有严格的序列性，因此可以按照起始时间和间隔将时间范围划分为若干个大小相等的时间窗。而空间数据一般具有多维属性，单元之间的空间关系也更加复杂，往往需要用到网格划分的方法。如图3-2所示，网格划分是指将区域划分为棋盘状的栅格，将空间数据点归类到各个网格中，是一种非常高效的空间数据处理方法。

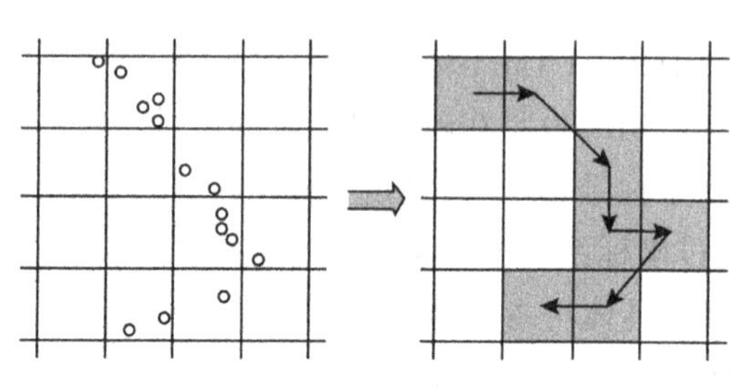

时间	网格ID
00:00:00 00:00:01 00:00:02	0
……	……
00:30:01 00:30:02 00:30:03	3
……	……
08:00:01 08:00:02 08:00:03	48
……	……

图3-2 时空网格划分

对于网约车轨迹数据而言，在对定位点进行归类的同时也将矢量的轨迹栅格化为网格的序列，实现了将轨迹数据打散成点坐标转化为张量的过程。每个网格单元就是“图”中的一个像素点，像素点的颗粒度越低，清晰度越高，当网格颗粒度精细到一定程度时，能够真实、精细地反映区域内的特征。但粒度太细会带来数据稀疏和计算复杂度增大等问题。因此，网格划分时需要依据区域大小、数据密度与精度及分析对象的层次（中观、微观），选取合适的粒度。这里通过下述代码，计算轨迹点在时空网格中的索引，实现轨迹数据的栅格化处理。

```
#时间窗划分
time_interval=600                                                      #时间窗长度
df['time_id'] = df['timestamp'].apply(lambda x: (x-stamp1)//time_interval)   #生成时间窗索引
#空间网格划分
left = df['x'].min()                                                   #计算左边界
up = df['y'].max()                                                     #计算上边界
interval=70                                                            #网格单元大小
df['rowid'] = df['y'].apply(lambda x: (up - x) // interval).astype('int')    #计算横向索引
df['colid'] = df['x'].apply(lambda x: (x - left) // interval).astype('int')  #计算纵向索引
```

3.2.3 时空特征提取

1.个体特征计算

时空数据挖掘的目的是提取更深层次的时空特征。依旧以网约车轨迹数据为例，原始轨迹数据中只包含时空位置信息，不包含每个时刻的运动状态的信息。要获取运动状态信息，首先需要计算每个轨迹点处的瞬时速度。由于网约车轨迹数据采集时间间隔短，因此可采用相邻点之间的行程车速代替每个点处的瞬时速度，基于此瞬时速度计算加速度。

```
df = df.sort_values(by=['driver_id','order_id','timestamp']).reset_index(drop=True)
# 将订单id,下移一行,用于判断相邻记录是否属于同一订单
df['orderFlag'] = df['order_id'].shift(1)
df['identi'] = (df['orderFlag']==df['order_id'])
# 将坐标、时间戳下移一行,从而匹配相邻轨迹点
df['x1'] = df['x'].shift(1)
df['y1'] = df['y'].shift(1)
df['timestamp1'] = df['timestamp'].shift(1)
df = df[df['identi']==True]
#将不属于同一订单的轨迹点对删去
dist = np.sqrt(np.square((df['x'].values-df['x1'].values)) + np.square((df['y'].values-df['y1'].values)))
#计算相邻轨迹点之间的距离
time = df['timestamp'].values - df['timestamp1'].values
#计算相邻轨迹点相差时间
df['speed'] = dist / time
#计算速度
```

```
df = df.drop(columns=['x1','y1','orderFlag','timestamp1','identi'])
#删去无用列
```

基于计算得到的瞬时速度，还能够继续提取更深层次的特征，如加速度，它代表了车辆的瞬时运行状态变化情况。

```
df['speed1'] = df.speed.shift(1)                    #将速度下移一行
df['timestamp1'] = df.timestamp.shift(1)            #将时间下移一行
df['identi'] = df.order_id.shift(1)                 #将订单号下移一行
df = df[df.order_id==df.identi]                     #去除两个订单分界点数据
df['acc'] = (df.speed1.values - df.speed.values) / (df.timestamp1.values - df.timestamp.values)
                                                    #计算加速度
df = df.drop(columns=['speed1','timestamp1','identi'])  #删除临时字段
```

2.个体特征集计

在交通大数据分析中，常用的时空数据分析特征包括区域平均速度、流量、最小行程速度、自由流速度等，这里将详细介绍这几类特征的计算。前文基于连续的轨迹点以及时间戳，已经获得了各车辆的行驶速度、加速度等车辆基本行驶状态参数。下一步，根据3.2.2节中时空单元划分的结果，按照不同的计算方法对速度、加速度指标进行集计，从而得到表征网格交通流状态的相关参数，这些参数也是本章后续建模和分析的重要依据。

(1)网格平均速度v_{ins}。对于每个时段，计算每辆车在同一网格下的平均速度，然后对此再次求平均得到网格平均速度。这么做是因为低速车辆在网格中留下的轨迹点往往更多，直接求平均速度会导致结果偏低。

```
#基于时空网格与轨迹id进行分组
orderGrouped = df.groupby(['rowid', 'colid','time_id', 'order_id'])
#网格平均车速
grouped_speed = orderGrouped.speed.mean().reset_index()
grouped_speed = grouped_speed.groupby(['rowid','colid','time_id'])
grid_speed = grouped_speed.speed.mean()
grid_speed = grid_speed.clip(grid_speed.quantile(0.05), grid_speed.quantile(0.95)) #去除异常值
```

(2)网格平均加速度acc_{mean}。对网格内单一时间段内的车辆瞬时加速度求取平均值，即得到网格平均加速度。

```
#网格平均加速度
gridGrouped = df.groupby(['rowid','colid','time_id'])
grid_acc = gridGrouped.acc.mean()
```

(3)网格浮动车流量q_{grid}。根据每个网格中的轨迹点数量确定，同一辆浮动车的轨迹点仅计数一次。由

于浮动车数据只占道路全部车辆的一小部分，所以通过浮动车数据获取得到的网格流量无法直接表征实际流量，但不同路段之间的流量相对值却能在一定程度上反映真实情况。

```
# 网格流量
grouped_volume = orderGrouped.speed.last().reset_index()
grouped_volume = grouped_volume.groupby(['rowid','colid','time_id'])
grid_volume = grouped_volume['speed'].size()
grid_volume = grid_volume.clip(grid_volume.quantile(0.05), grid_volume.quantile(0.95))
```

(4)网格速度标准差std_v。速度标准差代表了网格交通流的稳定状态，当道路处于拥堵状态，车辆往往需要进行多次加减速操作，由此造成网格的瞬时速度标准差在不同路况下具有不同的特征。

```
# 网格车速标准差
grid_v_std = gridGrouped.speed.std()
```

(5)网格平均停车次数$stop_{grid}$。拥堵路段的车辆往往会间歇性地停驶，因此可以利用原始数据中的瞬时速度计算网格中车辆的平均停驶次数，以此作为表征交通流的一个特征。假设某时空单元中共出现了m辆车，每辆车均测量到几个速度值，其中车辆i的速度序列为$[v_{1i}, v_{2i}, \cdots, v_{ni}]_{i,j}$，定义该网格平均停车次数为

$$stop_{grid} = \frac{\sum_{i=1}^{m}\sum_{j=1}^{n}\mathbb{I}(v_{ij}=0)}{m} \tag{3.14}$$

其中$\mathbb{I}(\cdot)$为按条件计数函数，当括号内条件满足时，函数值为1，否则为0。

```
#网格平均停车次数
stopNum = gridGrouped.speed.agg(lambda x: (x==0).sum())
grid_stop = pd.concat((stopNum, grid_volume), axis=1)
grid_stop['stopNum'] = stopNum.values / grid_volume.values
grid_stop = grid_stop['stopNum']
grid_stop = grid_stop.clip(0,grid_stop.quantile(0.95))
```

(6)数据整理。将上面得到的各类特征进行整理，得到结构整齐的时空数据表。

```
feature = pd.concat([grid_speed, grid_acc, grid_volume, grid_v_std, grid_stop], axis=1).reset_index()
feature.columns = ['rowid', 'colid', 'time_id','aveSpeed','gridAcc','volume','speed_std','stopNum']
```

3.2.4 网格化处理后的网约车轨迹数据

经过3.2.1–3.2.3的时空数据分析后，原始轨迹数据已经被进行网格化，并提取出了很多与网约车相关的二级特征，例如平均速度、平均加速度、浮动车流量等。这些特征都将为我们后续章节的建模和分析提供有力的支持。采用上述时空数据处理方法，将2016年11月1日至2016年11月30日的网约车轨迹数据分别进行处理，得到DATASET-B(除了label字段)，表3-6展示了部分数据。该表的各字段的定义为：rowid(行id)、 colid(列id)、time_id(时间网格id)、aveSpeed(网格平均速度)、gridAcc(网格平均加速度)、volume(网格浮动车流量)、speed_std(网格速度标准差)、stopNum(网格平均停车次数)、date(日期)。

表3-6　网约车轨迹数据10min网格化特征

rowid	colid	time_id	aveSpeed	gridAcc	volume	speed_std	stopNum	date
0	0	3	12.35766	1.757799	1	16.99761	0	20161101
0	0	52	4.923624	−0.08854	1	3.682185	0	20161101
0	0	53	4.509885	−0.15055	2	2.469196	0.419	20161101
0	0	55	4.745162	−0.30641	2	4.706964	6.8	20161101
0	0	70	9.521660	1.466778	2	5.600533	0	20161101
0	0	75	7.045766	0.419753	1	5.830170	0	20161101
…	…	…	…	…	…	…	…	…

3.3　探索性数据分析

3.1和3.2节中介绍了数据预处理的基本方法以及交通问题中重要的时空数据分析技术,并基于这些方法对完整的网约车轨迹数据集进行处理和挖掘,得到了表3-6中的结果。本节将介绍建模前的最后一步工作,即探索性数据分析,并获取包括分布特性、统计特性、对比特性等在内的多项数据特征。

3.3.1　数据分布特征分析

分布分析可以解释数据的分布特征和分布类型。在介绍分布分析之前,我们先了解两类重要的数据概念,即定量数据和定性数据:

(1)定量数据,可以认为是以数量形式存在着的属性,我们可以对其进行测量,并用数字表征。在定量数据中,又包括连续变量和离散变量,其中离散变量有时又可近似连续(例如交通流量,从0到10000,虽是离散整数值,但处理时近似连续变量);

(2)定性数据,通常是一组表示事物性质或者类别的文字表述型数据。除了分类数据外,像顺序数据(比如交通调查中,我们用1~5表示交通拥堵的程度)也属于定性数据。

对于定量数据,如果我们想了解其分布形式是对称的还是非对称的,或发现某些极大或极小的可疑值,可通过绘制频率分布表、频率分布直方图、茎叶图等进行直观的分析;而对于定性数据,可使用饼图和条形图来显示其分布情况。本书第4章将详细讲解数据可视化,上面提到的几类图形可以参考4.2节相关内容。

3.3.2　统计量分析

用统计指标对定量数据进行描述统计分析,常从集中趋势和离中趋势两个方面进行分析。反映平均水平的指标是对个体集中趋势的度量,使用最广泛的是均值和中位数;反映变异程度的指标则是对个体离开平均水平的度量,使用较广泛的是标准差(或方差)、四分位间距[1]。

1.集中趋势度量

(1)均值。均值是所有数据的平均值,假设有n个原始数据,x_i代表原始数据中第i个数据的值,则原始数据集均值的计算公式为:

$$\mathrm{mean}(x)=\bar{x}=\frac{\sum x_i}{n} \tag{3.15}$$

有时,为了反映在均值中不同成分的重要程度,可以为数据集中的每一个x_i赋予权重w_i,这就得到了加权均值的计算公式:

$$\text{mean}(x)=\bar{x}=\frac{\sum w_i x_i}{\sum w_i}=\frac{w_1x_1+w_2x_2+\cdots+w_nx_n}{w_1+w_2+\cdots+w_n} \tag{3.16}$$

类似地，频率分布表的平均数可以使用下式计算：

$$\text{mean}(x)=\bar{x}=\sum f_i x_i=f_1x_1+f_2x_2+\cdots+f_kx_k \tag{3.17}$$

式中，$x_1,x_2,\cdots,x_k$分别为k个组段的组中值；$f_1,f_2,\cdots,f_k$分别为k个组段的频率。这里的f_i起到了权重的作用。

作为一个统计量，均值对极端值非常敏感。如果数据中存在极端值或者数据是偏分布的，那么均值就不能很好地度量数据的集中趋势。为了消除少数极端值的影响，可以使用截断均值或者中位数来度量数据的集中趋势。截断均值是指去掉高、低极端值之后的平均数。

(2)中位数。中位数是将一组观察值按从小到大的顺序排序后，位于中间的那个数。即在全部数据中，小于和大于中位数的数据个数相等。将某一数据集$\{x_1,x_2,\cdots,x_n\}$按照从小到大排序$\{x_{(1)},x_{(2)},\cdots,x_{(n)}\}$，中位数取值为：

$$M=\begin{cases}x_{\left(\frac{n+1}{2}\right)}, & n\text{为奇数}\\ \frac{1}{2}\left(x_{\left(\frac{n}{2}\right)}+x_{\left(\frac{n+1}{2}\right)}\right), & n\text{为偶数}\end{cases} \tag{3.18}$$

(3)众数。众数是指数据集中出现最频繁的值。众数经常用来度量定性变量的中心位置，更适合用于定性变量。此外，众数不具有唯一性，且众数一般用于离散型变量而非连续型变量。

2.离中趋势度量

(1)极差。极差是样本最大值和最小值的差值，其对数据集的极端值非常敏感，并且忽略了位于最大值与最小值之间的数据的分布情况。

(2)标准差。标准差可以度量数据偏离均值的程度，假设包含n个数据的数据集$\{x_1,x_2,\ldots,x_n\}$，其标准差计算公式为：

$$s=\sqrt{\frac{\sum(x_i-\bar{x})^2}{n}} \tag{3.19}$$

其中，x_i代表数据集中的第i个数据值，$\bar{x}$代表平均值。

(3)变异系数。变异系数可以度量标准差相对于均值的离中趋势，计算公式为：

$$\text{CV}=\frac{s}{\bar{x}}\times 100\% \tag{3.20}$$

(4)四分位数间距。四分位数包括上四分位数和下四分位数。将所有数值由小到大排列并分成四等份，处于第一个分割点位置的数值是下四分位数，处于第二个分割点位置(中间位置)数值是中位数，处于第三个分割点位置的数值是上四分位数。

代码下载

四分位数间距，是上四分位数Q_U与下四分位数Q_L之差，其间包括了全部观察值的一半。其值越大，说明数据的变异程度越大；反之，说明变异程度越小。

根据DATASET-B中的车速数据，可以计算2016年11月1日第一个time_id各个空间单元平均速度的统计指标。

```
import pandas as pd
data = pd.read_csv('DATASET-B.csv')
data_speed = data[(data['date']==20161101) & (data['time_id']==0)]['aveSpeed']
```

```
statistics = data_speed.describe()                                  #保存基本统计量
statistics.loc['range']=statistics.loc['max']-statistics.loc['min']  #极差
statistics.loc['cv']=statistics.loc['std']/statistics.loc['mean']    #变异系数
statistics.loc['dis']=statistics.loc['75%']-statistics.loc['25%']    #四分位数间距
```

车速统计分析结果如表3-7所示。

表 3-7 车速统计分析结果

统计量	意义	数值
count	样本量	280
mean	平均值	11.19839
std	标准差	4.324579
min	最小值	2.971443
25%	下四分位数	7.873805
50%	中位数	11.52361
75%	上四分位数	14.68822
max	最大值	18.48319
range	极差	15.51174
cv	变异系数	0.386179
dis	四分位间距	6.814412

从统计量的结果分析，可以得到研究时段的最小平均车速为2.97m/s，最大车速为18.48m/s，平均水平为11.20m/s，并且变异系数约为0.39。因此总体来讲，车速分布较为离散。

3.3.3 对比分析

对比分析是指把两个相互联系的指标进行比较，从数量上展示和说明研究对象规模的大小，水平的高低，速度的快慢，以及各种关系是否协调。对比分析特别适用于指标间的横纵向比较、时间序列的纵向比较。在对比分析中，选择合适的对比标准是十分关键的步骤，只有选择合适的对比标准，才能做出客观的评价。对比分析主要有以下两种形式[4]：

1.绝对数比较

绝对数比较是利用绝对数进行对比，从而寻找差异的一种方法。

2.相对数比较

相对数比较是由两个有联系的指标对比计算的，用以反映客观现象之间数量联系程度的综合指标，其数值表现为相对数。由于研究目的和对比基础不同，相对数可以分为以下几种：

（1）结构相对数：将同一总体内的部分数值与全部数值对比求得比重，用以说明事物的性质、结构或质量。

（2）比较相对数：将同一时期两个性质相同的指标数值进行对比，说明同类现象在不同空间条件的数量对比关系。如不同地区商品价格对比，不同行业、不同企业间某项指标对比等。

（3）强度相对数：将两个性质不同但有一定联系的总量指标进行对比，以说明现象的强度、密度等。如公交线路密度用“km/km^2”表示，公共自行车站点密度用“个/km^2”来表示。

(4)计划完成程度相对数:某一时期实际完成数与计划数的对比,用以说明计划完成程度。

(5)动态相对数:将同一现象在不同时期的指标数值进行对比,用以说明发展方向和变化的速度。如发展速度、增长速度等。

为了研究城市不同日期的平均速度日变化情况,可以基于网格数据,对相同时段的网格速度平均值进行计算,并绘制平均速度时变折线图,具体方法可以参考4.2.1节内容。

3.3.4　周期性分析

周期性分析是探索某个变量是否随着时间变化而呈现出某种周期变化趋势。时间尺度相对较长的周期性趋势有年度周期性趋势、季节性周期性趋势,相对较短的有月度周期性趋势、周度周期性趋势,甚至更短的日、小时周期性趋势。例如,一个城市的网约车需求就具有明显的周期性。

为了研究网约车流量在特定时段的周期性分布情况,可以基于DATASET-B,对每天第50个时段统计研究区域流量总和。为了研究这一变化是否与星期变化有直接关系,还计算了day字段,指的是周中日期(1~7分别代表周一至周日)。代码如下:

```
import pandas as pd
data = pd.read_csv('DATASET-B.csv')
data_vol = data[data['time_id']==50].groupby(['date'])['volume'].sum()
df = pd.DataFrame(data_vol)
df = df.reset_index(drop=False)
from datetime import datetime
df['day'] = df['date'].apply(lambda x: datetime.strptime(str(x), "%Y%m%d").weekday()+1)
# weekday()函数返回值:周一为0,周日为6
```

为了直观地展示这一变化,我们绘制了日变化折线图,如图3-3。用竖直线标定了每周日,从图中可以看出较为明显的周度周期性趋势。读者可以根据本书第4章的内容尝试自己绘制出这一图形。

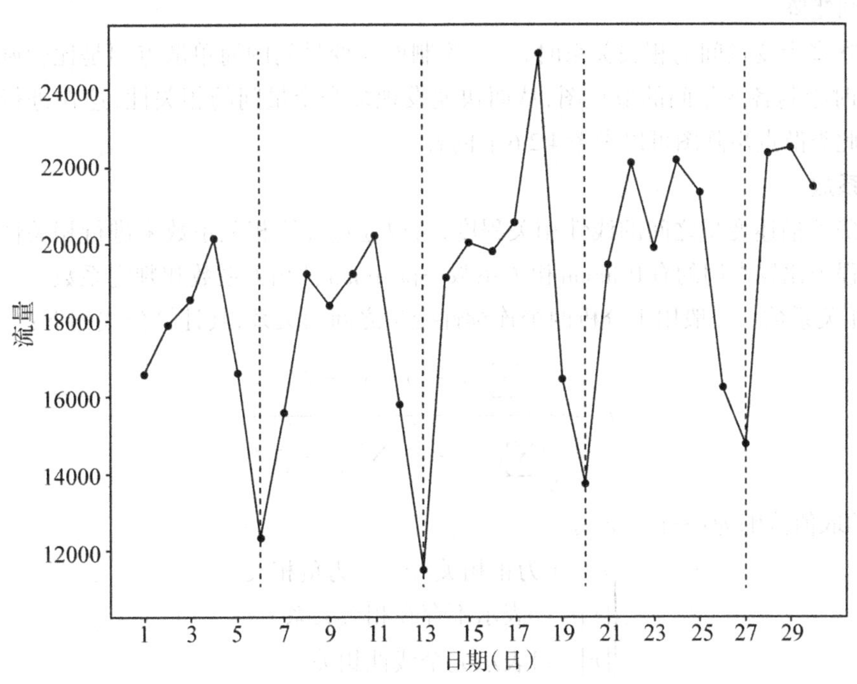

图3-3　11月各日网约车流量变化情况(time_id=50)

3.3.5 相关性分析

在对交通大数据进行分析并建立算法模型之前,常常需要考虑目标值与影响因子之间的相关关系,从而选用合适的模型。分析连续变量之间相关程度的强弱,并用适当的统计指标表示出来的过程称为相关分析。

1.直接绘制散点图

判断两个变量是否具有相关关系的最直观的方法是直接绘制散点图,散点的分布特征常常有6种:完全正线性相关(Pearson相关系数=1)、完全负线性相关(Pearson相关系数=−1)、非线性相关(−0.3<Pearson相关系数<0.3)、正线性相关(0.3<Pearson相关系数<1)、负线性相关(−1<Pearson相关系数<−0.3)、完全不相关(Pearson相关系数=0)。具体如图3-4所示。

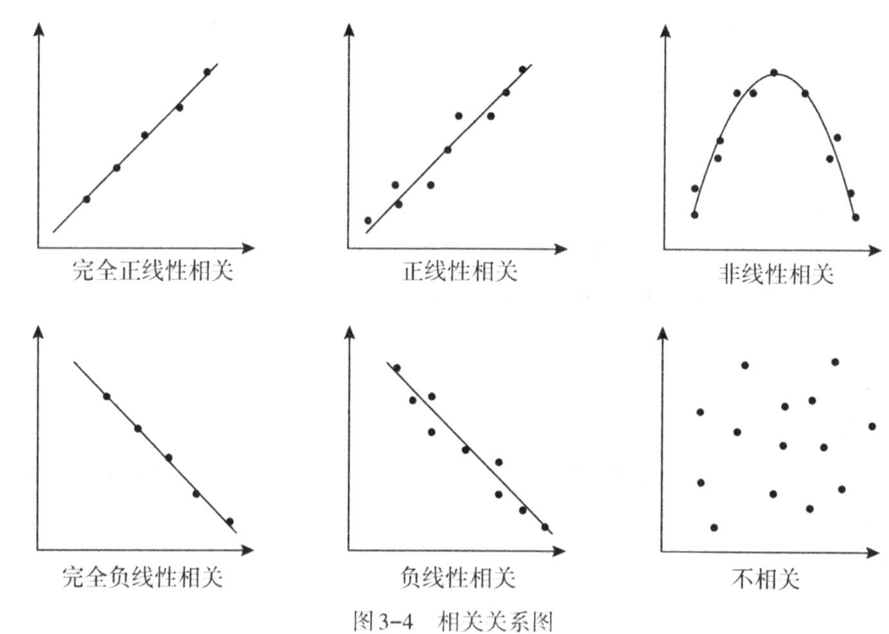

图3-4 相关关系图

2.绘制散点图矩阵

需要同时考察多个变量间的相关关系时,一一绘制两两变量间的简单散点图是比较麻烦的。此时可利用散点图矩阵同时绘制各变量间的散点图,从而快速发现多个变量间的相关性,这在进行多元线性回归时是比较重要的。此类散点矩阵图可以参考4.2.6节内容。

3.计算相关系数

为了更加准确地描述变量之间的线性相关程度,可以通过计算相关系数来进行相关性分析。在二元变量的相关分析过程中比较常用的有Pearson相关系数、Spearman秩相关系数和判定系数。

(1)Pearson相关系数。一般用于分析两个连续性变量之间的关系,其计算公式如下:

$$r=\frac{\sum_{i=1}^{n}(x_i-\bar{x})(y_i-\bar{y})}{\sqrt{\sum_{i=1}^{n}(x_i-\bar{x})^2\sum_{i=1}^{n}(y_i-\bar{y})^2}} \tag{3.21}$$

相关系数r的取值范围为:$-1\leqslant r\leqslant 1$。

$$\begin{cases} r>0\text{为正相关}, r<0\text{为负相关} \\ |r|=0\text{表示不存在相关关系} \\ |r|=1\text{表示完全线性相关} \end{cases}$$

$0 < |r| < 1$表示不同程度线性相关：

$$\begin{cases} |r| \leqslant 0.3\text{为不存在线性相关} \\ 0.3 < |r| \leqslant 0.5\text{为低度线性相关} \\ 0.5 < |r| \leqslant 0.8\text{为显著线性相关} \\ |r| > 0.8\text{为高度线性相关} \end{cases}$$

(2)Spearman秩相关系数。Pearson线性相关系数要求连续变量取值服从正态分布。不服从正态分布的变量、分类变量或等级变量之间的关联性可采用Spearman秩相关系数，也称等级相关系数描述：

$$r_s = 1 - \frac{6\sum_{i=1}^{n}(R_i - Q_i)^2}{n(n^2 - 1)} \tag{3.22}$$

对两个变量成对的取值分别按照从小到大(或者从大到小)顺序编秩，R_i代表x_i的秩次，Q_i代表y_i的秩次，$R_i - Q_i$为x_i, y_i的秩次之差。表3-8给出了变量($x_1, x_2, \cdots x_i, \cdots x_n$)的秩次计算过程。

因为一个变量相同的取值必须有相同的秩次，所以在计算中采用的秩次是排序后所在位置的平均值。只要两个变量存在严格单调的函数关系，那么它们就是完全Spearman相关的，这与Pearson相关不同，Pearson相关只有在变量具有线性关系时才完全相关。

表3-8 变量x秩次的计算过程

x_i从小到大排序	从小到大排序时的位置	秩次R_i
0.5	1	1
0.8	2	2
1.0	3	3
1.2	4	(4+5)/2=4.5
1.2	5	(4+5)/2=4.5
2.3	6	6
2.8	7	7

在实际应用计算中，上述两种相关系数都要对其进行假设检验，使用t检验方法检验其显著性水平以确定其相关程度。

(3)判定系数。判定系数是相关系数的平方，用r^2表示；用来衡量回归方程对y的解释程度。判定系数取值范围：$0 \leqslant r^2 \leqslant 1$。$r^2$越接近于1，表明$x$与$y$之间的相关性越强；$r^2$越接近于0，表明两个变量之间几乎没有线性相关关系。

3.4 本章小结

本章重点讲解数据预处理以及探索性数据分析的理论和技术方法。首先介绍了数据预处理的重要性以及如何进行有效的数据质量分析，介绍交通大数据预处理的四个核心阶段。接着以网约车轨迹数据为例，介绍时空大数据处理与特征挖掘方法。

随后，以预处理后的网格数据为例，逐一介绍了常用数据分析方法的原理、作用与步骤，包括对比分析、统计量分析、周期性分析、相关性分析等。总而言之，数据分析是在发现数据基本结构的基础上，从不同层次挖掘数据中的分布特征、变化特征，分析影响因子的相关性和贡献度。

到目前为止，本书介绍了Python语言以及大数据预处理和探索性分析的相关方法，以上工作是对大数据进行建模和深入研究的基础性工作。在后面的章节将具体介绍该如何对数据进行建模、选用何种机器学习算法进行建模。

3.5　本章习题

1. 简述数据预处理的原理和主要工作。

2. 表3-9中是车检器采集并上传的交通信息数据样本，请根据本章介绍的数据预处理方法对数据中的异常情况进甄别并处理。

表3-9　车检器上传数据

观测时间	小汽车平均速度(km/h)	小汽车交通量(辆)	货车平均速度(秒)	货车交通量(辆)
22:05:00	68	7	52	3
22:10:00	288	10	46	3
22:15:00	58	3	48	5
22:20:00	-	-	62	4
22:25:00	63	8	-	0
22:30:00	72	6	54	1

3. 常见的数据类型有哪几种？简要概括使用统计量和图表对数据进行描述的基本规则？如何考察不同变量之间的关系？

4. 试采用Python实现线性插值法，对表3-2的轨迹数据进行插值。

5. 试采用Python实现最大-最小标准化和平均值标准化函数。

6. 试证明Pearson相关系数介于-1与1之间。

7. 基于第2题的分析结果，计算表3-9中任意两个变量的Spearman相关系数。

8. 结合第4章的知识，尝试绘制图3-3。

3.6　参考文献

[1]闫红伟.交通大数据在智能高速公路中的应用探讨[J].中国交通信息化，2015(3):94-95.
[2]刘汝焯，戴佳筑，何玉洁.大数据应用分析技术与方法[M].北京:清华大学出版社，2018.
[3]陆治荣.探索性数据分析及其在流程业的应用[M].北京:中国石化出版社，2013.
[4]张良均.Python数据分析与挖掘实战[M].北京:机械工业出版社，2016.
[5]韦斯·麦金尼.利用Python进行数据分析[M].3版.北京:机械工业出版社，2018.
[6]吴翌琳，房祥忠.大数据探索性分析[M].北京:中国人民大学出版社，2016.
[7]Nell F. Python数据分析实战[M].北京:人民邮电出版社，2016.

第4章

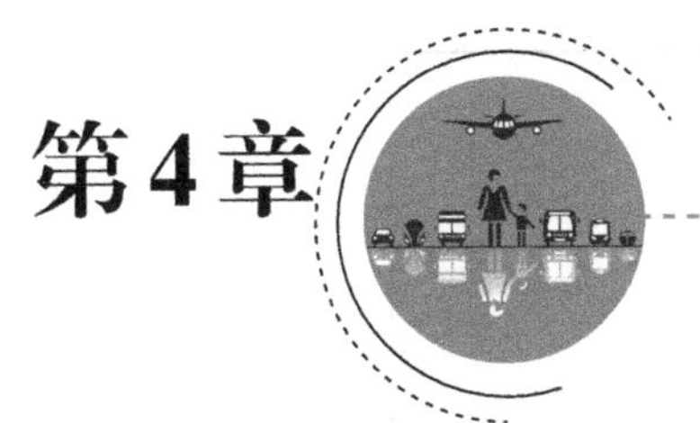

大数据可视化的Python实践

在前面的章节中，我们介绍了Python基础和探索性分析方法，交通大数据的记录数量和内在属性庞大，即使经过一系列的统计归纳总结，仍难以直观获取内部数据分布规律和特征，分析结果也难以高效展示。这时，我们就需要通过借助图示，对结果进行更进一步的可视化，让知识更易被学习。Python环境提供了丰富的可视化绘图与数据分析工具包，如Matplotlib、Seaborn、Bokeh、NetworkX等。其中，Matplotlib是一个强大的工具箱，能满足包括线形图、条形图、直方图、饼图等在内的几乎所有基础2D、3D绘图需求；Seaborn是基于Matplotlib的数据可视化库，支持更加有吸引力、信息更加丰富的可视化操作；Bokeh可以实现图表的交互式操作。此外，交通大数据分析，往往涉及复杂网络结构的创建、操作和展示，这就需要运用NetworkX。本章将主要介绍基于Python的常用统计图绘制方法与其在交通大数据分析中的应用。

4.1 图表元素设置

Matplotlib中的基本图包括多个元素，如：

(1)x轴和y轴：水平和垂直的轴线；

(2)x轴和y轴刻度：刻度表示坐标轴的分隔，包括最小刻度和最大刻度；

(3)x轴和y轴刻度标签：表示特定坐标轴的值；

(4)绘制区域：实际绘图的区域。

为了使绘制的图表更准确、清晰地展示数据的特征，常常需要对图表的基本元素进行合理的设置。本小节接下来主要对图表的基本元素设置方法进行简要介绍。

4.1.1 坐标轴设置

本小节将演示一些与坐标轴的范围和长度相关的非常有用的属性，可以在Matplotlib中配置这些属性。首先，我们可以用坐标轴的不同属性来做个试验。

```
import matplotlib.pyplot as plt
fig = plt.figure(figsize = (10,8))
plt.axis([-1,1,-10,10])
```

如果是在交互模式下，并且使用了窗口后端，将会显示一个坐标轴空白图，如图4-1所示。

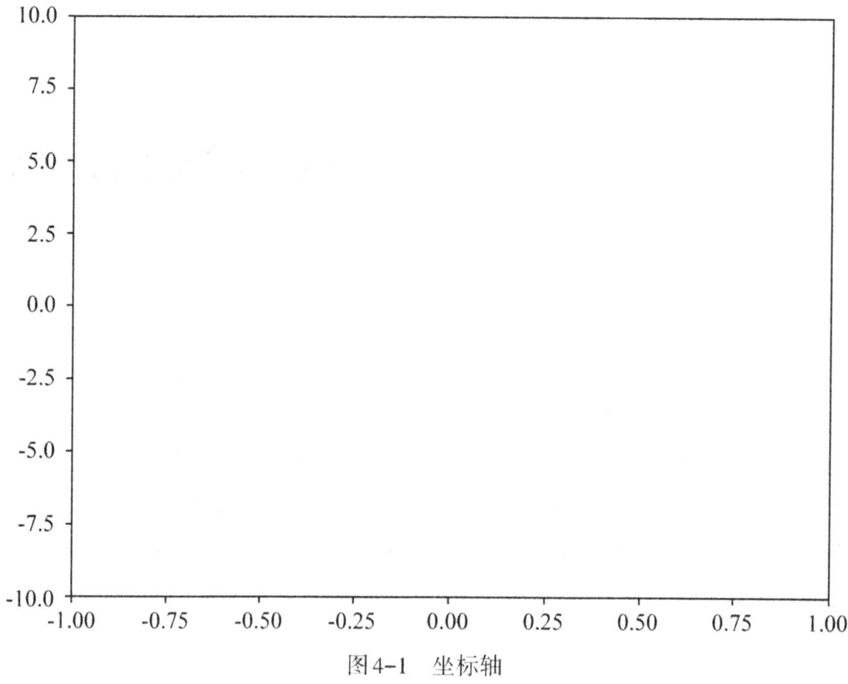

图4-1　坐标轴

上述值[-1,1,-10,10]分别表示x_{min}、x_{max}、y_{min}和y_{max}。默认值为[0.0,1.0,0.0,1.0]。

Axis容器包括坐标轴的刻度线、刻度标签、坐标网格以及坐标轴标题等内容。刻度包括主刻度和副刻度，分别通过get_major_ticks()和get_minor_ticks()方法获得。每个刻度线都是一个Xtick或Ytick对象，它包括实际的刻度线和刻度标签。为方便访问刻度线和文本，Axis对象提供了get_ticklabels()和get_ticklines()方法，可直接获得可读标签和刻度线。

刻度是图形中比较重要的一部分，由刻度定位器(tick locator)指定刻度所在的位置和刻度格式器(tick formatter)指定刻度显示的样式组成。刻度有主刻度(major ticks)和次刻度(minor ticks)，默认不显示次刻度。刻度主要包括刻度值、刻度标签文本、刻度位置三个基本元素。

首先，我们将x轴主刻度设置为2.5的倍数，y轴的主刻度设置为20的倍数，均保留一位小数。然后，绘制图4-2。再根据x轴和y轴刻度的设置情况，进一步设置该图的刻度标签的位置以及标签文本格式。实现代码如下：

```
import matplotlib.pyplot as plt
from matplotlib.ticker import MultipleLocator, FormatStrFormatter
fig = plt.figure(figsize = (10,6))
ax = plt.subplot()
xmajorLocator = MultipleLocator(2.5)
xmajorFormatter = FormatStrFormatter('%.1f')
ymajorLocator = MultipleLocator(20)
ymajorFormatter = FormatStrFormatter('%.1f')
x = range(10)
y = [i**2 for i in x]
plt.plot(x,y)
ax.xaxis.set_major_locator(xmajorLocator)
ax.xaxis.set_major_formatter(xmajorFormatter)
```

```
ax.yaxis.set_major_locator(ymajorLocator)
ax.yaxis.set_major_formatter(ymajorFormatter)
ax.set_xlim(left=0, right=10)
ax.set_ylim(bottom=0)
```

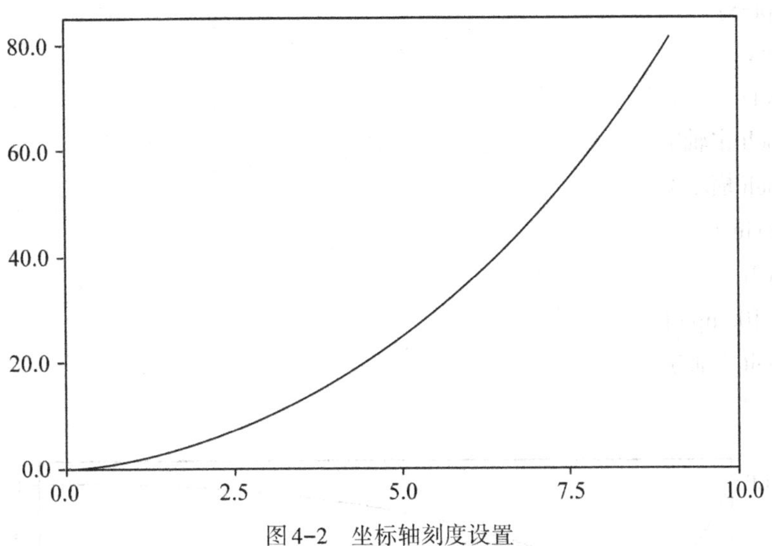

图4-2　坐标轴刻度设置

如果不使用axis()或者其他参数设置，Matplotlib会自动使用刚好可以展示图中所有数据点的最小值。如果设置axis()的范围比数据集合中的最大值小，就无法在图中看到所有的数据点。避免这种情况发生的一种较好的方法是调用Matplotlib.pyplot.autoscale()方法，该方法会计算坐标轴的最佳大小以适应数据的显示。

假如只需要绘制一张图，且不需要精细化设置，Matplotlib中还可以通过下述方式达到此效果。

```
fig = plt.figure(figsize = (10,6))
x = range(10)
y = [i**2 for i in x]
plt.plot(x,y)
plt.xticks([0, 2.5, 5, 7.5])
plt.yticks([0.0, 20.0, 40.0, 60.0, 80.0])
plt.xlim(left=0, right=10)
plt.ylim(bottom=0)
```

假如需要设置主次坐标轴，可以参考以下代码。核心部分是对ax1调用twinx()方法，生成如同镜面效果后的ax2，最终效果如图4-3所示。需要注意的是：由于默认字体并非中文字体，假如图中有中文，则会显示为方框。因此，需要先设置一个中文字体，例如：SimHei（黑体）。同时，还需要添加一行代码，才能正确显示图中的负号。

```
import numpy as np
plt.rcParams['font.sans-serif'] = 'SimHei'
plt.rcParams['axes.unicode_minus']=False
fig, ax1 = plt.subplots()
x = np.arange(1e-3, np.e, 0.001)
y1 = np.exp(-x)
y2 = np.log(x)
ax1.plot(x, y1)
ax1.set_ylabel('主轴')
ax1.set_xlabel('横轴')
ax2 = ax1.twinx()
ax2.plot(x, y2)
ax2.set_xlim([0, np.e])
ax2.set_ylabel('次轴')
```

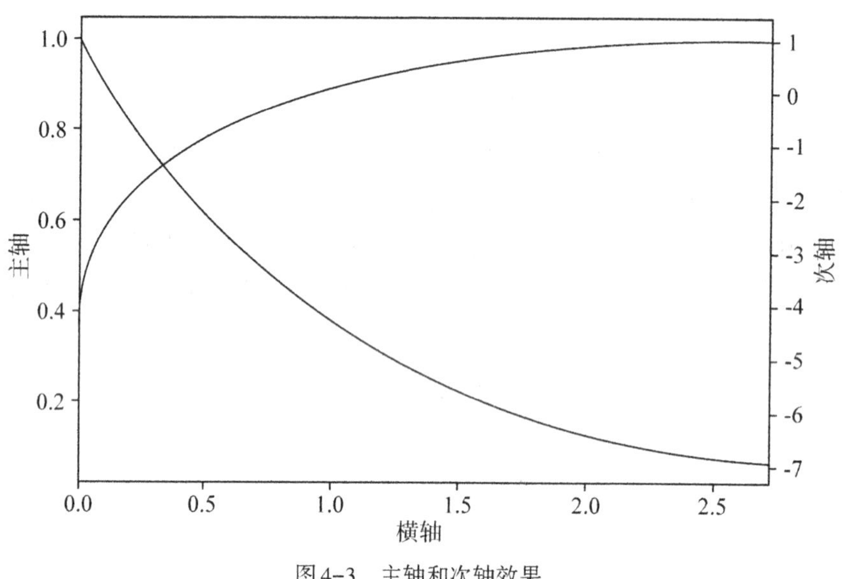

图4-3 主轴和次轴效果

4.1.2 网格设置

图形中的网格属性默认是关闭的。不带参数调用matplotlib.pyplot.grid()会切换网格的显示状态。如表4-1所示。

表4-1 对语法:plt.grid([可选参数])的说明

可选参数	说明	默认值
b = bool	是否显示网格	False
color = "r"	网线的颜色	"w"
linestyle ="--"	网格的线型	"–"
linewidth=1	网格的线宽	1

续表

可选参数	说明	默认值
alpha=0.3	网线的透明度0.0~1.0	1
axis={"both","x","y"}	表示在哪些方向轴上画网线、x轴、y轴	"both"
which={"both","major","minor"}	表示在哪些刻度上画网线、主刻度，还是小刻度	"both"

可以通过如下代码生成网格，设置线型、颜色和显示网线的方向等，最终效果如图4-4所示。

```
fig = plt.figure(figsize = (10,6))
plt.axis([-1, 1, -10, 10])
plt.grid(color='grey', linestyle='--')
```

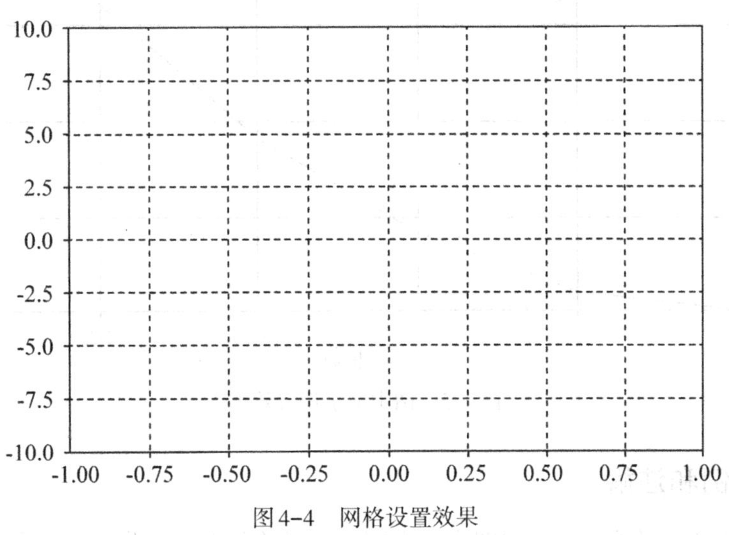

图4-4　网格设置效果

4.1.3　图中文字设置

绘图过程中，设置好图中的文字对于图片质量来说至关重要。假如需要x轴显示的标签与实际数值不同，则需要通过plt.xticks()函数设置刻度线的位置和对应的标签。其中的rotation参数可以指定标签的旋转角度。若要调整标签文字的大小，可以设置plt.tick_params()函数的labelsize参数。这一函数还可以调整标签的颜色和网格的颜色等。此外，可以通过plt.xlabel()函数设置坐标轴标题，通过设置fontsize参数调整大小。可以通过plt.xlim()函数调整坐标显示范围。最终效果如图4-5所示。

```
plt.rcParams['font.sans-serif'] ='SimHei'
fig = plt.figure(figsize=(10,6))
x = range(6)
y = [i**2 for i in x]
plt.plot(x,y)
x_tick = ['零','壹','贰','叁','肆','伍']
plt.xticks(x, x_tick, rotation=90)
plt.grid()
```

```
plt.tick_params(labelsize=15, labelcolor='#1f77b4', grid_color='grey')
plt.xlim(left=0, right=5)
plt.ylim(bottom=0, top=25)
plt.xlabel('横轴', fontsize=15)
plt.ylabel('纵轴', fontsize=15)
```

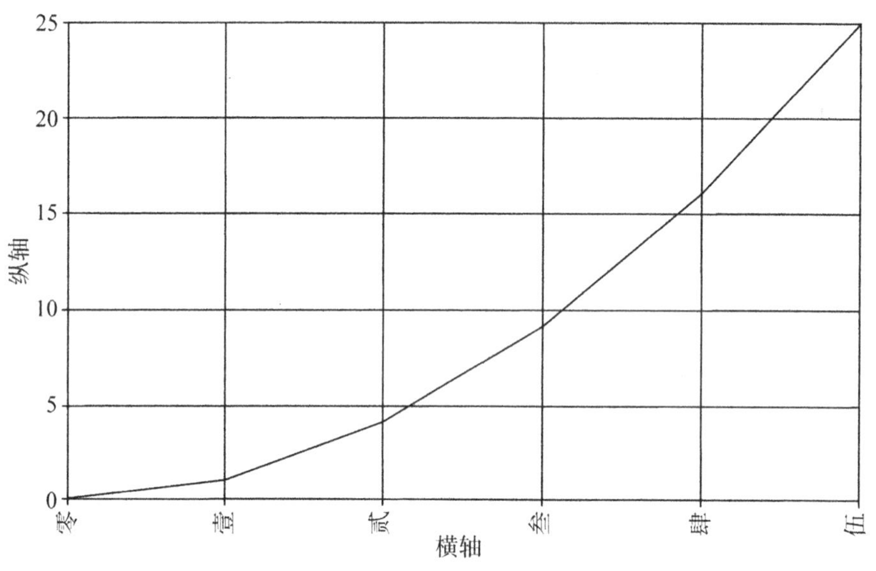

图4-5 图中文字设置效果

4.1.4 添加图例和注解

图例和注解可以清晰连贯地解释数据图表的内容。通过给每个plot添加一个关于所显示数据的简短描述,能让读者更容易理解。本小节将演示如何对图形中的某些特定点进行注解,以及如何创建和放置数据图例。

首先,我们可以绘制未添加图例和注解的基本图,通过如下代码,可得到如图4-6所示的基本图。

```
import numpy as np
np.random.seed(123)
fig = plt.figure(figsize = (10,6))
x1 = np.random.normal(30, 3, 100)
x2 = np.random.normal(20, 2, 100)
x3 = np.random.normal(10, 1, 100)
plt.plot(x1, label = '1st')
plt.plot(x2, label = '2nd')
plt.plot(x3, label = '3rd')
```

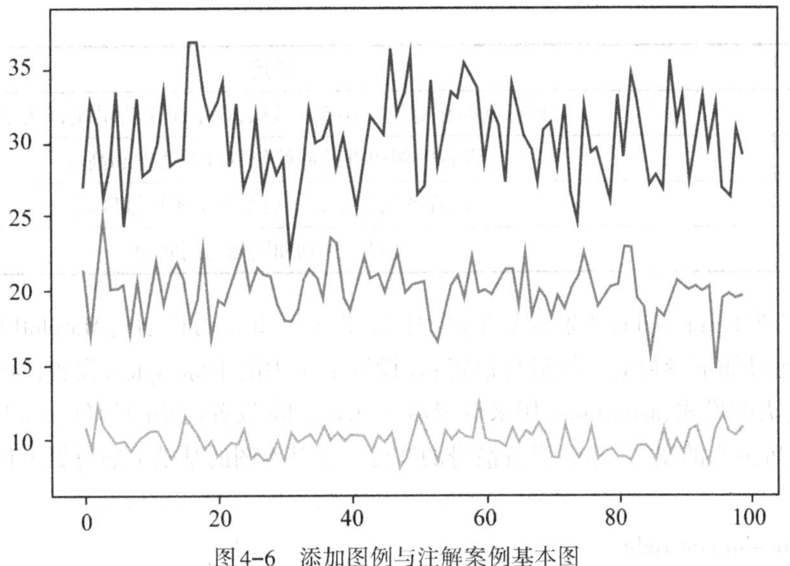

彩图效果

图4-6　添加图例与注解案例基本图

为了更加清晰地表明每个plot()函数对应的是哪个曲线，我们需要为每个plot指定一个图例，添加图例常常需要用到legend()函数。通过对legend()函数中的loc参数进行设置可以设定图例框的位置，图例的位置主要包括表4-2中所示的几种形式。

表4-2　图例位置参数

字符串	数值	字符串	数值
upper right	1	center left	6
upper left	2	center right	7
lower left	3	lower center	8
lower right	4	upper center	9
right	5	center	10

除了图例的位置参数外，图例还可以设置如表4-3所示的属性。

表4-3　图例属性

属性字符	描述
fill	用特定颜色进行填充
col	图例中出现的点或线的颜色
border	当fill=参数存在的情况下，填充色的边框
lty,lwd	图例中线的类型或宽度
pch	点的类型
pt.cex	点的大小
pt.cex	点的边缘的线宽
text.width	图例字体所占宽度
text.col	图例字体颜色
text.font	图例字体
ncol	图例中分类的列数
title	给图例加标题
title.col	标题颜色

续表

属性字符	描述
title.adj	图例标题的相对位置,0.5为默认,在中间;0为最左,1为最右
bbox_to_anchor	设置图例边框的起始位置以及宽度和高度
mode	设置图例框是否扩展至整个坐标轴区域
borderaxespad	设置坐标轴和图例之间间距

设置图例的位置为lower right,如果需要在plot中添加箭头,我们可以通过Matplotlib中的annotate()函数来进行设置。并且通过如下参数对注解进行设置:xy设置箭头尖的坐标、xytext设置注释内容显示的起始位置、arrowstyle设置箭头的形式、arrowprops用来设置箭头、facecolor设置箭头的颜色、headlength设置箭头的头的长度、headwidth设置箭头的宽度、width设置箭身的宽度。在基本图的基础上通过如下代码,可得到图4-7。

```
plt.legend(loc='upper right')
plt.annotate('important value', (53, 18), xytext=(40, 25),
            arrowprops=dict(facecolor='darkred', headlength=5, headwidth=8, width=3))
```

彩图效果

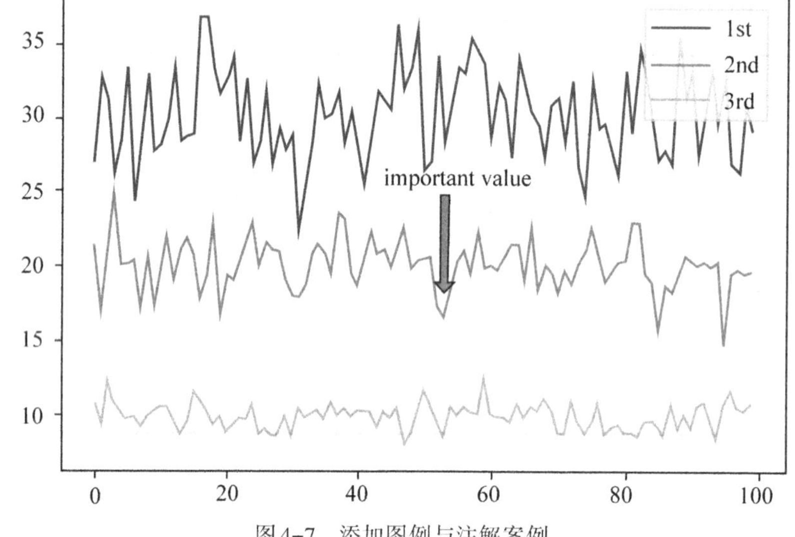

图4-7　添加图例与注解案例

4.1.5　图的大小、分辨率与保存

通过plt.figure()函数可以设置图片大小和分辨率,plt.savefig()函数可以保存图片。以下代码将图片的大小设置为(10,8),表示figure的宽为10、长为8(单位为inch),分辨率设置为300,并保存在代码同一文件夹中,命名为“save.png”。

```
x = range(100)
y = [i**2 for i in x]
fig = plt.figure(figsize=(10,8), dpi=300)
plt.plot(x,y)
plt.savefig('save.png')
```

4.2 常用可视化图形

本节主要介绍常用的可视化图形绘制方法，例如线形图、条形图、箱形图、饼图、直方图、散点图、分面图形和三维变量可视化。

4.2.1 线形图

本小节将展示如何改变线的各种属性，如线条风格、颜色或宽度。根据要表达的信息合理地设置线型并明显地区分目标，能让图表给读者留下非常深刻的印象。

在使用Python绘制图形时，常常需要对线条的属性进行设置，这些属性列在了表4-4中进行设置。

表4-4　线条属性

<table>
<tr><th>属性</th><th>类型</th><th>说明</th></tr>
<tr><td>alpha</td><td>浮点值</td><td>alpha值用来设置混合色</td></tr>
<tr><td>color或c</td><td>任意字符或字符串表示的Matplotlib</td><td>颜色设置线条颜色</td></tr>
<tr><td>dashes</td><td>以点为单位的on/off序列</td><td>设置破折号序列，如果sep为空或者sep =[None,None]，linestyle将被设置为solid</td></tr>
<tr><td>label</td><td>任意字符串</td><td>为图例设置标签</td></tr>
<tr><td>linestyle或ls</td><td>['-'|'—'|':'| …]</td><td>设置线条风格</td></tr>
<tr><td>linewidth 或lw</td><td>以点为单位的浮点值</td><td>设置线条宽度</td></tr>
<tr><td>marker</td><td>['D'|'H'|'l'|'v'|…]</td><td>设置线条标记</td></tr>
<tr><td>markeredgecolor或mec</td><td>任意字符或字符串表示的Matplotlib</td><td>颜色设置标记的边缘颜色</td></tr>
<tr><td>markeredgewidth或mew</td><td>以点为单位的浮点值</td><td>设置标记的宽度</td></tr>
<tr><td>markerfacecolor或mfc</td><td>任意字符或字符串表示的Matplotlib</td><td>颜色设置标记颜色</td></tr>
<tr><td>markersize或ms</td><td>浮点值</td><td>设置标记大小</td></tr>
<tr><td>solid_capstyle</td><td>['butt'|'round'|'projecting']</td><td>设置实线的线端风格</td></tr>
<tr><td>solid_joinstyle</td><td>['butt'|'round'|'bevel']</td><td>设置实线的连接风格</td></tr>
</table>

Matplotlib中常用颜色种类如表4-5所示。

表4-5　Matplotlib中的常用颜色

别名	颜色	别名	颜色
b	蓝色	g	绿色
r	红色	y	黄色
c	青色	k	黑色
m	洋红色	w	白色

在基本图基础上可对线条的风格进行修改，在Matplotlib中常用线条风格如表4-6所示。

表4-6　Matplotlib中常用线条风格

线条风格	描述	线条风格	描述
'-'	实线	':'	虚线
'- -'	破折线	'None'	无
'-.'	点划线		

在基本图基础上可对线条标记进行修改，在Matplotlib中常用标记类型如表4-7所示。

表4-7　Matplotlib标记类型

标记	描述	标记	描述
'o'	圆	'.'	点
'D'	菱形	's'	正方形
'h'	六边形1	'*'	星号
'H'	六边形2	'd'	小菱形
'_'	水平线	'v'	一角向下的三角形
'None'	无	'<'	一角向左的三角形
'p'	五边形	'>'	一角向右的三角形
','	像素	'^'	一角向上的三角形
'+'	加号	'|'	竖线
'g'	八边形	'x'	X

在基本图的基础上通过如下代码可以对线条颜色、线条风格、线条标记进行设置，将线条设置为cornflowerblue，线条风格设置为点划线，线条标记修改为没有边缘宽度的圆，颜色为darkred。可得到如图4-8所示结果。

```
x = range(10)
y = [i**2 for i in x]
plt.plot(x, y, marker='o', markersize=5,
         markerfacecolor='darkred', markeredgewidth=0,
         ls='-.', c='cornflowerblue')
```

彩图效果

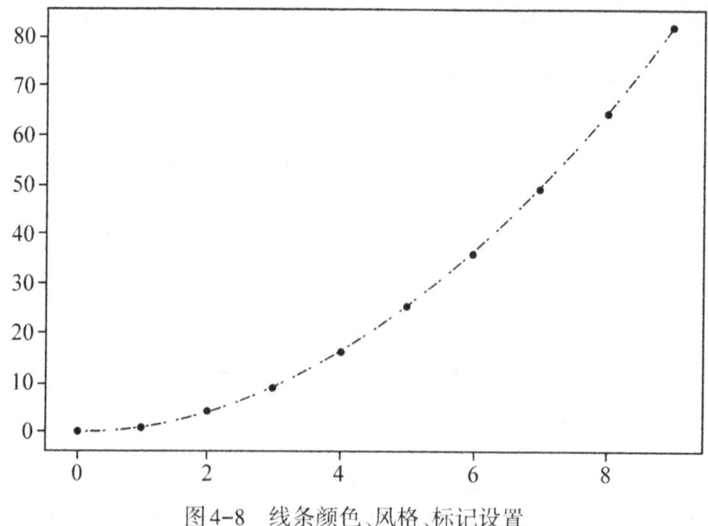

图4-8　线条颜色、风格、标记设置

折线图经常用于显示随时间或有序类别而变化的趋势，从而掌握研究对象的变化规律。本例在DATASET-B的基础上，选取2016年11月1日和2016年11月2日，绘制区域内平均速度的时变折线图。

本例中，首先导入工具包：NumPy、Pandas、Matplotlib和Seaborn。这些工具包在本节剩余内容中也需要使用,后面不再重复。然后解决负号显示为方块的问题(第5行)和中文显示乱码的问题(第6行)。再读取数据并选取11月1日和11月2日的数据,接着确定图片大小。最后对每个时间段计算平均速度并绘制时变折线图。如图4-9所示。

```
1.  import numpy as np
2.  import pandas as pd
3.  import matplotlib.pyplot as plt
4.  import seaborn as sns
5.  plt.rcParams['axes.unicode_minus'] = False
6.  plt.rcParams['font.sans-serif'] ='SimHei'
7.  data_all = pd.read_csv('DATASET-B.csv')
8.  data_20161101_02 = data_all[(data_all['date']==20161101) | (data_all['date']==20161102)]
9.  fig = plt.figure(figsize=(10,6))
10. x = np.arange(1, 145)
11. y1 = data_20161101_02[data_20161101_02['date']==20161101].groupby(
12.                             'time_id')['aveSpeed'].mean()
13. y2 = data_20161101_02[data_20161101_02['date']==20161102].groupby(
14.                             'time_id')['aveSpeed'].mean()
15. plt.plot(x, y1, label='20161101')
16. plt.plot(x, y2, label='20161102')
17. plt.xticks(np.arange(0,145,20))
18. plt.legend(fontsize=18, loc='upper right')
19. plt.tick_params(labelsize=18)
20. plt.xlabel('时间', fontsize=20)
21. plt.ylabel('平均速度', fontsize=20)
```

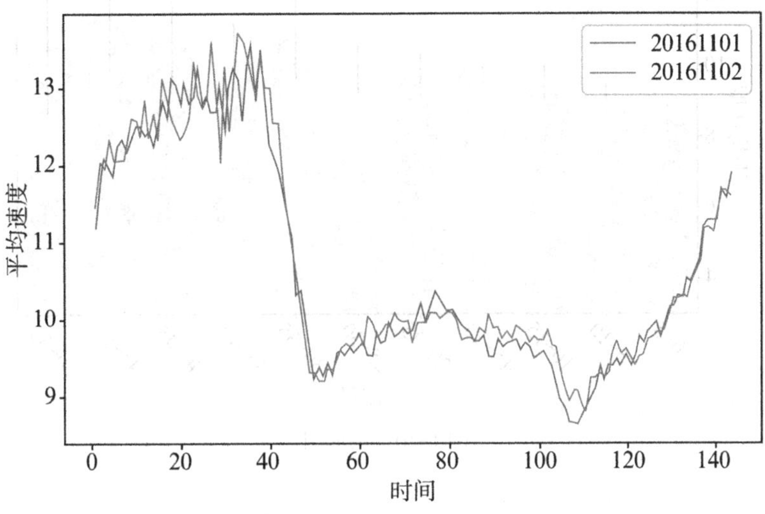

彩图效果

图4-9　平均速度时变折线图

4.2.2 条形图

条形图通常用于展示不同分类下各个类别的某个统计特征，其中，数据分类位于x轴，变量取值位于y轴。本例在DATASET-B的基础上，选取2016年11月1日第50个时段作为研究对象，按照流量大小将其划分为10个等级，并绘制不同流量区间下的网格平均车速条形图如图4-10所示。使用的是Seaborn的barplot函数。

需要指出的是，本例代码中对原数据做了一定的处理。提取了流量区间特征（即'volume_CATE'，该值为0,1,…,9,10这几个非负整数，分别代表[0~5],[5~10],…,[50~55]的流量区间）和是否停车特征（即，'stop_or_not'，该值为0意味着该时段没有车辆停过车，否则该值为1），这两个特征在本节后面内容中也会使用到。

```
data = data_20161101_02[(data_20161101_02['date']==20161101) & (data_20161101_02['time_id']==50)]
data = data.reset_index(drop=True)
data['stop_or_not'] = data['stopNum'].apply(lambda x: 0 if x==0 else 1)
data['volume_CATE'] = data['volume']//5
fig = plt.figure(figsize=(10,6))
sns.barplot(x='volume_CATE', y='aveSpeed', data=data, color='#1f77b4')
x_bar = np.arange(11)
y = data_20161101_02[data_20161101_02['date']==20161101].groupby('time_id')['aveSpeed'].mean()
volume = ['0~5','5~10','10~15','15~20','20~25','25~30','30~35','35~40','40~45','45~50','50~55']
plt.xticks(x_bar, volume, rotation=45)
plt.ylim(bottom=3)
plt.tick_params(labelsize=16)
plt.xlabel('流量', fontsize=20)
plt.ylabel('平均速度', fontsize=20)
```

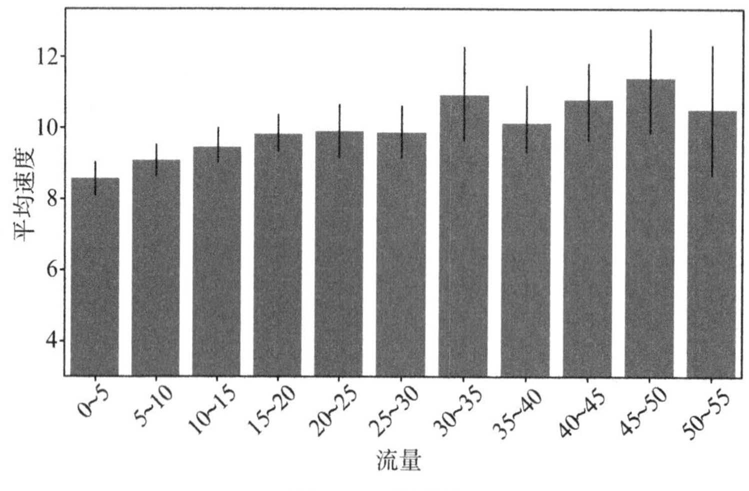

图4-10 条形图

barplot函数默认使用平均值表征不同类别，假如要用中位数进行表征，可以增加一个参数estimator=median。该函数还计算了每一类别的标准差，用“误差条”（error bar）的形式展示。假如不需要上图中黑色的“误差条”，可以增加一个参数ci=None。

若要以多个变量作为分类标准，比如进一步区分停车次数是否为0，可绘制簇状条形图。

```
fig = plt.figure(figsize=(10,6))
sns.barplot(x='volume_CATE', y='aveSpeed', data=data, hue="stop_or_not")
plt.ylim(bottom=3)
plt.tick_params(labelsize=18)
plt.xlabel('流量', fontsize=20)
plt.ylabel('平均速度', fontsize=20)
```

结果如图4-11所示。

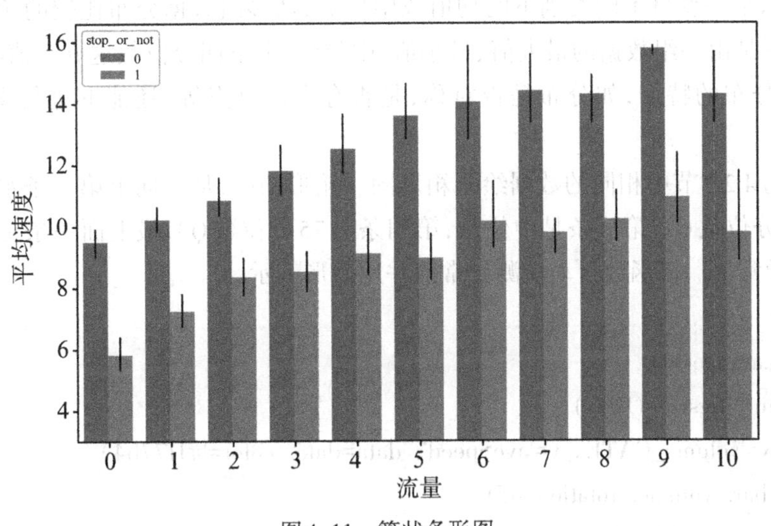

彩图效果

图4-11　簇状条形图

此外，还可以绘制频数条形图，即对每一类先进行计数然后绘制条形图。

```
fig = plt.figure(figsize=(10,6))
sns.countplot(x='volume_CATE', data=data, color='#1f77b4')
x_bar = np.arange(11)
y = data_20161101_02[data_20161101_02['date']==20161101].groupby('time_id')['aveSpeed'].mean()
volume = ['0~5','5~10','10~15','15~20','20~25','25~30','30~35','35~40','40~45','45~50','50~55']
plt.xticks(x_bar, volume, rotation=45)
plt.tick_params(labelsize=16)
plt.xlabel('流量', fontsize=20)
plt.ylabel('频数', fontsize=20)
```

结果如图4-12所示。

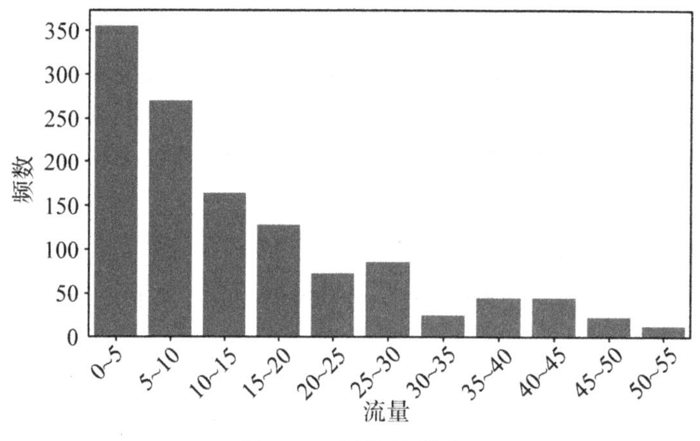

图4-12　频数条形图

4.2.3　箱形图

条形图仅能显示某一变量不同类别下的均值或中位数，从多组数据分布比较的角度，箱形图是一个比较好的选择。箱形图是由一组数据的最大值、最小值、中位数、上下四分位数这五个值绘制而成的。它不仅可以反映一组数据分布的特征，如分布是否对称，是否存在离群点等，还能够进行多组数据分布特征的比较。

这里我们使用与4.2.2节中相同的数据绘制箱形图。箱形图中，从下向上第一条水平线指的是最小值，第二条水平线是25分位数Q1，第三条是中位数，第四条是75分位数Q3，最上面一条是最大值。其中，最小值和最大值不包含异常值。该函数自动检测异常值并用菱形表示。

```
x_bar = np.arange(11)
fig = plt.figure(figsize=(10,6))
sns.boxplot(x='volume_CATE', y='aveSpeed', data=data, color='#1f77b4')
plt.xticks(x_bar, volume, rotation=45)
plt.tick_params(labelsize=16)
plt.xlabel('流量', fontsize=20)
plt.ylabel('平均车速', fontsize=20)
```

结果如图4-13所示。

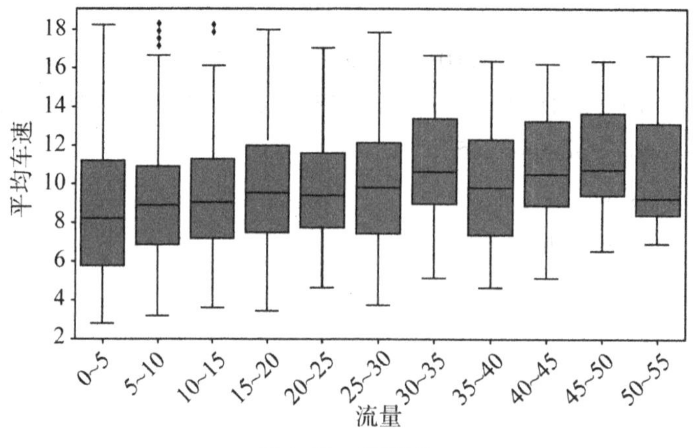

图4-13　箱形图

4.2.4 饼图

在饼图中,每个分类所占的数量或比例可以用极坐标中的角度来表示。绘制饼图时,主要用到matplotlib.pyplot的pie()函数,可以设置某些部分突出显示、颜色、标签与圆心的距离、百分比标签的格式、百分比标签与圆心的距离、饼图半径、文本格式、是否显示阴影等。

本例通过计算不同流量区间所对应的网格样本数量,以饼图形式(图4-14)展示了不同流量区间占比。

```
count = data.groupby(by='volume_CATE').size()
fig = plt.figure(figsize=(6,6))
plt.pie(x=list(count),
    labels=['0~5','5~10','10~15','15~20','20~25','25~30','30~35','35~40','40~45','45~50','50~55'],
    explode=[0,0,0,0,0,0,0,0,0,0,0.2],
    colors=sns.color_palette('Blues', n_colors=11),
    labeldistance=1.2, autopct='%.2f%%',
    pctdistance=0.8, radius=2,
    textprops={'fontsize':20, 'weight':'bold'},shadow=True)
```

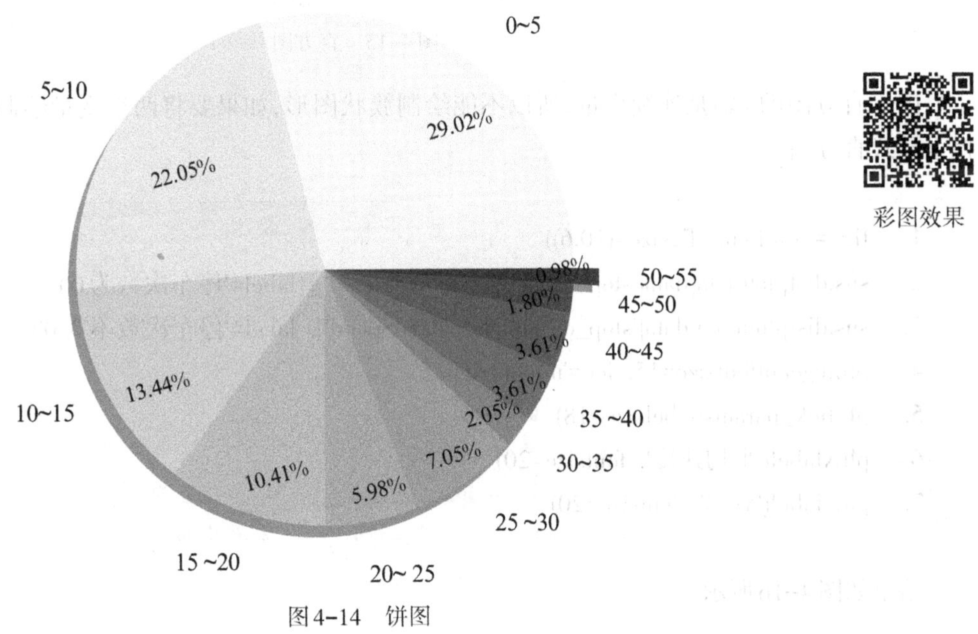

图4-14 饼图

4.2.5 直方图

绘制直方图,就是将一个连续型、数值型变量映射到x轴,y轴通常对应其频数或频率与分组间隔的比值这也是数据分布展示中的重要步骤。本例对平均速度绘制频率直方图。

使用Seaborn的distplot函数绘制直方图。该函数还可以拟合scipy.stats,并估计出概率密度函数(Probability Density Function, PDF)。

```
fig = plt.figure(figsize=(10,6))
sns.distplot(data['aveSpeed'])
plt.tick_params(labelsize=18)
plt.xlabel('平均速度', fontsize=20)
plt.ylabel('概率', fontsize=20)
```

结果如图4-15所示。

彩图效果

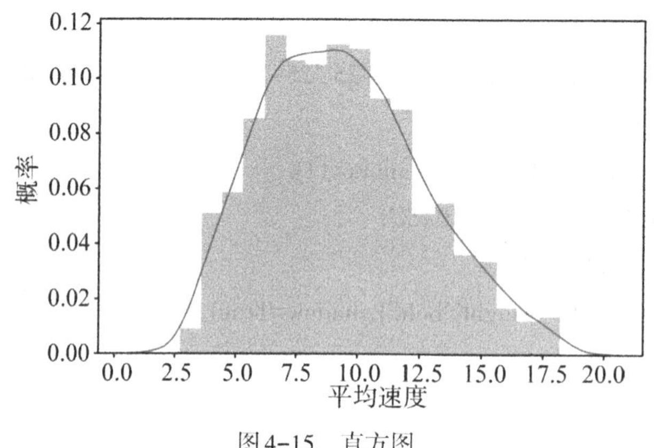

图4-15　直方图

由于直方图的x轴是连续变量，所以不能绘制簇状图形，如果要将两组变量绘制在同一张图上，可以选择重叠式直方图。

```
fig = plt.figure(figsize=(10,6))
sns.distplot(data[data['stop_or_not']==0]['aveSpeed'], label='停车次数为0')
sns.distplot(data[data['stop_or_not']==1]['aveSpeed'], label='停车次数不为0')
plt.legend(fontsize=15, loc='upper right')
plt.tick_params(labelsize=18)
plt.xlabel('平均速度', fontsize=20)
plt.ylabel('概率', fontsize=20)
```

结果如图4-16所示。

彩图效果

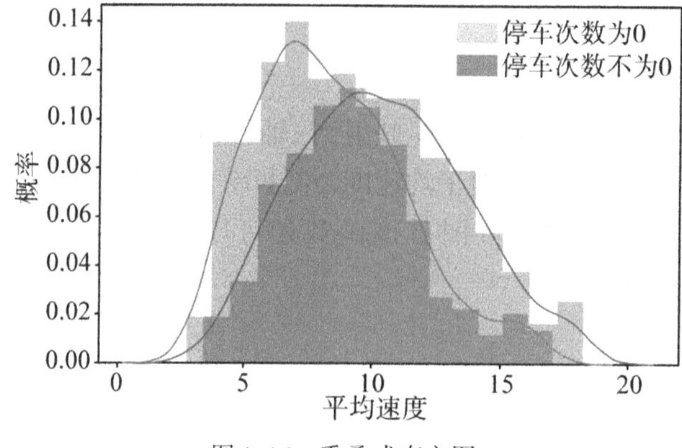

图4-16　重叠式直方图

4.2.6　散点图

散点图,通常用来刻画两个连续数值型变量的关系,两个维度的变量之间是一一对应关系,通过将观测点在两个变量上的取值映射到平面直角坐标系上由一个点来表示。绘制散点图可选用matplotlib.pyplot的scatter函数。

```
fig = plt.figure(figsize=(10,6))
plt.scatter(data['aveSpeed'], data['volume'], alpha=0.6)
plt.tick_params(labelsize=18)
plt.xlabel('平均速度', fontsize=20)
plt.ylabel('流量', fontsize=20)
```

结果如图4-17所示。

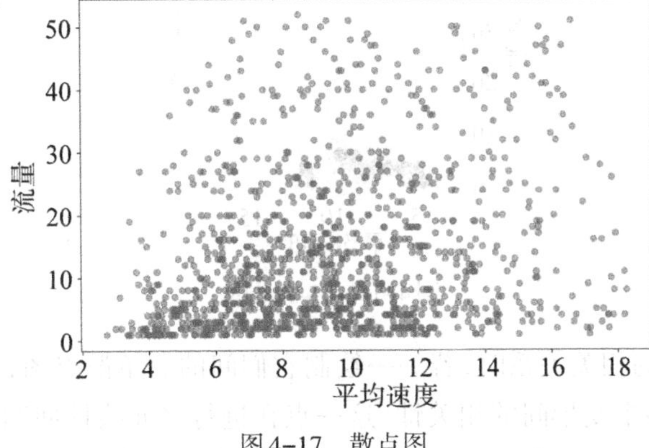

图4-17　散点图

彩图效果

也可以使用Seaborn的jointplot函数,除了两个变量之间的关系外,该函数还可以自动绘制每个变量的边际分布。

```
plt.rc('axes', labelsize=20)
plt.rc('xtick', labelsize=18)
plt.rc('ytick', labelsize=18)
g = sns.jointplot(x='aveSpeed', y='volume', data=data, alpha=0.6)
g.set_axis_labels('平均速度','流量')
```

结果如图4-18所示。

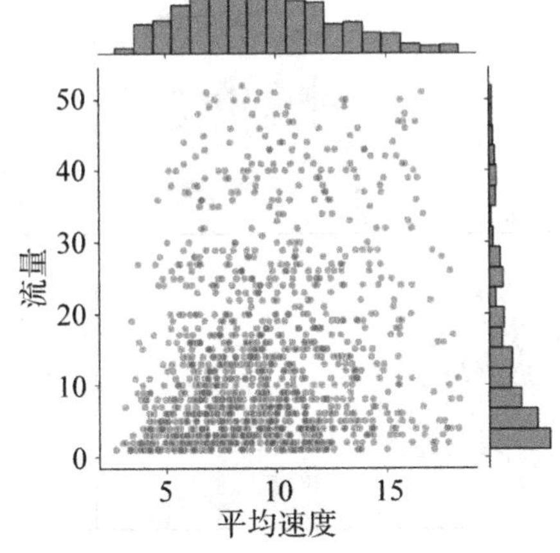

图4-18　散点图和边际分布

彩图效果

该函数还可以绘制Hexbin图，即通过颜色深浅来显示六边形区域内的散点数量。

```
sns.axes_style("white")
g = sns.jointplot(x='aveSpeed', y='volume',
                  data=data, kind='hex')
g.set_axis_labels('平均速度','流量')
```

结果如图4-19所示。

彩图效果

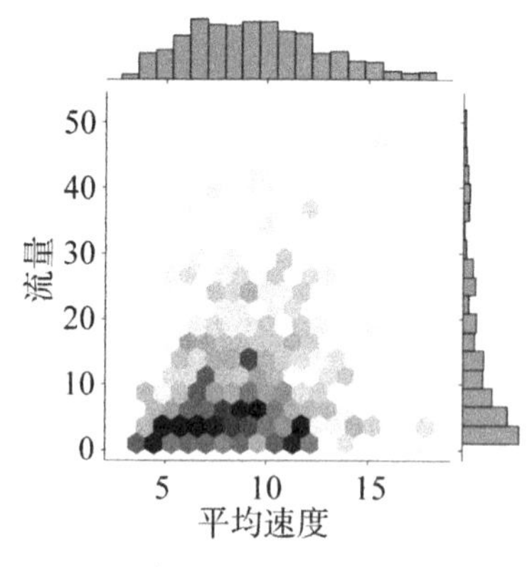

图4-19　Hexbin图

当同时考察多个变量间的相关关系时，若一一绘制它们间的简单散点图，十分麻烦。此时可利用散点图矩阵，这样可以快速检验多个变量间的相关性，这一点在进行多元线性回归时显得尤为重要。在Python中绘制散点图矩阵时常使用Seaborn的pairplot函数。生成的散点矩阵图中，斜对角是对应变量的概率密度分布图（直方图），而非对角线上是两个不同属性之间的相关图。

```
data2 = data.copy(deep=True)
data2.rename(columns={'volume':'流量','aveSpeed':'平均速度','gridAcc':'平均加速度'},
             inplace=True)
sns.set_style('white',{'font.sans-serif':['simhei']})
g = sns.pairplot(data2[['流量','平均速度','平均加速度']])
```

结果如图4-20所示，其中流量、平均速度和平均加速度之间具有比较明显的相关关系。

彩图效果

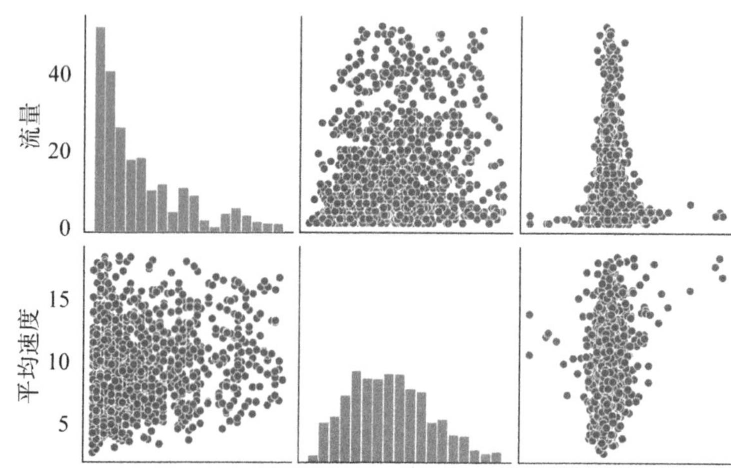

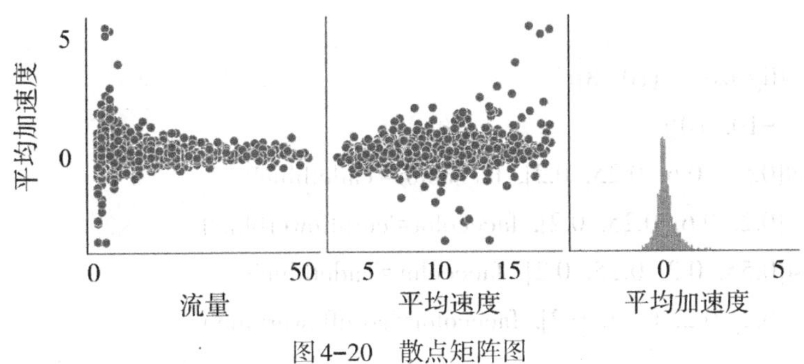

图4-20 散点矩阵图

此外，使用regplot函数还可以自动拟合散点的线性关系或简单的多项式回归模型。除了给出回归直线外，还可以给出该拟合的95%置信区间。使用lmplot函数也可以完成这一功能，还可以实现更多其他操作。需要注意的是，Seaborn的目的是提供方便快捷的可视化探索方式，具体的数值关系需要借助专门的数值分析模块获得。由于本章使用的数据集不适于进行相关展示，以下案例中调用Seaborn内置的数据集。

```
tips = sns.load_dataset("tips")
fig = plt.figure(figsize=(10,6))
sns.regplot(x="total_bill", y="tip", data=tips, color='#1f77b4')
plt.xlabel('账单', fontsize=20)
plt.ylabel('小费', fontsize=20)
```

结果如图4-21所示。

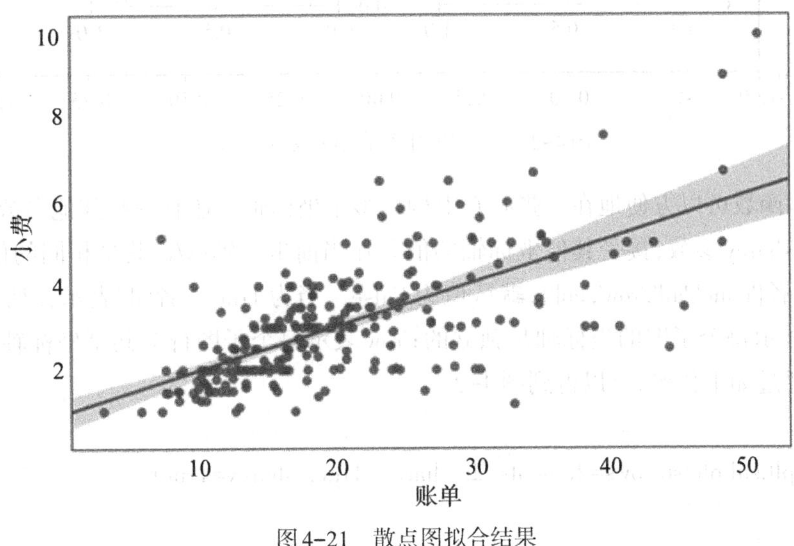

彩图效果

图4-21 散点图拟合结果

4.2.7 分面图形

分面即在一个页面中，依据一个或几个分类变量自动摆放多幅图形的方法。

如果需要在一张图中添加新的坐标轴，可以调用matplotlib.pyplot的axes函数。可以在此函数中引入一些属性，例如加入rect和axisbg，即axes(rect, axisbg='w')，其中rect=[左, 下, 宽, 高]规定的矩形区域，这里的数值都是以figure大小为比例；axisbg是指定坐标轴的背景颜色。如下代码，可得到图4-22。后续也可以分别对ax1、ax2、ax3和ax4作图，达到同一张图中同时展示四个不同图形的效果。

```
fig = plt.figure(figsize = (10, 8))
plt.axis([-1, 1, -10, 10])
ax1 = plt.axes([0.55, 0.6, 0.25, 0.2], facecolor='cadetblue')
ax2 = plt.axes([0.2, 0.6, 0.25, 0.2], facecolor='cornflowerblue')
ax3 = plt.axes([0.55, 0.2, 0.25, 0.2], facecolor='cadetblue')
ax4 = plt.axes([0.2, 0.2, 0.25, 0.2], facecolor='cornflowerblue')
```

彩图效果

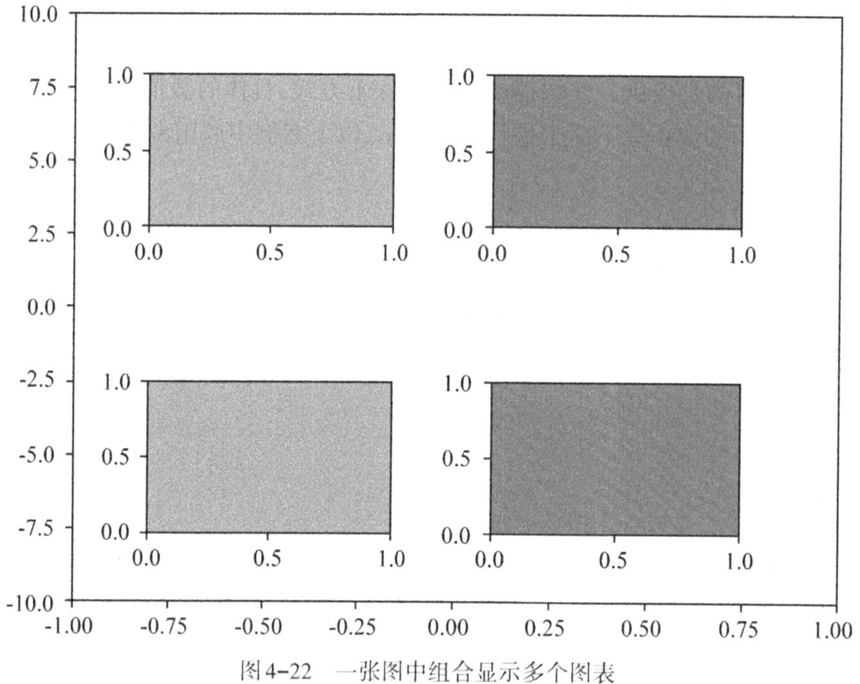

图4-22　一张图中组合显示多个图表

使用plt.subplots函数可以方便地在一张画布上构建多个坐标轴。还有一些其他参数允许我们对坐标轴进行设置，如sharex/sharey参数，接受其他坐标轴的值并让当前坐标轴(x/y)共享相同的值。sharex/sharey参数的取值为：bool或者{'none','all','row','col'}，默认值为False。当为True或者'all'表示在所有子图中共享坐标轴；False或者'none'表示每个子图的坐标轴是独立的；'row'表示每个子图行会共享坐标轴；'col'表示每个子图列会共享坐标轴。通过如下代码，可以得到图4-23。

```
fig.axes = plt.subplots(nrows=2, ncols=2, sharex=True, sharey=True)
```

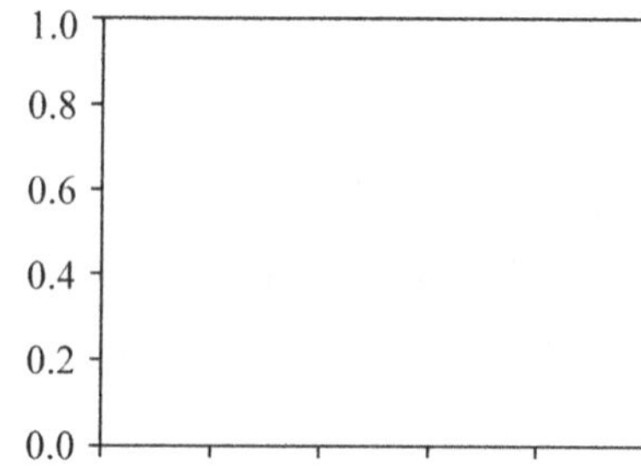

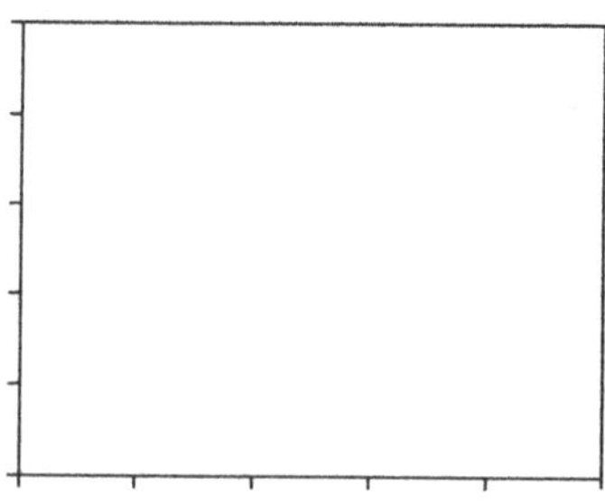

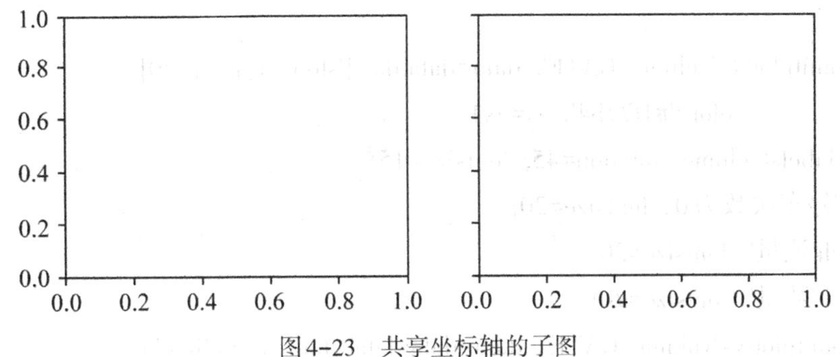

图4-23　共享坐标轴的子图

Seaborn中，有些函数可以根据特定需要自动绘制分面图形，例如上面展示的jointplot和pairplot函数。而catplot函数可以根据类别绘制不同类型的分面图形。

```
plt.rc('xtick', labelsize=14)
plt.rc('ytick', labelsize=14)
fig = sns.catplot('volume_CATE', col='stop_or_not', data=data,
                  kind='count', color='#1f77b4')
fig.set_xticklabels(volume, rotation=45)
fig.set_titles('是否停车: {col_name}')
fig.set_axis_labels(x_var='流量', y_var='数量')
```

结果如图4-24所示。

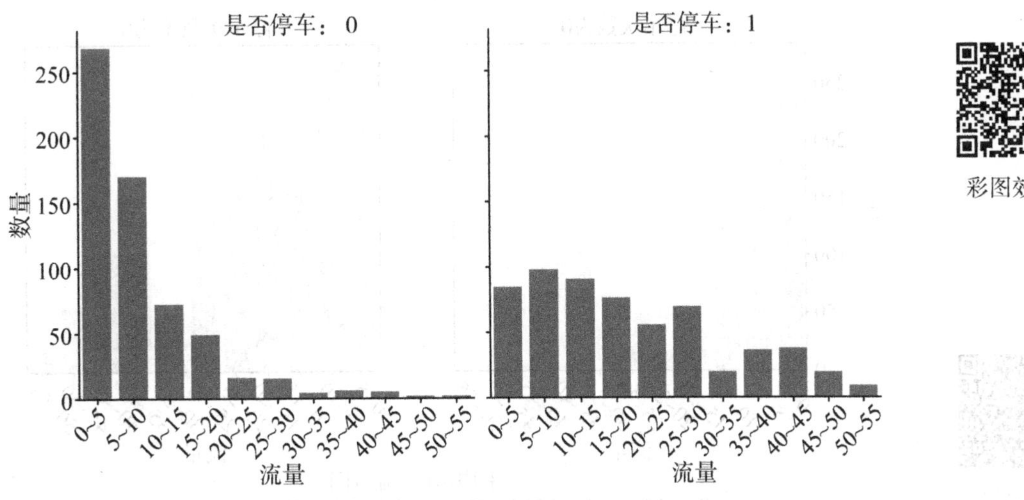

彩图效果

图4-24　分面图形（catplot）

假如需求更加灵活，则可以使用plt.subplot函数分别定义每个分面图形，三个参数分别表示子图的行数、该行图像的列数以及图像序号。而最后的tight_layout函数可以自动调整布局，避免子图之间相互重叠，其中w_pad和h_pad参数分别表示相邻子图边界的宽度和高度距离。

```
fig = plt.figure(figsize=(10,10))
ax1 = plt.subplot(2,2,1)
ax2 = plt.subplot(2,2,2)
ax3 = plt.subplot(2,1,2)
```

```
f1 = sns.countplot(x='volume_CATE', data=data[data['stop_or_not']==0],
                   color='#1f77b4', ax=ax1)
f1.set_xticklabels(volume, rotation=45, fontsize=15)
f1.set_title('停车次数为0', fontsize=20)
f1.set_xlabel('流量', fontsize=20)
f1.set_ylabel('数量', fontsize=20)
f2 = sns.countplot(x='volume_CATE', data=data[data['stop_or_not']==1],
                   color='#1f77b4', ax=ax2)
f2.set_xticklabels(volume, rotation=45, fontsize=13)
f2.set_title('停车次数不为0', fontsize=20)
f2.set_xlabel('流量', fontsize=20)
f2.set_ylabel('数量', fontsize=20)
ax3.scatter(data['aveSpeed'], data['volume'], alpha=0.2)
ax3.set_xticklabels(x, fontsize=18)
ax3.set_xlabel('平均速度', fontsize=20)
ax3.set_ylabel('流量', fontsize=20)
ax3.set_title('平均速度-流量图', fontsize=20)
fig.tight_layout(w_pad=0.5, h_pad=2)
```

结果如图4-25所示。

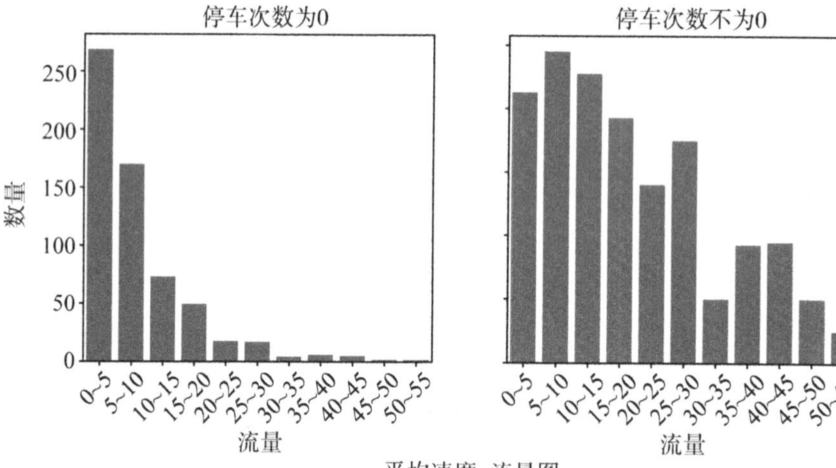

彩图效果

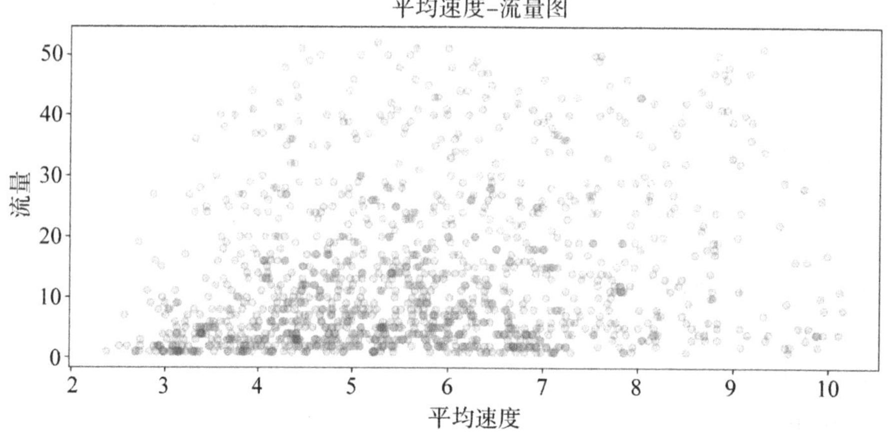

图4-25 分面图形

4.2.8　三维变量可视化

在处理高维数据时，我们需要展示两个以上变量的关系，这时在二维图的基础上继续添加坐标轴，可以衍生出一系列直观的三维图表。Python在绘制三维图表时常用到mplot3d工具包。该工具包支持的三维图表有散点图（scatter）、曲面图（surf）、柱状图等。

三维图表在绘制时与二维图表绘制时使用的函数基本上是一致的，只是函数的参数不同。

最常用的三维散点图可以使用以下代码绘制，并且得到图4-26。为了便于展示，仅选取部分数据绘图。

```
from mpl_toolkits.mplot3d import Axes3D
fig = plt.figure(figsize=(10,8))
ax = fig.gca(projection='3d')
data_1 = data[data['stop_or_not']==0]
data_0 = data[data['stop_or_not']==1]
ax.scatter(data_1['volume'], data_1['aveSpeed'], data_1['gridAcc'], label='1')
ax.scatter(data_0['volume'], data_0['aveSpeed'], data_0['gridAcc'], label='0')
ax.set_xlabel('流量', labelpad=15, fontsize=20)
ax.set_ylabel('平均速度', labelpad=15, fontsize=20)
ax.set_zlabel('平均加速度', labelpad=15, fontsize=20)
ax.legend(['停车次数为0', '停车次数不为0'], loc='upper right', fontsize=20)
```

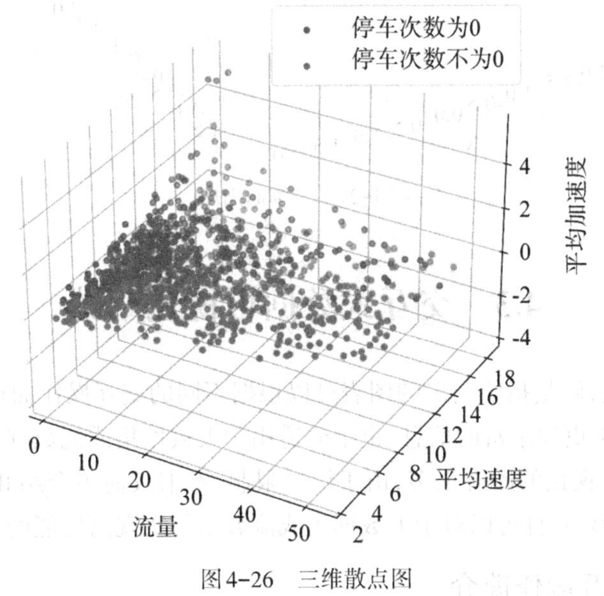

彩图效果

图4-26　三维散点图

此外，三维曲面图可以用以下代码绘制，并得到图4-27。

```
fig = plt.figure(figsize=(10,8))
ax = fig.gca(projection='3d')
X = np.arange(-2, 2, 0.1)
Y = np.arange(-2, 2, 0.1)
```

```
X, Y = np.meshgrid(X, Y)
Z = np.sqrt(X**2 + Y**2)
ax.plot_surface(X, Y, Z, cmap=plt.cm.winter)
ax.set_xlabel('X', labelpad=15, fontsize=20)
ax.set_ylabel('Y', labelpad=15, fontsize=20)
ax.set_zlabel('Z', labelpad=15, fontsize=20)
ax.xaxis.set_tick_params(labelsize=16)
ax.yaxis.set_tick_params(labelsize=16)
ax.zaxis.set_tick_params(labelsize=16)
```

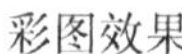

彩图效果

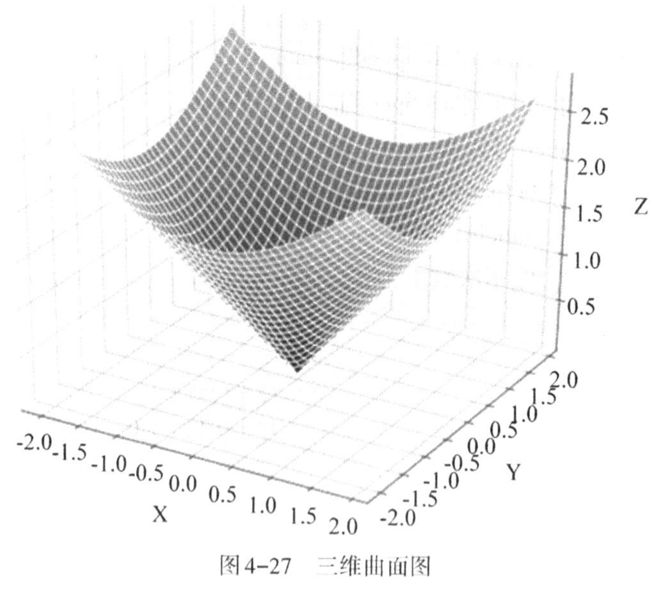

图4-27　三维曲面图

4.3　交互式数据可视化基础

所谓交互式数据可视化，就是指绘制出的图表可以根据不同的交互操作而产生不同的响应。相较于静态数据可视化，它可以展现出更加丰富的信息，也十分适用于大数据集或流数据集。

可以实现交互式数据可视化的库有很多，由于篇幅限制，本书仅简单介绍Bokeh。Bokeh的目标是帮助构造优雅、简洁的多功能图形，并且可以对于大数据集或流数据集实现高性能的交互操作。

4.3.1　散点图及交互操作简介

代码下载

首先，从bokeh.plotting中导入figure，帮助我们轻松地创建各种不同的图；导入output_notebook, show可以让我们在Jupyter Notebook里展示结果。然后创建一个图。接着，创造一个简单的数据集，让每一个数据点都可以用圆圈表示。绘制完成后，启用工具栏（图4-28右侧）中的相应工具，可以拖动图片、用鼠标滚轮放大或缩小图片、框选图片的一部分，自动放大显示细节等。具体交互式操作效果请读者自行探索。

```
from bokeh.plotting import figure
```

```
from bokeh.io import output_notebook, show
import numpy as np
import pandas as pd
output_notebook()
from numpy import cos, linspace
x = linspace(-6, 6, 100)
y = cos(x)
p = figure(width=500, height=300)
p.circle(x, y, size=7, color=(73,132,175), alpha=0.8)
show(p)
```

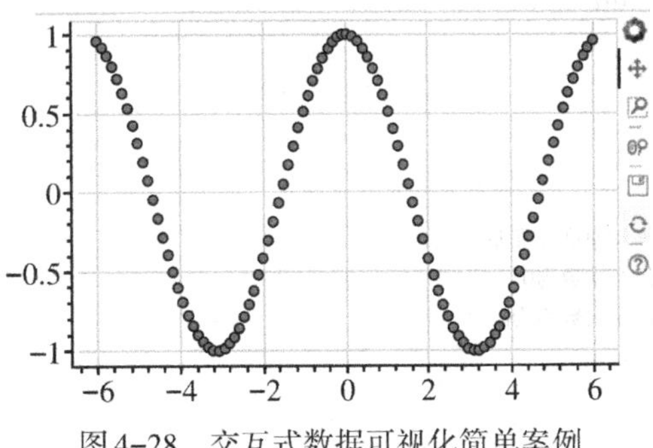

图4-28　交互式数据可视化简单案例

彩图效果

4.3.2　交互图的叠加

类似普通绘图，交互图也可以描绘多种不同数据趋势。仍以DATASET-B为输入数据集，选取流量和速度数据实现散点图和条形图的叠加。以下代码生成的条形图，如图4-29所示，其底部对应每一流量级别平均速度减去标准差的值，顶部对应每一流量级别平均速度加上标准差的值。此外，在叠加的散点图上区分是否停车。

```
from bokeh.plotting import figure
from bokeh.io import output_notebook, show
import numpy as np
import pandas as pd
data_all = pd.read_csv('DATASET-B.csv')
data_20161101_02 = data_all[(data_all['date']==20161101) | (data_all['date']==20161102)]
data = data_20161101_02[(data_20161101_02['date']==20161101)
                        & (data_20161101_02['time_id']==50)]
data = data.reset_index(drop=True)
data['stop_or_not'] = data['stopNum'].apply(lambda x: 0 if x==0 else 1)
data['volume_CATE'] = data['volume']//5
grouped = data.groupby('volume_CATE')
speed = grouped.aveSpeed
```

```
stop = list(grouped.groups)
avg, std = speed.mean(), speed.std()
stop_0 = data[data['stop_or_not']==0]
stop_1 = data[data['stop_or_not']==1]
p = figure(x_axis_label='流量', y_axis_label='速度')
p.vbar(x=stop, bottom=avg-std, top=avg+std, width=0.8,
       fill_alpha=0.2, line_color=None, legend="平均速度 标准差")
p.circle(x=stop_0["volume_CATE"], y=stop_0["aveSpeed"], size=5, alpha=0.8,
         color=(73,132,175), legend="停车次数为0")
p.square(x=stop_1["volume_CATE"], y=stop_1["aveSpeed"], size=5, alpha=0.8,
         color=(255,132,23), legend="停车次数不为0")
p.legend.location = "top_left"
show(p)
```

彩图效果

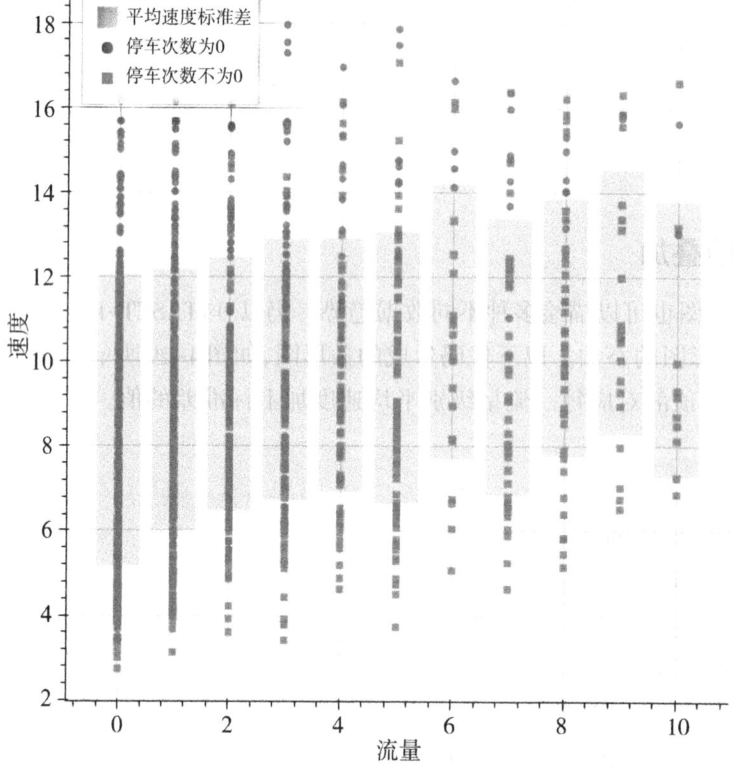

图4-29　交互式数据可视化柱状图与散点图叠加

发现图4-29中某些区域数据点过于集中，可以采用工具栏的“box zoom”工具选取某些区域自动放大，如图4-30所示。

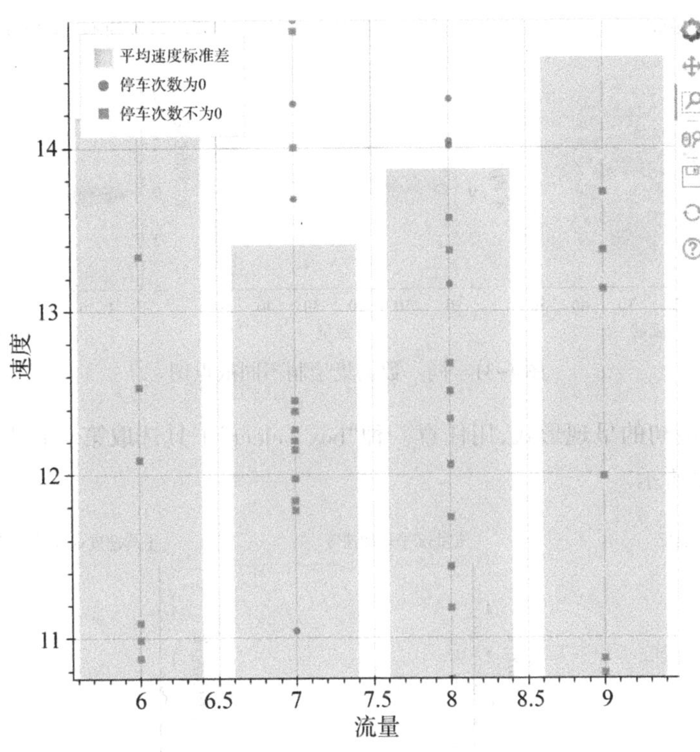

彩图效果

图4-30 图表局部放大示意图

4.3.3 分面交互图

对于同一组数据绘制不同的图表，还可以将这些图关联在一起。首先要将这些数据包装进ColumnDataSourse。绘制完成后，选择一张图的某些点，其他图片中相关的点就会自动高亮。以下代码中，figure函数中的options参数设置了工具栏的功能；gridplot函数使三个图形并排陈列。

```
from bokeh.models import ColumnDataSource
from bokeh.layouts import gridplot
source = ColumnDataSource(data)
options = dict(plot_width=300, plot_height=300,
               tools="pan,wheel_zoom,box_zoom,box_select,lasso_select")
p1 = figure(title="流量 vs. 平均速度", **options,
            x_axis_label='流量', y_axis_label='平均速度')
p1.circle("volume", "aveSpeed", color=(73,132,175), source=source)
p2 = figure(title="流量 vs. 平均加速度", **options,
            x_axis_label='流量', y_axis_label='平均加速度')
p2.circle("volume", "gridAcc", color="cadetblue", source=source)
p3 = figure(title="平均速度 vs. 平均加速度", **options,
            x_axis_label='平均速度', y_axis_label='平均加速度')
p3.circle("aveSpeed", "gridAcc", color=(255,132,23), fill_color=None, source=source)
p = gridplot([[ p1, p2, p3]], toolbar_location="right")
show(p)
```

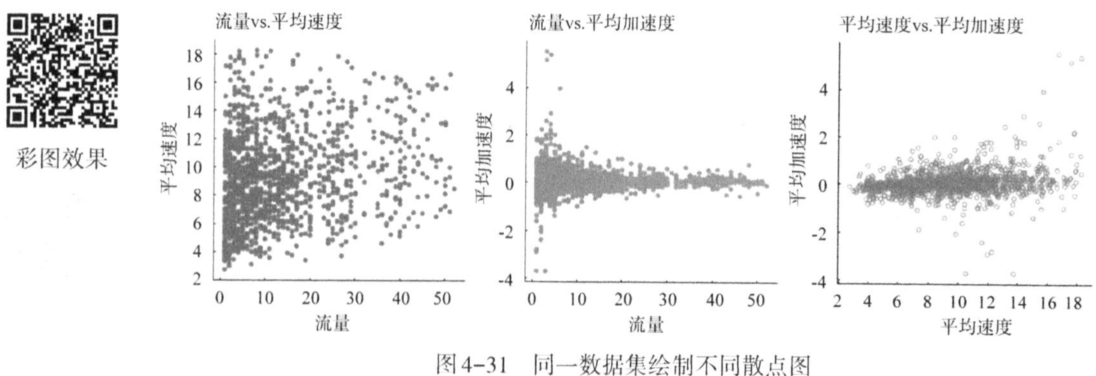

图4-31　同一数据集绘制不同散点图

图4-31显示了图像最初的呈现形式，用任意一种“box select”工具选取第二张中平均加速度大于2的数据点，最终效果如图4-32所示。

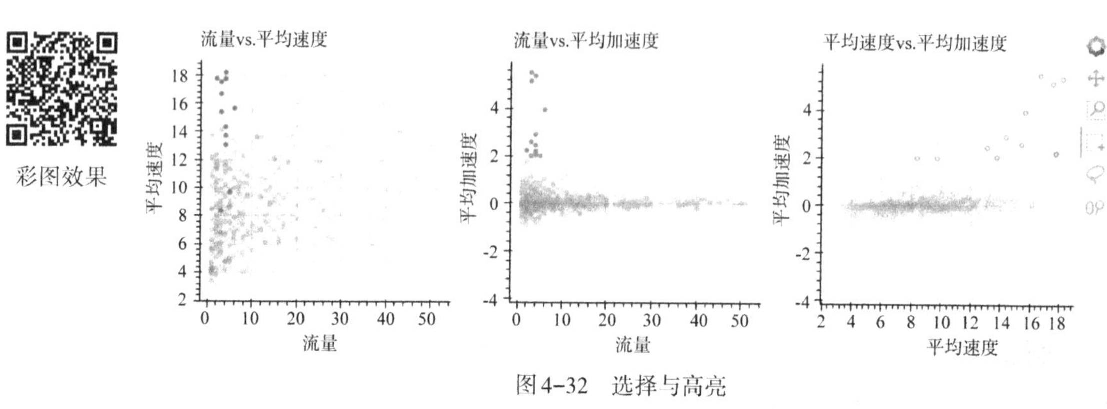

图4-32　选择与高亮

4.3.4　交互图的保存

除了在Jupyter Notebook中展示外，Bokeh还可以将图片保存为HTML文件。用任意浏览器打开HTML文件后，可以实现交互操作。以下代码简单展示了绘制折线图（图4-33）和保存为HTML文件的方法。其中，当调用show时，还会在保存的同时自动在浏览器中打开这个HTML文件，如果仅仅想要保存文件，可以选择调用save函数。

```
y1 = data_20161101_02[data_20161101_02['date']==20161101].groupby(
                    'time_id')['aveSpeed'].mean()
y2 = data_20161101_02[data_20161101_02['date']==20161102].groupby(
                    'time_id')['aveSpeed'].mean()
x = np.arange(1,145)
p = figure(title='20161101和20161102平均速度时变图',
        plot_width=500, plot_height=300, x_axis_label='时间', y_axis_label='平均速度')
p.line(x, y1, legend="2016/11/01", color=(73,132,175), line_width=3)
p.line(x, y2, legend="2016/11/02", color=(255,132,23), line_width=3)
p.legend.location = "top_right"
show(p)
```

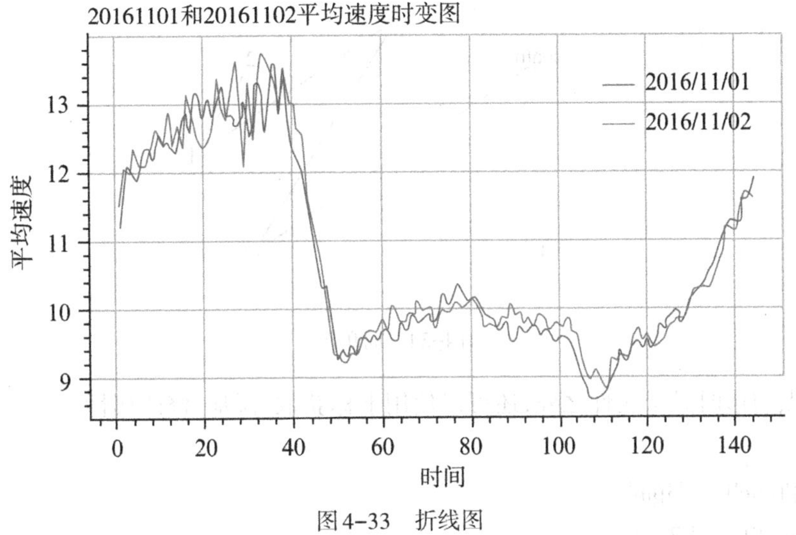

彩图效果

图4-33　折线图

更多功能可参见Bokeh官方文档。

4.4　点线型网络绘图基础

交通数据往往涉及交通网络的构建及分析。NetworkX是一个用来创建、操作和研究复杂网络的结构和动态变化的Python包。本小节简要介绍图的生成、分析和绘制。

4.4.1　点线型网络的生成

首先，导入NetworkX库；然后用Graph函数创建一个空的图（也可以用DiGraph函数构建一个有向图）；接着，用add_node或add_nodes_from函数增添节点，用add_edge或add_edges_from函数增添边。同时，设置节点和边的属性。需要注意的是，节点可以是任何可哈希对象（除了None），最常见的是数字和字符串。边可以与任何对象关联，边的“weight”属性必须是数字。

通过以下代码可以得到形如图4-34所示的简单网络（绘图方法将在后面给出）。

```
import networkx as nx
G = nx.Graph()
G.add_edges_from([(1, 2), (1, 3)], color='cadetblue')
G.add_node("spam", time='2pm')
G.add_nodes_from("spam", time='5pm')
G.add_edge(3, 'm', weight=2)
new_edge = ('m','spam')
G.add_edge(*new_edge, weight=3.3)
```

彩图效果

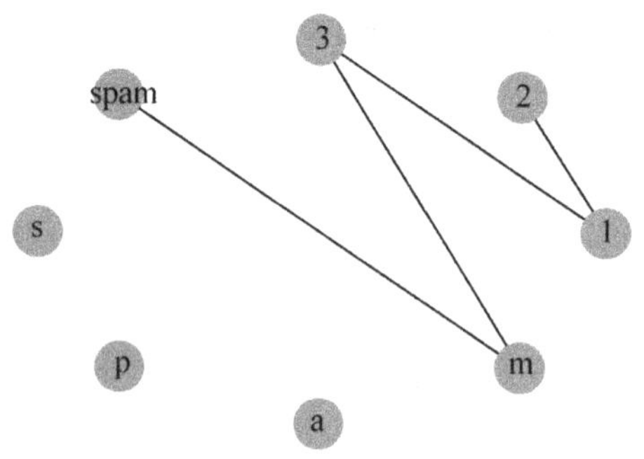

图4-34　简单图

除了在创建节点与边时赋予属性之外，还可以使用下标获取、添加、修改属性。

```
G.nodes[1]['time'] = '3pm'
G[1][3]['weight'] = 4.7
G.edges[1, 2]['weight'] = 3.5
print ('adj of node 1:',G[1])
# output:
# adj of node 1: {2: {'color': 'cadetblue', 'weight': 3.5},
#                 3: {'color': 'cadetblue', 'weight': 4.7}}
print ('attributes of edge 13:',G[1][3])
# output:
# attributes of edge 13: {'color': 'cadetblue', 'weight': 4.7}
print ('attributes of edge 12:',G.edges[1, 2])
# output:
# attributes of edge 12: {'color': 'cadetblue', 'weight': 3.5}
```

以下代码可以对构建的图G进行概览。包括图G的节点数、边数、节点列表、边列表、节点1的邻接节点、包含了节点1或m的边、节点1的度、节点2和3的度等等。其中，节点1的“度”指的是节点1连接的边的条数。

```
print ('num of nodes:',G.number_of_nodes())
# output:
# num of nodes: 8
print ('num of edges:',G.number_of_edges())
# output:
# num of edges: 4
print ('node list:', list(G.nodes))
# output:
# node list: [1, 2, 3, 'spam', 's', 'p', 'a', 'm']
print ('edge list:',list(G.edges))
```

```
# output:
# edge list: [(1, 2), (1, 3), (3, 'm'), ('spam', 'm')]
print ('adj node list of 1:',list(G.adj[1]))
# output: adj node list of 1: [2, 3]
print ('edges of 1&m:',G.edges([1, 'm']))
# output:
# edges of 1&m: [(1, 2), (1, 3), ('m', 3), ('m', 'spam')]
print ('edge degree of 1:',G.degree[1])
# output:
# edge degree of 1: 2
print ('degree of 2&3:',G.degree([2, 3]))
# output:
# degree of 2&3: [(2, 1), (3, 2)]
```

4.4.2 点线型网络分析

以下代码可以遍历图FG的节点及其邻近关系。

```
FG = nx.Graph()
FG.add_weighted_edges_from([(1, 2, 0.125), (1, 3, 0.75), (2, 4, 1.2), (3, 4, 0.375)])
FG.add_node(0)
print (FG.adj)
print ('node, neighbour, weight(<0.5):')
for n, nbrs in FG.adj.items():
    for nbr, eattr in nbrs.items():
        wt = eattr['weight']
        if wt < 0.5: print('(%d, %d, %.3f)' % (n, nbr, wt))
# output:
# {1: {2: {'weight': 0.125}, 3: {'weight': 0.75}},
#   2: {1: {'weight': 0.125}, 4: {'weight': 1.2}},
#   3: {1: {'weight': 0.75}, 4: {'weight': 0.375}},
#   4: {2: {'weight': 1.2}, 3: {'weight': 0.375}},
#   0: {}}
# node, neighbour, weight(<0.5):
# (1, 2, 0.125)
# (2, 1, 0.125)
# (3, 4, 0.375)
# (4, 3, 0.375)
```

直接获取"weight"属性可以快速遍历，输出结果与上面相同。

```
print ('node, neighbour, weight(<0.5):')
for (u, v, wt) in FG.edges.data('weight'):
    if wt < 0.5: print('(%d, %d, %.3f)' % (u, v, wt))
```

运用图论函数进一步分析，包括相连通的元素、度的排序、二分聚类、点到点的最短路。

```
print ('connected components:',list(nx.connected_components(FG)))
# output:
# connected components: [{1, 2, 3, 4}, {0}]
print ('sorted degree:', sorted(d for n, d in FG.degree()))
# output:
# sorted degree: [0, 2, 2, 2, 2]
print ('bipartite clustering coefficient for nodes:')
print (nx.clustering(FG))
# output:
# bipartite clustering coefficient for nodes:
# {1: 0, 2: 0, 3: 0, 4: 0, 0: 0}
print ('shortest path of 1&4:', nx.shortest_path(FG, 1,4))
# output:
# shortest path of 1&4: [1, 2, 4]
print ('shortest path of the network:')
print (dict(nx.all_pairs_shortest_path(FG)))
# output:
# shortest path of the network:
# {1: {1: [1], 2: [1, 2], 3: [1, 3], 4: [1, 2, 4]},
#  2: {2: [2], 1: [2, 1], 4: [2, 4], 3: [2, 1, 3]},
#  3: {3: [3], 1: [3, 1], 4: [3, 4], 2: [3, 1, 2]},
#  4: {4: [4], 2: [4, 2], 3: [4, 3], 1: [4, 2, 1]},
#  0: {0: [0]}}
```

还可以给出指定OD最短路或网络所有OD最短路。

4.4.3 点线型网络绘制

除了手动增添节点和边之外，通过某一些函数可以很方便地调用内置的简单网络。下面用petersen_graph展示图的绘制与保存。

```
import networkx as nx
import matplotlib.pyplot as plt
G = nx.petersen_graph()
```

```
options = {
    'node_color': 'cadetblue',
'node_size': 450,
'width': 1,
'with_labels': True,
    'font_weight': 'bold',
'font_size': 15,
}
plt.figure(figsize=(10,8), dpi=300)
plt.subplot(221)
nx.draw_random(G, **options)
plt.subplot(222)
nx.draw_circular(G, **options)
plt.subplot(223)
nx.draw_spectral(G, **options)
plt.subplot(224)
nx.draw_shell(G, nlist=[range(5,10), range(5)], **options)
plt.savefig('petersen_graph.png')
```

结果如图4-35所示。

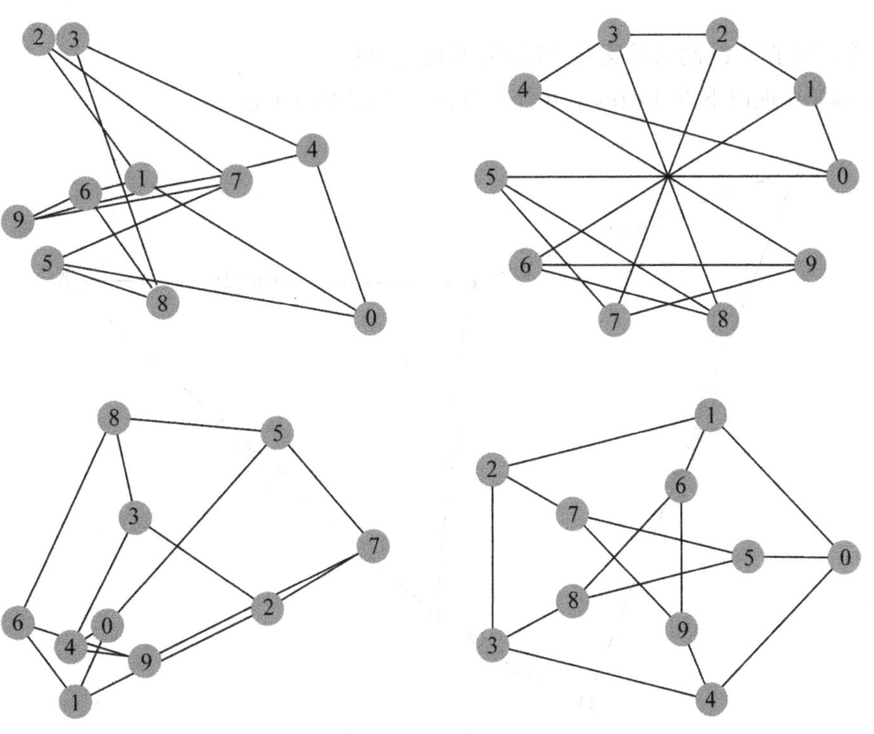

彩图效果

图4-35　网络绘图

显然，同一个网络可以用不同的布局展示。

4.5　本章小结

本章从图表元素设置开始，系统地讲解了基于Matplotlib、Seaborn库，使用Python进行大数据可视化的基础知识。然后介绍了线形图、箱形图、饼图、直方图等图形的绘制方法。此外，Bokeh可以用来进行交互式绘图，更便于展示图形之间的内在联系和大数据条件下的局部细节。NetworkX可以用来进行点线型网络图的绘制和分析。

本章主要讲解了常用可视化图形的绘制和特殊功能实现的基础知识，读者若想要深入学习其他图形的绘制方法或特定函数各个参数的作用，可以参考Python绘图库官方文档。

4.6　本章习题

1. 将线形图与本章提到的其他五种常用的可视化图形进行对比，总结其优缺点及适用条件。

2. 将箱形图与本章提到的其他五种常用的可视化图形进行对比，总结其优缺点及适用条件。

3. 假如需要将一个连续型、数值型变量映射到x轴，并在y轴展示其频数或频率，应该选用什么样的可视化图形？在Python中用什么函数实现？

4. 针对本章展示的常用可视化图形，分析该数据集中平均速度、网格流量或平均加速度的特点或相互关系，并得出结论。

5. 阅读本章代码（尤其是图4-25对应的代码），结合实战，思考fig系列函数（fig=plt.figure()）和ax系列函数（ax=plt.subplot()）的异同。

6. 请自行绘制一个分面图形，将图4-16重叠式直方图绘制为同一张图的两张子图，并合理设置调整坐标轴。

7. 请使用本章的数据集绘制新的交互式图形，并进行分析。

8. 请用NetworkX复现以下点线型网络并计算任意点之间的最短路。

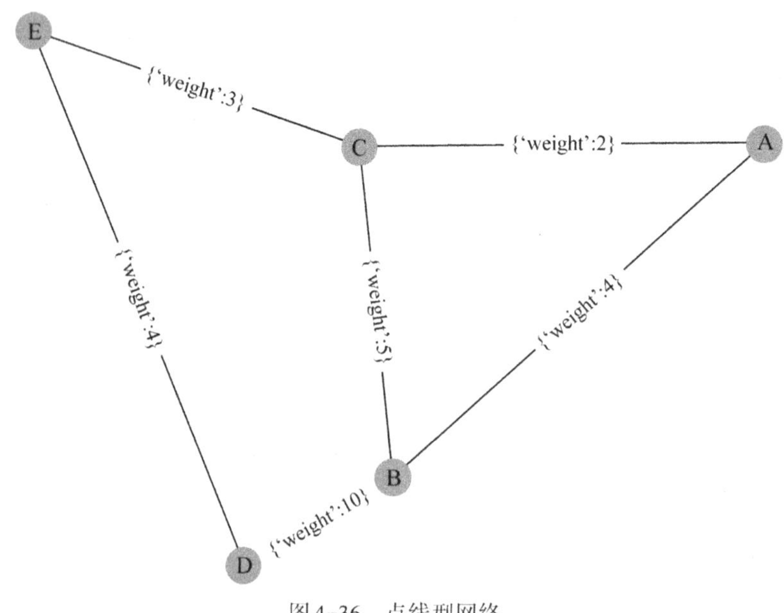

图4-36　点线型网络

第5章 机器学习简介

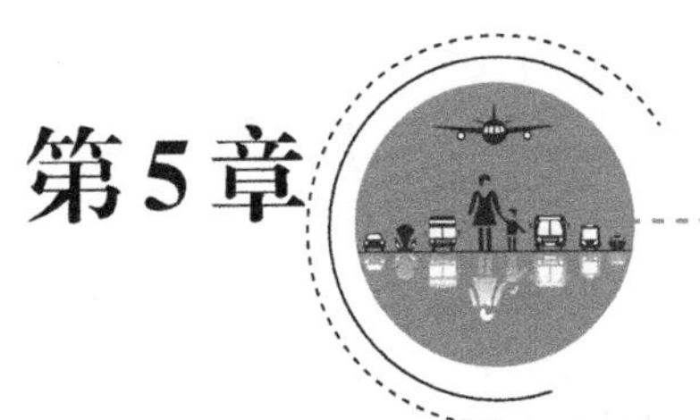

在前4章中，我们依次介绍了交通大数据分析的数据预处理、探索性数据分析以及图表绘制的过程。通过这些工作，我们已经能够将杂乱的数据梳理清晰，并在统计维度上对数据有了充分的认识。但是，面对复杂的大数据问题，我们更需要对这些数据进行深入的挖掘和探索，并在其基础上构建模型，对未知问题进行预测和分析。致力于这一目标的，就是机器学习（machine learning）。机器学习研究如何通过计算手段，利用经验来改善系统自身的性能，而在计算机系统中，“经验”通常以“数据”的形式存在。因此，机器学习研究的主要内容，是关于从数据中产生“模型”的算法，即“学习算法”，并通过运用这些算法，对未知数据进行预测和分析。在这里，机器学习基于数据得到的模型也被称为“学习器”。

Herbert Simon[1]曾对“学习”给出定义：“如果一个系统能够通过执行某个过程来根据经验改进它的性能，这就是学习。”按照这一观点，机器学习的过程可以表示成图5-1所示的形式。在数据基础上，首先选取合适的算法构建模型，并对性能进行评估，如果性能达到要求则应用该模型输出分类和预测的结果，若性能不理想，则调整算法或模型参数等建立新模型，再次评估和验证，如此循环往复，最终确定最优模型。

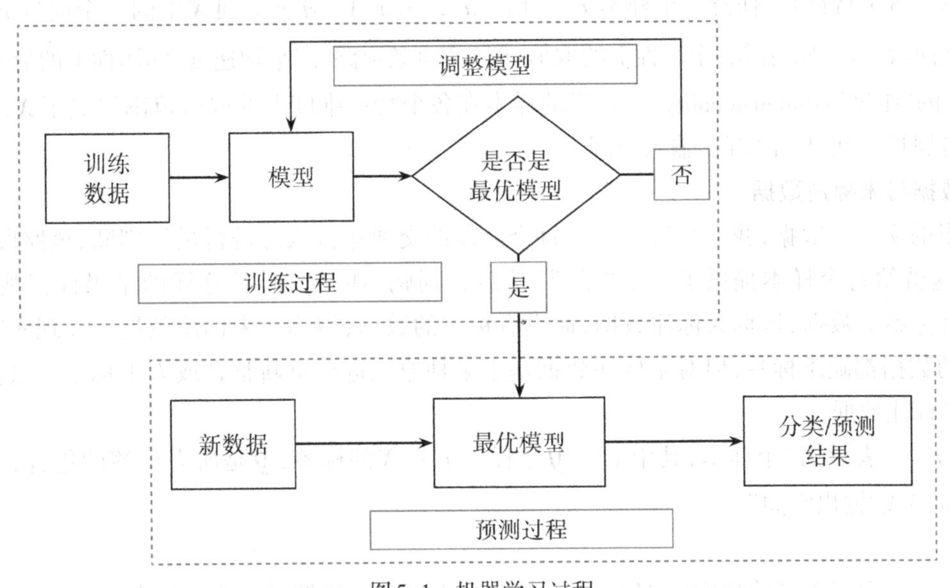

图5-1 机器学习过程

因此，机器学习的关键在于：计算机能否从数据中自行学习经验并产生满足需求的模型，即是否能实现“学习”的行为。我们以一个具有多年驾驶经验的司机开车为例，来加深对于“学习”的理解。当他要在陌生道路行驶，虽然不熟悉路况，但由于他在各种路况下都驾驶过，积累了丰富的经验，因此面对陌生的道路也可以很快适应，这就是一个自我学习并应用到新场景中的过程。

本章将全面地为大家介绍机器学习的基本概念和思想，并逐一总结包括回归、分类、聚类和降维等常见机器学习问题类型。最后，本章也将针对交通数据分析中应用机器学习算法的流程以及模型合理评估和选择的方法展开讨论。

5.1 机器学习的基础概念

5.1.1 常用概念

想要深入了解机器学习，一些基本概念非常重要，我们将在本节进行简要解释。

1.样本和特征

机器学习所需要的数据，通常是由各类数据采集器获取的信息记录，这样的每一条数据记录，就被称为一个样本。每个样本反映了事件或对象在某(些)方面的表现或性质，例如城市道路的交通流数据通常包含“路段编号”、“位置”、“平均车速”、“车流量”、“车辆平均行驶时间”等，这些被称为“特征”或“属性”。

2.数据集(训练集、验证集和测试集)

由样本组成的集合，即为数据集。整个数据一般被分为三类。首先，从数据中学得相应模型的过程，我们称之为训练。训练过程中使用到的数据称为训练数据，每一个样本称为训练样本，组成的集合即为训练集(training set)。其次，在模型不断训练的过程中，我们需要利用一些其他的数据，来检验和观察模型的状态、收敛情况等，这时所使用的数据集，被称为验证集(validation set)。最后，模型训练完成后，使用另一些数据检验模型预测效果的过程被称为测试，在测试过程中使用的样本是测试样本，其集合为测试集(test set)。

3.特征向量与特征空间

我们用$D=\{x_1, x_2, \cdots, x_m\}$表示包含$m$个样本的数据集，每个样本由$d$个特征描述(例如上面的道路交通流数据包含了5个特征)。任意一个样本$x_i=(x_{i1}, x_{i2}, \cdots, x_{id})$是$d$维空间$\mathcal{X}$中的一个向量$x_i\in\mathcal{X}$，所以$x_i$也被称为特征向量。$x_{ij}$是$x_i$在第$j$个属性上的取值(例如第4条道路在“平均速度”的属性上的值是“40km/h”)，d称为样本x_i的“维度”(dimensionality)。这里的样本在各个特征维度上的取值范围组成了$\mathcal{X}$，$\mathcal{X}$被称为“特征空间”，或者属性空间、样本空间、输入空间。

4.标注数据与未标注数据

基于采集的交通流数据，我们想进一步对每个路段的交通运行状态进行最终判断，该路段是“通畅”还是“拥堵”。这就给每个样本提供了一个“结果”信息，“通畅”还是“拥堵”这样的结果标记被称为“标签”(label)。拥有标签的数据，被称为标注数据；而没有标签的数据，被称为未标注数据。在现实问题中，大部分直接采集的数据都缺乏标签，但对未标注数据基于某种原则进行重新整合或人工标记后，这些未标注数据就转变为了标注数据。

我们用(x_i, y_i)表示第i个样本，其中$y_i\in\mathcal{Y}$是样本$x_i\in\mathcal{X}$的标签，$\mathcal{Y}$是所有标签的集合，亦称“标签空间”(label space)或“输出空间”。

5.模型

模型是从输入空间$\mathcal{X}$到输出空间$\mathcal{Y}$的一个映射(函数)f。在机器学习中，模型$y=f(x)$也被称为一个“假设”(hypothesis)，因为模型假定了数据具有某种潜在的数学规律。通过模型，我们可以基于不同数据，解决特定的应用需求和问题。

6.假设空间(hypothesis space)

所有模型的集合，也被称为假设空间(hypothesis space)，我们可以把学习过程看作是在假设空间中搜索最优解的过程，这个最优解定义了最优模型。举例而言，我们用$y=f(x)=\theta_0+\theta_1 x$分析平均速度和车流密度之间的关系，系数$(\theta_0, \theta_1)$的所有可能取值就定义了假设空间，而一组具体的值$\theta_0=60$，$\theta_1=0.5$就定义了一个具体的模型。

需注意的是，现实问题中我们常面临很大的假设空间，但学习过程是基于有限样本训练集进行的，因此，可能有多个假设与训练集一致，即存在着一个与训练集对应的“假设集合”。

7.超参数(hyperparameters)

模型中的各个系数也被称为参数，例如线性模型$f(x)=\theta_0+\theta_1 x$中(θ_0,θ_1)就是参数。参数的值是在学习的过程中获得的。机器学习模型基于采集的数据进行调优的过程，就是一个求解最优参数的过程。

而在机器学习中，还有一些参数是事先设置好的，在学习过程中保持不变的，这类参数就叫做“超参数”。例如，聚类中类的个数、神经网络的层数、学习率等。超参数的优劣也会对模型造成很大影响，但超参数通常无法由模型自动学习得到，需要人为设定，因此往往需要设置不同的超参数方案，分别训练每个方案，最终对比预测结果来选取最佳方案。5.6.3节将详细介绍如何调整模型的超参数。

5.1.2　机器学习的对象

机器学习的首要对象是数据。机器学习从原始数据出发，通过提取数据的特征组成结构化数据，抽象出结构化数据的模型，发现原始数据中的知识，最后将其应用到对新数据的分析与预测中。要注意的是，这里的数据是广义且多样的，包括各类数字、文字、图像、视频以及它们的组合等。尤其是近年来发展迅猛的深度学习(将在第12章介绍)，几乎完全是由海量大数据推动的。如果数据量不足，深度学习效果往往无法超过传统模型。

为了合理利用这些数据，机器学习也需要对数据进行一定的基本假设，要求同类数据具有规律性或者内部结构。例如，通常假设我们获得的样本都是“独立同分布”的，即每个样本都是独立、无差别地从整体中进行抽样的；此时，每个样本服从的概率分布$\mathcal{D}$与总体(population)的概率分布是相同的。在进行大数据分析之前，某类数据(如高速公路流量数据、浮动车数据、刷卡数据等)的分布$\mathcal{D}$往往是未知的，我们获取的数据越多、质量越高，就能更好地刻画$\mathcal{D}$，从而构建更好的机器学习模型。

5.1.3　机器学习的分类

根据问题类别和建模方式的差异，机器学习中的模型与算法主要分为以下四类：监督学习(supervised learning)、无监督学习(unsupervised learning)、半监督学习(semi-supervised learning)和强化学习(reinforcement learning)，如图5-2所示。本书将讨论交通大数据分析中最常用的监督学习和无监督学习。

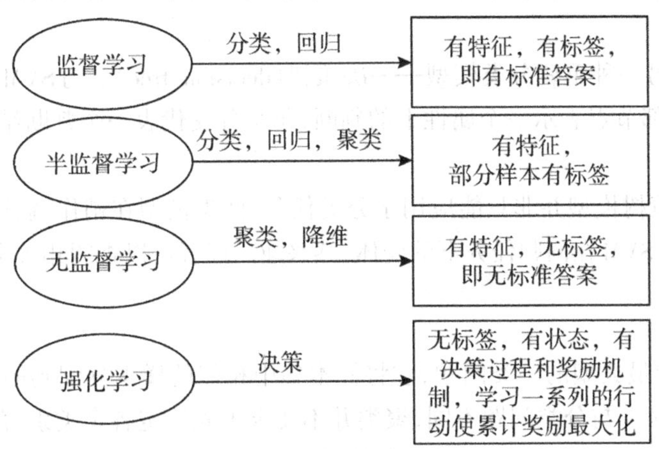

图5-2　机器学习的组成部分

5.2 机器学习的主要任务

根据训练数据是否有标签，学习任务被大致划分为两类：监督学习和无监督学习。

监督学习旨在分析输入变量x(即各个特征的取值)和输出变量y(即标签)之间的关系，并构建模型找出二者间的变化规律。如果输出变量y是连续值，例如交通流的平均速度，此类学习任务被称为“回归”(regression)；反之如果输出变量y是离散值，例如交通状况是通畅还是拥堵，此类学习任务被称为“分类”(classification)，特别地，对于y只有两个可能取值的分类问题，被称为“二分类”。

无监督学习是在数据的标签未知的情况下，通过对未标注数据的学习来揭示数据的内在规律与性质，为后续的数据分析提供基础。无监督学习主要包括聚类(clustering)和降维(dimension reduction)问题。

5.2.1 回归问题

回归问题旨在学习输入空间$\mathcal{X}$到输出空间$\mathcal{Y}$的映射函数$f:\mathcal{X}\rightarrow\mathcal{Y}$。这个“学习”过程被称为“回归”或“拟合”，即选择一条直线或曲线$y=f(x)$逼近已知数据，从而预测未知数据。按照输入变量的个数，回归问题可划分为一元回归和多元回归；而按照模型的类型，又可分为线性回归和非线性回归[2]。值得注意的是，在机器学习中，回归问题是和经典统计学关联最为密切的一类问题，例如统计学和机器学习中的线性回归从参数估计方法上来看是一致的。第6章将对最基础的线性回归模型做详细讲解，并通过交通工程案例中的网格车速预测案例讲解如何进行实战应用。

5.2.2 分类问题

分类问题旨在通过已有数据(x, y)来构建学习器，从而能对新的输入数据$\bar{x}$精准地预测出其正确的分类$\bar{y}$。此处的学习器也被称为分类模型、分类决策函数、分类器(classifier)。

分类问题包括学习和分类两个过程。在学习过程中，根据已知训练数据集(x, y)，利用相应的学习方法，得到一个分类器；在随后的分类过程中，则利用学习到的分类器，对新的输入样本$\bar{x}$进行分类[3]。

在第7章中，将介绍常用于分类的支持向量机(Support Vector Machine, SVM)模型。它以最大化样本到分隔面的最小距离作为优化目标来进行样本的分类，并通过网格路况识别案例，展示SVM模型在交通领域的应用。

在第8章中，将介绍另一种重要分类模型——决策树(decision tree)。与SVM模型不同的是，决策树是一种树形结构，其每个内部节点表示一个属性上的判断，每个分支代表一个判断结果的输出，最后叶节点则代表一种分类结果。

需要注意SVM和决策树模型并非只能应用于分类任务，两类模型在稍作调整后均可用于回归任务，本书由于篇幅原因没有介绍SVM在回归任务下的变体，感兴趣的读者可以查阅相关资料做进一步探究。

5.2.3 聚类问题

聚类是无监督学习中最典型的一类问题，它将样本集中相似的样本分配到同一类别中，从而得到了一些不同的类或簇(cluster)[4]。与分类问题不同，聚类并不要求事先给定各个类别(部分算法甚至不要求事先明确类别的个数)，而是让模型从数据中自动学习类别的划分。

如果把每个样本确切地划分到某一聚类中，则称为“硬聚类”(hard clustering)，如K-均值、DBSCAN等聚类方法。另外一种聚类方法“软聚类”(soft clustering)，则允许每个样本可以属于多个类，并定义数据点与各个聚类的隶属度(一个0到1之间的概率值)，隶属度显示了数据点与某一聚类之间的联系有多强。软聚类就是计算这些隶属度，按照隶属度来决定数据点属于哪一个或哪些聚类的过程。常用的软聚类模型包括高斯混合模型(Gaussian Mixture Model,GMM)、模糊C均值模型(Fuzzy C-Means)。

图5-3分别给出了一个硬聚类和软聚类的例子,图中用蓝色和红色分别表示聚类后得到的两个簇。坐标轴旁的曲线为每个数据点从属于两类的概率曲线。硬聚类的每个数据点都有明确的类别从属关系,所以其概率曲线只能取值为0或1。而软聚类中,需要计算每个数据点从属于簇A或B的概率值,概率值是在0到1之间变化的(当数据量很大时,概率曲线的变化经常是连续的),点的颜色越深代表从属于该簇的概率越高。

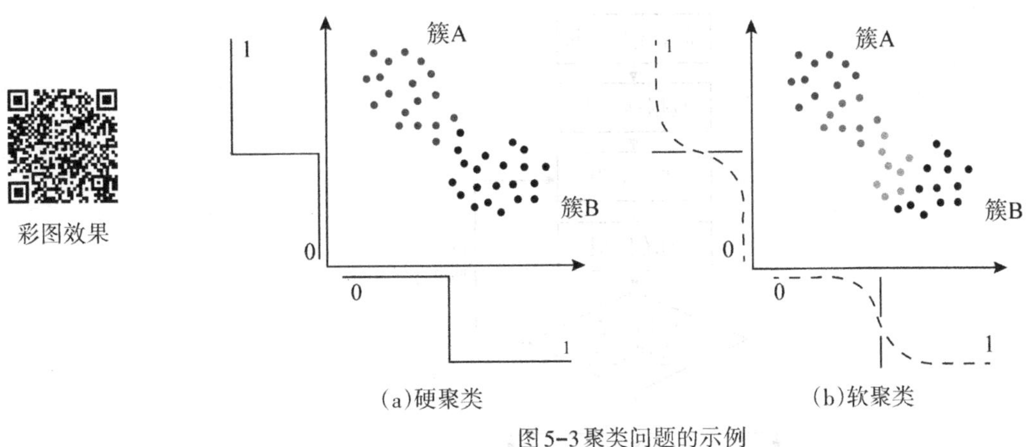

图5-3 聚类问题的示例

聚类模型在交通工程领域有很多相关的应用,本书第9章将为大家具体介绍其理论分析和实战操作。

5.2.4 降维问题

降维是无监督学习中另一类重要问题。在大数据分析问题中,往往因为特征数量过多,导致了特征空间的维度过高,从而耗费大量存储空间,而且严重降低了机器学习算法的计算效率。因此,需要在尽量多地保留数据所携带重要信息[5]的基础上,对高维特征空间做低维近似,这就是降维问题的核心目标。

降维的方法主要可划分为线性和非线性降维法。主成分分析(Principal Component Analysis,PCA)是最常用的线性降维方法;非线性降维包括基于核函数和基于特征值的方法等。这些降维算法的原理,都是将样本点从输入空间通过线性或非线性变换,映射到一个低维空间,获得一个关于原数据集的低维表示,从而更好地表示样本数据的结构,呈现样本之间的关系。需要特别注意的是,虽然降维为后续分析带来了便利,但因为每一次降维都可能会丢失一部分信息,因此我们在降维过程中,需要尽可能地保证样本的信息损失最小。

将降维问题归类为无监督学习的原因和聚类问题类似,即要映射的低维空间的维数不是事先给定的,而是在学习过程中通过数据判断出来的。图5-4给出了一个简单的线性降维示例,二维空间的样本存在于一条直线的附近,可以将样本从二维空间映射到一维空间,同时较好地保留样本之间的关系。

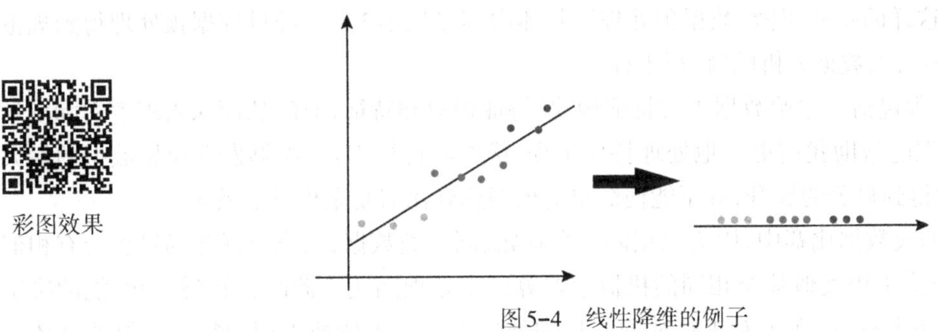

图5-4 线性降维的例子

5.3 机器学习的基本流程

机器学习的基本流程包括数据处理、分析、学习与预测。在交通问题中,机器学习的流程可以总结为以下7个步骤,分别是应用场景解析、数据预处理、特征工程、设计模型、模型训练、模型评估、结果输出(使用模型处理新数据),如图5-5所示。

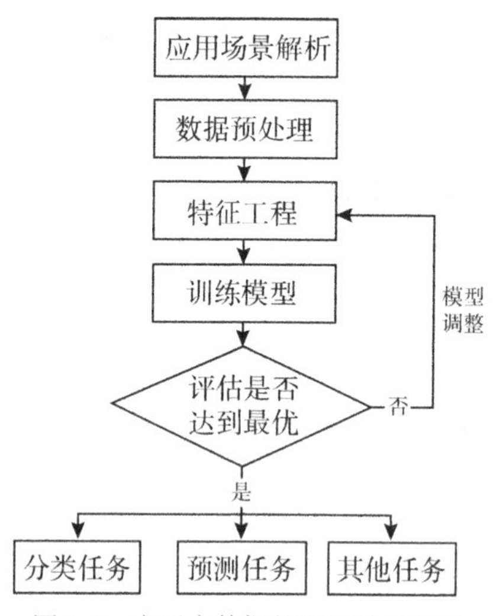

图5-5 交通大数据的机器学习流程

(1)应用场景解析。场景解析是机器学习解决实际工程和学术问题时非常重要的一个环节,它需要我们在深入理解实际业务问题的基础上,把整个场景描述成一个或多个可用数据和数学模型表征的问题,并对每个问题初步选定合适类型的机器学习模型。

例如,对一个区域的交通流量进行预测,首先需要对该问题分步骤进行剖析。要想预测未来某个时刻的交通流量,必须了解该区域的历史交通流量变化情况。此时,该问题可以抽象成机器学习中的时间序列问题,因此应当选用处理序列数据的模型。接下来要考虑与交通流量相关的其他因素,用以辅助模型的学习。如从时间片段上,要明确预测对象是在工作日还是节假日;同时也需要考虑研究区域的土地利用状况,商业区与住宅区往往具有迥异的交通流量变化模式;此外,浮动车数据尽管采样率有限,但得益于较广的时空覆盖范围,能够为流量预测提供大量有价值的信息。

经过以上层层解析,我们能够深入理解交通流量预测这一问题的要求,从而将其转化为相应的机器学习和数学问题,明确具体的学习任务。高质量的应用场景解析,能够为后续的分析步骤打下基础、少走弯路。

(2)数据预处理。在实际问题中,采集到的数据不可避免会存在缺失、采样有偏差、异常值或混有无关数据等诸多不规范的情况。因此,我们需要对收集到的数据做初步处理,包括处理缺失值、处理偏离值、数据规范化、格式的转换等,这样的步骤叫做"数据预处理",具体内容参见第3章。经过数据预处理得到规范数据之后,就可以进行下一步,大数据分析的"特征工程"。

(3)特征工程。特征工程包括对原始数据进行特征构建、特征提取和特征选择,从而深入理解实际场景下的问题。丰富的领域知识能帮助我们更好地处理特征工程,优秀的特征工程,能够发挥原始数据的最大效力,使得算法效果和性能得到显著的提升,甚至能使简单的模型达到比肩复杂模型的效果。

例如在很多交通领域的大数据比赛中,因为采用同一套赛题、同一类数据,大家对任务场景也会有相似的解析,所以很多参赛队伍会采用类似甚至相同的机器学习算法来处理问题。此时,最终模型性能的决定性因素很可能并不在于算法本身,而在于对于特征的挖掘和处理上。对于特征工程中特征选择的具体方法,可参见5.6.2小节。

(4)设计模型。模型的建立是机器学习任务的核心环节之一。如何选用和设计机器学习模型因任务不同而异,在建立模型之前,必须首先明确任务的类别(如分类、回归等)与数据的输入、输出形式。对于研究较为成熟的任务,直接根据任务需求应用现有的模型已经能够解决大多数问题,模型性能的提升可以从改进数据预处理方法、特征工程及模型训练策略着手。而对于研究尚不成熟的任务,或试图从不同的角度去思考经典学习任务,则需要对现有模型进行改进或设计全新的模型。新模型的设计没有一套固定的方法,需要研究者结合机器学习理论和(交通工程)学科知识进行探索、积累经验。

(5)模型训练。在训练模型的时候,首先需要根据研究对象的特征和实际需求,来设定合理的性能度量指标(即优化目标,详见5.4节)。然后根据模型的特征来选定算法,利用训练集的数据对模型进行训练,从而找到模型中最优的权重或参数,以便最大限度地减小分析误差。其中,模型超参数的调优步骤可参见5.6.3小节。

(6)模型评估。当模型训练完后,其效果究竟如何,需要利用验证集的数据对模型进行评估,并基于模型在验证集上的表现决定是否需要进一步调整模型。如果效果不理想,则返回第三步,继续调整模型的特征方案、模型结构及超参数,再重新训练模型,依次往复。当模型在验证集上达到期望效果后,需要在测试集数据上再次评估模型预测效果,以检验模型的泛化性能,若此时模型表现仍然满足要求,则可进行下一个步骤,输出模型结果。需要注意,测试集数据不能用于模型构建的过程中,否则极有可能导致严重的过拟合。

(7)结果输出(预测或聚类等任务)。机器学习的最终目标,还是要解决实际中的问题,也就是利用学习所得的最优模型,对实际数据完成预测或分类等任务。例如,在动态预测公交乘客流量时,因为乘客流量并不完全取决于历史条件,而是随当前环境变动,所以根据乘客流量的历史数据生成了模型之后,每天新增的乘客数据又流入数据库表中,通过调度系统启动机器学习的离线训练服务,生成最新的离线模型,然后通过在线预测服务进行实时的预测。具体过程如图5-6所示。

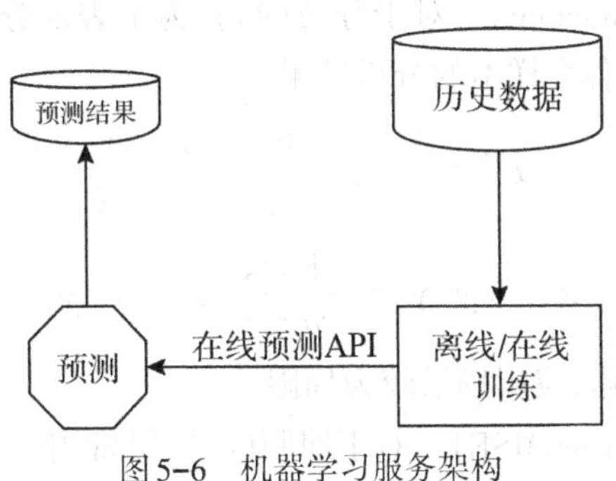

图5-6 机器学习服务架构

5.4 模型的评估与选择

有非常多的方法可以用来进行机器学习中的数据处理、特征工程和算法设计。对同一个问题,不同的分析者往往会使用不同的机器学习模型与方法。因此,如何定量地对模型的效果进行评估和选择,最终得到最优模型、达到理想效果,也是机器学习的关键问题之一。这里的定量指标也称为"性能度量"(performance measure)。

性能度量与任务目标是密切相关的,在对比不同模型的能力时,不同的性能度量方法往往会导致不同的评判结果。这也就意味着模型的"好"与"坏"实际上是相对的,什么样的模型是好的,不仅取决于算法和数据,也决定于度量方法。本节就将围绕着误差、精确率和召回率、欠拟合与过拟合、偏差与方差等概念,为大家介绍常用的性能度量方法。

5.4.1 误差与损失函数

1.误差

对于数据集(x, y),误差是指模型输出的结果$\hat{y}=f(x)$与样本真实值y之间的差异。误差可以非常直观地表征模型输出结果的好坏,所以常被用作评估模型优劣的重要标准之一。模型在训练集上的误差称为"训练误差"(training error)或"经验误差"(empirical error)。在验证集上的误差称为"验证误差"(validation error),测试集上的误差称为"测试误差"(test error)。

训练误差的大小,可以帮助我们判断给定的问题是不是容易学习;而测试误差,则反映了学习方法对未知测试数据集的预测能力,是性能度量中的重要指标。显然,测试误差越小的,意味更好的预测能力,也就意味着模型更有效。

在上一节5.3的机器学习流程中,我们谈到了有两个步骤需要用到性能度量指标,即模型训练和模型评估。如果把这两个步骤分别当作一个数学优化问题,那么性能度量指标就好比是该优化问题的目标方程(objective function)。对于这样一个数学优化问题,有两个关键的分析环节:1)如何选定合理的优化目标,从而建立数学模型;2)如何选择有效的算法,从而求解数学模型。这两个环节的分析也是本书后面几个章节的机器学习问题之关键所在,尤其是对于监督学习问题,我们能看到大量的数学优化的思想和方法,例如非线性规划中的凸规划、KKT条件、梯度算法等内容[6]。

2.损失函数

如何合理地量化定义误差,作为一个有效的目标方程,来度量出模型在数据集上的表现,是至关重要的。我们将这种衡量误差的函数统称为损失函数(loss function)或代价函数(cost function)。假设数据集$D=\{(x_1, y_1), (x_2, y_2), \cdots, (x_m, y_m)\}$包含$m$个样本。基于机器学习模型$\hat{y}=f(x)$,可得第$i$个样本$(x_i, y_i)$对应的模型输出结果$\hat{y}_i$。用符号$\mathcal{L}(\cdot,\cdot)$来表示损失函数。本节将介绍如下几类常用和有效的损失函数。

(1)0-1损失函数(0-1 Loss Function)。对于分类问题,为了表征分类结果的准确性,我们可以非常直观地用如下的0-1损失函数来判断各个样本的分析结果:

$$\mathcal{L}_i^{0-1}(y_i, \hat{y}_i)=\begin{cases}0 & y_i=\hat{y}_i \\ 1 & y_i \neq \hat{y}_i\end{cases} \tag{5.1}$$

$$\mathcal{L}^{0-1}(\boldsymbol{y}, \hat{\boldsymbol{y}})=\frac{1}{m}\sum_{i=1}^{m} \mathcal{L}_i^{0-1}(y_i, \hat{y}_i) \tag{5.2}$$

0-1损失函数适用于二分类问题,应用场景较为局限。

(2)均方误差(Mean Squared Error, MSE)。对于回归问题,最常用的是"均方误差":

$$\mathcal{L}^{MSE}(\boldsymbol{y}, \hat{\boldsymbol{y}})=\frac{1}{m}\sum_{i=1}^{m} (y_i-\hat{y}_i)^2 \tag{5.3}$$

在进行多个样本的误差累加的时候,需要避免正负误差的抵消效应,均方误差通过误差的平方项来避免了正负误差的相互抵消。均方误差也是统计学中最常用的"最小二乘法"的目标方程项,通过均方误差,最小二乘法定义了一个非线性规划模型,该模型具有多个优势:1)没有约束条件;2)连续可微;3)目标方程是凸函数。因此,最小二乘法可以非常容易地通过求"驻点"来解决。通过采用均方误差,最小二乘法的这一优势,也被继承到了后续章节的多个机器学习模型中。

(3)平均绝对误差(Mean Absolute Error, MAE)。为了避免了正负误差相互抵消的问题,还可以采用误差绝对值的形式,这就得到了如下的平均绝对误差:

$$\mathcal{L}^{MAE}(\boldsymbol{y}, \hat{\boldsymbol{y}})=\frac{1}{m}\sum_{i=1}^{m}|y_i-\hat{y}_i| \tag{5.4}$$

(4)平均绝对百分误差(Mean Absolute Percentage Error, MAPE)。在采用不同的数据集分析模型的时候，由于数据集的数值大小有差异（尤其是在对比不同的问题时），均方误差和绝对误差都无法准确反映偏差的大小，此时可采用如下的百分误差，从而准确衡量预测值对真实值的相对偏离程度。

$$\mathcal{L}^{MAPE}(y,\hat{y})=\frac{1}{m}\sum_{i=1}^{m}\left|\frac{y_i-\hat{y}_i}{y_i}\right| \tag{5.5}$$

（5）交叉熵损失函数（Cross Entropy Loss Function）。交叉熵（cross entropy）是信息论中一个重要概念，是由信息熵[7]（information entropy）的概念衍生而来。对于一个分类问题，我们用$\bar{D}=\{(x_1,y_1),(x_2,y_2),\cdots,(x_n,y_n)\}$，表示其测试集的数据，其输出空间$\mathcal{Y}$的可能取值包括$k=1,2,\cdots,|\mathcal{Y}|$，第$k$类样本所占的比例为$p_k$，则样本真实标签$y$在集合$\bar{D}$的信息熵定义为：

$$Ent(\bar{D})=-\sum_{k=1}^{|\mathcal{Y}|}p_k\log_2(p_k) \tag{5.6}$$

信息熵是随机变量不确定性的度量，是对所有可能发生的事件产生的信息量$-\log_2(p_k)$的期望。交叉熵则常被用来衡量同一个随机变量X的两个概率分布p和q之间的差异。在测试集$\bar{D}$中，我们可以得到模型的预测值$\hat{y}=f(X)$，用q_k来表示$\hat{y}$的第k类样本所占的比例，则真实值y和预测值$\hat{y}$的交叉熵的定义为：

$$H(p,q)=-\sum_{k=1}^{|\mathcal{Y}|}p_k\log_2(q_k) \tag{5.7}$$

交叉熵的值越小表示两个分布越接近，采用如上的交叉熵作为损失函数，就称为交叉熵损失函数。

交叉熵和信息熵的差值，又被称为相对熵或KL散度。因此，我们可以使用相对熵来度量模型输出分布与真实分布之间的差异，但是由于相对熵中信息熵那部分是一个常量（不随模型发生变化），所以我们常常将其中的交叉熵作为损失函数，其实二者是一样的。

除了以上介绍的几类函数外，常用的损失函数还包括指数损失函数、Hinge损失函数（Hinge Loss Function）等多种形式，将在后面的相应章节再做介绍，感兴趣的读者也可以阅读其他资料来详细了解[8]。

3.误差的期望风险和经验风险

由于每次采样的数据往往受噪声干扰，机器学习模型的预测值与真实标签之间存在着一定的误差。对于模型$f\in\mathcal{F}$（$\mathcal{F}$为模型的假设空间），有$y=f(x)+\varepsilon$，其中(x,y)为输入和输出，ε为误差。

我们首先定义经验风险（empirical risk），R_{emp}。经验风险为模型在样本集D上的损失：

$$R_{\text{emp}}^{D}(f)=\frac{1}{m}\sum_{i=1}^{m}\mathcal{L}(y_i,f(x_i)) \tag{5.8}$$

其中$\mathcal{L}(\cdot,\cdot)$为损失函数，可采用上一小节中介绍的任意一种损失函数。经验风险反映的是在特定样本集D上，m个独立同分布的样本的损失函数的均值。为了从假设空间中选择最佳的模型，一条直接的思路就是使经验风险最小化（Empirical Risk Minimization，ERM），即寻找$f^*=\arg\min\limits_{f\in\mathcal{F}}R_{emp}^{D}(f)$。极大似然估计（Maximum Likelihood Estimation, MLE）常被用于求解该问题。

模型的输入$X\in\mathcal{X}$与输出$Y\in\mathcal{Y}$本质上都是随机变量（每次抽样都会取得不同的值），我们训练模型所用的数据集$D=\{(x_1,y_1),(x_2,y_2),\cdots,(x_m,y_m)\}$是从它们的联合概率分布$p(x,y)$中采样得到的。一个理想的机器学习模型不应只在某个特定的数据集上有较好的性能，在其他潜在的样本上也应有良好的表现，才能保证模型具有更好的泛化性能。因此，理想的模型不应当只专注于特定样本集D的经验风险，而应最小化损失函数的期望$E(\mathcal{L}(Y,f(X)))$，即期望风险（expected risk）：

$$R_{\exp}(f)=E(\mathcal{L}(Y,f(X)))=\iint\mathcal{L}(y,f(x))p(x,y)\mathrm{d}x\mathrm{d}y \tag{5.9}$$

受到数据收集手段的限制，现实中我们不可能获取涵盖所有情况的数据集。因此，输入与输出的分布是未知的，期望风险也是未知的。但是根据大数定律可以知道，当观测的数据量充分大时，模型的经验风险将接近期望风险。可见，更多的数据有助于更好地对模型性能进行评估，在大数据下表现优异的模型在实际业务中也更具可靠性。

5.4.2 分类问题的性能度量

本节讨论分类问题中常用的性能度量指标，包括准确率(accuracy)、精确率(precision)和召回率(recall)和F1-score。如图5-7所示，以二分类问题为例(可拓展到多分类情况)，模型的分类结果$\hat{y}$和真实值y相比，包含真正类(True Positive，TP)、假正类(False Positive，FP)、假负类(False Negative，FN)、真负类(True Negative，TN)四种情况。其中，TP指将正类预测为正类的样本数；FP指将负类预测为正类的样本数；FN指将正类预测为负类的样本数；TN指将负类预测为负类的样本数。

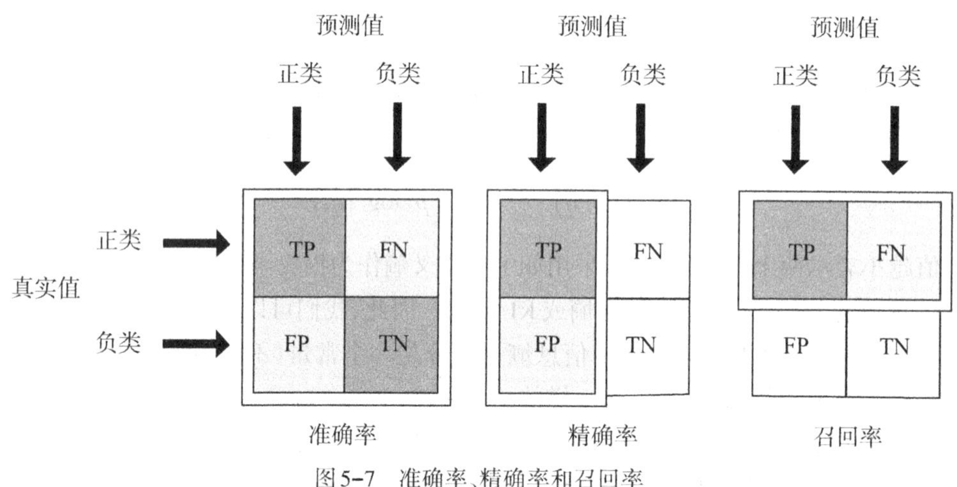

图5-7 准确率、精确率和召回率

基于这四种情况，我们可以定义三个性能度量指标包括：准确率、精确率和召回率。

1.准确率

首先给出准确率的定义，即预测正确的结果占总样本的比例，表达式为：

$$Acc=\frac{TP+TN}{TP+TN+FP+FN} \tag{5.10}$$

不难看出，准确率与5.4.1节的0–1损失函数是等价的。准确率虽然能够判断整体正确率，但在样本不均衡的情况下，并不能作为很好的指标来衡量结果。比如在样本集中，正样本有90个，负样本有10个，该情况下，我们甚至只需要将全部样本预测为正样本，就能得到90%的准确率，显然这是完全没有意义的。因此，在样本不平衡的情况下，准确率无法有效反映模型的优劣，我们需要寻找其他指标。

以交通拥堵分析为例，如果我们利用网约车(浮动车)数据获取了某个目标路段上1000个时间片段的路况样本，其中只有10个样本的真实标签是“拥堵”，其他990个都是“通畅”。使用一个训练好的分类器对这些数据进行预测，最终分类器预测出8个“拥堵”样本。那么交通管理者经常会关心“这8个样本里有多少是真正拥堵的”以及“真正拥堵的那10个样本中，有几个被正确预测出来了”。这两个问题就分别定义了下面的“精确率”和“召回率”。

2.精确率

精确率是模型预测为正的样本中，预测正确的比例：

$$P=\frac{TP}{TP+FP} \tag{5.11}$$

精确率和准确率听起来有些类似，但却是两个完全不同的概念，要仔细区分。

3. 召回率

召回率反映了所有的正类样本被模型识别准确的比例：

$$R = \frac{TP}{TP + FN} \tag{5.12}$$

所以，上面提出的交通拥堵分析的例子，如果分类器给出的8个“拥堵”样本中，有5个是真正拥堵的，那么其精确率是5/8=0.625，召回率是5/10=0.5。而考虑了所有正类、负类样本的准确率则高达：(5+987)/(5+987+3+5)=0.992。该例子很好地反映出了，当正负样本极度不均衡的时候，精确率和召回率能比准确率更好地度量模型的表现。

4.P-R图与ROC曲线图

基于相同的样本集，在比选多个学习器时，我们希望选择精确率和召回率都高的学习器，那该如何选择呢？如图5-8(a)所示从内到外的三条曲线分别是模型B、A、C的P-R曲线。一般而言，模型的精确率和召回率往往会表现出负相关的趋势。基于精确率和召回率，P-R曲线对每个模型进行了一个更全面的体检。

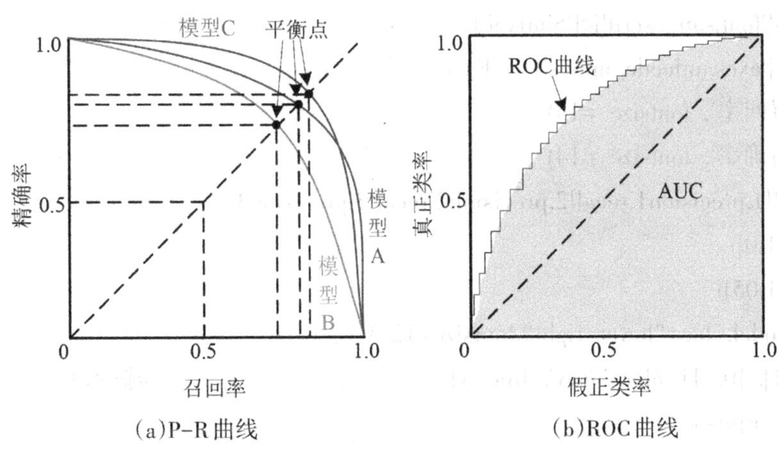

(a)P-R曲线 (b)ROC曲线

图5-8 P-R曲线与ROC曲线

P-R图中，如果一个模型的曲线被另外一个模型彻底“包含”，那么前者的性能差于后者，例如模型B的性能比模型A差。但对于只有部分交叉的模型A和C，则难以直接比较优劣，需要在特定的精确率或召回率下比较。在此情况下，如果我们依然想把A和C进行整体上的优劣比较，一个合适的性能度量方法是寻求精确率和召回率的平衡点(break-even point)，如图中虚直线(横纵坐标的等值线)和模型的P-R曲线的交点。

代码下载

对于P-R曲线的具体画法，Python的Scikit-learn模块中自带了precision_recall_curve函数来进行。一些学习器(如第6章将要介绍的对数几率回归)在进行二分类任务时，能够给出每个样本为正例的概率。基于预测概率和样本标签，precision_recall_curve函数能快速提供P-R曲线所需的精确率和召回率。为了方便讲解，我们使用随机生成的数据，来展示具体的操作步骤。

```
import numpy as np
from sklearn.metrics import precision_recall_curve as prc
def precision_recall():
    y_true = np.random.randint(0, 2, 50)    #随机生成50个样本的标签，取值0或1
    y_scores = np.random.uniform(0, 1, 50) #随机生成每个样本的置信度
    precision, recall, thresholds = prc(y_true, y_scores)    #调用precision_recall_curve
    return y_true, y_scores, precision, recall, thresholds
```

precision_recall_curve函数随机生成了一个在0到1之间取值的阈值数组thresholds。阈值的数量与样本数据量大致相当，基于每个具体的阈值和样本的预测概率y_scores，就可以判断每个样本的分类结果。将分类结果$\hat{y}$和真实值y相比，就可以算出每个阈值对应的精确率和召回率。将所有阈值所对应的点的散点图画出来，就得到了P-R曲线。

```
model=['模型A','模型B','模型C']
y_true1, y_scores1, precision1, recall1,thresholds1=precision_recall()     #模型A
y_true2, y_scores2, precision2, recall2,thresholds2=precision_recall()     #模型B
y_true3, y_scores3, precision3, recall3,thresholds3=precision_recall()     #模型C
#下面画出三个模型的P-R曲线
import matplotlib.pyplot as plt
#如果在图中显示中文,需要加入以下两行
plt.rcParams['font.sans-serif']=['SimHei']
plt.rcParams['axes.unicode_minus'] = False
plt.xlabel('召回率', fontsize =14)
plt.ylabel('精确率', fontsize =14)
plt.plot(recall1,precision1,recall2,precision2,recall3,precision3)
plt.xlim([0, 1.0])
plt.ylim([0, 1.05])
plt.legend(model, loc="lower right",fontsize=12 )
plt.plot([0, 1], [0, 1],color='navy', linestyle='--')             #斜率为1的虚线,即平衡点
plt.savefig('p-r.png')
plt.show()                                                        #显示结果如图5-9(a)所示
```

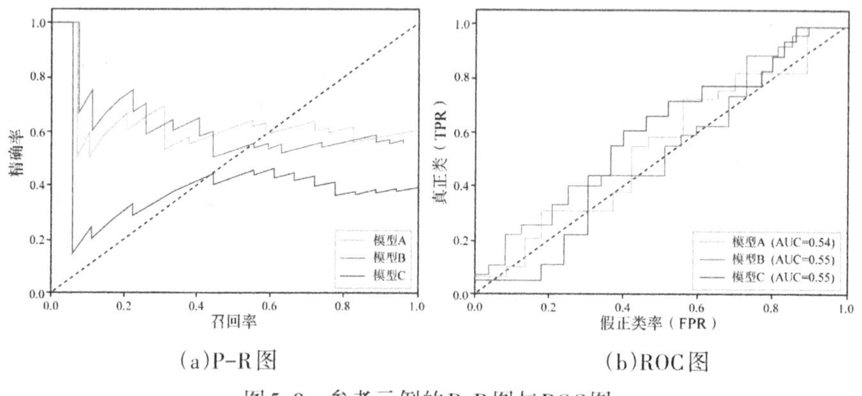

(a)P-R图　　(b)ROC图

彩图效果

彩图效果

图5-9　参考示例的P-R图与ROC图

如图5-8(b)所示，ROC曲线是进行模型性能度量的另外一种工具。与P-R曲线使用精确率、召回率为纵、横轴不同，ROC曲线的纵轴是“真正类率”(True Positive Rate，TPR)，横轴是“假正类率”(False Positive Rate，FPR)：

$$
\begin{aligned}
TPR &= TP/(TP + FN) \\
FPR &= FP/(FP + TN)
\end{aligned}
\tag{5.13}
$$

类似P-R曲线的画法，我们用Scikit-learn中的roc_curve模块来画各模型的ROC曲线：

```python
from sklearn.metrics import roc_curve
from sklearn.metrics import auc
fpr1, tpr1, thresholds1 = roc_curve(y_true1, y_scores1)    #模型A
fpr2, tpr2, thresholds2 = roc_curve(y_true2, y_scores2)    #模型B
fpr3, tpr3, thresholds3 = roc_curve(y_true3, y_scores3)    #模型C
def plot_roc_curve(fpr, tpr, model):
    roc_auc = auc(fpr, tpr)                                #计算模型的AUC面积
    plt.plot(fpr, tpr, label='%s (AUC= %0.2f)' %(model, roc_auc))
    plt.xlim([0, 1.0])
    plt.ylim([0, 1.05])
    plt.xlabel('假正类率(FPR)', fontsize =14)
    plt.ylabel('真正类率(TPR)', fontsize =14)
plot_roc_curve(fpr1, tpr1, model[0])                       #模型A
plot_roc_curve(fpr2, tpr2, model[1])                       #模型B
plot_roc_curve(fpr3, tpr3, model[2])                       #模型C
plt.plot([0, 1], [0, 1], color='navy', linestyle='--')
plt.legend(loc="lower right", fontsize=12)
plt.savefig('ROC.png')
plt.show()                                                 #显示结果如图5-9(b)所示
```

用ROC曲线进行模型比较时,与P-R图相似,若一个模型的ROC曲线被另一个模型的曲线完全“包住”,则可断言后者的性能优于前者;若两个模型的ROC曲线发生交叉,则难以一般性地断言两者孰优孰劣。如果一定要进行比较,则较为合理的判断是比较ROC曲线下的面积,即AUC(Area Under Curve)。

根据实际经验,如果选择不同的测试集,P-R曲线的变化会较大,而ROC曲线则能够更加稳定地反映模型本身的好坏。所以,ROC曲线的适用场景更多,也被更广泛地用于交通拥堵程度排序、出行路线推荐等领域。在实际操作中,选择P-R曲线还是ROC曲线要根据问题的特性来判断。

5.F1分数(F1-score)

F1分数(F1-score)是另一种适用于分类问题的性能度量指标,它也能够同时兼顾精确率和召回率:

$$\frac{2}{F_1}=\frac{1}{P}+\frac{1}{R}\Rightarrow F_1=\frac{2PR}{P+R}=\frac{2TP}{2TP+FP+FN} \tag{5.14}$$

从上式可以看出,F1分数本质上是精确率和召回率的调和平均值。

5.4.3 欠拟合与过拟合

1.欠拟合与过拟合

在上一节中,我们介绍了度量模型性能的各类常用指标。本节介绍模型训练过程中的两类问题:欠拟合(underfitting)和过拟合(overfitting)。欠拟合是指模型的训练工作不充分,对训练样本的一般性质尚未学好,导致了训练误差大。

假设我们精心设计了一个模型,能很好适应训练集的模型(训练误差很小,甚至几乎为0),那这样一个模型是否就是最好的呢?答案是否定的,因为模型在新数据上的表现可能很差。我们把模型在新样本上的误差被称为“泛化误差”(generalization error)。因此,验证误差和测试误差都属于泛化误差。模型的泛化误

差大，也被称为泛化能力(generalization ability)差。如果模型的训练误差很小，而泛化误差大，这种情况就被称为过拟合[2]。

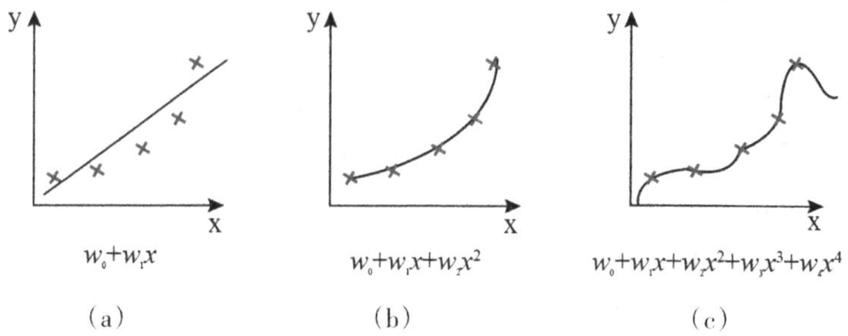

图5-10　一个线性回归问题(依次对应了欠拟合、合理拟合、过拟合)

以回归问题为例，“拟合”的任务是找一条直线或曲线来更好地逼近数据点。以图5-10为例：分别用一次、二次、四次函数代表的线性模型来拟合给定的数据集。如图5-10(a)所示，显然一次函数不能很好地适应我们的训练集，结果是欠拟合的；图5-10(b)中的二次函数能有更好的表现；更进一步，图5-10(c)中的四次函数能完美地拟合所有数据点，误差为零。但是可以很直观地预见到，这样一个四次函数放到测试集上时，其误差反而会比二次函数更大，这就是一个明显的过拟合情况。

当特征过多时，会导致模型过分强调每一个样本(拟合能力过强)，并为每一个样本点构建一个特例，但是这个模型是没有意义的，它没有泛化能力，它所做的是完全地描述了现有的数据集，它没有找到数据背后的规律，就出现了过拟合现象。克服过拟合使模型具有良好的泛化性能，就需要模型对未知数据的预测同样精准，因此我们需要通过模型的合理评估与选择，来选择能有效避免“过拟合”问题的模型。一般来说，模型假设空间越大，使用的特征数量越多，对训练数据的拟合效果会越好，但这时，对于未知数据(测试集)的泛化能力则相应减弱，所以如何找到模型能力与误差之间的关系，选择合适的特征向量与假设空间是非常重要的。

与过拟合相比，欠拟合更容易克服，往往可以通过扩大样本量、提高模型特征数来有效克服。例如在决策树学习中扩展分支，在神经网络学习中增加训练轮数等。

2.偏差与方差

偏差和方差是机器学习中的常用术语，(高)偏差是指欠拟合，(高)方差是指过拟合。因此，出现高偏差时，训练误差和泛化误差都高；而出现高方差时，训练误差低、泛化误差高。偏差反映了模型输出值$\hat{y}$和真实值y之间的差异程度，即模型的拟合能力。方差反映了模型在不同数据集上的性能稳定性，即数据扰动所带来的影响。

对于偏差和方差的数学定义和理论分析，推荐感兴趣的读者阅读周志华《机器学习》的2.5节。从数学定义上可见，泛化误差是偏差和方差之和。因此泛化性能好的模型，需要偏差和方差都小。

在数据充足、训练充分的情况下，从图5-10的例子可以看出，偏差和方差是与模型的复杂度密切相关的，在线性模型中这一复杂度主要指特征(变量)的数量。在本书后面将会介绍的更高阶的机器学习模型中，模型的复杂度与决策树的扩展分支数、神经网络模型的训练轮数、深度学习模型的层数，以及各类模型的超参数等有关。图5-11给出了一个欠拟合(过拟合)与模型复杂度之间的变化关系。不难理解，随着模型复杂度的提升，训练误差会一直得到改进，就像数学优化问题(最小化问题)的变量增加了以后，可行域变大，得到新的最优解一定是原来的一个“下界”(lower bound)。而对于泛化误差，模型变复杂以后，会把个别异常训练样本的特点当作了所有潜在样本都有的一般性质，从而导致泛化性能下降。

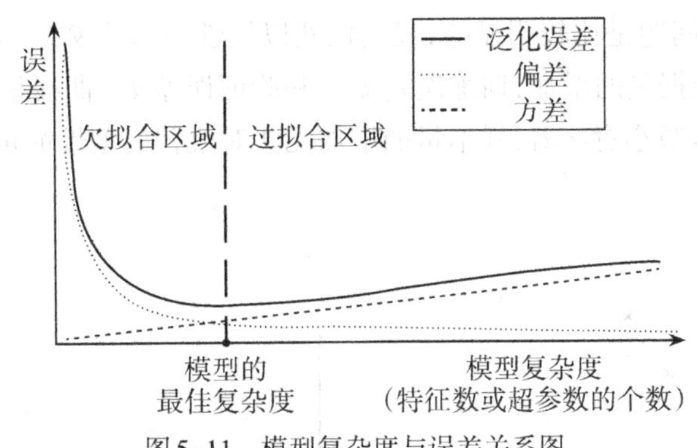

图5-11 模型复杂度与误差关系图

在实战中，图5-11的模型复杂度曲线可以作为一个非常有用的工具，帮我们选择最优的模型复杂度。例如对于一个线性回归问题，我们可以把特征数（多项式项的个数、幂次）全部枚举出来，并逐一计算训练误差、验证误差，并画出5-11的关系图，就能把最佳的特征数选择出来。但是机器学习中的各类模型复杂度、超参数的优化，往往由于其数学模型的复杂性（目标对象往往都是NP困难问题），而无法建立有效的精确算法来求解出最优方案，只能以等间距枚举的数值求解方式来粗略得到最佳方案。

3.学习曲线

模型的欠拟合和过拟合，还可以通过"学习曲线"来判断。如图5-12所示，学习曲线是将训练误差和验证误差作为训练样本数的函数绘制的图表，横轴为训练样本数，纵轴为误差。图中的下方曲线代表了训练误差$\mathcal{L}^{train}$，上方曲线代表了验证误差$\mathcal{L}^{val}$。

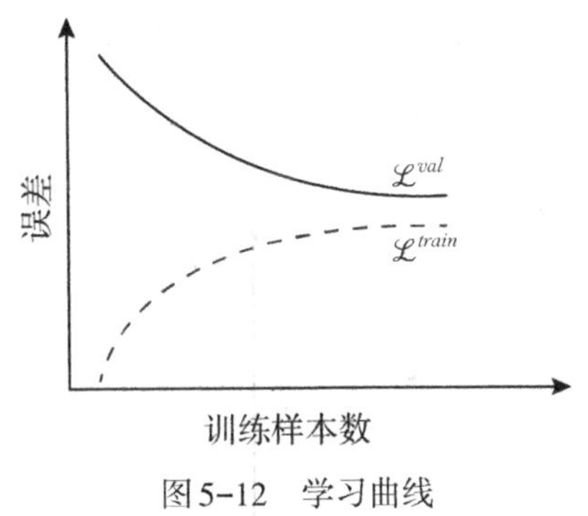

图5-12 学习曲线

学习曲线的具体画法是，把我们拥有的总数为M个的训练样本，从第一个样本开始逐步地拿出前m个样本，训练得到模型f_m，计算前m个样本的误差$\mathcal{L}_m^{train}$。假设验证集的样本总数为N，那么利用训练得到的f_m可以计算出验证误差$\mathcal{L}_m^{val}$。之后将一系列的$\mathcal{L}_m^{train}$和$\mathcal{L}_m^{val}$值连接起来，就得到了学习曲线。

换言之，如果我们有100个样本，第1次训练仅使用第1个样本，第2次训练使用第1、2个样本，第3次训练使用第1、2、3个样本，以此类推。当训练样本数量较少时，模型将能够非常完美地适应较少的训练数据，表现为训练集误差较低，但是训练出来的模型却不能很好地适应验证集数据，表现为验证集误差较高。当训练样本增加后，模型能够学习到更多的信息，泛化性能增强，表现为验证集误差下降，而由于模型复杂度不足或数据中存在噪声，训练集误差有可能上升。

和图5-11的模型复杂度曲线一样，学习曲线是学习算法的一个很好的合理检验（sanity check）。当我们面临超大规模的大数据分析问题时（例如样本数在百万个以上级别），如果贸然将所有数据都用来处理算法，会导致计算量过大、计算时间极长，从而把我们的计算资源和分析时间浪费在处理欠拟合或过拟合的模型方案上。合理的做法是，先利用少部分的数据（例如1000条数据）画出模型的学习曲线，如果发现模型是欠（过）拟合的，那么直接弃用该模型，改用调整特征数、超参数后的新模型。

用学习曲线识别欠拟合问题是比较明显的，我们依然以线性模型为例。如图5-13所示，对于一个注定会欠拟合的模型，随着训练数据量的增加，训练误差$\mathcal{L}^{train}$和验证误差$\mathcal{L}^{val}$曲线很快会达到一个界限值而无法进一步提高。$\mathcal{L}^{val}$无法进一步减小意味着：样本量的增加无法对改善模型性能再起到任何作用。

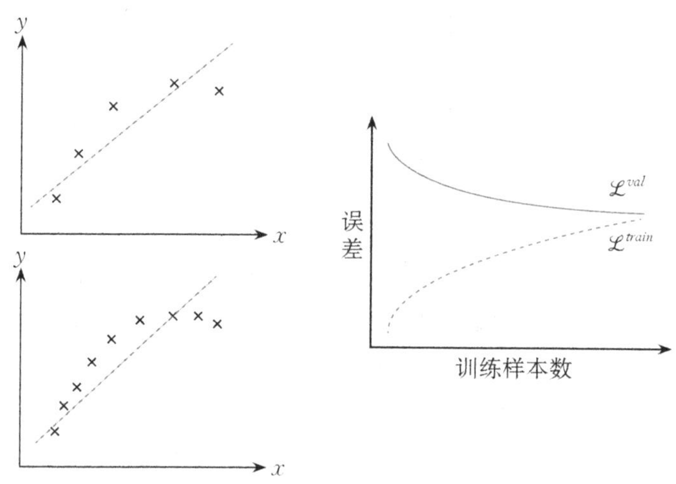

图5-13　欠拟合(高偏差)模型的学习曲线

对于过拟合(高方差)问题，假设我们用一个非常高次的多项式模型，如图5-14所示，模型的验证误差一开始就比较高，而且随着训练数据量的增加也一直保持在一个较高的水平。但是在高方差/过拟合的情况下，增加更多数据到训练集可能提高算法效果。

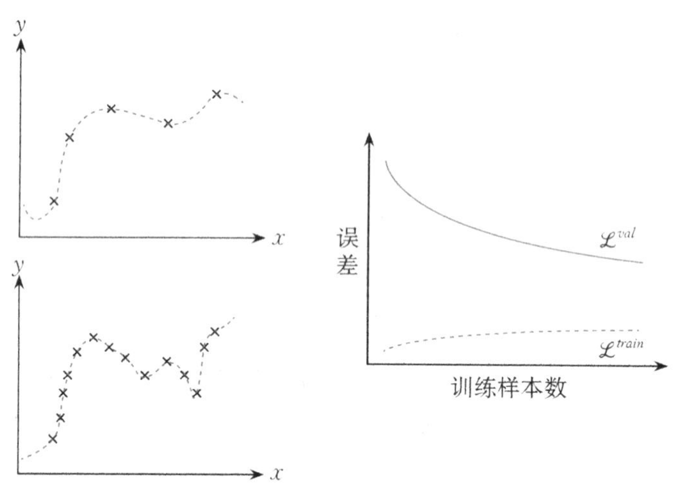

图5-14　过拟合(高方差)模型的学习曲线

代码下载

学习曲线的具体画法，可调用Scikit-learn中的learning_curve模块来进行。我们以第6章的对数几率回归模型为例，基于随机数据来画学习曲线。具体代码步骤如下所示。

第一步：导入所需模块。

```
import numpy as np
import pandas as pd
import matplotlib.pyplot as plt
from sklearn.linear_model import LogisticRegression
```

```
from sklearn.svm import SVC
from sklearn.model_selection import learning_curve
```

第二步:生成测试数据。随机生成“(0,20)”均匀分布的二维样本X,以及样本的标签y,长度都为1000。

```
X = np.random.randint(0, 20, size=[1000,2])    #生成在(0,20)均匀分布的样本值
y = np.random.randint(0, 3, 1000)              #生成只含0,1,2的随机标签
```

第三步:构造学习曲线。

```
def plot_learning_curve(estimator, title, X, y, ylim=None, cv=None,
                        n_jobs=1, train_sizes=np.linspace(.1, 1.0, 5)):
    plt.figure()
    plt.title(title)
    if ylim is not None:
      plt.ylim(*ylim)
    plt.xlabel("训练样本量", fontsize=13)
    plt.ylabel("误差值", fontsize=13)
    train_sizes, train_scores, test_scores = learning_curve(estimator, X, y, cv=cv, n_jobs=n_jobs,
                                                          train_sizes=train_sizes)
    train_scores_mean = np.mean(train_scores, axis=1)
    train_scores_std = np.std(train_scores, axis=1)
    test_scores_mean = np.mean(test_scores, axis=1)
    test_scores_std = np.std(test_scores, axis=1)
    plt.grid()
    plt.fill_between(train_sizes, train_scores_mean - train_scores_std,
                     train_scores_mean + train_scores_std, alpha=0.1, color="r")
    plt.fill_between(train_sizes, test_scores_mean - test_scores_std,
                     test_scores_mean + test_scores_std, alpha=0.1, color="g")
    plt.plot(train_sizes, train_scores_mean, 'o-',color="r",label="训练误差")
    plt.plot(train_sizes, test_scores_mean, 'o-', color="g",label="验证误差")
    plt.legend(loc="best")
    return plt
```

第四步:绘制对数几率回归的学习曲线,结果如图5-15所示。

```
title = r"学习曲线 (LogisticRegression)"
estimator = LogisticRegression()
plot_learning_curve(estimator, title, X, y, cv=None, n_jobs=1)
plt.show() #显示结果如图5-15所示
```

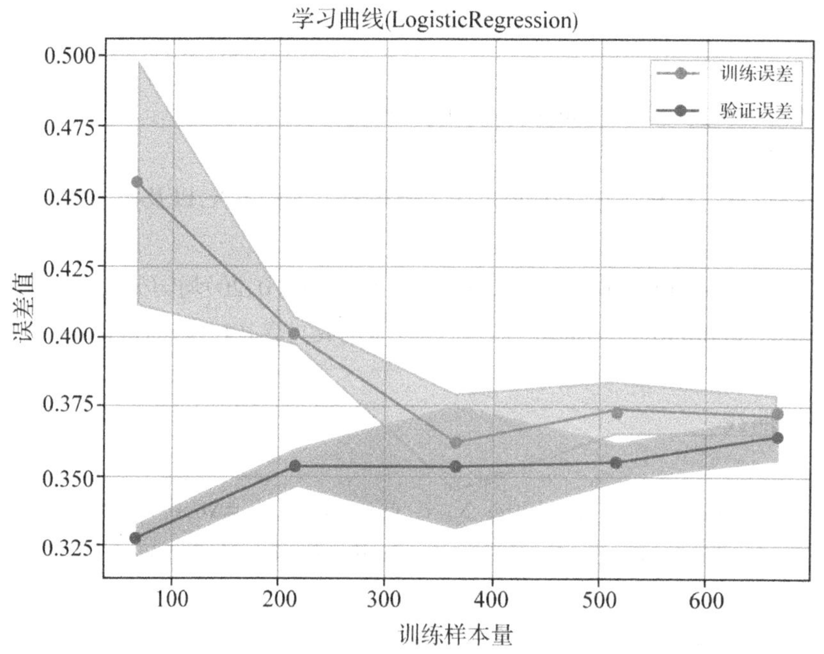

图5-15 对数几率回归模型的学习曲线

5.5 改善模型性能的方法

在5.4节中，我们讲述了模型的性能度量的各种指标和方法，这些方法对机器学习模型进行了全方位的“体检”。如果我们发现了模型有欠拟合或过拟合的问题，该如何改善模型？在实战中，欠拟合情况相对容易解决，可以通过提高模型的复杂程度（增加特征数、超参数的个数等）及训练程度来解决。但过拟合是一个更加棘手的问题，往往会让初学者投入大量精力而无法有效改善，因此过拟合是机器学习中的一个关键问题。本节我们就先来介绍解决过拟合问题的两种常用方法：正则化和交叉验证。

5.5.1 正则化

如图5-10的线性模型所示，模型的复杂度过高，会导致过拟合，因此，我们需要对模型的复杂度进行限制，这种限制手段也称为正则化（regularization）。以图5-10的线性模型为例，图5-10(b)的二次模型有较好的拟合效果，而图5-10(c)中采用了如下的四次多项式模型，但造成了过拟合：

$$f_w(\boldsymbol{x})=w_0+w_1x_1+w_2x_2^2+w_3x_3^3+w_4x_4^4 \tag{5.15}$$

此时，我们可以通过在该模型的损失函数中添加一个惩罚项：$10\times(w_3+w_4)$，从而使系数w_3和w_4的最优取值都尽可能地小，来起到限制三次和四次项的作用。在实践中，模型的输入特征维度往往很高，不可能人工逐个挑选相应的参数来进行惩罚。因此，最常用的正则化方法是，直接在损失函数中添加一个正则化项来限制所有的特征权重。由此，我们就得到了模型的结构风险（structural risk）的定义[9]：

$$R_{\mathrm{str}}(f)=\frac{1}{m}\sum_{i=1}^{m}\mathcal{L}\left(y_i,f(x_i)\right)+\lambda J(f) \tag{5.16}$$

上式中，结构风险的第一项是损失函数，第二项是正则化项（regularizer），其中$J(f)$表示模型复杂度，$\lambda\geqslant 0$为正则项系数，可以控制对复杂模型的惩罚力度。正则化就是，用结构风险最小化（Structural Risk Minimization，SRM）来替代损失函数作为模型优化的目标方程，这往往能够平衡模型在训练集上的拟合效果与模型的泛化性能，不易出现严重的过拟合现象。

模型复杂度最常用的度量方法是参数向量的L_p范数(norm)。对任意实数$p \geqslant 1 \in \mathbb{R}$,向量$x$的$L_p$范数由下式给出:

$$L_p(x) = \|x\|_p = \left(\sum_{i=1}^{m} |x_i|^p\right)^{\frac{1}{p}} \tag{5.17}$$

特别地,$L_\infty(x) = \max\limits_i |x_i|$。通常,模型$f(\cdot;\boldsymbol{\theta})$的复杂度可被定义为$J(f) = \|\boldsymbol{\theta}\|_p^p = \sum_{i=1}^{m} |x_i|^p$,其中$\boldsymbol{\theta}$为模型参数。需要注意,为了简化计算,这里的模型复杂度并未直接定义为式(5.17)给出的L_p范数,而是L_p范数的p次方。此时,p的定义域可从$[1,\infty)$被推广到$[0,\infty)$。不同的p值大小能够带来不同的正则化效果,图5-16展示了对于两个模型参数θ_1和θ_2,p值取0.5、1、2、3时$J(f)$的等值线。随着p值的逐渐增大,等值线越来越趋近于一个横置的正方形;当p值为0.5时,等值线十分贴近坐标轴;当p值取1时,等值线为一个斜置的正方形;当p值为2时,等值线为圆形;当p值为3时,等值线类似于圆角矩形。

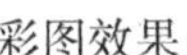
彩图效果

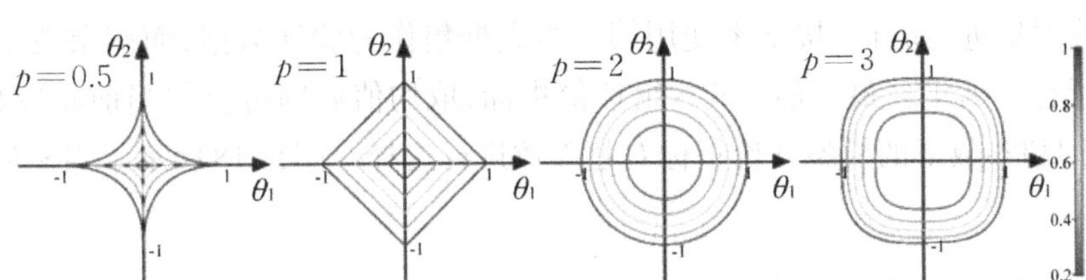

图5-16　不同p值下的模型复杂度等值线

在这些p值中,最常用的取值为1和2,分别对应于L1正则化与L2正则化。直观上理解,L1正则化就是在损失函数中添加模型全部参数绝对值的和,而L2正则化则是添加模型全部参数的平方和。相比于L2正则化,使用L1正则化更容易得到稀疏解(sparse solution),这里的"稀疏"指的是参数向量中有更多参数的估计值为0。同样,我们以二维参数向量的情况为例,如图5-17所示,多个同心圆为MSE损失函数相对于不同模型参数的等值线,其圆心为无正则项条件下模型的最优参数取值;左下角的菱形和圆形分别为L1正则项和L2正则项对应的等值线,其与同心圆的切点为使用相应正则项后的模型最优参数取值。在MSE相同的情况下,使L1正则项最小的参数组合容易出现在坐标轴上,此时有一个参数为0;而使L2正则项最小的参数则不然。由于稀疏解中许多参数为0,因此L1正则化在减小模型复杂度的同时,还能够起到特征选择的作用。

彩图效果

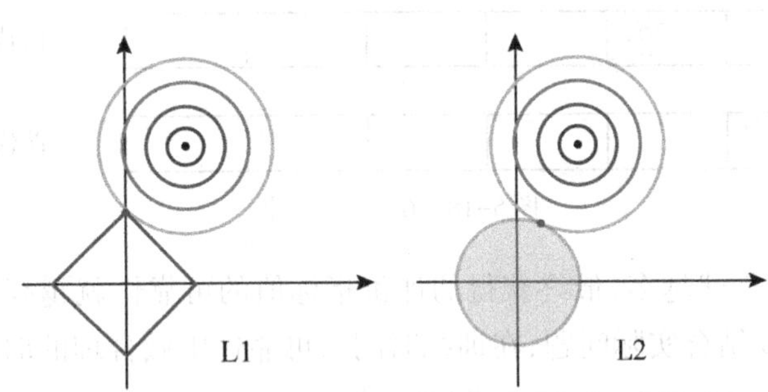

图5-17　L1正则化与L2正则化对解的影响

除了模型复杂度的表示,正则项系数的大小也会对模型的拟合效果产生影响。相比不添加正则项时学习到的函数,使用恰当的正则化可以明显缓解过拟合问题。但是,过大的正则化系数λ,则会导致模型的全部参数都趋近于0,造成严重的欠拟合问题。需要注意的是,正则化系数λ的设置没有确定的规则。通常可从较小的λ值开始实验,以一定间隔不断增减尝试,确定合适的数量级后再进行微调。

5.5.2 交叉验证

交叉验证也是一种有效防止模型过拟合的方法。5.1节曾介绍过，在建立模型时，原始数据集会被划分为训练集、验证集和测试集三部分，这种划分方法也可称为简单交叉验证。训练集用于模型的训练，获得模型参数；验证集用于优化模型的超参数，也即选择不同模型；测试集用于对模型最终效果的评估。其中，在模型选择的过程中，如果验证集的数据量足够，那么使用该验证集获得的模型选择结果也是有效的。但在某些实际问题中，往往不具备充足的数据，难以支撑有效的模型验证，无法筛选出更优的模型。此时，便需要引入交叉验证的方法。交叉验证的主要思想是将数据集分为训练集和测试集后，再将训练集切分为若干份子数据集，再将这些子数据集组合为训练集和测试集，在此基础上进行多次训练和测试，选择模型。

交叉验证具体又可分为以下两类：

1.S折交叉验证（S-fold cross validation）

S折交叉验证则将训练集分割成大小相同的S组数据集，我们先使用2~S组数据集作为新的训练集进行训练，后用第一组数据集进行验证；接下来使用第二组数据集作为验证数据，而剩余数据集用于训练，依次往复，直至遍历完所有数据集。最后能获得S组评价指标，取均值后即可获得当前超参数下的模型平均性能。之后再根据不同超参数下的模型评价指标对超参数进行选择。图5-18展示了当S为6时的数据集划分方法。

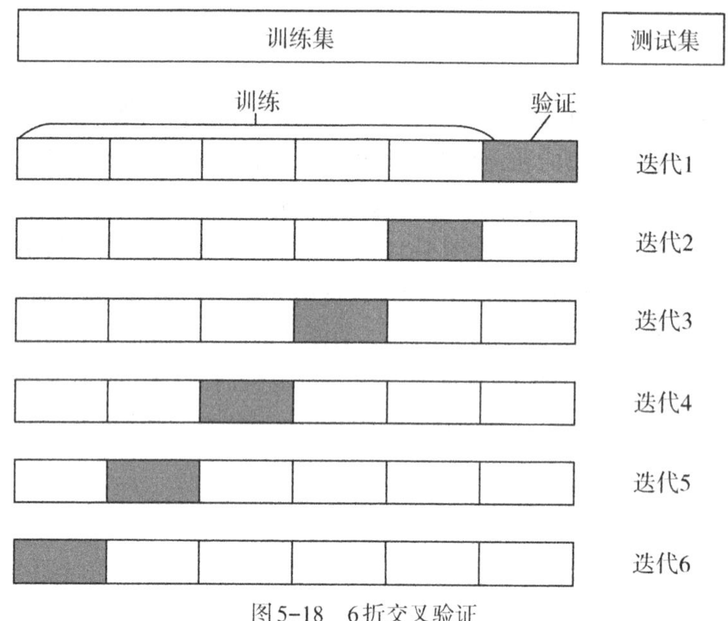

图5-18　6折交叉验证

S取值越大，划分的数据集就越多，最终获得的评价指标值的可靠性就越高，但相应模型训练的时间成本也越大。因此S的取值需要结合实际问题，在训练时间与可靠性中做合理的取舍。

2.留一交叉验证（leave-one-out cross validation）

对于S折交叉验证，当$S=N$（其中N是给定数据集的容量），此时每次迭代过程相当于使用1个样本用于验证，而其他$S-1$个样本用于训练，此时就称为留一交叉验证。该方法往往应用在数据非常缺乏的情况下。

正则化很容易和交叉验证结合起来使用，通过正则化避免模型过拟合，然后基于交叉验证评估模型的学习效果，最后选择出最优的模型。

5.5.3 性能改善方法总结

至此,我们已经讨论了多种甄别模型性能、改善模型表现的方法。对于欠拟合和过拟合,我们的性能改善方法总结如表5-1所示。

表5-1 模型性能改善的方法

问题	方法
欠拟合(高偏差)	(1)尝试获得更多的特征; (2)提高模型的训练程度; (3)减少归一化程度λ。
过拟合(高方差)	(1)尝试获得更多的训练数据; (2)减少特征的数量、降维数据; (3)增加归一化程度λ; (4)采取交叉验证来训练模型,并基于学习曲线观察验证集中的模型表现。

我们可以尝试表5-1中的几种方法(及它们的组合)来解决问题,值得一提的是,机器学习中常提到著名的奥卡姆剃刀(Occam's Razor)原则[15],该原则被表述为"如无必要,勿增实体"。在应用于机器学习中的模型选择时,我们可以理解为:在所有可接受(误差足够小)的模型中,最为简单和便于计算的模型,才是最好、最应该被选择的模型。

最后,和大家分享一种很有意思的说法。我们在生活中,如果花过多精力研究过往,太过追究细节,那可能会深陷其中,反而对未来充满畏惧;但如果我们完全不在意过去,不善于总结,那未来也将会和过去同样糟糕。类比到机器学习中,我们研究过去所付出的"精力",就是算法的能力或容量,付出过低,那就很难去拟合训练数据集;而付出过高,则可能造成过拟合。因此,如何把握其中的平衡,通过不断评估和调整模型能力,寻找一个既能在训练数据中表现很好,又可以在测试数据中展现出色性能的模型,是困难而又重要的[10]。

5.6 机器学习训练中的其他技巧

5.6.1 利用数据改善模型性能的方法

本节将从数据角度,为大家提供一些提升机器学习算法性能的常用思路。在完成一个机器学习模型训练后,其实际性能可能不佳,此时便需要对模型进行优化和改进。但是,在进行方法选择时,因不存在统一的标准和依据,往往会产生一些无效甚至错误的尝试。

数据是模型的基础,数据科学中有这样一句话"Garbage in, garbage out.",即无意义的输入数据,无论用何种方法进行建模,也无法获得有意义的结果。因此,从数据预处理的角度,对数据进行扩充、清洗、变换、筛选等工作(详见第3章),是提升机器学习模型性能的方式之一。

1.人工扩充数据集

在实际数据环境中,由于各类条件的限制,我们有可能无法获取足够多的训练数据,此时可以使用数据扩增(data augmentation)技术,通过对数据进行变换,以达到人工扩充数据集的目的。数据扩增技术通常被应用于图像等非结构化数据的处理中,例如在图像识别任务中,通过对原始图片进行旋转、裁切、增加随机噪声等一系列变换,能够生成大量新图片,在实现数据集扩充的同时,也能够增强模型的鲁棒性。对于结构化数据,数据增强技术并不常用,在少部分特殊场景中,可以利用生成式模型(generative model),根据现有数据的分布规律,生成一些假数据用于模型训练。

2.数据重采样

重采样包括欠采样和过采样两种。在计算资源有限或对预测精度要求不高时,若现有数据集样本数量过多,可以对原数据集进行欠采样,即随机或按一定规则从原数据集中提取一个子集,以提升模型的训练速度。过采样一般用于数据集中样本不平衡的情况,例如在路况分类问题中,拥堵状态的样本数量相比于畅通状态少很多,此时可利用有放回采样(bootstrap)等方法,对样本较少类别的数据进行多次采样,构造一个样本分布较为平衡的新数据集,以提升模型的性能。

3.缩放(rescale)数据

模型的输入数据中,不同的属性数值分布范围可能不同,在某些需要计算样本间距离的算法中,可能会导致数值大的属性对距离计算的影响权重过大。因此,需要对数据进行缩放,使各属性的数值分布范围一致,常用方法有0-1标准化、均值-方差标准化。对数据进行缩放,往往能提升模型收敛速度。

4.转换数据分布

在一些数据集中,部分数据特征的分布往往存在高偏度、长尾、数量级跨度大等特点,可能不利于机器学习模型有效地进行学习。对于这类数据特征,可以在数据预处理阶段,利用对数变换等方法对其分布进行调整。

5.6.2 特征选择的技巧

模型输入特征的选择对于模型的预测效果有很大的影响。特征过少、所选特征和学习任务相关性低等问题都会影响模型的最终性能;而使用过多的特征,则会增加模型的训练成本,同时增加模型过拟合的风险。因此,模型特征选择非常关键,下面介绍几类常用的特征选择思路。

最直接的方法是特征组合直接比选,即直接使用不同特征组合训练模型,通过比较各个模型的预测精度,选取最佳的特征组合。由于这种方法需要进行多次的训练,因此计算成本和时间较高。

在模型训练之前,也可以使用一些辅助指标对特征组合方案进行评价,评估特征对于预测任务的重要程度。常用的辅助指标包括:皮尔逊相关系数、互信息(mutual information)、卡方检验等。值得注意的是,皮尔逊相关系数等指标仅能评估变量间的线性相关性,无法准确评估变量间的非线性相关关系。

此外,部分模型本身能够计算特征对于输出的重要性,例如随机森林等一系列基于决策树的模型,通过计算特征的基尼系数、信息增益等指标,可以指导特征选择过程,详细内容参见第8章。因此,在正式建模前,可先建立一个简单的决策树模型,获得每个特征的重要性指标以筛选特征。

在工程实践中,尽管以上方法能够辅助机器学习模型的特征选择,但它们并不能取代对任务本身的理解和思考。在特征选择与构造的过程中,并不存在某种通用的策略,最为重要的是将其和工程经验与领域知识相结合。

5.6.3 调整超参数的方法

超参数是提高模型性能的另外一个重要维度。一个复杂的模型中往往包含多个超参数,各个超参数的取值及其组合是一个非常复杂的难题。因此,掌握调超参的方法非常重要。在机器学习中,调节超参数的过程被称为调参(hyperparameter tuning)或者超参数调优(hyperparameter optimization)。

常用的调超参方法有:1)网格搜索(grid search),又称参数扫描(parameter sweep),是对指定的有限个可能取值进行穷举搜索;2)随机搜索(random search),即在高维空间中简单地采样固定次数的参数设置的随机搜索;3)贝叶斯优化(Bayesian Optimization, BO),是黑盒函数全局优化的一种方法,等等。具体介绍如下:

1.网格搜索(grid search)

顾名思义,网格搜索是像网格一样用有限个取值来近似所有超参数的取值空间,之后逐一计算“网格”

中的每个超参数组合，最终通过比较来确定最优解。这里的网格是通过一定的步长来计算而得的，这个步长和超参数的备选取值都是提前人为确定的。

以第7章中所用到的支持向量机模型为例，一个SVM分类器(使用高斯核函数)模型包含两个超参数：正则化权重C和核超参γ，C有3种可能取值，γ有4种可能取值，如表5-2所示，共有12种组合取值。网格搜索就是通过遍历这12种组合，进行训练和验证，最终得到在验证集上表现最好的最优组合。这个网格搜索的具体代码可参见7.6节的模型训练部分。

表5-2 网格搜索示例

	C=10	C=100	C=1000
γ=0.1	SVC(C=10,γ=0.1)	SVC(C=100,γ=0.1)	SVC(C=100,γ=0.1)
γ=0.2	SVC(C=10,γ=0.01)	SVC(C=100,γ=0.01)	SVC(C=100,γ=0.01)
γ=0.5	SVC(C=10,γ=0.5)	SVC(C=100,γ=0.5)	SVC(C=100,γ=0.5)
γ=1	SVC(C=10,γ=1)	SVC(C=100,γ=1)	SVC(C=100,γ=1)

网格搜索需要枚举各个维度，因此当超参数变多之后，潜在的组合方案数量(即网格数)会非常多，容易陷入“维数灾难”(curse of dimensionality)导致计算时间过长。在实际操作中，如果需要调参的超参数比较多，一般都会固定多数参数，分步对1~2个超参数进行调优，这样能够减少计算时间，但是缺点是难以自动化进行，而且容易陷入局部最小值。

2.随机搜索(random search)

在网格搜索的基础上，随机搜索不采用穷举的计算形式，而是在可能取值中随机选择参数方案。除了网格化的离散取值集合，随机搜索还可以直接从连续空间中随机取值。随机搜索的抽样方法可以根据参数的分布来合理选定。

与网格搜索相比，随机搜索的计算量可以得到有效控制，但更加无法保障所求得的解的质量。网格搜索与随机搜索都有比较好的并行计算潜质(embarrassingly parallel)，是非常适合在多线程的服务器平台上处理的任务。

3.贝叶斯优化(Bayesian Optimization)

首先，将调参问题进行数学定义，用x代表参数方案，其取值空间为$\mathcal{X}$，$y=f(x)$代表模型的表现值，通常用模型训练完成后的损失函数最优值表示。对于一组具体的参数方案x_n，我们需要将模型完整地训练一遍后，才能得到对应的真实表现值$y_n=f(x_n)$。对于后面章节中介绍的各类机器学习模型(尤其是深度学习模型)，由于$f(\cdot)$的每次计算都非常费时费力，而且难以获知$f(\cdot)$的梯度等数学性质，即具有“黑箱”特点；因此我们需要构建一种方法，尽量少地计算$f(\cdot)$，最终获得最优的参数方案$x^*=\text{argmax}_{x\in\mathcal{X}}f(x)$。针对这一问题，Snoek在2012年提出将贝叶斯优化用于机器学习调参[10]，具体介绍如下。

基于已有的n组参数值$[x_1,x_2,\cdots,x_n]$(初始值可以随机生成)，分别带进$f(\cdot)$求得对应的目标方程值$[y_1,y_2,\cdots,y_n]$。贝叶斯优化的主要思想，可以用如下两个关键步骤来阐述：

(1)基于已观测到的n个数据点，构造一条易于求解的平滑曲线$\bar{f}(x)$，来逼近原函数$f(\cdot)$；

(2)基于$\bar{f}(x)$，利用一套规则求得潜在最优参数值x'。

计算完上面两个步骤之后，令$x_{n+1}=x'$，并带入原函数(即使用当前参数训练一遍机器学习模型)算得$y_{n+1}=f(x_{n+1})$。此时，已知参数方案集合及相应的模型表现值集合扩充为$[x_1,x_2,\cdots,x_{n+1}]$和$[y_1,y_2,\cdots,y_{n+1}]$，将之带入上述两个步骤，循环迭代即可。

具体而言，上面的步骤(1)是通过高斯过程来实现的，步骤(2)则是通过“采集函数”(acquisition

function)来实现的。

高斯过程可以定义为一系列随机变量的集合,该集合中任意有限维度的子集都服从联合高斯分布。因此假设已有的n个数据点$\boldsymbol{y}=[y_1, y_2, \cdots, y_n]$服从联合高斯分布,即$\boldsymbol{y}\sim N(\boldsymbol{\mu}_y, \mathrm{K}_{yy})$。其中,$\boldsymbol{\mu}_y\in\mathbb{R}^n$是均值向量,一般我们设定$\boldsymbol{\mu}_y=0$,代表即使不改变均值,高斯过程也能对许多函数建模。$\mathrm{K}_{yy}\in\mathbb{R}^{n\times n}$是协方差矩阵。为了让高斯过程准确、平滑地逼近已知的n个数据点,一个直观的想法是:距离(如$\|x_i-x_j\|^2$)越近的两个可行解i,j,其函数值$f(x)$的相关性越高。此处,我们借助核函数来实现这一功能。最常用的一个核函数为高斯核函数,也称为径向基函数(Radial Basis Function,RBF),其基本形式如下,其中σ和l是高斯核的超参数。

$$\kappa(x_i, x_j)=\sigma_k^2\exp\left(-\frac{\|x_i-x_j\|_2^2}{2l^2}\right) \tag{5.18}$$

由公式(5.18)可见,x_i和x_j的距离越近,核函数的取值越大;x_i和x_j的距离越远,核函数的取值越小。因此,可以利用核函数来定义x_i和x_j的相关性,相关性越强,则二者的取值越接近。

在利用高斯过程构建逼近曲线$\bar{f}(x)$时,对于可行域内任意一个点x',其对应的函数值$y'=\bar{f}(x')$,此时y'与训练集同属于一个$n+1$维的联合高斯分布,即:

$$\begin{bmatrix}\boldsymbol{y}\\ y'\end{bmatrix}\sim N\left(\begin{bmatrix}\boldsymbol{\mu}_y\\ \mu_{y'}\end{bmatrix},\begin{bmatrix}\mathrm{K}_{yy} & \mathrm{K}_{yy'}\\ \mathrm{K}_{yy'}^T & \mathrm{K}_{y'y'}\end{bmatrix}\right) \tag{5.19}$$
$$\mathrm{K}_{yy}=\kappa(\boldsymbol{x},\boldsymbol{x}),\ \mathrm{K}_{yy'}=\kappa(\boldsymbol{x},x'),\ \mathrm{K}_{y'y'}=\kappa(x',x')$$

上面的公式,也被称为贝叶斯优化的“先验分布”。

基于公式(5.19)可推导出y'服从于一个一维高斯分布,即为“后验分布”:

$$y'\Big|x',\boldsymbol{x},\boldsymbol{y}\sim N\left(K_{yy'}^TK_{yy}^{-1}(\boldsymbol{y}-\boldsymbol{\mu}_y)+\mu_{y'},\ K_{y'y'}^T-K_{yy'}^TK_{yy}^{-1}K_{yy'}\right) \tag{5.20}$$

上式就定义了逼近函数$y'=\bar{f}(x')$。

基于逼近曲线$\bar{f}(x)$的构造过程可知,在那些取值点少的区域,我们的估计误差更大,即$\bar{f}(x)$的方差更大。因此采集函数需要同时考虑$\bar{f}(x)$中取值更优的点(被称为exploitation),以及方差更大的点(被称为exploration)。采集函数应该兼顾exploitation和exploration。最直观的采集函数是GP-UCB(Gaussian Process-Upper Confidence Bound),即以逼近曲线$\bar{f}(x)$的上置信界作为采集函数,采集函数是后验均值与后验标准差的加权和:

$$\begin{aligned}&H(x)=\mu_n(x)+\beta_{n+1}^{1/2}\sigma_n(x)\\&x_{n+1}=\mathrm{argmax}_{x'\in X}H(x')=\mathrm{argmax}_{x'\in X}\mu_n(x')+\beta_{n+1}^{1/2}\sigma_n(x')\end{aligned} \tag{5.21}$$

另一种常用的采集函数是Expected Improvement (EI)。定义f_n^+为前n次迭代中观测值的最大值为f_n^+,则EI策略可表示为:

$$x_{n+1}=\mathrm{argmax}_{x\in X}\mathrm{E}\left[\max\left(f(x)-f_n^+,0\right)\right] \tag{5.22}$$

贝叶斯优化是一种非常深入、有效的方法,考虑到本章的篇幅,此处只做了简要介绍。读者可以参阅相关材料,进一步了解高斯过程与贝叶斯函数中的数学表达与推导,以及如何将贝叶斯优化应用到实际机器学习模型的超参数调优中[11,12]。此外,本书第7章还将继续探讨核函数在支持向量机中的作用,读者可以体会两处核函数的联系。

4.其他调超参方法

调超参本质上是一个以超参数为决策变量,以验证集的损失函数最小化为优化目标的数学优化问题。所以,如果可以求得目标方程对超参数的梯度函数,还可以用“梯度优化”(gradient-based optimization)类的方法,例如梯度下降法来调优。

但因为各类机器学习模型及数据集的复杂性,这一优化问题往往是非常复杂的NP完全问题,因此难以构建有效的精确算法来进行超参数的调优。不过，如同在随机搜索中所讨论的，各类机器学习模型的超参数的取值空间往往比较明确，可以很容易地利用随机数获得一组可行解。因此调超参问题非常适合用运筹学中各类常见的启发式算法来求解，比如一种元启发式算法，人工蜂群算法（Artificial Bee Colony, ABC），就可以很方便地应用到调超参中，并把机器学习中的调超参+模型训练变成了一个两阶段优化问题。

5.7 本章小结

本章对机器学习进行了概述，首先从机器学习的样本和特征等基本概念出发，介绍了机器学习的研究对象，并概述了机器学习由监督学习、半监督学习、无监督学习以及强化学习组成；随后介绍了监督学习的回归任务和分类任务，无监督学习的聚类任务和降维任务，并简介了交通大数据的机器学习流程；然后重点介绍了模型的选择和评估，包括误差与损失函数，欠拟合与过拟合、偏差与方差基本概念，并详细介绍了P-R曲线、ROC曲线以及学习曲线的概念和绘制过程，进而给出了改善模型性能的正则化、交叉验证方法；最后，从数据，特征选择以及调参角度分别探讨了机器学习模型训练中的技巧。

关于机器学习的基础理论部分可以参考周志华的《机器学习》[13]和吴恩达的机器学习网络课程[14]。要掌握交通大数据分析中的机器学习方法，实战和实践是最为重要的环节，实战和动手能力也是本书所讲述的重点。在实战与编程操作方面，推荐阅读Harrington的《机器学习实战》[15]一书。

5.8 本章习题

1.给定损失函数：$\mathcal{L}(w)=\dfrac{1}{2m}\left[\sum_{i=1}^{m}(h_w(x_i)-y_i)^2+\lambda\sum_{j=1}^{n}w_j^2\right]$

（1）请描述损失函数第2项别名和作用，并再列举一个第2项的其他形式，并说明两者的区别。

（2）请根据题目求解参数w的迭代优化公式，写出求解过程。

2.在模型训练过程中，哪些方法可以防止模型过拟合？

3.什么是偏差和方差？

4.调用5.4.3节的plot_learning_curve方法绘制逻辑回归的学习曲线，要求使用random函数分别生成“0~1”的三维随机样本和只含0，1的随机标签。

5.机器学习综合了很多其他学科的知识，正是由于这些学科的加入，才促使了机器学习的发展。你认为将交通学科的知识加入机器学习中将带来什么好处，同时也存在什么挑战？

6.交通拥堵是目前许多大型城市普遍存在的问题，如果你是交通管理工程师，如何利用机器学习分析交通情况从而制定有效的治堵方案？

7.假定我们的既定目标是构建识别异常浮动车轨迹的系统。请问是异常浮动车轨迹中的什么特征使得我们能够确认它为异常轨迹？计算机如何通过语法分析来发现异常轨迹？如果发现了异常轨迹，你希望计算机如何处理它：自动删除？转到另一个文件夹？还是仅仅在屏幕上标亮显示？

8.假设给定一个城市，为期一个月的网约车订单数据，如何预测居民在给定数据时间上未来一周的出行分布？

9.在居民使用网约车的分析中，我们希望根据网约车的速度、流量等标签，评估路段的拥堵程度。

（1）根据图5-5，设计评估路段的拥堵模型流程？每一步分别要做哪些事？

（2）对于上述应用，如何选择相应的学习模型？

（3）对于上述应用，如何评判其预测模型的优劣？

(4)在进行分析时,该模型会产生哪些误差?如何度量这些误差?如何减少过拟合?

5.9 参考文献

[1] Qin Z, Tang Y. Uncertainty Modeling for Data Mining: A Label Semantics Approach [M]. Dordrecht: Springer, 2014.

[2]Draper N R, Smith H. Applied Regression Analysis[M]. New York: Wiley, 1998.

[3]Duda R O, Hart P E, Stork D G. Pattern Classification[M]. New York: Wiley, 2001.

[4]Jain A K, Dubes R C. Algorithms for Clustering Data[M]. Englewood Cliffs, N.J: Prentice Hall, 1988.

[5] Cox M A A, Cox T F. Multidimensional Scaling[M]//Handbook of Data Visualization. Berlin, Heidelberg: Springer Berlin Heidelberg, 2008: 315-347.

[6] Bazaraa M S, Sherali H D, Shetty C M. Nonlinear programming: theory and algorithms[M]. John Wiley & Sons, 2013.

[7]Shannon C E. A mathematical theory of communication[J]. The Bell system technical journal, 1948, 27(3): 379-423.

[8]李航.统计学习方法[M].北京:清华大学出版社,2019.

[9]杨云,杜飞.深度学习实战[M].北京:清华大学出版社,2018.

[10] Snoek J, Larochelle H, Adams R P. Practical bayesian optimization of machine learning algorithms[C]// Proceedings of the 25th International Conference on Neural Information Processing Systems. Lake Tahoe, Nevada: Curran Associates Inc., 2012: 2951-2959.

[11]杨睿.强大而精致的机器学习调参方法:贝叶斯优化[EB/OL].(2018-07-30)[2020-05-08]. https://www.cnblogs.com/yangruiGB2312/p/9374377.html.

[12]Dai Z. 贝叶斯优化/Bayesian Optimization[EB/OL].(2019-08-04)[2020-05-08]. https://zhuanlan.zhihu.com/p/76269142.

[13]周志华.机器学习[M].北京:清华大学出版社,2016.

[14]Machine Learning by Stanford University [EB/OL]. [2020-06-30]. https://www.coursera.org/learn/machine-learning.

[15]Harrington P. 机器学习实战[M].北京:人民邮电出版社,2013.

第6章

线性模型

机器学习是在大量数据样本的基础上，通过“学习”获得一个模型，并利用该模型对未知数据进行预测的过程。但是，由于现实数据的复杂性以及实际问题的多样性（例如5.2节曾介绍了回归、分类、聚类等问题），往往需要构造不同的模型来完成学习和预测，线性模型是最重要的基础模型之一。

在机器学习理论体系成型的历史过程中，线性回归（linear regression）是第一种经过严格论证并广泛应用的回归模型[1]，于19世纪由统计学家Galton[2]研究父母和子女身高关系时提出。其通过线性函数，对输入特征与目标值之间的关系进行建模和预测，也被称为一般线性模型[3]。相较于非线性模型，线性回归更易拟合，也能够更直观地描述数据之间的关联，具有很好的解释性。

线性回归主要用于解决连续型变量的回归分析和预测问题，但它难以用于处理离散的分类变量。为了解决这一问题，在线性回归的基础上，进一步发展出一类主要用于解决分类问题的模型——对数几率回归（logistic regression），又名“逻辑回归”，这一模型对交通经济学和交通网络建模研究产生了重要影响。早在1838年，比利时数学家Verhulst[4]在对人口增长进行建模分析时，就已提出对数几率（logistic）的雏形，但后续的几十年内人们并未认识到该工作的重要性。直到1920年，Pearl[5]才正式推导并拓展了对数几率函数（logistic function）。对数几率回归的最终数学表达，由Cox[6]在1958年解决0/1二元目标值和输入特征之间的回归问题时提出（后来进一步被明确为分类问题）。由于解决该问题时用到了对数几率函数，故该模型被称为对数几率回归。

虽然线性回归和对数几率回归有着不同的发展脉络，但随着研究的深入，人们发现两者的模型结构和相关假设具有很强的相似性，且可以基于联结函数（link function）①进行统一。最终在1972年，Nelder和Wedderburn[7]对包括线性回归、对数几率回归及其他具有共同特征的模型（例如泊松回归等）进行了归纳总结，统称为广义线性模型（Generalized Linear Model，GLM），同时对该类模型的原理、参数估计和应用做了详细阐述。至此，整个线性模型的理论体系初步完备。另外需要大家注意的是，线性关系是非常宽泛的概念，一般来说只要满足“齐次性”和“可加性”两类本质特征时，就可以通过线性模型来处理。

本章将重点介绍线性回归和对数几率回归两类线性模型。通过线性回归阐述线性模型的基本理论，进一步引入联结函数，实现对数几率回归解决二元分类，甚至拓展解决多元分类问题。最后，结合网约车数据，分别基于线性回归和对数几率回归，实现车速预测和拥堵状态多元分类，帮助大家理解广义线性模型在交通领域的应用。如果想深入掌握更多有关线性模型的内容，尤其是理论知识，可参考周志华[8]《机器学习》的第三章、李航[9]《统计学习方法》的第六章以及Washington[10]等《Statistical and Econometric Methods for Transportation Data Analysis》。

①联结函数用于将线性预测的结果与因变量y值联系起来，在6.2节中会详细介绍。

6.1 线性回归

6.1.1 基本概念

如开篇所述，线性模型通过“线性”组合的形式来表述特征与目标值之间的关系，是交通领域最常用，也是最重要的机器学习模型之一。假定现在有一组由d个特征组成的特征向量$\boldsymbol{x}=(x_1;x_2;\cdots;x_d)$，其中$x_d$是其第$d$个特征的取值。如果我们知道特征向量$\boldsymbol{x}$和目标值$y$之间有线性关系，就可以构建基于$d$个特征的线性函数对$y$进行预测：

$$y=w_1x_1+w_2x_2+\ldots+w_dx_d+b=\mathrm{w}^{\mathrm{T}}\boldsymbol{x}+b \tag{6.1}$$

式(6.1)即为线性模型的标准形式，$\mathrm{w}=(w_1;w_2;\ldots;w_d)$是度量$\boldsymbol{x}$和$y$之间关系的参数，$b$代表常数项。一旦确定参数w和$b$，那么线性模型就能确定下来，所以，模型学习的过程就是优化这两组参数的过程。图6-1展示了单一特征与目标值之间的线性模型结构。

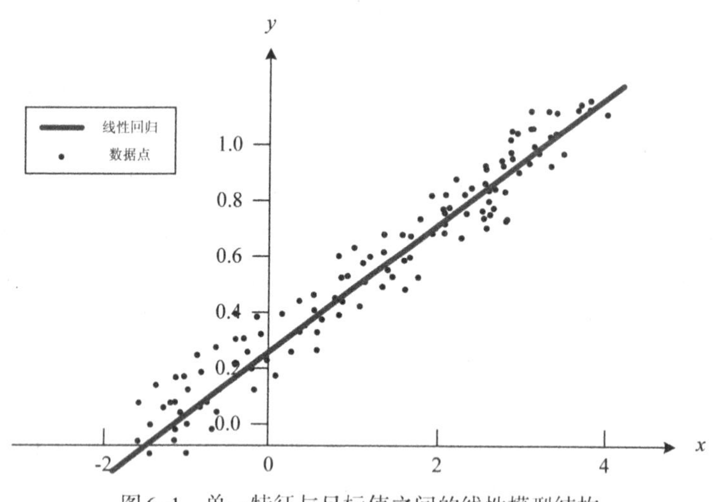

图6-1 单一特征与目标值之间的线性模型结构

线性模型虽然结构简单，但却蕴含着很多机器学习中的重要思想，不少功能强大的非线性模型(nonlinear model)都是在线性模型的基础上，引入层级结构或高维映射而得[8]。此外，权重w大小给线性模型提供了很好的可解释性，这在机器学习模型中是很宝贵的性质。

【实战指导】

指导1：数据生成

在Python中，Scikit-learn的linear_model模块实现了线性回归模型，该模块还包含岭回归(ridge regression)、LASSO回归(Least Absolute Shrinkage and Selection Operator)等算法。

代码下载

首先可通过使用sklearn.datasets.make_regression函数生成具有线性关系的100个1维数据集并绘制散点图：

```
#第一步 :数据生成
from sklearn import datasets
import matplotlib.pyplot as plt
X,y = datasets.make_regression(n_samples=100,n_features=1,
```

```
                                        n_informative=1, noise=2, random_state=9)
plt.figure(figsize=(8, 6))
plt.scatter(X, y, color='b')
#调整绘图的样式
plt.xticks(fontsize=14)
plt.yticks(fontsize=14)
plt.xlabel("x", fontsize=20)
plt.ylabel("y", fontsize=20)
plt.grid(linestyle='-.')
ax = plt.gca()
ax.xaxis.set_label_coords(1.02, 0.04)
ax.yaxis.set_label_coords(-0.04, 1)
#生成散点图
plt.show()
```

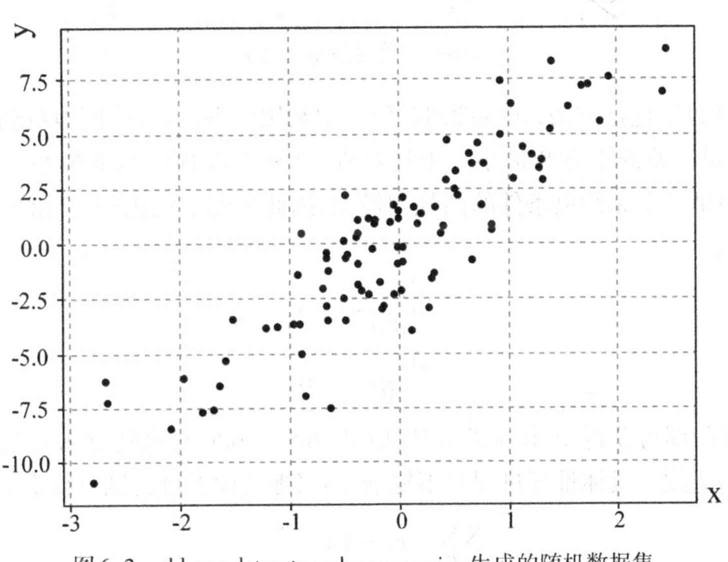

图6-2 sklearn.datasets.make_regression生成的随机数据集

6.1.2 最小二乘法

给定包含m个样本的数据集$D=\{(\boldsymbol{x}_1,y_1),(\boldsymbol{x}_2,y_2),\cdots,(\boldsymbol{x}_m,y_m)\}$，$\boldsymbol{x}_i=(x_{i1};x_{i2};\ldots;x_{id})$，$y_i\in\mathbb{R}$，我们尝试构建“线性回归”模型$f(\boldsymbol{x}_i)=\mathrm{w}^{\mathrm{T}}\boldsymbol{x}_i+b$来描述$\boldsymbol{x}_i$与$y_i$之间的关系，并对新的数据集进行预测，那具体如何确定参数w和b呢？

考虑一元线性回归的情况，即$d=1$，输入特征只有1个，且参数w为标量。此时，包含m个样本的数据集可记为$D=\{(x_i,y_i)\}_{i=1}^{m}$。理论上，我们可以寻找到任意多组不同参数组合$(w,b)$，模拟样本数据集的分布形态，但线性回归的目标，是希望找到一组最优参数(w^*,b^*)，保证$f(x_i)$能够尽可能逼近y_i，即准确地预测真实目标值。因此，可采用损失函数(6.2)，将确定线性回归参数的过程描述为搜索一组最优参数(w^*,b^*)，使损失函数$\mathcal{L}_{(w,b)}$的值最小。

$$\mathcal{L}_{(w,b)}=\sum_{i=1}^{m}(f(x_i)-y_i)^2 \tag{6.2}$$

而通过损失函数(6.2)来确定线性回归模型参数的方法，就是经典的“最小二乘法”(least square method)：

$$(w^*,b^*)=\arg\min_{(w,b)}\mathcal{L}_{(w,b)}=\arg\min_{(w,b)}\sum_{i=1}^{m}(f(x_i)-y_i)^2 \tag{6.3}$$

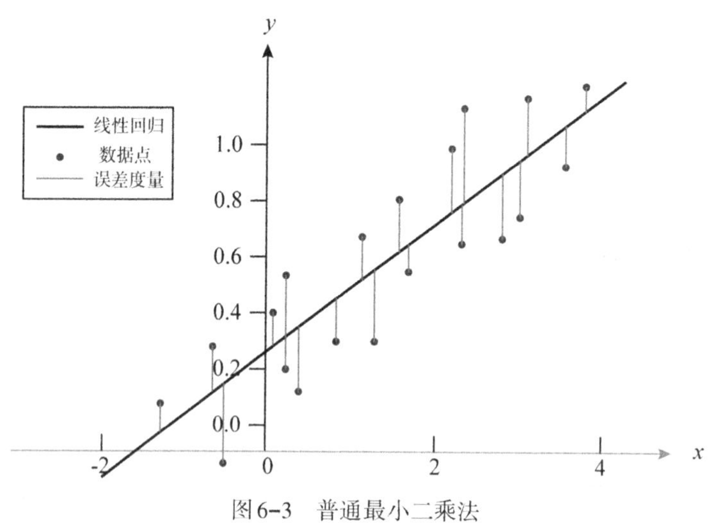

图6-3 普通最小二乘法

最小二乘法是一种数学优化方法，在线性回归问题中利用该方法，可简便地找到一条直线，使得这些预测数据和样本数据之间误差的平方和最小。上述过程，亦称为线性回归的最小二乘参数估计(parameter estimation)。模型(6.3)是一个无约束条件的凸规划模型，因此想确定最优的w^*和b^*，只要分别令$\mathcal{L}_{(w,b)}$对w和b的偏导等于0即可：

$$\frac{\partial\mathcal{L}_{(w,b)}}{\partial w}=0$$
$$\frac{\partial\mathcal{L}_{(w,b)}}{\partial b}=0 \tag{6.4}$$

将式(6.4)稍作整理，即可获得w^*和b^*的表达式(式(6.5)、(6.6))，也就意味着基于样本数据，采用最小二乘法得到了最优回归直线。具体推导过程并不复杂，感兴趣的读者可尝试自行推导[11]。

$$w^*=\frac{\sum_{i=1}^{m}y_i(x_i-\bar{x})}{\sum_{i=1}^{m}x_i^2-\frac{1}{m}\left(\sum_{i=1}^{m}x_i\right)^2},\ \bar{x}=\frac{1}{m}\sum_{i=1}^{m}x_i \tag{6.5}$$

$$b^*=\frac{1}{m}\sum_{i=1}^{m}(y_i-w^*x_i) \tag{6.6}$$

【实战指导】

以上是利用最小二乘法进行一元线性回归参数估计的数学表达，而在Scikit-learn中，可以非常快捷地对图6-2中所示数据点构造线性回归模型。

指导2：数据划分及标准化

在“指导1：数据生成”的基础上，使用sklearn.model_selection.train_test_split()函数，将数据集划分为训练集与测试集：

```
#第二步:训练集、测试集划分
from sklearn.model_selection import train_test_split
X_train, X_test, y_train, y_test = train_test_split(X, y, test_size=0.2, random_state=10)
```

对所获取的数据进行标准化(normalization),这对于各维度数量级差别较大的数据,能够有较好的修复作用。

```
#第三步:标准化
from sklearn.preprocessing import StandardScaler
scaler = StandardScaler().fit(X_train)
X_train = scaler.transform(X_train)
X_test = scaler.transform(X_test)
X = scaler.transform(X)
```

指导3:线性回归的学习

用sklearn.linear_model.LinearRegression类对上述数据进行建模,所采用的参数估计方法就是最小二乘法,训练过程如下:

```
#第四步:模型训练
from sklearn.linear_model import LinearRegression
lin_reg = LinearRegression()
lin_reg.fit(X_train,y_train)
#模型预测
y_predict = lin_reg.predict(X_test)
```

模型的R^2系数则可通过模型在测试集的表现上获得:

```
#模型R2系数
lin_r2_score = lin_reg.score(X_test,y_test)
print(lin_r2_score)          # 输出:0.8714
```

这样,我们就利用最小二乘法,对该组数据构建起了一个线性回归模型。

6.1.3　多元线性回归

6.1.2节中探讨的是一元线性回归的过程。如果我们想对包含m个样本、d个特征的数据集$D=\{(\boldsymbol{x}_1,y_1),(\boldsymbol{x}_2,y_2),\cdots,(\boldsymbol{x}_m,y_m)\}$,$\boldsymbol{x}_i=(x_{i1};x_{i2};\ldots;x_{id})$,$y_i\in\mathbb{R}$进行建模,其包含多个特征,因此称为“多元线性回归”(multivariate linear regression)。

多元线性回归的参数估计方法可参考一元线性回归,为方便讨论,将参数$\boldsymbol{w}$和b吸收入向量$\theta=(\boldsymbol{w};b)$,

把数据集D表示为一个$m\times(d+1)$大小的矩阵$\mathrm{X}=\{X_1^{\mathrm{T}};X_2^{\mathrm{T}};\ldots;X_m^{\mathrm{T}}\}$，其中$X_i=(\boldsymbol{x}_i;1)$，$i\in\{1,2,\ldots,m\}$。矩阵前$d$列对应于样本的$d$个特征值，最后一列对应常数项$b$，因此最后一列的值恒为1，即：

$$\mathrm{X}=\begin{pmatrix} x_{11} & x_{12} & \cdots & x_{1d} & 1 \\ x_{22} & x_{22} & \cdots & x_{2d} & 1 \\ \vdots & \vdots & \ddots & \vdots & \vdots \\ x_{m1} & x_{m2} & \cdots & x_{md} & 1 \end{pmatrix}=\begin{pmatrix} \boldsymbol{x}_1^{\mathrm{T}} & 1 \\ \boldsymbol{x}_2^{\mathrm{T}} & 1 \\ \vdots & \vdots \\ \boldsymbol{x}_m^{\mathrm{T}} & 1 \end{pmatrix}=\begin{pmatrix} X_1^{\mathrm{T}} \\ X_2^{\mathrm{T}} \\ \vdots \\ X_m^{\mathrm{T}} \end{pmatrix} \tag{6.7}$$

再把目标值写成向量形式$\boldsymbol{y}=(y_1;y_2;\cdots;y_m)$，则类似一元线性回归的推导：

$$\theta^*=\arg\min_{\theta}(\boldsymbol{y}-\mathrm{X}\theta)^{\mathrm{T}}(\boldsymbol{y}-\mathrm{X}\theta) \tag{6.8}$$

同样，损失函数$\mathcal{L}_{(\theta)}$对θ求梯度：

$$\frac{\partial\mathcal{L}_{(\theta)}}{\partial\theta}=2\mathrm{X}^{\mathrm{T}}(\mathrm{X}\theta-\boldsymbol{y}) \tag{6.9}$$

令上式为0，即可确定最优参数组θ^*，当$\mathrm{X}^{\mathrm{T}}\mathrm{X}$为满秩矩阵(full-rank matrix)，即可逆时，最优参数组θ^*有闭式解(closed-form solution)：

$$\theta^*=(\mathrm{X}^{\mathrm{T}}\mathrm{X})^{-1}\mathrm{X}^{\mathrm{T}}\boldsymbol{y} \tag{6.10}$$

最终得到的多元线性回归模型为：

$$f(\boldsymbol{x}_i)=X_i^{\mathrm{T}}(\mathrm{X}^{\mathrm{T}}\mathrm{X})^{-1}\mathrm{X}^{\mathrm{T}}\boldsymbol{y} \tag{6.11}$$

但是，不同于一元线性回归，由于多元线性回归数据的复杂性，导致现实任务中，$\mathrm{X}^{\mathrm{T}}\mathrm{X}$往往不可逆。例如任务中样本包含大量特征，其特征数目甚至超过样本数，这时X的列数大于行数，$\mathrm{X}^{\mathrm{T}}\mathrm{X}$显然不满秩。这种情况下，会求解出多组$\theta^*$均能使损失函数最小。

为解决该问题，可利用第5章中所提到的正则化方法，通过给目标函数添加惩罚项，限制模型复杂度，此时最优参数组θ^*的解析解为：

$$\theta^*=(\mathrm{X}^{\mathrm{T}}\mathrm{X}+\lambda I)^{-1}\mathrm{X}^{\mathrm{T}}\boldsymbol{y} \tag{6.12}$$

其中，$\lambda>0$为正则项系数，I为单位阵。

这一正则化方法相当于给$\mathrm{X}^{\mathrm{T}}\mathrm{X}$的对角线元素都增加了一个正数$\lambda$，即使$\mathrm{X}^{\mathrm{T}}\mathrm{X}$不满秩，加入$\lambda I$后的$\mathrm{X}^{\mathrm{T}}\mathrm{X}+\lambda I$将变成非奇异矩阵，可以对其求逆，从而保证了$\theta^*$的唯一性。以上方法将在6.1.5节中进一步探讨。

【实战指导】

到这里，已经介绍完了最小二乘法，但是我们的实战还没结束。在6.1.2节中我们构建了一个线性回归模型，但还未对该模型进行评价，也没有通过例如多次交叉验证的方法对模型进行持续优化。

指导4：模型评价与验证

sklearn.metrics直接提供了评价线性回归的若干指标，包括explained_variance_score(解释方差得分)、mean_absolute_error(平均绝对误差)、mean_squared_error(均方误差)等，例如可采用“均方误差”在测试集上对模型进行评价：

```
#第五步：模型评价
from sklearn.metrics import mean_squared_error
lin_mse = mean_squared_error(y_test,y_predict)
print(lin_mse)      # 输出：2.4946
```

有时，还需要通过多次交叉验证来持续优化模型。Scikit-learn中也提供了交叉验证的方法：sklearn.model_selection.cross_val_predict()函数。

```
#第六步:10折交叉验证
from sklearn.model_selection import cross_val_predict
predicted = cross_val_predict(lin_reg, X, y, cv=10)
cv_lin_mse = mean_squared_error(y,predicted)
print(cv_lin_mse)              # 输出:3.5290
```

但是,在本例中我们发现,采用交叉验证后均方误差反而比原模型大。原因是这里是对所有数据进行验证,而原模型仅对20%的测试集数据进行验证,先决条件并不同。

指导5:模型可视化

最后对得到的线性回归模型进行可视化,结果如图6-4所示。

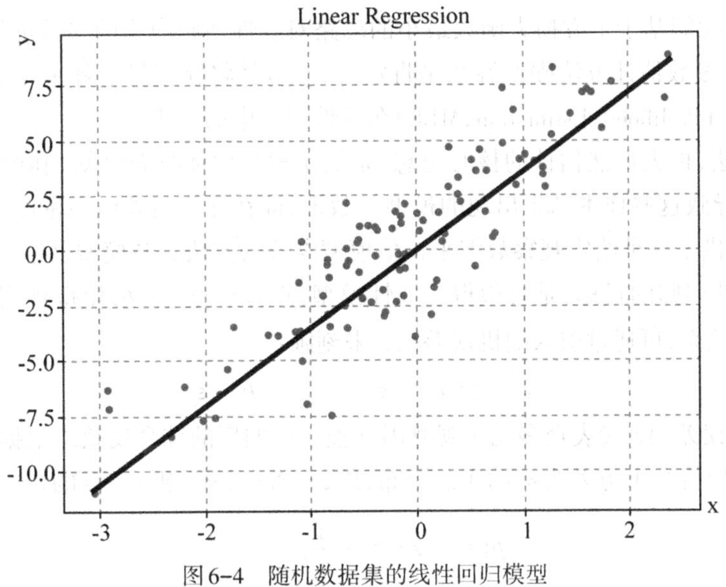

图6-4 随机数据集的线性回归模型

```
#第七步:可视化
import numpy as np
#将标准化的X还原
X = scaler.inverse_transform(X)
X_min = min(X)[0]
X_max = max(X)[0]
X_line = np.linspace(X_min,X_max,1000)
y_line = X_line*lin_reg.coef_ + lin_reg.intercept_
plt.figure(figsize=(8, 6))
ax = plt.gca()
ax.scatter(X,y, color='b')
ax.plot(X_line,y_line,'r',lw=4)
ax.set_title('Linear Regression', fontsize=20)
```

```
ax.set_xlabel('x', fontsize=20)
ax.set_ylabel('y', fontsize=20)
plt.xticks(fontsize=14)
plt.yticks(fontsize=14)
ax.xaxis.set_label_coords(1.02, 0.04)
ax.yaxis.set_label_coords(-0.04, 1)
plt.grid(linestyle='-.')
plt.show()
```

6.1.4 极大似然估计

在最小二乘法中，我们基于平方损失函数最小的思路对线性回归模型的参数进行估计。那除了最小二乘法外，是否还有其他参数估计方法呢？答案是肯定的，本节就将介绍另一种重要的参数估计方法——极大似然估计(Maximum Likelihood Estimation，MLE)在线性回归中的应用。

不同于最小二乘法，极大似然估计的核心思想，是假定模型整体分布已知，利用已知样本结果，反推最具有可能(最大概率)导致这些样本结果出现的模型参数值，即在样本值处概率密度函数的取值最大。换句话说，极大似然估计提供了一种给定观察数据来评估模型参数的方法，即“模型已定，参数未知”。

上文提到一元线性回归的目标，是希望得到线性模型$f(x_i)=wx_i+b$，使得预测值$f(x_i)$尽可能接近目标值y_i，而两者之间的关系，可通过引入随机误差项ε_i来刻画：

$$y_i=f(x_i)+\varepsilon_i=wx_i+b+\varepsilon_i \tag{6.13}$$

实际任务中，随机误差项ε_i代表众多无法观测因素独立影响后的综合反映。根据中心极限定理，可认为$\varepsilon_i, i=1,2,\ldots,m$服从均值为0，方差为$\sigma^2$的正态分布，即$\varepsilon_i\sim N(0,\sigma^2)$，则$\varepsilon_i=\bar{\varepsilon}$的概率应为：

$$p(\varepsilon_i=\bar{\varepsilon})=\frac{1}{\sqrt{2\pi}\,\sigma}\mathrm{e}^{-\frac{(\bar{\varepsilon})^2}{2\sigma^2}} \tag{6.14}$$

给定样本x_i与目标值y_i，则y_i在x_i和参数(w,b)下的条件概率如下：

$$p(y_i|x_i;(w,b))=\frac{1}{\sqrt{2\pi}\,\sigma}\mathrm{e}^{-\frac{[y_i-(wx_i+b)]^2}{2\sigma^2}} \tag{6.15}$$

对于样本数为m的数据集来说，采用极大似然估计法进行参数估计，就是希望最优参数组(w^*,b^*)出现的概率最大，似然函数$L_{(w,b)}$为：

$$L_{(w,b)}=\prod_{i=1}^{m}p(y_i|x_i;(w,b))=\prod_{i=1}^{m}\frac{1}{\sqrt{2\pi}\,\sigma}\mathrm{e}^{-\frac{[y_i-(wx_i+b)]^2}{2\sigma^2}} \tag{6.16}$$

进一步对式(6.16)求取对数，可得到对数似然函数$LL_{(w,b)}$：

$$LL_{(w,b)}=\log L_{(w,b)}=\log\prod_{i=1}^{m}p(y_i|x_i;(w,b)) \tag{6.17}$$

由于对数函数单调递增，因此相比$L_{(w,b)}$，对数似然函数$LL_{(w,b)}$不仅没有改变单调性，而且更易求导。通过最大化对数似然函数值，即对式(6.17)求取偏导并令导数值为0，即可确定最优参数组(w^*,b^*)。

$$LL_{(w,b)}=m\log\frac{1}{\sqrt{2\pi}\,\sigma}-\frac{1}{2\sigma^2}\sum_{i=1}^{m}[y_i-(wx_i+b)]^2 \tag{6.18}$$

展开$LL_{(w,b)}$可得到式(6.18)，前项$m\log\frac{1}{\sqrt{2\pi}\,\sigma}$为常数，后项中$\frac{1}{2\sigma^2}$也为常数，因此对式(6.18)求偏导的

结果，就等价于最小二乘法中损失函数(6.2)分别对w和b求偏导为0处的结果，两种方法均可估计出最优参数。

当然，极大似然估计法不仅适用于一元线性回归的参数估计，还可应用在多元线性回归，甚至广义线性回归的参数估计过程中。

6.1.5 线性回归中的过拟合

5.4.3节中提到，过拟合是指学习过程中选择的模型参数过多，导致其复杂度往往比真实模型更高，模型对已知数据预测很好，但对未知数据预测则很差，即泛化性不足的现象。

1.过拟合现象

本节我们通过一个更加复杂的例子来描述线性回归中的过拟合现象。假定我们有图6-5所示9个数据点，现分别用1至8次多项式对9个数据点进行拟合(多项式回归也被认为是多元线性回归的特例[12])，则M次多项式为($M\in\{1,2,...,8\}$)：

$$f_M(x)=w_1x+w_2x^2+\cdots+w_Mx^M+b=\sum_{j=1}^{M}w_jx^j+b \tag{6.19}$$

其中，多项式特征分别为$x^1,x^2,\cdots,x^M$，$\mathbf{w}_M=\{w_1,w_2,...,w_M\}$以及$b$是分别对应于多项式特征的$M+1$个参数。

给定模型复杂度M，按照线性回归的思路进行参数估计，目标函数如下：

$$\min\sum_{i=1}^{9}(f_M(x_i)-y_i)^2 \tag{6.20}$$

图6-5分别给出了各阶多项式线性回归拟合的结果。不难发现，如果$M=1$，多项式曲线是一条直线，数据拟合效果不佳，R^2仅为0.896。相反，当$M=7$或8时，多项式曲线可以通过每个数据点，R^2为1，训练误差为0。从对给定训练数据来拟合的角度来说，$M=7$或8时效果最佳，但就像第5章中解释的，在实际任务中，这时很容易发生过拟合现象，导致该模型对未知数据预测能力欠佳，泛化性能不足。因此，模型选择时，不仅要考虑对已知数据的拟合能力，而且还要考虑对未知数据的预测能力。就本例来说，当$M=2$或3时，多项式曲线对训练数据拟合效果足够好，模型参数简单，是相对更优的选择。要注意的是，由统计学理论分析可得，R^2随着变量数的增多一定会增大(或保持不变)。因此在线性模型中，一味追求R^2而不谈泛化性能是不可取的。

彩图效果

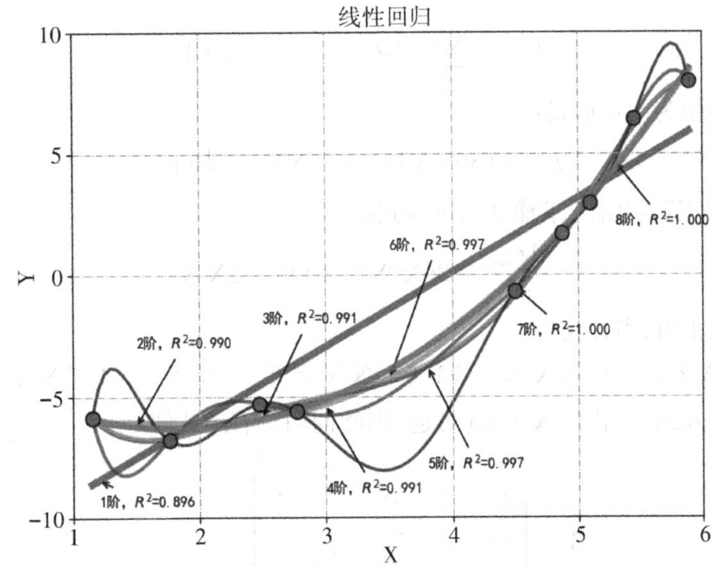

图6-5 M次多项式函数拟合的线性回归案例

表6-1中记录了各阶多项式拟合的参数结果，当$M=7$或8时，参数w_M和b取值变得非常大，这种情况下，一旦数据发生轻微扰动，将产生很大误差。因此，需要通过一定的修正，控制参数取值，以降低模型的复杂度、提高模型的泛化性能。

表6-1　M次多项式函数拟合的线性回归参数

M	多项式系数$[w_1, \ldots, w_M, b]$
1	[3.05, −12.12]
2	[−3.36, 0.90, −3.23]
3	[−2.61, 0.66, 0.02, −3.90]
4	[4.20, −2.85, 0.74, −0.05, −8.20]
5	[−54.12, 38.43, −12.69, 1.98, −0.12, 21.60]
6	[−37.87, 23.67, −6.07, 0.43, 0.09, −0.01, 14.73]
7	[−827.89, 857.33, −465.47, 144.22, −25.67, 2.45, −0.10, 314.30]
8	[3643.69, −4647.93, 3217.23, −1325.87, 334.33, −50.57, 4.21, −0.15, −1189.50]

简单总结，虽然线性回归简单且易解释，却没有很强的泛化性能保证，这是因为线性回归只考虑最小经验误差，而没有控制权重向量的范数，也没有其他正则项。为了让线性回归能够应用在更复杂的实际任务中，需要通过增加正则化项的方式来改进线性回归模型，岭回归就是其中之一。

2.岭回归

岭回归是一类解决线性回归过拟合的算法，假设模型参数仍然用向量$\theta=(\mathrm{w};b)$来表示，则岭回归的核心思想是通过在损失函数中增加权重参数w的平方惩罚项($\lambda\|\mathrm{w}\|_2^2$)，从而控制模型的复杂度，这一方法也是模型的$L_2$正则(具体原理在5.5.1节中有详细介绍)。

假设样本数量为m，则岭回归的目标函数为：

$$\min\sum_{i=1}^{m}(f(x_i)-y_i)^2+\lambda\|\mathrm{w}\|_2^2 \tag{6.21}$$

正则化系数$\lambda>0$，用来权衡惩罚的力度。该目标函数和线性回归的目标函数(6.2)相比仅多了正则项$\lambda\|\mathrm{w}\|_2^2$，不妨令：

$$\mathscr{L}_{(\theta)}=\sum_{i=1}^{m}(f(x_i)-y_i)^2+\lambda\|\mathrm{w}\|_2^2 \tag{6.22}$$

参考6.1.3节将其转换为向量形式：

$$\mathscr{L}_{(\theta)}=(y-\mathrm{X}\theta)^T(y-\mathrm{X}\theta)+\lambda\|\mathrm{w}\|_2^2 \tag{6.23}$$

采用和最小二乘法同样的思路，求梯度后可得到：

$$\frac{\partial\mathscr{L}_{(\theta)}}{\partial\theta}=2(\mathrm{X}^T\mathrm{X}+\lambda A)\theta-2\mathrm{X}^T\mathrm{y} \tag{6.24}$$

$\mathscr{L}_{(\theta)}$在θ处有全局最小值，当且仅当：

$$\nabla\mathscr{L}_{(\theta)}=0\Leftrightarrow(\mathrm{X}^T\mathrm{X}+\lambda A)\theta=\mathrm{X}^T\mathrm{y}\Leftrightarrow\theta^*=(\mathrm{X}^T\mathrm{X}+\lambda A)^{-1}\mathrm{X}^T\mathrm{y} \tag{6.25}$$

矩阵A的定义见式(6.26)。若$\mathrm{X}^T\mathrm{X}+\lambda A$可逆，则岭回归具有闭式解。

$$A=\begin{pmatrix}1&0&0&\cdots&0\\0&1&0&\cdots&\vdots\\0&0&\ddots&\vdots&0\\\vdots&\vdots&\vdots&1&0\\0&\cdots&0&0&0\end{pmatrix}_{(d+1)\times(d+1)} \tag{6.26}$$

最后，对图6-5中的数据点进行各阶岭回归，得到结果如图6-6。对比各阶线性回归结果的R^2可知，岭回归的过拟合现象得到了显著控制。

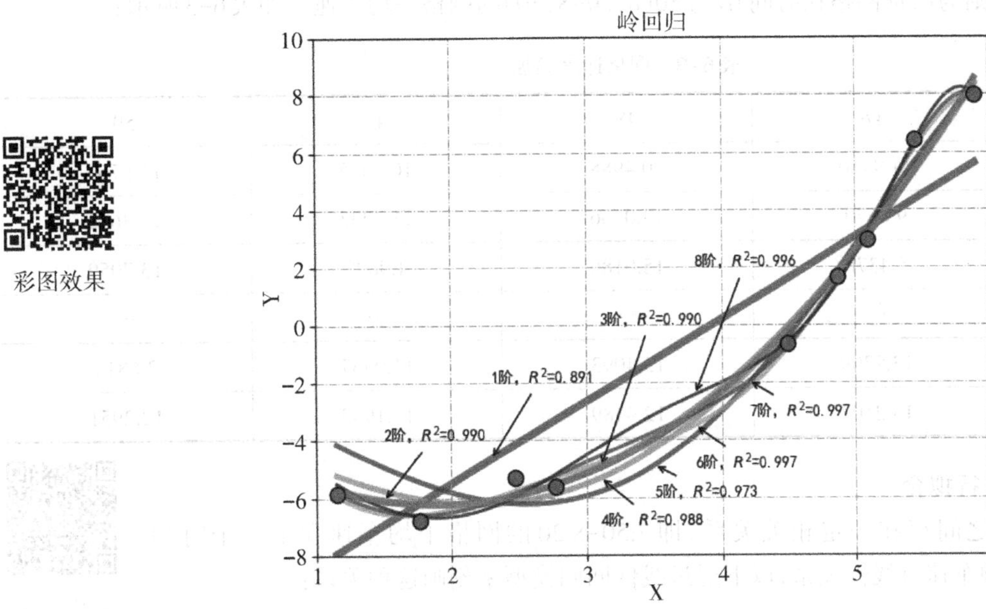

图6-6 M次多项式函数拟合的岭回归案例

表6-2中则展示了各阶岭回归的参数结果(包括λ的取值)，同样证明了通过引入参数θ的惩罚项，显著控制了其取值，降低了模型的复杂度。

表6-2 *M*次多项式函数拟合的岭回归参数

M	多项式系数$\left[w_1, w_2, \ldots, w_M, b\right]$	λ
1	[2.85, −11.22]	0.11
2	[−3.50, 0.92, −2.90]	0.14
3	[−2.85, 0.69, 0.02, −3.47]	0.07
4	[−2.00, −0.41, 0.34, −0.03, −2.85]	0.22
5	[−1.53, −0.84, 0.23, 0.04, −0.01, −1.68]	1.15
6	[−6.01, −3.76, 5.65, −2.22, 0.37, −0.02, 0.54]	0.001
7	[−2.26, −1.48, 0.01, 1.12, −0.53, 0.09, −0.01, −2.38]	0.03
8	[−1.92, −1.22, −0.19, 0.46, 0.49, 0.05, −0.10, 0.02, −2.19]	0.14

当然，除了进行L_2正则化得到的岭回归外，通过对线性回归模型实施L_1正则，即在损失函数中增加参数θ的绝对值惩罚项，也可控制线性回归的过拟合现象，该算法则被称为LASSO回归，感兴趣的读者可参考Tibshirani[13]在1996年发表的重要论文。

6.1.6 线性回归的简单应用

例6-1 线性回归在车速预测中的应用

前面已经对线性回归理论做了比较详细的理论推演，并介绍了如何基于Scikit-learn对具有线性关系的数据进行拟合。那么应用如此广泛的线性回归模型，可以用来解决哪些交通问题？

由于同一空间网格相邻时间片的车速存在相关关系，可以通过构建线性模型来对下一段时间的网格平均速度进行预测。本例将在数据集DATASET-B的基础上构建该模型。

1. 变量选取

构建线性回归模型的自变量为空间网格ID小于30，且所选网格在时间ID为47–49（即7:50至8:20）的网格平均车速；因变量则为所选网格在时间ID为50（8:20–8:30）的网格平均车速。如表6–3所示：

表6–3 网格速度数据

	47	48	49	50
1	11.9910	10.4988	10.1695	11.5766
2	9.8670	13.0706	11.4233	12.3692
3	5.4370	15.0186	4.0898	13.7059
…	…	…	…	…
391	13.7309	13.4093	11.0437	7.6814
392	13.2107	12.4489	13.1942	12.2951

2. 利用线性模型进行拟合

代码下载

自变量和因变量之间存在一定相关关系，即7:50–8:20的网格平均车速和下一个时刻（8:20–8:30）的网格平均车速有线性关系，以下通过线性回归模型来刻画这种关系：

```
import pandas as pd
from sklearn.linear_model import LinearRegression
import matplotlib.pyplot as plt
raw = pd.read_csv("DATASET-B.csv")                                          # 读入数据
feature = raw[(raw.rowid<30) & (raw.colid<30) & (raw.date==20161101)]       # 筛选数据
s1 = feature[feature.time_id==47].set_index(['rowid', 'colid']).aveSpeed   # 时间网格为47的车速
s2 = feature[feature.time_id==48].set_index(['rowid', 'colid']).aveSpeed   # 时间网格为48的车速
s3 = feature[feature.time_id==49].set_index(['rowid', 'colid']).aveSpeed   # 时间网格为49的车速
s4 = feature[feature.time_id==50].set_index(['rowid', 'colid']).aveSpeed   # 时间网格为50的车速
data = pd.DataFrame(pd.concat((s1,s2,s3,s4), axis=1).values).dropna().reset_index(drop=True) # 拼接
data.columns=['47','48','49','50']                                          # 修改列名
X = data[['47', '48', '49']].values
y = data['50'].values.reshape(-1, 1)
reg = LinearRegression()                                                    # 初始化
reg.fit(X, y)                                                               # 拟合数据
coef = reg.coef_                                                            # 自变量参数
cons = reg.intercept_[0]                                                    # 常数项
print('变量参数：', coef, '常数项：', cons, 'R方：', reg.score(X, y))
# 变量参数： [[0.1370 0.3001 0.3830]] 常数项： 1.3765 R方： 0.5570
```

由输出可知，构建的线性模型拟合R^2为0.5570。

3. 利用线性模型预测

构建起这样一个线性回归模型，是希望能够对未来的平均车速做一些简单的预测。进一步将构建好的

线性模型预测出来的结果，和真实的结果进行比较，如图6-7所示。图中的虚线是斜率为1且穿过原点的线性函数图像，方便观察预测值与真实值的大小关系。

```
plt.rcParams['font.sans-serif']=['SimHei']  #设置中文字体
plt.figure(figsize=(8, 6))
plt.scatter(reg.predict(X), y, color='b')
plt.plot([3, 18], [3, 18], "--", color='r', linewidth=4)
plt.xlim(3, 18)
plt.ylim(3, 18)
plt.xticks(fontsize=14)
plt.yticks(fontsize=14)
plt.grid(linestyle='-.')
plt.xlabel('预测值', fontsize=18)
plt.ylabel('真实值', fontsize=18)
plt.show()
```

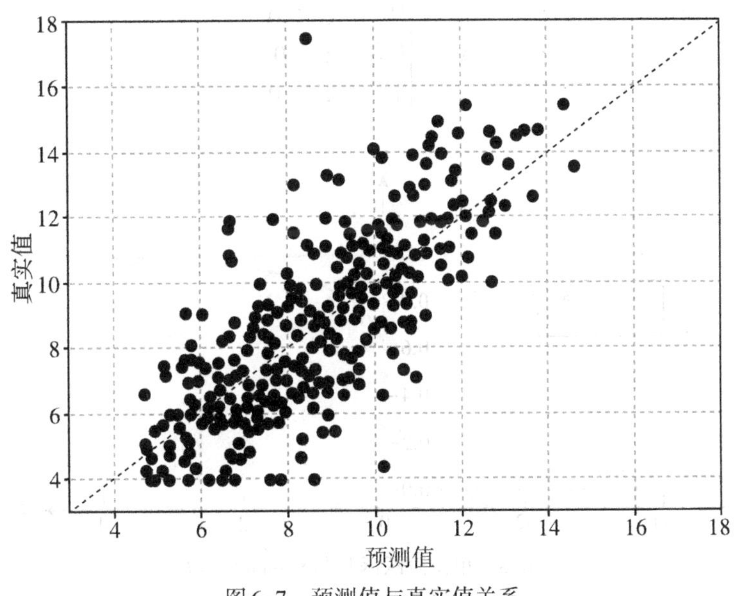

图6-7　预测值与真实值关系

在这样一个简单的案例中，我们基于线性回归实现了对下一个时刻的网格车速进行预测的目标，并获得了不错的结果。

6.2　对数几率回归

6.2.1　广义线性模型

6.1节中介绍了线性回归的基本结构，利用线性预测函数，能够让预测值尽可能精确地逼近目标值y，从而得到线性回归模型。但是，这种数据拟合、最小二乘法的思路是否只能用来分析线性方程呢，是否可以进一步分析其他的非线性方程形式？这个设想，可通过把目标值y替代为其联结函数$f(y)$来实现。目标值经过联结函数被映射到$f(y)$中，实现由y和x的非线性关系到$f(y)$和x的线性关系转换，这样一类模型就是广义线性模型。具体关于广义线性模型的理论和发展在本章不做过多介绍，可参考论文《Generalized linear models》[7]。

$$f(y)=\mathbf{w}^{\mathrm{T}}x+b \tag{6.27}$$

从式(6.27)可以看出，广义线性模型通过联结函数，来描述线性组合后的自变量与因变量数学期望值之间的关系，不同的联结函数，代表了不同的模型特征和目标。例如，当联结函数定义为$f(y)=y$时，此时的广义线性模型就是标准的线性回归形式；当$f(y)=\ln(y)$时，得到的回归模型被称为“对数线性回归”。

6.2.2 对数几率回归

广义线性模型除了用于解决回归问题外，如果找到一个单调的联结函数（例如各类非线性激活函数），将分类任务的目标值（离散值）与线性回归模型的预测值$\mathbf{w}^{\mathrm{T}}x+b$（连续值）相关联，那这样的模型就可用来解决分类问题。基于这一思路，对数几率回归应运而生，其也是广义线性模型的一类。

那么该如何合理构建分类问题的联结函数呢？我们以二分类问题为例来讨论。为保持数学符号与分类问题的一致性，本节用数学符号$y\in\{0,1\}$来表示目标值，用$z:=\mathbf{w}^{\mathrm{T}}x+b$来表示线性回归模型的预测值。如果一个联结函数的输出结果能够与0和1两个取值关联起来，那么就能构造出一个分类器。一个最直观的联结函数是取如下的单位阶跃函数（unit step function）：

$$y=\begin{cases}0, & z<0\\ 0.5, & z=0\\ 1, & z>0\end{cases} \tag{6.28}$$

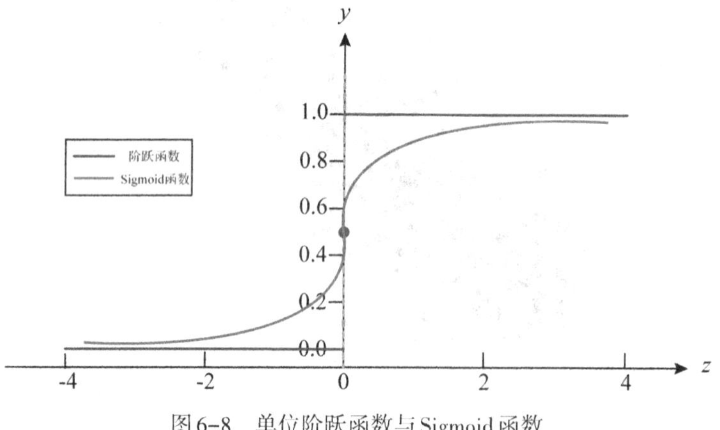

彩图效果

图6-8 单位阶跃函数与Sigmoid函数

如图6-8中横直线以及原点标记所示，单位阶跃函数的特点是，若预测值z大于零，就判为正例（即$y=1$），预测值z小于零则判为反例（即$y=0$），预测值为临界值零则可任意判别。

单位阶跃函数的缺点是：首先，“不连续可微”为模型性能分析和求解带来了困难；第二，未能给每种分类结果一个“置信程度”，例如$z=4$与$z=2$相比前者归为正例的可能性更大，但是单位阶跃函数给出的结果是没有差别的。为了克服这些缺点，需要寻找能近似单位阶跃函数的替代函数（surrogate function）。对数几率函数（logistic function）就是一个理想、简易的替代函数：

$$y=\frac{1}{1+e^{-z}}=\frac{1}{1+e^{-(\mathbf{w}^{\mathrm{T}}x+b)}} \tag{6.29}$$

如图6-8中横直线及圆点标记所示，对数几率函数是一种S形函数，也称为Sigmoid函数。此时，如果$y\geq 0.5$则判为正例，如果$y<0.5$则判为反例。对数几率函数在分类边界$z=0$附近变化陡峭，从而保证了分类结果在边界处的敏感性。

我们将y视为样本x为正例的可能性，$1-y$视为其为反例的可能性，两者的比值$\frac{y}{1-y}$则表示样本x为正例的相对可能性，称为“几率”(odds)。对几率取对数，则得到“对数几率”(log odds，亦称logit)：

$$\ln\frac{y}{1-y} \tag{6.30}$$

因此，模型(6.29)可进一步变换为[8]：

$$\ln\frac{y}{1-y}=\mathrm{w}^{\mathrm{T}}\boldsymbol{x}+b \tag{6.31}$$

可以看出，模型(6.31)在用线性回归的预测结果，去逼近真实目标值的对数几率，相当于以“对数几率”作为因变量，构造广义线性回归模型。正因为如此，才得名“对数几率回归”(logistic regression，亦称Logit regression)。

需要注意的是，虽然对数几率回归名称中有“回归”二字，但其却是一种分类学习方法，是在线性回归的基础上，通过对数几率函数完成了特征到结果的非线性映射。这种方法的一个优点在于它是直接对分类可能性进行建模，无需事先假设数据分布，这样也避免了假设分布不准确所带来的问题[8]。

对数几率回归不仅可以预测出“类别”，还能给出分类的几率，这对许多需要利用概率辅助决策的任务非常有用，例如5.4.2节所介绍的P-R曲线的分析；同时，对数几率函数是任意阶可导的连续函数，数学性质良好，包括梯度下降(gradient descent method)、牛顿法(Newton method)等在内的很多数值优化算法都可直接用于获得其最优参数[14]。

【实战指导】

利用Python构建对数几率回归模型，可调用Scikit-learn的linear_model模块，首先在建模前载入必要的模块：

代码下载

```
import numpy as np
import pandas as pd
import matplotlib.pyplot as plt
from sklearn.datasets import make_blobs
from sklearn.preprocessing import StandardScaler
from sklearn.model_selection import train_test_split
from sklearn.linear_model import LogisticRegression
```

6.2.3 对数几率回归的参数学习规则

一个理想的对数几率回归模型，应该能够在给定的数据集上获得最大的正确分类概率。当$\boldsymbol{x}=\boldsymbol{x}_i=(x_{i1};x_{i2};\cdots;x_{id})$时，其中$d$为特征个数，由公式(6.29)可知，此时对数几率回归给出的取正例的概率为

$$y_i=\frac{1}{1+e^{-(\mathrm{w}^{\mathrm{T}}\boldsymbol{x}_i+b)}} \tag{6.32}$$

为方便表述，我们令$X_i=(\boldsymbol{x}_i;1)$，则基于参数向量$\theta=(\mathrm{w};b)$，有$\mathrm{w}^{\mathrm{T}}\boldsymbol{x}_i+b=\theta^{\mathrm{T}}X_i$。在第5章我们提到过，在机器学习中通常假设每次采样都是“独立同分布”的，即每个样本都是整个样本空间的一个无偏采样，每个样本的分布与样本空间的随机分布是等价的。显然，二分类问题中的每次采样都是一个伯努利试验，随机分布$\mathcal{D}$服从伯努利分布。当对多个二分类问题的样本求和时，正例个数就服从二项分布；而对于多个多分类问题的样本求和时，正例个数就服从多项分布。

在运用对数几率回归分析二分类问题时，公式(6.32)定义了该伯努利分布的形式。即在X_i处得到正例$y_i=1$和反例$y_i=0$的概率分别是：

$$p\left(y_i=1\,|\,X_i;\theta\right)=\frac{1}{1+e^{-\theta^{\mathrm{T}}X_i}} \tag{6.33}$$

$$p\left(y_i=0\,|\,X_i;\theta\right)=1-\frac{1}{1+e^{-\theta^{\mathrm{T}}X_i}} \tag{6.34}$$

为方便表述，定义符号$\mathrm{h}_\theta\left(X_i\right):=\dfrac{1}{1+e^{-\theta^{\mathrm{T}}X_i}}$。

对于一组具体的样本$\mathbf{X}=\{X_1^{\mathrm{T}};X_2^{\mathrm{T}};\ldots;X_m^{\mathrm{T}}\}$，共有$m$个。我们可非常直观地利用极大似然估计法来获得参数$\theta=(\mathbf{w};b)$的点估计，以此来作为参数学习的最优解。首先，用下式将公式(6.33)和(6.34)进行合并：

$$p\left(y_i\,|\,X_i;\theta\right)=\left(\mathrm{h}_\theta\left(X_i\right)\right)^{y_i}\left(1-\mathrm{h}_\theta\left(X_i\right)\right)^{1-y_i} \tag{6.35}$$

则m个样本的似然函数$L_{(\theta)}$为：

$$\begin{aligned}L_{(\theta)}&=p(\mathrm{y}\,|\,\mathbf{X};\theta)=\prod_{i=1}^{m}p\left(y_i\,|\,X_i;\theta\right)\\&=\prod_{i=1}^{m}\left(\mathrm{h}_\theta\left(X_i\right)\right)^{y_i}\left(1-\mathrm{h}_\theta\left(X_i\right)\right)^{1-y_i}\end{aligned} \tag{6.36}$$

求取似然函数的最大值，即可获得最优参数组θ^*。为方便求解，先对似然函数求取自然对数，得到对数似然函数$LL_{(\theta)}$：

$$LL_{(\theta)}=\ln L_{(\theta)}=\sum_{i=1}^{m}\left(y_i\ln\mathrm{h}_\theta\left(X_i\right)+\left(1-y_i\right)\ln\left(1-\mathrm{h}_\theta\left(X_i\right)\right)\right) \tag{6.37}$$

因此，参数学习问题即转化为，对数似然函数对各个参数θ_j的偏导等于0。经过推导可得到下式(6.38)：

$$\frac{\partial LL_{(\theta)}}{\partial\theta_j}=\sum_{i=1}^{m}\left(\frac{y_i}{\mathrm{h}_\theta\left(X_i\right)}-\frac{1-y_i}{1-\mathrm{h}_\theta\left(X_i\right)}\right)\times\frac{\partial\mathrm{h}_\theta\left(X_i\right)}{\partial\theta_j}=\sum_{i=1}^{m}\left(y_i-\mathrm{h}_\theta\left(X_i\right)\right)X_{ij} \tag{6.38}$$

其中，y_i为样本i的真实值，X_{ij}为样本i在特征j上的分量。

基于样本集，计算令公式(6.38)为0时的解，即可求取最优参数θ^*，确定最优对数几率回归模型。

需要说明的是，我们在线性回归时，假设目标值y_i服从高斯分布，而在对数几率回归时，则假设目标值y_i服从伯努利分布，这种对于样本分布形式的分析是进行数据的各类统计分析的重要前提。事实上，线性回归和对数几率回归的样本分布形式也都服从指数分布(exponential distribution family)，是指数分布的特定形式[15]。

从公式(6.38)可以看出，求解最优参数是解决$d+1$个变量，$d+1$个非线性等式的求根问题，由于$\mathrm{h}_\theta(X_i)$方程的复杂性难以给出该问题的解析解，因此可利用牛顿法等优化算法来解决该问题。

6.2.4 对数几率回归损失:交叉熵

上一节通过极大似然估计法引出了对数几率回归的参数学习规则，显然，为了获得最优参数，对数似然函数的取值应越大越好。除此之外，可以尝试令对数似然函数的负值作为对数几率回归的损失函数$\mathcal{L}_{(\theta)}$，即：

$$\mathcal{L}_{(\theta)}=-LL_{(\theta)}=-\sum_{i=1}^{m}\left[y_i\ln\left(\mathrm{h}_\theta\left(X_i\right)\right)+\left(1-y_i\right)\ln\left(1-\mathrm{h}_\theta\left(X_i\right)\right)\right] \tag{6.39}$$

对比5.4.1节中介绍的交叉熵损失函数(5.7)可以发现，式(6.39)就是该对数几率回归在m个样本上的交叉熵损失。求取交叉熵损失函数$\mathcal{L}_{(\theta)}$的最小值，同样可以得到对数几率回归的最优参数θ^*。对于模型(6.39)的求解，可以采用机器学习中最常用的梯度下降法，即不断沿着当前函数值对应的负梯度方向以规定步长进行迭代搜索,直到获得最优参数。如下的三种梯度下降算法,均可应用到此处。

1.批量梯度下降算法(Batch Gradient Descent, BGD)

批量梯度下降算法是梯度下降的最原始形式,它的具体思路是在更新每一参数时,都使用全部的样本来进行迭代,具体算法如下:

$$\theta_j := \theta_j + \alpha \sum_{i=1}^{m} (y_i - \mathrm{h}_\theta(X_i)) X_{ij} \tag{6.40}$$

其中,$\alpha \in (0,1)$是学习率(learning rate),代表更新步长,在机器学习的实战中一般作为一个超参数,采用固定值,例如0.01,或$1/n$,其中n为当前的循环编号。$\sum_{i=1}^{m}(y_i - \mathrm{h}_\theta(X_i))X_{ij}$为负梯度值,在该算法每次迭代时均处理全部的$m$个样本。

2.随机梯度下降算法(Stochastic Gradient Descent,SGD)

在批量梯度下降算法中,需一次处理全部的样本,收敛速度慢,且在实际建模任务中,容易出现大量数据无法一次性加载的问题。为了加快收敛速度,解决数据加载的瓶颈,可以在每一次梯度迭代过程中,都随机处理1个样本,这就是随机梯度下降算法的核心:

$$\theta_j := \theta_j + \alpha \left(y_i - \mathrm{h}_\theta(X_i)\right) X_{ij} \tag{6.41}$$

随机梯度下降算法虽然处理速度快,但其每次迭代都不是朝着全局最优的方向前进,因此准确度有所下降。

3.Mini-batch SGD算法

Mini-batch SGD算法由BGD算法和SGD算法组合而成,是应用最多的梯度下降算法之一。该算法通过将m个样本分成n份,在每一次梯度迭代过程中,处理m/n个样本,即:

$$\theta_j := \theta_j + \alpha \sum_{i=1}^{m/n} (y_i - \mathrm{h}_\theta(X_i)) X_{ij} \tag{6.42}$$

上文通过对交叉熵损失函数求取偏导问题的探讨,引入了几类常用的梯度下降算法。事实上,这几类梯度下降算法应用非常广泛,在包括神经网络等各类机器学习算法的参数估计过程中均具有体现[16]。值得一提的是,虽然在6.1.3节中得到了线性回归的闭式解:$\theta^* = \left(\mathrm{X}^{\mathrm{T}}\mathrm{X} + \lambda I\right)^{-1}\mathrm{X}^{\mathrm{T}}\mathrm{y}$,但在数据量庞大的情况下,求解逆矩阵的计算量很大,实践中也常采用梯度下降算法进行参数迭代优化,以SGD算法为例:

$$\theta_j := \theta_j + \alpha \left(y_i - \theta^{\mathrm{T}} X_i\right) X_{ij} \tag{6.43}$$

通过上文的介绍可以发现,其实极大似然估计和交叉熵损失函数具有等价性,我们可以借助一个简单的例子来更直观地表征两者的关系:假设抛掷一枚硬币10次,共出现7次正面朝上,3次反面朝上,预估抛掷一次硬币出现正面朝上的概率p是多少?

通过极大似然估计对概率p进行求解:

$$\max\left[p^7(1-p)^3\right] \tag{6.44}$$

根据式(6.39),上述目标函数也等价为:

$$\min -\left[7\ln p + 3\ln(1-p)\right] \tag{6.45}$$

其中,数字7和3可视为真实概率分布,p和$(1-p)$即为模型概率分布,因此,式(6.45)实际上也就是该问题的交叉熵,两者的最优解完全等价。

6.2.5 多分类问题

在前面几节中,我们详细推导了对数几率回归的基本理论和参数学习规则,也了解到对数几率回归作为一种广义线性模型在二分类问题中的应用。但在现实的学习任务中,往往遇到的都是多分类问题,此时,一般有以下解决思路[17]：(1)基于一些基本策略，对多分类问题进行拆分，使其变成多次或多个二分类问题，从而使用二分类算法解决多分类问题；(2)对二分类算法进行推广和改进，使其能够直接应用于多分类问题。

以对数几率回归为例，其作为解决二分类问题的经典算法，如果想应用在多分类问题中，通常可进行如下优化：

1.构建多个二分类器[18]

该方法的主要思路，是对多分类问题的各个类别，均建立起一个二分类器，属于该类别的样本标记为1，其他类别样本标记为0。例如，我们给定的数据集有k个类别，首先挑选出类别为$a(a=1,2,\cdots,k)$的样本，将所有该样本全部标记为1，剩下的其余样本标记为0，随后利用对数几率回归对这些数据训练出一个二分类器，重复上述过程k次，即可得到k个不同的二分类器。最后，对某个测试样本，我们只需找到k个分类器中输出值最大的所对应的类别，即为该测试样本类别。

2.Softmax分类

除了对多分类问题进行拆分外，还可通过将对数几率函数替换为"Softmax函数"，从而直接构造Softmax分类器来解决该多分类问题。该多分类器需要学习的函数为：

$$\mathrm{h}_\theta(\mathrm{X})=\begin{pmatrix}p(y=1\mid \mathrm{X};\theta)\\p(y=2\mid \mathrm{X};\theta)\\\vdots\\p(y=k\mid \mathrm{X};\theta)\end{pmatrix}=\frac{1}{\sum_{i=1}^{k}e^{\theta_i^{\mathrm{T}}\mathrm{X}}}\begin{pmatrix}e^{\theta_1^{\mathrm{T}}\mathrm{X}}\\e^{\theta_2^{\mathrm{T}}\mathrm{X}}\\\vdots\\e^{\theta_k^{\mathrm{T}}\mathrm{X}}\end{pmatrix}\tag{6.46}$$

对比式(6.33)和(6.34)，可发现Softmax分类是对数几率回归的进一步推广，在Bishop[19]2006年的著作中对Softmax进行了详细介绍。

在实际解决多分类任务的过程中，是选择构造多个对数几率回归分类器，还是直接使用Softmax分类器，主要取决于样本数据中各类别之间是否互斥。所有类别之间明显互斥使用Softmax分类器，若各类别之间有交叉的情况，则构建多个对数几率回归的二分类器是更好的选择。

6.2.6 对数几率回归的实例应用

例6-2 对数几率回归在网格拥堵程度分类中的应用

例6-1中介绍了如何利用线性回归模型，对网格下一个时段的车速进行简单的预测，而本节所介绍的常用于解决分类问题的对数几率回归模型，同样可以应用在网约车数据的处理和分析中。本例就将探讨如何利用对数几率回归模型进行网格拥堵程度的分类。

1.数据集介绍

之前在网格数据的预处理后，已经得到了所有网格的各项特征，以下使用DATASET-B数据中时间为2016.11.01的数据，并选取"平均速度"、"停车次数"这2个特征进行分类研究，具体数据情况如表6-4所示：

表6-4 数据情况

编号	平均速度	停车次数	拥堵程度
1	12.3577	0	2
2	4.9236	0	0
3	4.5099	0.4190	0
4	4.7452	6.8	1
…	…	…	…
140101	4.0755	0	0

该数据集共有14万条数据，用到了“平均速度”、“停车次数”、“拥堵程度”这3特征。其中，“拥堵程度”是网格数据中最重要的一种特征，0代表该时刻该网格处于“畅行”状态，1代表该时刻该网格处于“缓行”状态，而2则代表该时刻该网格处于“拥堵”状态。

本例将基于“平均速度”和“停车次数”，利用对数几率回归，构建起对“拥堵程度”进行分类的模型，因为“拥堵程度”的定义有3类，所以本例是一个多分类问题。

代码下载

2.建模预处理

之前已经介绍过相关模块的载入，接下来导入数据，并进行标准化处理以及训练集与测试集划分：

```
#获取数据
raw = pd.read_csv("DATASET-B.csv")
input_data = raw[raw.date==20161101][['aveSpeed', 'stopNum', 'labels']]
input_data.columns = ['平均速度', '停车次数', '拥堵程度']
#获取特征
input = input_data.values
X = input[:, :-1]
y = input[:, -1]
#对特征进行标准化
nor_X = StandardScaler().fit_transform(X)
X1_min, X1_max = nor_X[:,0].min(), nor_X[:,0].max()
X2_min, X2_max = nor_X[:,1].min(), nor_X[:,1].max()
# 划分训练集和测试集，比例 7:3
X_train, X_test, y_train, y_test=train_test_split(nor_X, y, test_size=0.3, random_state=1)
#随机抽取训练集和测试集中的一些样本作图，较浅的点是测试集
train_plot_n = 3000
test_plot_n = 1000
train_sample_plot_idx = np.random.choice (X_train.shape[0], size=train_plot_n, replace=False)
test_sample_plot_idx = np.random.choice (X_test.shape[0], size=test_plot_n, replace=False)
plt.scatter(X_train[train_sample_plot_idx][:,0],
            X_train[train_sample_plot_idx][:,1],
            c=y_train[train_sample_plot_idx],
            edgecolors='k')
plt.scatter(X_test[test_sample_plot_idx][:,0],
            X_test[test_sample_plot_idx][:,1],
            c=y_test[test_sample_plot_idx],
            alpha=0.2, edgecolors='k')
plt.xlabel('x1', fontsize=14)
plt.ylabel('x2', fontsize=14)
plt.xticks(fontsize=12)
plt.yticks(fontsize=12)
plt.xlim(X1_min-0.1, X1_max+0.1)
```

```
plt.ylim(X2_min-0.1, X2_max+0.1)
plt.savefig('./fig1.png', dpi=600)
plt.show()
```

这里,以7:3的比例,将数据集划分了训练集和测试集,并绘制出了样本示例如图6-9,其中不透明的点为训练样本,半透明的点为测试样本。

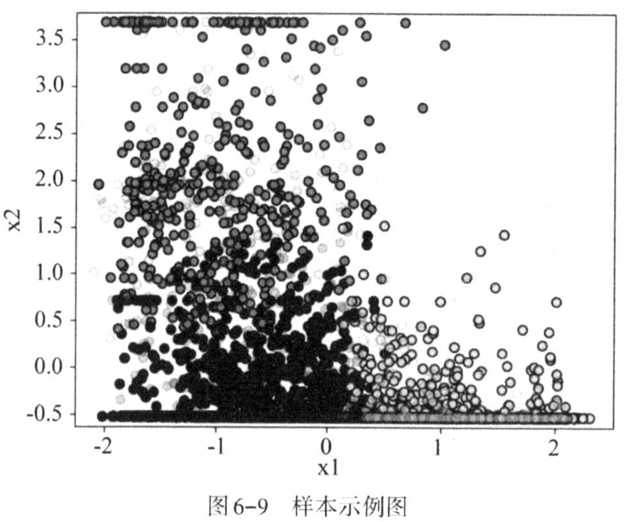

图6-9　样本示例图

彩图效果

3.模型训练

用sklearn.linear_model.LogisticRegression类中的fit()函数对训练集进行训练,构建所需要的对数几率回归模型:

```
# 训练LR模型
logreg = LogisticRegression()
logreg.fit(X_train, y_train)
```

4.分类结果可视化

通过可视化的形式对分类区域进行直观识别,这里通过meshgrid的形式进行展示:

```
# 在 X1, X2 的范围内画一个 500*500 的方格,预测每个点的 label
N,M = 500,500
X1_min, X1_max = nor_X[:,0].min(), nor_X[:,0].max()
X2_min, X2_max = nor_X[:,1].min(), nor_X[:,1].max()
t1 = np.linspace(X1_min, X1_max, N)
t2 = np.linspace(X2_min, X2_max, M)
x1, x2 = np.meshgrid(t1,t2)
x_star= np.stack((x1.flat, x2.flat),axis=1)
y_star= logreg.predict(x_star)
```

```
# 随机选取 sample_plot_n 个样本点
sample_plot_n = 1000
sample_plot_idx = np.random.choice(nor_X.shape[0], size=sample_plot_n, replace=False)
plt.pcolormesh(x1,x2,y_star.reshape(x1.shape),alpha=0.1)
plt.scatter(nor_X[sample_plot_idx][:,0],nor_X[sample_plot_idx][:,1],
            c=y[sample_plot_idx],
            edgecolors='k')
plt.xlabel('x1', fontsize=14)
plt.ylabel('x2', fontsize=14)
plt.xticks(fontsize=12)
plt.yticks(fontsize=12)
plt.xlim(X1_min-0.1, X1_max+0.1)
plt.ylim(X2_min-0.1, X2_max+0.1)
plt.savefig('./fig2.png', dpi=600)
plt.show()
```

彩图效果

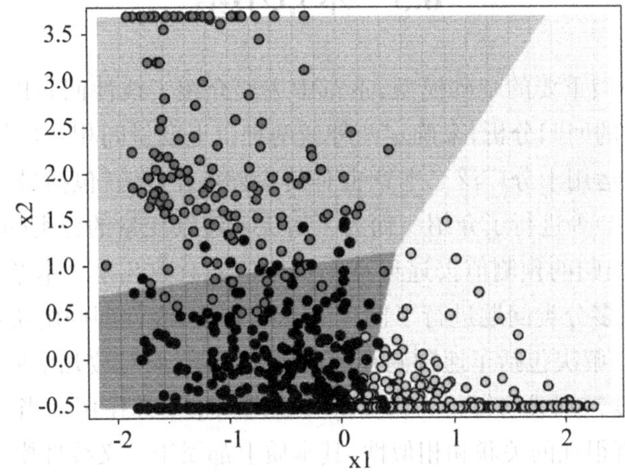

图6-10　网格拥堵状态分类的对数几率回归模型

图6-10中分别给出了三种类型样本的分类区域。可以直观地发现，绝大部分样本，都进行了正确的分类。

5.分类准确性分析

最后，我们分别计算在训练集和测试集上样本的准确率，来验证基于“平均速度”和“停车次数”构建起的“拥堵状态”分类模型是否准确。

```
#预测，计算准确率
y_train_hat = logreg.predict(X_train)
y_train = y_train.reshape(-1)
result = y_train_hat == y_train
c = np.count_nonzero(result)
```

```
print('Train accuracy:%.2f%%'%(100*float(c)/float(len(result))))
y_hat = logreg.predict(X_test)
y_test = y_test.reshape(-1)
result = y_hat == y_test
c = np.count_nonzero(result)
print('Test accuracy:%.2f%%'%(100*float(c)/float(len(result))))
```

可以得到其训练集与测试集的准确率分别为：

```
Train accuracy:93.58%
Test accuracy:93.55%
```

6.总结

上述算例中，基于处理完毕的网格数据，利用"平均速度"、"停车次数"这两类特征，构建对数几率回归模型，并对网格的拥堵状态进行了分类，结果显示，分类的准确率在测试集上达到了93.55%。

6.3 本章小结

线性模型是机器学习中最重要的基础模型，本章中主要介绍了线性回归以及对数几率回归两类模型。线性回归是利用数理统计中的回归分析，来确定两种或两种以上变量间相互依赖的定量关系的一种分析方法，主要用于解决回归问题，运用十分广泛。本章也对其参数估计方法(包括最小二乘法、极大似然估计)以及避免过拟合的方法(岭回归)等进行了介绍。而为了解决非连续变量的分类问题，则可以选择对数几率回归，它的预测函数是用线性回归的预测值去逼近真实目标值的对数几率。本章对其数学模型、参数学习过程以及如何由二分类拓展至多分类问题进行了阐述。总的来说，线性回归解决的是回归问题，结果是连续型，在交通大数据领域可用于解决包括车速预测在内的预测问题；而对数几率回归用于解决分类问题，结果是离散型，可在包括拥堵程度判别或出行行为选择等交通问题中发挥作用。当然，很重要的一点是，线性回归模型和对数几率回归，具有很强的关联和相似性，其本质上都属于广义线性模型的一种。

在接下来的几章中，我们将介绍与对数几率回归功能类似的另外几种分类算法：支持向量机和决策树，它们都是具备较强分类性能的机器学习模型。

6.4 本章习题

1.从原理的角度简述在线性模型参数估计中，极大似然估计和最小二乘估计的联系和不同。

2.$U(-1,1)$，$N(0,\sigma^2)$，$N(\mu,\sigma^2)$，$N(0,2\sigma^2)$这四个分布中，哪些可以作为随机误差项的分布？为什么？

3.Softmax函数可以通过多元对数几率函数将多个输出映射到$(0,1)$区间，其基本表达形式如下：$\sigma(z)_j=\dfrac{e^{z_j}}{\sum_{k_i=1}^{k}e^{z_{k_i}}}$，试求$\dfrac{\partial\ln(\sigma(z)_j)}{\partial e^{z_j}}$，并思考此函数的优点和应用。

4.对于一个拥有两个特征变量x_1，x_2的对数几率回归模型，假设$\theta_0=5$，$\theta_1=-1$，$\theta_2=0$，试画出y的取值空间。

5.在对对数几率回归参数θ_1和θ_2的代价函数进行最小化时,有以下代码:

```
jVal=  #%计算J(θ)
gradient[1] = CODE#1  #计算θ1的偏导
gradient[2] = CODE#2  #计算θ2的偏导
```

试写出CODE#1和CODE#2的表达式,并用Python编程语言表达出来。

6.假设使用岭回归拟合较多复杂样本数据,通过调试正则化参数λ,来降低模型复杂度。若λ较大时,偏差和方差分别会如何变化?

7.假设你有以下数据:输入和输出都只有一个变量。使用线性回归模型来拟合数据。那么使用留一法交叉验证得到的均方误差是多少?

8.在一个线性回归问题中,我们使用R^2来评价拟合度。此时,如果增加一个特征,模型不变,如果R^2增加,是否可以说明这个特征有意义?为什么?

6.5 参考文献

[1]Xin Y, Xiao G S. Linear Regression Analysis Theory and Computing[M]. Singapore: World Scientific, 2009.

[2]Stanton J M. Galton, Pearson, and the peas: A brief history of linear regression for statistics instructors[J]. Journal of Statistics Education, 2001, 9(3): 1-13.

[3]Seal H L. The Historical Development of the Gauss Linear Model[M]. New Haven: Yale University, 1968.

[4] Verhulst P F. Notice sur la loi que la population suit dans son accroissement [J]. Correspondance-mathématique et physique, 1838, 10: 113-126.

[5] Pearl R, Reed L J. On the rate of growth of the population of the United States since 1790 and its mathematical representation[J]. Proceedings of the National Academy of Sciences, 1920, 6(6): 275 - 288.

[6] Cox D R. The regression analysis of binary sequences[J]. Journal of the Royal Statistical Society: Series B (Methodological), 1958, 20(2): 215-232.

[7] Nelder J A, Wedderburn R W M. Generalized linear models[J]. Journal of the Royal Statistical Society: Series A (General), 1972, 135(3): 370-384.

[8]周志华.机器学习[M].北京:清华大学出版社,2016.

[9]李航.统计学习方法(第2版)[M].北京:清华大学出版社,2019.

[10] Washington S, Karlaftis M G, Mannering F, et al. Statistical and Econometric Methods for Transportation Data Analysis[M]. New York: Chapman & Hall, 2020.

[11] Neo-T. 最小二乘法求回归直线方程的推导过程[EB/OL]. (2017-02-07)[2020-04-24]. https://blog.csdn.net/MarsJohn/article/details/54911788.

[12] Pant A. Introduction to Linear Regression and Polynomial Regression[EB/OL]. (2019-01-13)[2020-04-24].https://towardsdatascience.com/introduction-to-linear-regression-and-polynomial-regression-f8adc96f31cb.

[13] Tibshirani R. Regression shrinkage and selection via the lasso[J]. Journal of the Royal Statistical Society: Series B (Methodological), 1996, 58(1): 267-288.

[14] Minka T P. A comparison of numerical optimizers for logistic regression[J]. Unpublished draft, 2003: 1-18.

[15]Dobson A J, Barnett A G. An Introduction to Generalized Linear Models[M]. New York: Chapman & Hall, 2008.

[16]Ruder S. An overview of gradient descent optimization algorithms[J]. arXiv preprint arXiv: 1609.04747, 2016.

[17]Aly M. Survey on multiclass classification methods[J]. Neural Network, 2005, 19: 1-9.

[18]SZU_Hadooper. 逻辑回归解决多分类和softmax[EB/OL]. (2017-11-23)[2020-04-24]. https://blog.csdn.net/SZU_Hadooper/article/details/78619001.

[19]Bishop C M. Pattern Recognition and Machine Learning[M]. New York: Springer, 2006.

第7章 支持向量机

第6章介绍了使用对数几率回归解决分类问题的方法，其优化目标是让模型预测值逼近真实标签的对数几率，也就是最大化训练集样本属于正确类别的概率。如图7.1(a)所示，距离分隔面较远的样本具有较大的正确分类概率。除此之外，面对分类问题，是否还有其他思路？本章将介绍另一种常用于解决分类问题的模型：支持向量机(Support Vector Machine, SVM)。不同于对数几率回归使用概率来评估分类效果的思路，支持向量机模型关注样本到分隔面的距离，以最大化样本到分隔面的最小距离作为优化目标，如图7-1(b)所示。

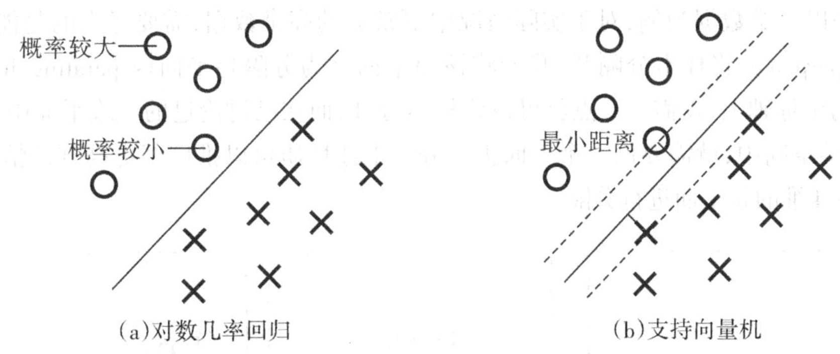

图7-1 对数几率回归与支持向量机

支持向量机模型的原型最早于1964年由Vapnik和Chervonenkis[1]提出，但直至20世纪90年代Vapnik等人[2,3]才提出了实用的改进模型，也就是目前常使用的支持向量机。支持向量机模型的出现，曾带来了机器学习领域内研究统计学习的热潮，学者纷纷探索并提出了众多基于支持向量机的改进模型和算法。

本章首先介绍支持向量机中的基本概念，随后介绍支持向量机模型的基本型及其对偶问题。然后逐步引入软间隔和核技巧的概念，并讲解支持向量机模型的求解算法。为了便于理解，本章的最后一节仍将围绕路况分类问题，介绍如何使用Python机器学习库Scikit-learn中的支持向量机模型来构建分类器。

7.1 支持向量机中的基本概念

7.1.1 线性可分与超平面

考虑二分类问题，以图7-2中的二维数据为例，假定圆环标记表示正例，十字标记表示负例，是否存在一个线性分类器能将两类样本完全分开？

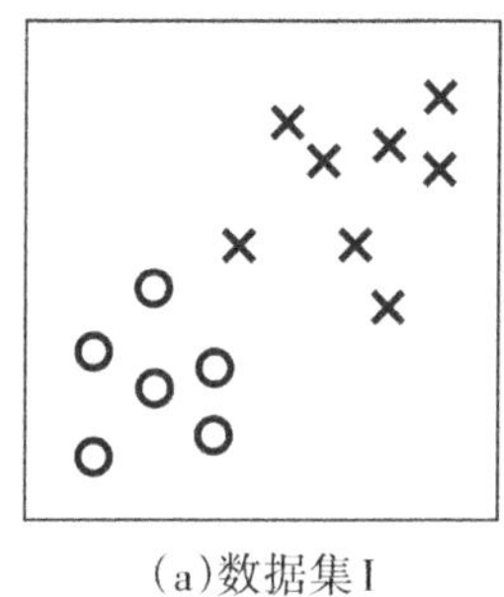

(a)数据集I

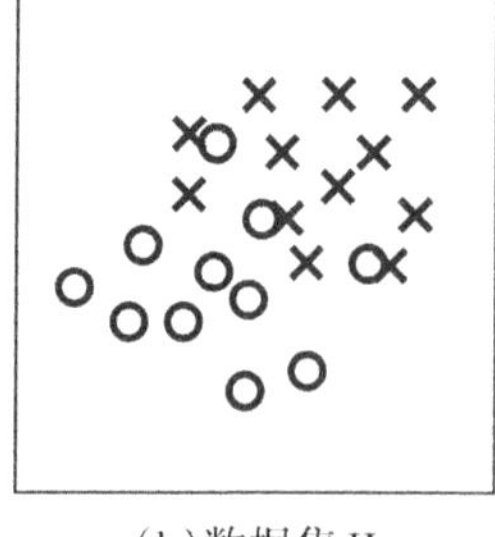

(b)数据集II

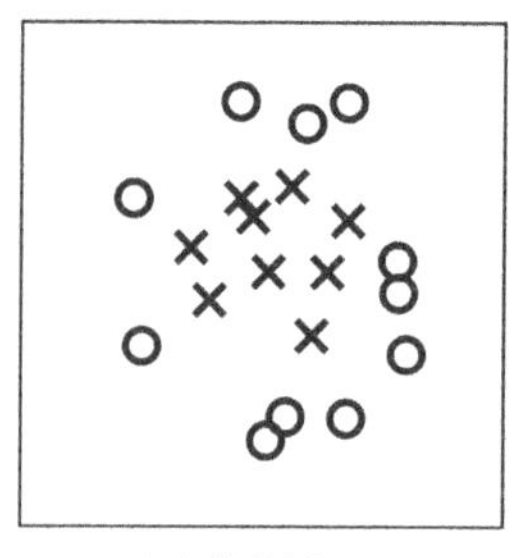

(c)数据集III

图7-2　二分类数据集分布举例

在图7-2(a)中,由于正负例样本之间分隔得足够开,很容易就可以画出一条直线能将不同类别的样本分隔开。若在二分类的数据集中,存在至少一条直线能将平面内两个点集完全分隔开,则称这组数据为线性可分(linearly separable)数据。

但由于实际问题的复杂性,在实践中经常遇到线性不可分的数据。例如在图7-2(b)中,两类样本在中间区域有少量重叠,但仍可以用一条直线将绝大多数样本划分到正确的类别;而在图7-2(c)中,显然无法直接通过一个线性分类器将两种类别的样本分隔开。

以上讨论都是以二维数据为例,对于实际情况中更常见的高维数据,需要考虑的是能否用一个高维空间中的超平面(hyperplane)将样本分隔开,我们将该超平面称为分隔超平面(separating hyperplane)。如图7-3所示,在一维的坐标轴上,仅需一个点就可以将样本分开;而在已讨论过的二维平面中,则需要用一条直线来分隔;到了三维空间中,就需要用一个平面去切分。上述性质可以推广至更高维的情况,即对于n维的数据,可以使用$n-1$维的超平面进行分隔。

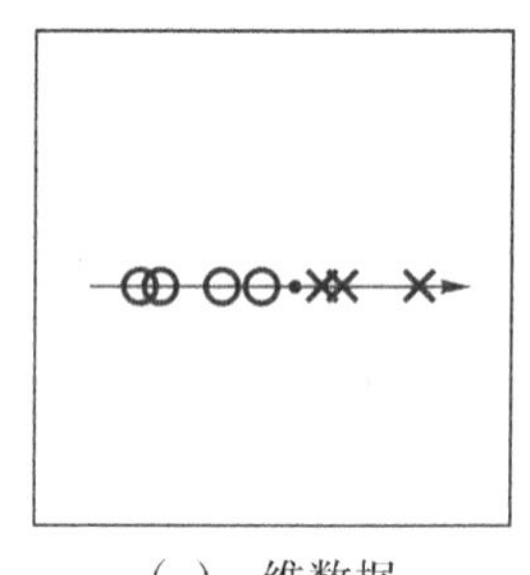

(a)一维数据

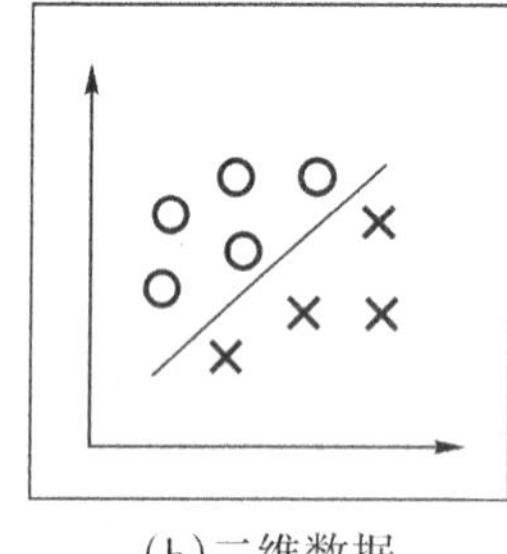

(b)二维数据

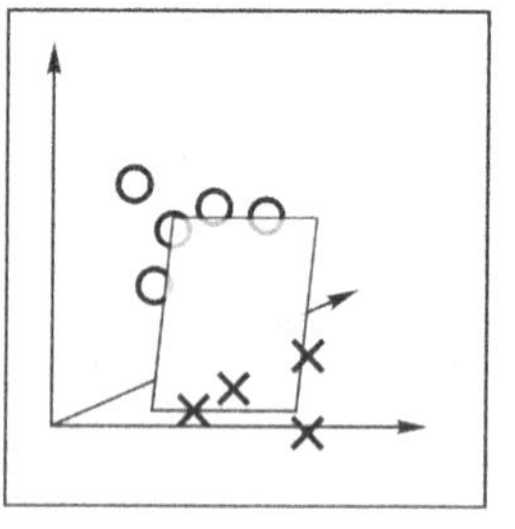

(c)三维数据

图7-3　不同维度数据集

7.1.2　间隔与支持向量

从最简单的线性可分数据继续讨论:对于图7-4中给出的二维数据,显然存在多条直线可以将两类样本分隔开。若要通过机器学习的方法训练一个线性分类器,更希望获得怎样的分隔面呢?

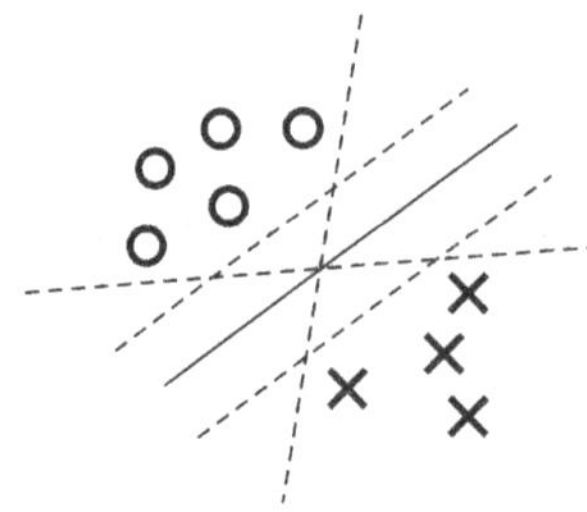

图7-4　判断最优分隔面

在机器学习任务中，理想的模型具有良好的泛化性能，即正确分类未知样本的能力。因此，直观上分隔面应尽量远离各类样本，以降低噪声对分类器的影响。在二分类问题中增加分隔面到某一类样本的距离通常意味着减少到另一类样本的距离，在没有类别偏好的情况下，通常会选择到两类样本最小距离相同的位置。例如对于图7-4中给出的例子，一般更倾向于选择图中用实线标注的分隔面。

为了能定量描述样本与超平面之间的位置关系并以此评价分类器，下面引入间隔(margin)的概念。

首先，样本空间中的超平面可以用下面的线性方程来描述，

$$\mathbf{w}^{\mathrm{T}}x+b=0 \tag{7.1}$$

容易观察到，等比放缩w与b并不会改变方程所对应的超平面位置。

图7-5以二维空间为例展示样本与超平面之间的位置关系。图中的实线即为可区分样本类别的一个超平面，两侧的虚线穿过距离超平面最近的样本，并在空间中形成一片“间隔”区域。两条虚线可以由$\mathbf{w}^{\mathrm{T}}x+b=\pm 1$来表示，其中的1实际上可以是任何实数，为方便计算，通常取1。这些距离超平面最近的训练样本被称为支持向量(support vector)，本章后文中将进一步介绍它对于支持向量机模型的重要性。

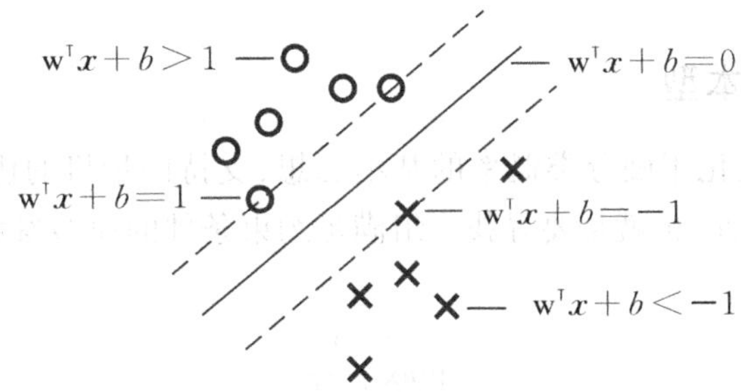

图7-5 样本与分隔面的位置关系

给定数据集$D=\{(x_1,y_1),(x_2,y_2),\cdots,(x_m,y_m)\}$，其中$x_i$是输入特征，其标签$y_i\in\{+1,-1\}$分别表示正样本和负样本。对任意样本$(x_i,y_i)\in D$，由于已经假定数据集是线性可分的，那么在固定超平面位置不变的情况下，总可以找到一组w与b满足式(7.2)：

$$\begin{cases}\mathbf{w}^{\mathrm{T}}x_i+b\geqslant +1, & y_i=+1;\\ \mathbf{w}^{\mathrm{T}}x_i+b\leqslant -1, & y_i=-1.\end{cases} \tag{7.2}$$

此时，$\mathbf{w}^{\mathrm{T}}x_i+b$的正负(即$\mathrm{sign}(\mathbf{w}^{\mathrm{T}}x_i+b)$)就对应着样本的分类结果。式(7.2)可以简化为下式：

$$y_i(\mathbf{w}^{\mathrm{T}}x_i+b)\geqslant 1 \tag{7.3}$$

图7-6更详细地展示了超平面及间隔的关系。对于特征空间中的任意样本x，其到超平面$\mathbf{w}^{\mathrm{T}}x+b=0$的距离$\delta$可以由式(7.4)表示：

$$\delta=\frac{|\mathbf{w}^{\mathrm{T}}x+b|}{\|\mathbf{w}\|} \tag{7.4}$$

定义间隔γ为任意两个异类样本到超平面距离之和中的最小值，且超平面到正负样本集的最小距离相等。在此情况下，距离超平面距离最近的正是分隔面两侧边界上的支持向量。对于支持向量，有等式$y_i(\mathbf{w}^{\mathrm{T}}x_i+b)=1$成立，故间隔可由式(7.5)表示：

$$\gamma=\frac{|+1|}{\|\mathbf{w}\|}+\frac{|-1|}{\|\mathbf{w}\|}=\frac{2}{\|\mathbf{w}\|} \tag{7.5}$$

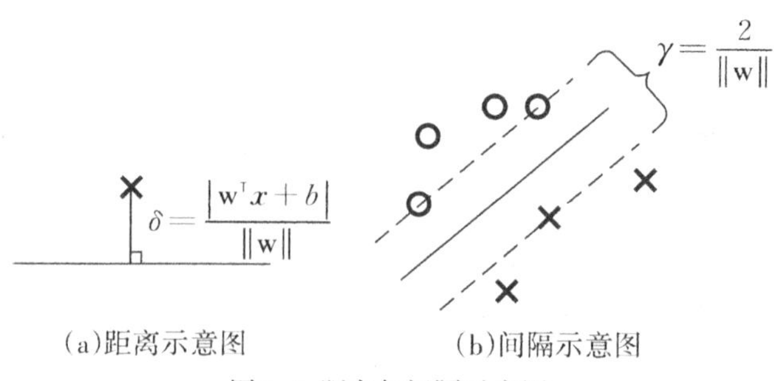

(a)距离示意图　　(b)间隔示意图

图7-6 距离与间隔示意图

以上就是支持向量机模型中涉及的一些重要基本概念，而支持向量机正是以最大化间隔作为优化目标来训练分类器。接下来将详细介绍支持向量机的具体思想及数学模型。

7.2 线性可分支持向量机

7.2.1 支持向量机基本型

不同于对数几率回归最大化正确分类概率的基本思想，支持向量机的优化目标为找到具有最大间隔(maximum margin)的分隔超平面，也就是要寻找一组满足约束条件的模型参数w与b来使得间隔γ最大化，即求：

$$\max_{w,b} \frac{2}{\|w\|} \tag{7.6}$$
$$\text{s.t.}\ \ y_i(w^{T}x_i + b) \geqslant 1, i = 1, 2, \ldots, m.$$

为了在数学处理上能更加简便，此处对目标函数进行等价转换：最大化$\frac{2}{\|w\|}$等价于最小化$\frac{\|w\|^2}{2}$，故数学模型(7.6)等价于

$$\min_{w,b} \frac{\|w\|^2}{2} \tag{7.7}$$
$$\text{s.t.}\ \ y_i(w^{T}x_i + b) \geqslant 1,\quad i = 1, 2, \ldots, m.$$

以上就是支持向量机模型的基本型，注意到上述问题是个线性约束下的凸二次规划(convex quadratic programming)问题，可以直接用二次规划软件包求解。为了获得一种更高效的求解算法，下面将利用拉格朗日乘子得到其对偶问题[4](dual problem)，从而基于其对偶问题的独特形式高效求解该问题。

7.2.2 线性可分支持向量机的对偶问题

首先定义模型(7.7)的所有约束所对应的拉格朗日乘子(对偶变量)$\boldsymbol{\alpha} := (\alpha_1; \alpha_2; \ldots; \alpha_m)$。根据对偶问题的性质，可知$\boldsymbol{\alpha} \geqslant 0$。从而，模型(7.7)的拉格朗日函数(Lagrangian)可写为：

$$\mathcal{L}(w, b, \boldsymbol{\alpha}) = \frac{1}{2}\|w\|^2 + \sum_{i=1}^{m} \alpha_i[1 - y_i(w^{T}x_i + b)] \tag{7.8}$$

这是一个无约束条件的非线性规划模型，该问题的最优解可令$\mathcal{L}(w, b, \boldsymbol{\alpha})$对w与$b$的偏导数为零得到，即如下式所示(7.9)-(7.10)：

$$\nabla_w \mathcal{L}(w, b, \boldsymbol{\alpha}) = w - \sum_{i=1}^{m} \alpha_i y_i \boldsymbol{x}_i = 0 \Rightarrow w = \sum_{i=1}^{m} \alpha_i y_i \boldsymbol{x}_i \tag{7.9}$$

$$\nabla_b \mathcal{L}(w, b, \boldsymbol{\alpha}) = -\sum_{i=1}^{m} \alpha_i y_i = 0 \Rightarrow 0 = \sum_{i=1}^{m} \alpha_i y_i \tag{7.10}$$

将式(7.9)代入式(7.8)展开拉格朗日函数，得到下式：

$$\mathcal{L}(\mathbf{w},b,\boldsymbol{\alpha})=\sum_{i=1}^{m}\alpha_i-\frac{1}{2}\sum_{i=1}^{m}\sum_{j=1}^{m}\alpha_i\alpha_j y_i y_j \boldsymbol{x}_i^{\mathrm{T}}\boldsymbol{x}_j-b\sum_{i=1}^{m}\alpha_i y_i \tag{7.11}$$

由式7.10可知式7.11中最后一项为零，故可化简为：

$$\mathcal{L}(\mathbf{w},b,\boldsymbol{\alpha})=\sum_{i=1}^{m}\alpha_i-\frac{1}{2}\sum_{i=1}^{m}\sum_{j=1}^{m}\alpha_i\alpha_j y_i y_j \boldsymbol{x}_i^{\mathrm{T}}\boldsymbol{x}_j \tag{7.12}$$

因此，支持向量机基本型的对偶优化问题等价于求解如下的数学优化问题：

$$\max_{\alpha}\sum_{i=1}^{m}\alpha_i-\frac{1}{2}\sum_{i=1}^{m}\sum_{j=1}^{m}\alpha_i\alpha_j y_i y_j \boldsymbol{x}_i^{\mathrm{T}}\boldsymbol{x}_j \tag{7.13}$$

$$\text{s.t.}\quad \sum_{i=1}^{m}\alpha_i y_i=0,$$

$$\alpha_i\geqslant 0,\quad i=1,2,\ldots,m$$

该问题也是一个二次规划问题，同样可以采用通用的二次规划程序来求解。但当样本数量较多时，待优化参数数量也会较大，因此一般的二次规划程序求解该问题的计算成本很大。对于这个问题，常用的方法是序列最小优化算法(Sequential Minimal Optimization，SMO)，该算法改进了参数的优化策略，可以高效求解大样本的情况，该算法的细节将在7.5节中进行详细介绍。

求解数学模型(7.13)之后，可以得到最优拉格朗日乘子$\boldsymbol{\alpha}^*$。再根据式(7.9)，即可求出对应的模型参数$\mathbf{w}^*$：

$$\mathbf{w}^*=\sum_{i=1}^{m}\alpha_i^* y_i\boldsymbol{x}_i \tag{7.14}$$

根据KKT(Karush-Kuhn-Tucker)条件，最优解应该满足如下的互补松弛条件：

$$\alpha_i^*[\,y_i(\mathbf{w}^{*,\mathrm{T}}\boldsymbol{x}_i+b^*)-1]=0 \tag{7.15}$$

因此，对于训练集中的任意样本$(\boldsymbol{x}_i,y_i)$，总有$\alpha_i^*=0$或$y_i(\mathbf{w}^{*,\mathrm{T}}\boldsymbol{x}_i+b^*)=1$成立。若$\alpha_i^*\neq 0$，则这些样本位于间隔边界上，属于支持向量，满足：

$$y_i(\mathbf{w}^{*,\mathrm{T}}\mathbf{x}_i+b^*)=1 \tag{7.16}$$

注意到y_i的取值为1或-1，所以$\frac{1}{y_i}=y_i$(下文推导过程中的类似变形将不再赘述)。将式(7.14)中的$\mathbf{w}^*$代入式(7.16)，可解得偏置项b^*：

$$b^*=\frac{1}{y_i}-\sum_{j=1}^{m}\alpha_j^* y_j\mathbf{x}_j^{\mathrm{T}}\mathbf{x}_i=y_i-\sum_{j=1}^{m}\alpha_j^* y_j\mathbf{x}_j^{\mathrm{T}}\mathbf{x}_i \tag{7.17}$$

由式(7.14)与式(7.17)可知，若$\alpha_i^*=0$，该样本不会对模型最优解$\mathbf{w}^*$及b^*产生影响。可以看出，支持向量机模型本质上只与训练样本中的支持向量有关。

本节介绍了如何在线性可分的数据集上利用间隔最大化原则来推导支持向量机基本型。但正如上文中所提到的，在实际问题中，数据集易受到异常值影响，例如图7-7中的异常值会导致最优分隔面发生偏移。因此，仅通过间隔最大化原则推导出的最优解在大多数情况下分类效果不佳，下一节中将介绍进一步改进的线性支持向量机。

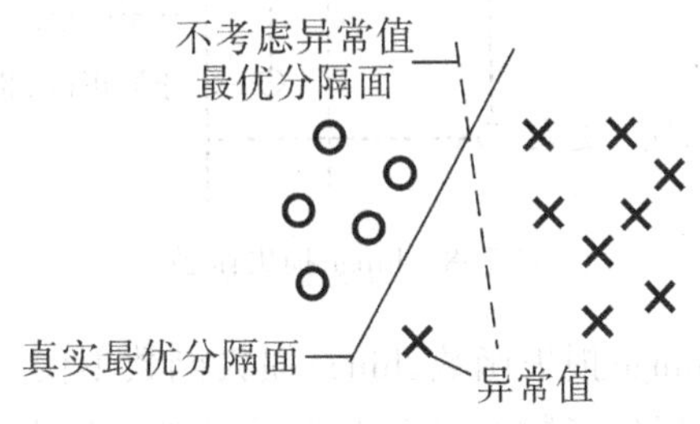

图7-7　异常值影响分隔面

7.3 软间隔线性支持向量机

7.3.1 硬间隔与软间隔

在本章之前的所有讨论中，要求所有样本均满足下式：

$$y_i(\mathrm{w}^{\mathrm{T}}\boldsymbol{x}_i+b)\geqslant 1 \tag{7.18}$$

即所有训练样本都被正确划分，此条件称为硬间隔(hard margin)。因此7.2节中的线性可分支持向量机又称为硬间隔支持向量机。

然而，硬间隔条件在某些情况下并不合适，例如训练样本线性不可分，再如图7-1提到的，分类结果极易受异常样本干扰。一个解决此问题的办法是容许支持向量机在一些训练样本上分类出错，并为分类出错的样本选择适当的损失函数。

我们称允许部分样本被错误划分的条件为软间隔(soft margin)。需要注意的是，由于模型的分类结果实际上由$\mathrm{sign}(\mathrm{w}^{\mathrm{T}}\boldsymbol{x}_i+b)$给出，故只要样本满足：

$$y_i(\mathrm{w}^{\mathrm{T}}\boldsymbol{x}_i+b)\geqslant 0 \tag{7.19}$$

即分类结果与实际标签非异号，则分类结果正确。

相应地，可以在优化函数中添加一个损失项：

$$\min_{\mathrm{w},b}\frac{1}{2}\|\mathrm{w}\|^2+C\sum_{i=1}^{m}\ell\left(y_i(\mathrm{w}^{\mathrm{T}}\boldsymbol{x}_i+b)\right) \tag{7.20}$$

其中，$C>0$是模型参数，通过调整C的大小可以权衡错误分类的误差带来的影响$\ell(\cdot)$是模型所选择的损失函数，一个直观的想法是使用0-1损失函数：

$$\ell_{0-1}(z)=\begin{cases}1, & z<0;\\ 0, & z\geqslant 0.\end{cases} \tag{7.21}$$

即分类正确不造成损失，分类错误将造成大小为1的损失。

尽管0-1损失函数符合直观想法，但其既不是连续函数，也不具凸性，不利于模型求解。因此，支持向量机模型常使用hinge损失函数，因函数形如铰链而得名，可写作下式：

$$\ell_h(z)=\max(0,1-z) \tag{7.22}$$

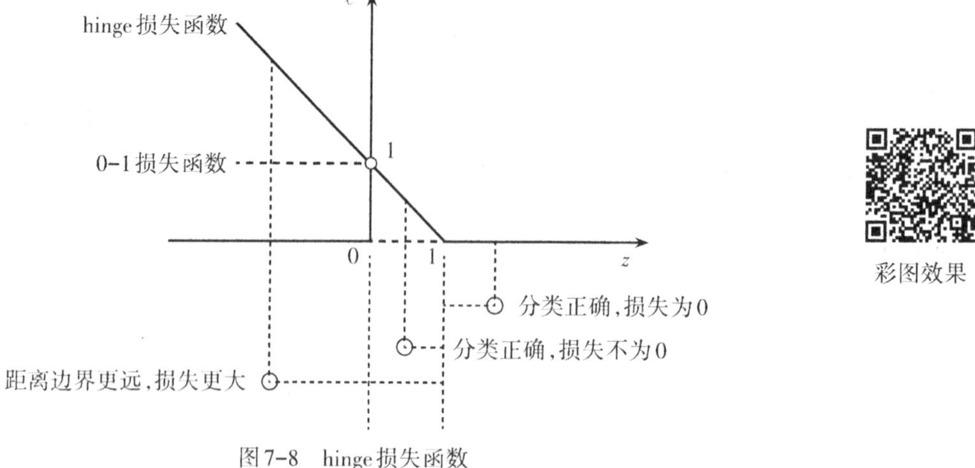

图7-8　hinge损失函数

图7-8对比了0-1损失函数与hinge损失函数，hinge损失函数不仅是连续凸函数，并且是0-1损失函数的一个上界。0-1损失函数与hinge损失函数有以下重要区别：0-1损失函数只对分类错误的样本造成损失

误差，而对hinge损失函数而言，即便是分类正确的样本，若其距离分隔面未达到间隔，则仍要计算损失误差；0-1损失函数对所有分类错误样本的损失误差相同，而hinge损失函数计算的损失误差与样本的错误程度正相关。

若采用hinge损失函数，此时称模型为软间隔线性支持向量机，其优化函数写为下式：

$$\min_{\mathrm{w},b}\frac{1}{2}\|\mathrm{w}\|^2+C\sum_{i=1}^{m}\max\big(0,1-y_i(\mathrm{w}^{\mathrm{T}}\boldsymbol{x}_i+b)\big) \tag{7.23}$$

当$C\rightarrow+\infty$时，上式的软间隔线性支持向量机等价于硬间隔线性支持向量机。同时，注意到hinge损失函数在$z=1$处不可微，为了便于应用基于梯度的算法求解，可以在式(7.23)中引入松弛变量$\xi_i=\max\big(0,1-y_i(\mathrm{w}^{\mathrm{T}}\mathbf{x}_i+b)\big)\geqslant 0$。将最大值函数进行拆分，可以得到$\xi_i\geqslant 0$和$\xi_i\geqslant 1-y_i(\mathrm{w}^{\mathrm{T}}\mathbf{x}_i+b)$。此时，软间隔支持向量机模型可以改写为：

$$\begin{aligned}&\min_{\mathrm{w},b,\xi}\frac{1}{2}\|\mathrm{w}\|^2+C\sum_{i=1}^{m}\xi_i\\ &\text{s.t.}\quad y_i(\mathrm{w}^{\mathrm{T}}\boldsymbol{x}_i+b)\geqslant 1-\xi_i,\\ &\qquad\quad \xi_i\geqslant 0,\quad i=1,2,\ldots,m.\end{aligned} \tag{7.24}$$

7.3.2 软间隔线性支持向量机的对偶问题

软间隔线性支持向量机模型(7.24)的求解也是一个二次规划问题，同样适合采用拉格朗日乘子法。定义拉格朗日乘子$\boldsymbol{\alpha}:=(\alpha_1;\alpha_2;\cdots;\alpha_m)$和$\boldsymbol{\mu}:=(\mu_1;\mu_2;\cdots;\mu_m)$，分别对应于模型(7.24)中的两组不等式约束$y_i(\mathrm{w}^{\mathrm{T}}\boldsymbol{x}_i+b)\geqslant 1-\xi_i$和$\xi_i\geqslant 0$，且有$\boldsymbol{\alpha}\geqslant 0,\boldsymbol{\mu}\geqslant 0$，得到拉格朗日函数如下：

$$\mathcal{L}(\mathrm{w},b,\boldsymbol{\alpha},\boldsymbol{\xi},\boldsymbol{\mu})=\frac{1}{2}\|\mathrm{w}\|^2+C\sum_{i=1}^{m}\xi_i+\sum_{i=1}^{m}\alpha_i\big(1-\xi_i-y_i(\mathrm{w}^{\mathrm{T}}\boldsymbol{x}_i+b)\big)-\sum_{i=1}^{m}\mu_i\xi_i \tag{7.25}$$

令拉格朗日函数对w、b、$\boldsymbol{\xi}$导数为零：

$$\nabla_{\mathrm{w}}\mathcal{L}(\mathrm{w},b,\boldsymbol{\alpha},\boldsymbol{\xi},\boldsymbol{\mu})=\mathrm{w}-\sum_{i=1}^{m}\alpha_i y_i\boldsymbol{x}_i=0\Rightarrow\mathrm{w}=\sum_{i=1}^{m}\alpha_i y_i\boldsymbol{x}_i \tag{7.26}$$

$$\nabla_{b}\mathcal{L}(\mathrm{w},b,\boldsymbol{\alpha},\boldsymbol{\xi},\boldsymbol{\mu})=-\sum_{i=1}^{m}\alpha_i y_i=0\Rightarrow 0=\sum_{i=1}^{m}\alpha_i y_i \tag{7.27}$$

$$\nabla_{\boldsymbol{\xi}}\mathcal{L}(\mathrm{w},b,\boldsymbol{\alpha},\boldsymbol{\xi},\boldsymbol{\mu})=\boldsymbol{C}-\boldsymbol{\alpha}-\boldsymbol{\mu}=0\Rightarrow\boldsymbol{C}=\boldsymbol{\alpha}+\boldsymbol{\mu} \tag{7.28}$$

其中$\boldsymbol{C}$为长度为m且所有元素均为C的列向量。由于$\boldsymbol{\mu}\geqslant 0$，可从式(7.28)得到$\boldsymbol{\alpha}\leqslant\boldsymbol{C}$。将式(7.26)-(7.28)代入式(7.25)中的拉格朗日函数，可将软间隔线性支持向量机的对偶问题改写为：

$$\begin{aligned}&\max_{\boldsymbol{\alpha}}\sum_{i=1}^{m}\alpha_i-\frac{1}{2}\sum_{i=1}^{m}\sum_{j=1}^{m}\alpha_i\alpha_j y_i y_j\boldsymbol{x}_i^{\mathrm{T}}\boldsymbol{x}_j\\ &\text{s.t.}\quad\sum_{i=1}^{m}\alpha_i y_i=0,\\ &\qquad\quad 0\leqslant\alpha_i\leqslant C,\quad i=1,2,\ldots,m.\end{aligned} \tag{7.29}$$

与(7.13)中支持向量机基本型的对偶问题相比较，软间隔线性支持向量机对偶问题的唯一不同之处在于增加了$\boldsymbol{\alpha}\leqslant\boldsymbol{C}$的约束条件，两者可以采用同样的算法来求解。

下面列出软间隔线性支持向量机模型(7.29)的KKT条件：

$$\begin{cases}\alpha_i^*\geqslant 0;\\ \xi_i^*\geqslant 0,\mu_i^*\geqslant 0,\mu_i^*\xi_i^*=0;\\ y_i(\mathrm{w}^{*,\mathrm{T}}\boldsymbol{x}_i+b^*)-1+\xi_i^*\geqslant 0;\\ \alpha_i^*[\,y_i(\mathrm{w}^{*,\mathrm{T}}\boldsymbol{x}_i+b^*)-1+\xi_i^*]=0.\end{cases} \tag{7.30}$$

对于训练集中的任意样本(x_i,y_i)，总有$\alpha_i^*=0$或$y_i(\mathbf{w}^{*\mathrm{T}}x_i+b^*)=1-\xi_i^*$成立。若$\alpha_i^*=0$，则与支持向量机基本型中的结论类似，该样本不会对最优解$\mathbf{w}^*$及b^*产生影响；若$\alpha_i^*>0$，则必有$y_i(\mathbf{w}^{*\mathrm{T}}x_i+b^*)=1-\xi_i^*$成立，在软间隔线性支持向量机模型中把满足此式的样本称为支持向量，可见软间隔线性支持向量机模型也只与支持向量有关。

如图7-9所示，图中实线样本为支持向量，虚线样本非支持向量。与硬间隔线性支持向量机不同，在软间隔线性支持向量机中，支持向量不一定严格处在间隔边界上。(1)若$\alpha_i^*=0$，该样本不是支持向量，根据式(7.28)，有$\mu_i^*=C-\alpha_i^*>0$，又根据KKT条件中的$\mu_i^*\xi_i^*=0$，可知$\xi_i^*=\max\left(0,1-y_i(\mathrm{w}^{\mathrm{T}}\mathbf{x}_i+b)\right)=0$，即hinge损失为0，此时该样本可能落在间隔边界$y_i(\mathrm{w}^{\mathrm{T}}\mathbf{x}_i+b)=1$上或外侧$y_i(\mathrm{w}^{\mathrm{T}}\mathbf{x}_i+b)>1$。(2)若$0<\alpha_i^*<C$，该样本是支持向量，类似以上推导，亦有$\xi_i^*=0$，即hinge损失为0，同时，根据KKT条件中的互补松弛条件$\alpha_i^*[y_i(\mathrm{w}^{\mathrm{T}}\mathbf{x}_i+b)-1+\xi_i^*]=0$，有$y_i(\mathrm{w}^{\mathrm{T}}\mathbf{x}_i+b)-1+\xi_i^*=0$，从而$y_i(\mathrm{w}^{\mathrm{T}}\mathbf{x}_i+b)=1$，故此时支持向量恰好落在间隔边界上。(3)若$\alpha_i^*=C$，该样本也是支持向量，同样根据互补松弛条件，有$y_i(\mathrm{w}^{\mathrm{T}}\mathbf{x}_i+b)-1+\xi_i^*=0$，若$0<\xi_i^*<1$，则$0<y_i(\mathrm{w}^{\mathrm{T}}\mathbf{x}_i+b)<1$，此时分类正确，样本在间隔边界与分隔超平面之间；若$\xi_i^*=1$，则$y_i(\mathrm{w}^{\mathrm{T}}\mathbf{x}_i+b)=0$，样本在分隔超平面上；若$\xi_i^*>1$，则$y_i(\mathrm{w}^{\mathrm{T}}\mathbf{x}_i+b)<0$，此时分类错误，样本处于分隔超平面分类错误的一侧。

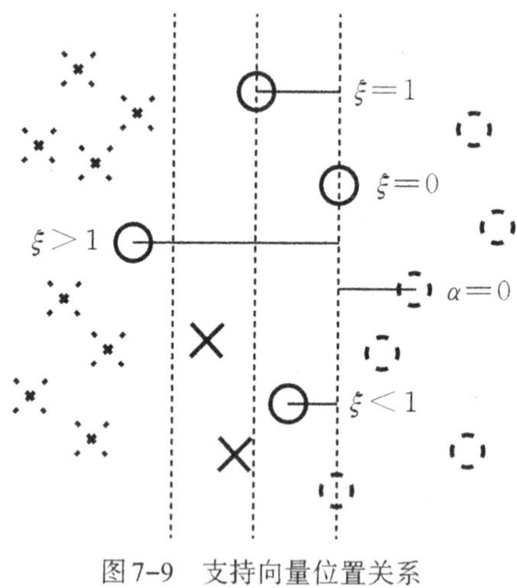

图7-9　支持向量位置关系

7.4 非线性支持向量机

7.4.1 核技巧

7.3节中介绍的是线性支持向量机，但大多实际问题并非线性问题，例如本章7.1.1节中图7-2(c)所描述的问题。那么，如何将支持向量机应用于非线性问题呢？一个自然的想法是寻找一个从当前的s维特征空间$\mathbb{R}^s$到另一t维特征空间$\mathbb{R}^t$的映射，即$\phi(\cdot):\mathbb{R}^s\to\mathbb{R}^t$。此时，若原问题在新特征空间中线性可分，那么就可以很容易地用线性分类器来求解。以本章7.1.1节图7.2(c)中的问题为例，容易观察到两类样本的划分边界近似于圆形，因此可以构造以下映射函数：

$$\phi(x)=\begin{pmatrix}(x^{(1)})^2\\(x^{(2)})^2\end{pmatrix} \tag{7.31}$$

如图7-10所示，在经过$\phi(x)$映射后的特征空间中，可以用一条直线将两类样本分隔开，即原特征空间中的非线性问题经过映射，变成了新特征空间中的线性可分问题。

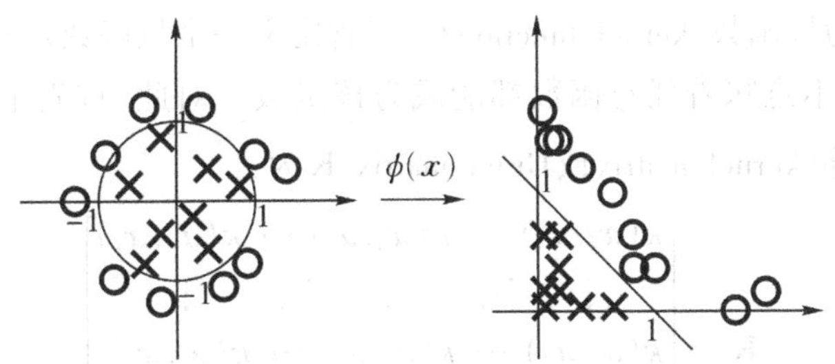

图7-10 特征空间映射

此时，新空间中支持向量机的分隔超平面可以表示为：

$$f(x)=\mathrm{w}^{\mathrm{T}}\phi(x)+b \tag{7.32}$$

若使用线性支持向量机来求解，类似于式(7.24)，可将模型表示为：

$$\min_{\mathrm{w},b,\xi}\frac{1}{2}\|\mathrm{w}\|^2+C\sum_{i=1}^{m}\xi_i \tag{7.33}$$

$$\text{s.t.}\quad y_i(\mathrm{w}^{\mathrm{T}}\phi(x_i)+b)\geqslant 1-\xi_i,$$

$$\xi_i\geqslant 0,\quad i=1,2,\ldots,m.$$

相应的，其对偶问题可以写为：

$$\max_{\alpha}\sum_{i=1}^{m}\alpha_i-\frac{1}{2}\sum_{i=1}^{m}\sum_{j=1}^{m}\alpha_i\alpha_j y_i y_j\phi(x_i)^{\mathrm{T}}\phi(x_j) \tag{7.34}$$

$$\text{s.t.}\quad \sum_{i=1}^{m}\alpha_i y_i=0,$$

$$0\leqslant\alpha_i\leqslant C,\quad i=1,2,\ldots,m.$$

模型(7.34)中，$\phi(x_i)^{\mathrm{T}}\phi(x_j)$为新特征空间中样本特征的内积。引入了内积的向量空间也称为内积空间(inner product space)或准希尔伯特空间(pre-Hilbert space)，内积的引入本质上是在赋范线性空间(normed linear space，定义了空间中向量的长度)的基础上，进一步定义了向量的夹角，这里可以将内积作为样本在新特征空间中的一种相似度度量。由于新特征空间的维数可能很高，如果先利用函数$\phi(\cdot)$将样本映射到新的空间，再求内积$\phi(x_i)^{\mathrm{T}}\phi(x_j)$，计算成本将是巨大的。此外，寻找合适的映射函数$\phi(\cdot)$也非易事。但实际上，在求解数学模型(7.34)时，并不需要写出具体的映射函数$\phi(\cdot)$，只需要计算出内积$\phi(x_i)^{\mathrm{T}}\phi(x_j)$即可。若能找到一个函数$\kappa(\cdot,\cdot)$，满足式(7.35)，则可以大大节省计算量：

$$\kappa(x_i,x_j)=\langle\phi(x_i),\phi(x_j)\rangle=\phi(x_i)^{\mathrm{T}}\phi(x_j) \tag{7.35}$$

借助这个函数，可以直接在原特征空间内计算样本在新空间中的相似度，即样本在新空间中特征向量的内积。这种方法又被称为核技巧(kernel trick)。

将式(7.35)代入模型(7.34)，可以得到：

$$\max_{\alpha}\sum_{i=1}^{m}\alpha_i-\frac{1}{2}\sum_{i=1}^{m}\sum_{j=1}^{m}\alpha_i\alpha_j y_i y_j\kappa(x_i,x_j) \tag{7.36}$$

$$\text{s.t.}\quad \sum_{i=1}^{m}\alpha_i y_i=0,$$

$$0\leqslant\alpha_i\leqslant C,\quad i=1,2,\ldots,m.$$

求解模型(7.36)得到支持向量机模型参数w^*和b^*后，分隔超平面可以表示为：

$$\begin{aligned}f(\mathrm{x})&=\mathrm{w}^{*,\mathrm{T}}\phi(x)+b^*\\&=\sum_{i=1}^{m}\alpha_i y_i\phi(x_i)^{\mathrm{T}}\phi(x)+b^*\\&=\sum_{i=1}^{m}\alpha_i y_i\kappa(x_i,x)+b^*\end{aligned} \tag{7.37}$$

式中的函数$\kappa(\cdot,\cdot)$称为核函数(kernel function)。尽管定义一个核函数$\kappa(\cdot,\cdot)$并不要求显式地给出相应的映射函数$\phi(\cdot)$,但这并不意味着任意函数都能成为核函数。对此,首先定义核函数$\kappa(\cdot,\cdot)$关于样本$(x_1,x_2,\cdots,x_n)\in\mathcal{X}$的核矩阵(kernel matrix或Gram matrix)K为:

$$\mathrm{K}=\begin{bmatrix}\kappa(x_1,x_1) & \cdots & \kappa(x_1,x_j) & \cdots & \kappa(x_1,x_n)\\ \vdots & \ddots & \vdots & \ddots & \vdots\\ \kappa(x_i,x_1) & \cdots & \kappa(x_i,x_j) & \cdots & \kappa(x_i,x_n)\\ \vdots & \ddots & \vdots & \ddots & \vdots\\ \kappa(x_n,x_1) & \cdots & \kappa(x_n,x_j) & \cdots & \kappa(x_n,x_n)\end{bmatrix} \tag{7.38}$$

下面的定理给出了一个函数可以用作核函数的充分条件。

定理7.1(核函数充分条件) 设函数$\kappa:\mathcal{X}\times\mathcal{X}\rightarrow\mathbb{R}$对称,则$\kappa(\cdot,\cdot)$为核函数的充分条件为,对输入空间内的任意一组数据$(x_1,x_2,\cdots,x_n)\in\mathcal{X}$,其核矩阵K是半正定的。

满足以上充分条件的核函数$\kappa(\cdot,\cdot)$通常称为正定核(又称再生核),且由它可以定义一个称为再生核希尔伯特空间(Reproducing Kernel Hilbert Space, RKHS)的特征空间[5]。对于一个正定核$\kappa(\cdot,\cdot)$,总能找到一个与之对应的映射函数$\phi(\cdot)$。但是,对于一个给定的函数$f(\cdot,\cdot)$而言,很难判断它能否用作核函数,因为检验它是否对输入空间内的任意数据都满足核矩阵半正定的条件是很困难的。因此,在实际问题中往往直接应用已知的核函数,或在现有核函数的基础上根据一些规则构造新的核函数。

7.4.2 常用核函数

在支持向量机模型中,核函数的选择对模型性能影响十分显著。想要获得较好的效果,通常需要根据具体问题尝试不同的核函数。下面列举几种常用的核函数:

(1)线性核

$$\kappa_{\text{linear}}(x_i,x_j)=x_i^{\mathrm{T}}x_j \tag{7.39}$$

线性核是最基本的核函数,本质上并不对样本做任何映射,样本仍处在原本的特征空间当中。

(2)多项式核

$$\kappa_{\text{poly},d}(x_i,x_j)=(x_i^{\mathrm{T}}x_j)^d \tag{7.40}$$

式中参数d为多项式的次数,$d\geqslant1$。当$d=1$时,多项式核就是线性核。下面考虑一种简单的情形,$d=2$,且样本特征维度为2,即对任意样本i,有$\mathrm{x}_i=(x_i^{(1)},x_i^{(2)})^{\mathrm{T}}$,则:

$$\begin{aligned}\kappa_{\text{poly},2}(x_i,x_j)&=(x_i^{\mathrm{T}}x_j)^2\\&=\left(x_i^{(1)}x_j^{(1)}+x_i^{(2)}x_j^{(2)}\right)^2\\&=\left(x_i^{(1)}x_j^{(1)}\right)^2+2x_i^{(1)}x_j^{(1)}x_i^{(2)}x_j^{(2)}+\left(x_i^{(2)}x_j^{(2)}\right)^2\\&=\left(\left(x_i^{(1)}\right)^2,\sqrt{2}\,x_i^{(1)}x_i^{(2)},\left(x_i^{(2)}\right)^2\right)^{\mathrm{T}}\left(\left(x_j^{(1)}\right)^2,\sqrt{2}\,x_j^{(1)}x_j^{(2)},\left(x_j^{(2)}\right)^2\right)\end{aligned} \tag{7.41}$$

该核函数对应的映射函数已经包含在最后一行的结果中,即

$$\phi(x_i)=\left(\left(x_i^{(1)}\right)^2,\sqrt{2}\,x_i^{(1)}x_i^{(2)},\left(x_i^{(2)}\right)^2\right) \tag{7.42}$$

显然,核函数将样本从二维特征空间$\mathbb{R}^2$映射到了三维特征空间$\mathbb{R}^3$中。需要指出的是,寻找核函数对应的原映射函数通常是十分困难且没有必要的。从上面的例子也可以看出,核技巧能够在将样本映射到高维空间的同时,大大地简化复杂的计算。

(3)高斯核

$$\kappa_{\text{rbf}}(x_i,x_j)=\exp\left(-\frac{\|x_i-x_j\|^2}{2\sigma^2}\right) \tag{7.43}$$

式中参数$\sigma>0$称为高斯核的带宽(bandwidth),高斯核中使用了径向基函数(Radial Basis Function,RBF),故又称为RBF核。

为了考察高斯核对样本做了怎样的映射,不妨令$\sigma=1$,则有:

$$\begin{aligned}\kappa_{\mathrm{rbf}}(\boldsymbol{x}_i,\boldsymbol{x}_j)&=\exp\left(-\frac{1}{2}\left\|\boldsymbol{x}_i-\boldsymbol{x}_j\right\|^2\right)\\&=\exp\left(-\frac{1}{2}\left(\left\|\boldsymbol{x}_i\right\|^2+\left\|\boldsymbol{x}_j\right\|^2\right)\right)\exp\left(\boldsymbol{x}_i^{\mathrm{T}}\boldsymbol{x}_j\right)\end{aligned}\tag{7.44}$$

下面对$\exp\left(\boldsymbol{x}_i^{\mathrm{T}}\boldsymbol{x}_j\right)$做泰勒展开,

$$\begin{aligned}\kappa_{\mathrm{rbf}}(\boldsymbol{x}_i,\boldsymbol{x}_j)&=\exp\left(-\frac{1}{2}\left(\left\|\boldsymbol{x}_i\right\|^2+\left\|\boldsymbol{x}_j\right\|^2\right)\right)\exp\left(\boldsymbol{x}_i^{\mathrm{T}}\boldsymbol{x}_j\right)\\&=\exp\left(-\frac{1}{2}\left(\left\|\boldsymbol{x}_i\right\|^2+\left\|\boldsymbol{x}_j\right\|^2\right)\right)\sum_{n=0}^{\infty}\frac{\left(\boldsymbol{x}_i^{\mathrm{T}}\boldsymbol{x}_j\right)^n}{n!}\end{aligned}\tag{7.45}$$

从上式可以观察到,高斯核中包含了从1至无穷维的多项式核进行求和,从而能够将样本映射到无穷多维的特征空间中。感兴趣的读者可以参考文献[4]中的定理2.18对更严谨的数学讨论作进一步了解。

(4)Sigmoid核

$$\kappa(\boldsymbol{x}_i,\boldsymbol{x}_j)=\tanh(\beta\boldsymbol{x}_i^{\mathrm{T}}\boldsymbol{x}_j+\theta)\tag{7.46}$$

式中参数应满足$\beta>0$以及$\theta<0$,函数$\tanh(\cdot)$为双曲正切函数。从式(7.46)中可以看出,Sigmoid核也是$\boldsymbol{x}_i^{\mathrm{T}}\boldsymbol{x}_j$的函数,即$\kappa\left(\boldsymbol{x}_i,\boldsymbol{x}_j\right)=f\left(\boldsymbol{x}_i^{\mathrm{T}}\boldsymbol{x}_j\right)$。满足这一条件的核函数也被称为点积核(dot product kernel),关于点积核的正定性,有如下定理:

定理7.2 当且仅当一个点积核$\kappa\left(\boldsymbol{x}_i,\boldsymbol{x}_j\right)=f\left(\boldsymbol{x}_i^{\mathrm{T}}\boldsymbol{x}_j\right)$的泰勒级数$f\left(\boldsymbol{x}_i^{\mathrm{T}}\boldsymbol{x}_j\right)=\sum_{n=0}^{\infty}a_n\left(\boldsymbol{x}_i^{\mathrm{T}}\boldsymbol{x}_j\right)^n$中,任意$a_n\geqslant0$时,它是一个正定核。

令$t=\boldsymbol{x}_i^{\mathrm{T}}\boldsymbol{x}_j$,同时设$\beta=1$,此时Sigmoid核的3阶麦克劳林级数为:

$$\begin{aligned}f\left(\boldsymbol{x}_i^{\mathrm{T}}\boldsymbol{x}_j\right)&=f(t)\\&=\tanh(t+\theta)\\&=\tanh\theta+\frac{1}{\cosh^2\theta}t-\frac{\tanh\theta}{\cosh^2\theta}t^2\\&\quad-\frac{1}{3}(1-\tanh^2\theta)(1-3\tanh^2\theta)t^3+o(t^4)\end{aligned}\tag{7.47}$$

若第一项的系数$\tanh\theta$非负,则$\theta\in[0,\infty)$;第二项系数显然非负;若第三项系数非负,则$\tanh\theta$非正,即$\theta\in(-\infty,0]$;若第四项系数非负,则$\theta\in\left[\operatorname{arctanh}\frac{1}{3},\operatorname{arctanh}1\right]$,与第一、三项系数非负的条件矛盾。因此,该Sigmoid核不是一个正定核。一般而言,非正定核不能用作支持向量机的核函数,但Sigmoid核在实战中却常常有很好的表现。由于篇幅限制,本书不对该问题做具体讨论,感兴趣的读者可以参考Scholkpof和Lin等人[6,7]的研究。

除了基础的核函数,也可以通过一些规则来构造新的核函数,较为常用的有三种[8]:

$$\kappa(\boldsymbol{x}_1,\boldsymbol{x}_2)=\begin{cases}c\kappa_1(\boldsymbol{x}_1,\boldsymbol{x}_2)\\\kappa_1(\boldsymbol{x}_1,\boldsymbol{x}_2)+\kappa_2(\boldsymbol{x}_1,\boldsymbol{x}_2)\\\kappa_1(\boldsymbol{x}_1,\boldsymbol{x}_2)\cdot\kappa_2(\boldsymbol{x}_1,\boldsymbol{x}_2)\end{cases}\tag{7.48}$$

其中c为任意常数,$\kappa_1(\boldsymbol{x}_1,\boldsymbol{x}_2)$和$\kappa_2(\boldsymbol{x}_1,\boldsymbol{x}_2)$均为已知的核函数。从上式可知,任意核函数的线性组合和乘积仍为合理的核函数,因为其满足定理7.1。

在实际应用中,核函数的选择并没有一个确定的法则。但是,根据训练集大小和特征维度,有一些经验性的结论可以作为指导。(1)训练集样本数较小,特征维度较高时,较为简单的核函数通常足以拟合训练集数据,此时使用复杂的核函数极易产生过拟合现象;(2)训练集样本数较多,特征维度较低时,更适合使用较为复杂的非线性核函数,它们能够更充分地挖掘数据之间的非线性关系;(3)训练集样本数极高,特征维度不高时,适合使用线性核函数,甚至更简单的逻辑回归模型。尽管非线性核函数拟合数据的性能更强,但其带来的计算开销也极大。这种情况下,训练集的丰富数据本身就能够获得较好的结果[9,10]。

7.5 支持向量机模型求解

7.5.1 序列最小优化(SMO)算法

7.2-7.4节介绍了支持向量机的基本型及其对偶问题,并在此基础上进一步讨论了软间隔和核技巧。本节将介绍如何用序列最小优化算法来求解支持向量机模型的对偶问题[5,11]。

首先回顾一下引入了核函数的线性支持向量机的对偶问题:

$$\begin{aligned} \max_{\alpha} \; & \sum_{i=1}^{m} \alpha_i - \frac{1}{2}\sum_{i=1}^{m}\sum_{j=1}^{m} \alpha_i\alpha_j y_i y_j \kappa(\boldsymbol{x}_1, \boldsymbol{x}_2) \\ \text{s.t.} \; & \sum_{i=1}^{m} \alpha_i y_i = 0, \\ & 0 \leqslant \alpha_i \leqslant C, \quad i = 1, 2, \ldots, m. \end{aligned} \tag{7.49}$$

由于待优化的参数与训练样本数目成正比,直接采用通用二次规划程序求解会造成很大的计算开销。从启发式的角度思考,能否仅挑选一个α_i作为每步迭代的优化参数,在固定其他参数的情况下求解目标函数在α_i上的极值?答案是否定的,因为存在约束$\sum_{i=1}^{m} \alpha_i y_i = 0$。不妨设挑选的参数$\alpha_1$,有:

$$\alpha_1 = -\frac{1}{y_1}\sum_{i=2}^{m} \alpha_i y_i = -y_1 \sum_{i=2}^{m} \alpha_i y_i \tag{7.50}$$

可见α_1是由其他参数$\alpha_i (i \neq 1)$唯一确定的,无法对该参数进行优化更新。那么能否在每步迭代中选择两个参数对目标函数进行优化呢?答案是肯定的,这也就是SMO算法的基本思想。SMO算法在每步迭代时,会以启发式的方法选择出两个不同的优化参数α_i与α_j,并固定其他参数,然后求解使目标函数最优的参数值α_i与α_j。在不断迭代中,各个参数将会被反复更新,直至结果收敛。此算法存在两个核心问题待讨论:一是如何求解使目标函数最优的参数值α_i^*和α_j^*来更新α_i与α_j;二是如何有效选择待更新参数α_i与α_j使得模型收敛速度较快。下面首先探讨第一个问题。

7.5.2 双变量二次规划

假设两个不同的参数α_i与α_j已被选定,其他参数也已被固定,下面便要求解能使目标函数最优的α_i^*与α_j^*。此时上述优化问题可以转变为如下子问题:

$$\begin{aligned} \max_{\alpha_i, \alpha_j} \; & \alpha_i + \alpha_j - \frac{1}{2}\alpha_i^2 \kappa(\boldsymbol{x}_i, \boldsymbol{x}_i) - \frac{1}{2}\alpha_j^2 \kappa(\boldsymbol{x}_j, \boldsymbol{x}_j) - \alpha_i\alpha_j y_i y_j \kappa(\boldsymbol{x}_i, \boldsymbol{x}_j) \\ & - \sum_{k \neq i,j} \alpha_i\alpha_k y_i y_k \kappa(\boldsymbol{x}_i, \boldsymbol{x}_k) - \sum_{k \neq i,j} \alpha_j\alpha_k y_j y_k \kappa(\boldsymbol{x}_j, \boldsymbol{x}_k) \\ \text{s.t.} \; & \alpha_i y_i + \alpha_j y_j = -\sum_{k \neq i,j} \alpha_k y_k = \varsigma, \\ & 0 \leqslant \alpha_i, \alpha_j \leqslant C. \end{aligned} \tag{7.51}$$

模型(7.51)中的约束条件可用二维平面图形表示,图7-11(a)(b)中的实线段分别表示y_i与y_j相同和不同时优化参数的可行域，最外层的虚线是公式(7.51)的不等式约束。不妨将α_i表示为$y_i(\varsigma-\alpha_j y_j)$，此时由于约束条件的存在，$\alpha_j$的取值在不同的情况下应有不同的上界$H$与下界$L$，如图7-11中所标注。由于$y_i$的取值是-1或1，实线的斜率可以写为$-y_i y_j$，$y_i$和$y_j$相等时斜率为负，不等时斜率为正。

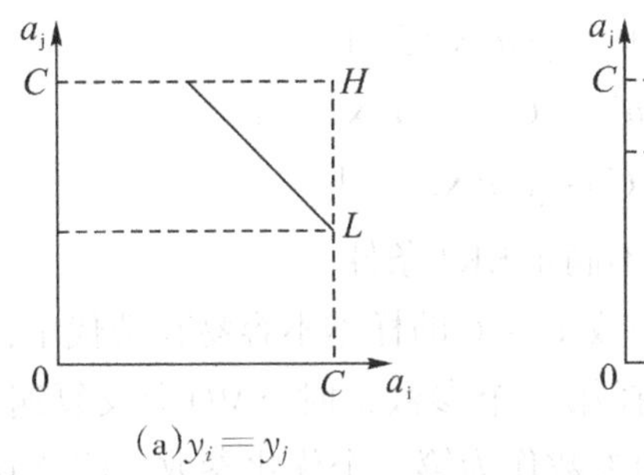

(a)$y_i=y_j$

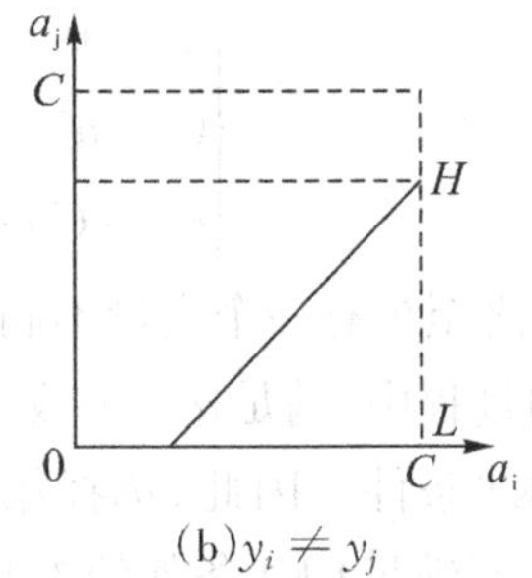

(b)$y_i \neq y_j$

图7-11　参数优化可行域

子问题本质上是可行域在$[L,H]$之间的一元二次函数优化问题，读者容易自行推导得到闭式解，此处不赘述推导过程，仅以定理的形式给出最优解。

假定初始可行解为α_i与α_j，定义函数$u(\mathbf{x}_i)$为SVM对样本$\mathbf{x}_i$的预测值：

$$u(\mathbf{x}_i)=\sum_{j=1}^{m}\alpha_j y_j \kappa(\mathbf{x}_i,\mathbf{x}_j)+b \tag{7.52}$$

再定义E_i为预测值$u(\boldsymbol{x}_i)$与真实值y_i之差：

$$E_i=u(\boldsymbol{x}_i)-y_i=\sum_{j=1}^{m}\alpha_j y_j \kappa(\boldsymbol{x}_i,\boldsymbol{x}_j)+b-y_i \tag{7.53}$$

定理7.3 模型(7.51)中不考虑可行域$[L,H]$时的无约束最优解为：

$$\alpha_j^u=\alpha_j+\frac{y_j(E_i-E_j)}{\eta} \tag{7.54}$$

其中，$\eta=\kappa(\boldsymbol{x}_i,\boldsymbol{x}_i)+\kappa(\boldsymbol{x}_j,\boldsymbol{x}_j)-2\kappa(\boldsymbol{x}_i,\boldsymbol{x}_j)$。

考虑可行域$[L,H]$后的真实最优解为：

$$\alpha_j^*=\begin{cases}L, & \alpha_j^u<L;\\ \alpha_j^u, & L\leqslant\alpha_j^u\leqslant H;\\ H, & \alpha_j^u>H.\end{cases} \tag{7.55}$$

根据模型(7.51)的第一个约束条件，$\alpha_i y_i+\alpha_j y_j=\varsigma$，本轮迭代得到的最优解$\alpha_i^*$和$\alpha_j^*$也应满足$\alpha_i^* y_i+\alpha_j^* y_j=\varsigma$，故有$\alpha_i y_i+\alpha_j y_j=\alpha_i^* y_i+\alpha_j^* y_j$，从而：

$$\alpha_i^*=\frac{1}{y_i}\big(\alpha_i y_i+y_j(\alpha_j-\alpha_j^*)\big)=\alpha_i+y_i y_j(\alpha_j-\alpha_j^*) \tag{7.56}$$

每步迭代过程中都需要计算偏置项b，注意到对于满足$\alpha_i<C$的支持向量，有$\xi_i=0$成立，不妨将这类支持向量用$(\boldsymbol{x}_s,y_s)$表示，此时有式(7.57)成立：

$$y_s\left(\sum_{i=1}^{m}\alpha_i y_i \kappa(\boldsymbol{x}_i,\boldsymbol{x}_s)+b\right)=1 \tag{7.57}$$

令此类支持向量的标号集合为$S=\{i|0<\alpha_i<C,i=1,2,\ldots,m\}$，从集合$S$中任选一个支持向量即可求得偏置项。实践中通常采用一种数值稳定性更佳的做法，即选用集合S中所有支持向量计算偏置项后取其平均值，具体可用下式表示：

$$b=\frac{1}{|S|}\sum_{s\in S}\left(y_s-\sum_{i=1}^{m}\alpha_i y_i \kappa(\boldsymbol{x}_i,\boldsymbol{x}_s)\right) \tag{7.58}$$

7.5.3 优化参数选择

下面简要介绍SMO算法在每步迭代中选择两个优化参数α_i与α_j的方法。若所有变量均满足KKT条件，即：

$$\begin{cases}\alpha_i^* = 0 \Leftrightarrow y_i u(\mathbf{x}_i) \geqslant 1 \\ 0 < \alpha_i^* < C \Leftrightarrow y_i u(\mathbf{x}_i) = 1 \\ \alpha_i^* = C \Leftrightarrow y_i u(\mathbf{x}_i) \leqslant 1\end{cases} \tag{7.59}$$

此时已得到最优解，反之至少有一个变量不满足KKT条件。

实践中发现，在迭代的过程中，满足$\alpha_i = 0$或$\alpha_i = C$的样本不容易在迭代中被更新，而满足$0 < \alpha_i < C$的样本则更倾向于违反KKT条件。因此，选择第一个参数α_i时，SMO会反复遍历整个训练集和满足$0 < \alpha_i < C$的子集，并挑选其中不满足KKT条件的参数作为第一个优化参数。注意到式(7.54)中参数更新的幅度与$|E_i - E_j|$直接相关，这里SMO算法会选择能使$|E_i - E_j|$最大化的拉格朗日乘子作为第二个优化参数。

上述方法在大多数情况下是很有效的，但也有时并不能使优化函数值有明显的提升。此时SMO会调整选择第二个参数的策略，先遍历满足$0 < \alpha_i < C$的子集，再遍历完整训练集，直到找到一个能使目标函数值提升明显的α_j作为第二个参数。若训练集中不存在这样的参数α_j，此时SMO会重新选择第一个优化参数α_i，并进行新一次的迭代。

7.6 SVM模型的实例应用

例7-1 SVM模型在网格拥堵程度分类中的应用

例6-2基于网约车数据，利用对数几率模型进行网格拥堵程度的分类，并取得了不错的效果。那么，同样作为适用于分类问题的SVM模型，是否能够在网格拥堵程度分类的问题中取得优异的效果呢？

在本例中，仍将以网约车路况分类问题为例，介绍SVM模型的构建和评价方法，需要注意的是，本例将调用Python机器学习库Scikit-learn中的SVM模型对问题进行分析。

(1)数据集导入

本例所用到的数据同例6-2，不同的是，为了更好地使模型得到训练，我们将选取2016.11.01-2016.11.30共30天的数据，并同时选取包括“平均速度”、“网格加速度”、“流量”、“速度标准差”、“平均停车次数”这5个重要的网格特征作为模型的输入(在例6-2中，仅选取“平均速度”和“平均停车次数”2个特征)。

代码下载

第一步，首先要读取数据并进行探索性数据分析，过程中将会用到之前介绍过的数据操作与分析库Pandas，以及统计数据可视化工具Matplotlib和Seaborn。

```
import pandas as pd
import seaborn as sns
import matplotlib.pyplot as plt
```

利用Pandas读入后缀名为.csv格式的数据文件，并查看数据条数。

```
df = pd.read_csv("DATASET-B.csv")
len(df)  #输出为: 4276899
```

从结果可以看出,数据集一共有4276899条,从中随机选取10条数据查看,以了解各字段的含义,并对每个字段的数值分布进行粗略认识。

```
1.  df.sample(10, random_state=233)
```

结果如表7-1所示,其中第一列为索引列,随后是网格行索引、网格列索引、时间片索引,然后是5个网格特征包括平均速度、网格加速度、流量、速度标准差,以及平均停车次数,最后是数据采集日期以及数据标签,其中标签0、1、2分别对应于通畅、缓行和拥堵三种路况。

表7-1 随机选取10条数据

	rowid	colid	time_id	aveSpeed	gridAcc	volume	speed_std	stopNum	date	labels
3067872	31	28	114	10.94032	0.11360	14	4.89783	0	20161122	2
307872	11	38	44	17.36027	−0.09561	15	10.71067	0	20161103	2
2286923	9	44	39	16.92093	0.08451	2	8.83707	0	20161117	2
2949326	40	41	125	11.42768	0.11556	5	3.47832	0	20161121	2
617966	20	53	114	11.21593	−0.08778	47	12.06117	2.85106	20161105	0
1135522	3	31	127	6.36065	−0.00997	14	7.94809	1.84615	20161109	0
2228122	40	37	52	6.73157	−1.29674	4	5.62873	0	20161116	0
3415129	4	4	96	7.01121	0.01999	51	7.61430	2.02908	20161125	1
2432053	10	18	112	8.84651	−0.03364	27	6.98018	0.08000	20161118	0
246008	40	53	110	10.23711	0.00418	29	8.78153	0.40000	20161102	0

(2)数据集探索性分析

在进行探索性分析前,需要检查数据中是否存在缺失值。

```
1.  sum(df.isnull().any())  #输出为: 0
```

确认数据中不存在缺失值后,下面查看平均速度、网格加速度、流量、速度标准差,以及平均停车次数这5个网格特征的分布情况。

```
1.  features = ['aveSpeed','gridAcc','volume','speed_std','stopNum']
2.  df[features].describe()
```

表7-2 样本特征分布

	aveSpeed	gridAcc	volume	speed_std	stopNum
count	4.276899e+06	4.276899e+06	4.276899e+06	4.276899e+06	4.276899e+06
mean	1.025886e+01	9.113796e−02	1.435470e+01	6.539083e+00	8.572851e−01
std	3.664901e+00	7.936887e−01	1.495822e+01	4.422289e+00	1.610438e+00
min	1.708999e+00	−5.965653e+01	1.000000e+00	0.000000e+00	0.000000e+00
25%	7.472920e+00	−1.637861e−01	3.000000e+00	3.829197e+00	0.000000e+00
50%	1.003085e+01	2.765737e−02	8.000000e+00	5.769661e+00	0.000000e+00
75%	1.296736e+01	2.741990e−01	2.000000e+01	8.398821e+00	9.760041e−01
max	1.984178e+01	1.493016e+02	6.500000e+01	4.194835e+02	7.309091e+00

为了进一步了解样本特征和标签之间的相关关系，可以计算相关系数矩阵，并以热力图的形式可视化，如图7-12所示。

```
corr = df[features + ["labels"]].corr()
sns.heatmap(corr, square=True)
plt.show()
```

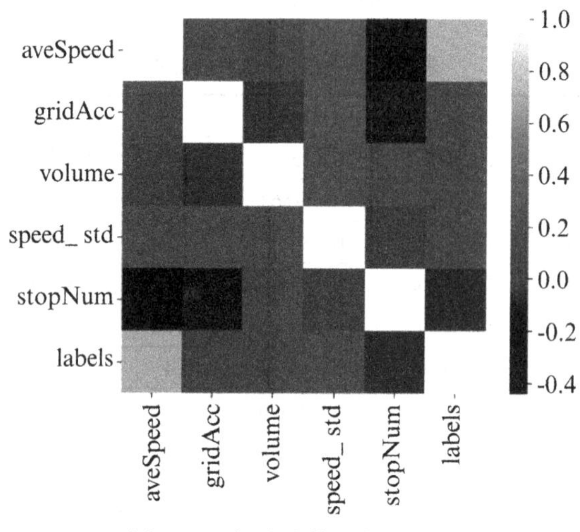

图7-12　相关系数矩阵热力图

每个特征在不同的标签类别上有不同的分布，对每个特征分别绘制箱型图以查看不同类别特征分布的差异，如图7-13所示，由于只有5个特征，故右下角小图空缺。

```
fig, ax = plt.subplots(3, 2, figsize=(10, 3.5), dpi=200)
for axi, feature in zip(ax.ravel(), features):
  sns.boxplot(x=feature, y='labels', orient='h', data=df, fliersize=1, ax=axi)
plt.tight_layout()
plt.show()
```

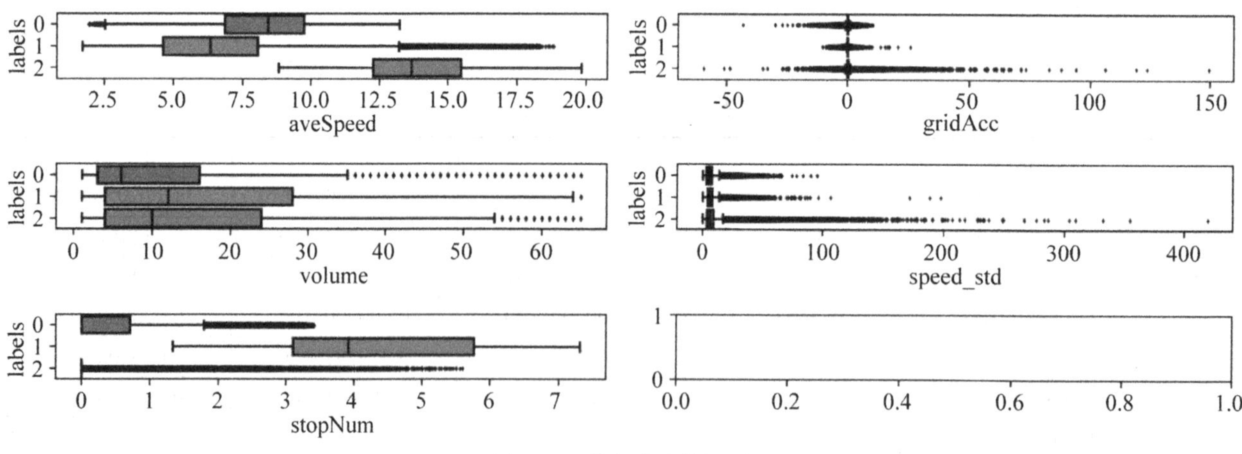

图7-13　特征分布箱型图

(3)模型训练

当完成数据载入和基本的探索性分析后，本例将使用Scikit-learn库训练支持向量机分类器，并应用于网格拥堵程度的分类问题。为了减少支持向量机模型的训练时间，将只采样20000条数据来使用，并用Scikit-learn中的划分函数以7:3的比例划分训练集和测试集。在对进行数据标准化后，将使用参数网格搜索与交叉验证的方法对支持向量机模型进行参数调优，最后用最优模型在测试集上测试精度。

首先导入本例中所需的类和函数。

```
from sklearn.svm import SVC
from sklearn.model_selection import GridSearchCV, train_test_split
from sklearn.metrics import accuracy_score
from sklearn.preprocessing import StandardScaler
```

其次，从数据集中采样20000条数据，将特征和标签区分来，并取30%的数据作为测试集。

```
df_sample = df.sample(20000, random_state=233)
X = df_sample[features]
y = df_sample["labels"]
X_train, X_test, y_train, y_test = train_test_split(X, y, test_size=0.3, random_state=233)
```

利用划分好的训练数据训练标准化器，并将训练数据与测试数据均按照训练数据的均值与方差进行标准化。

```
scaler = StandardScaler()
X_train = scaler.fit_transform(X_train)
X_test = scaler.transform(X_test)
```

完成标准化后，即可开始训练分类器。在参数选择上，选用高斯径向核函数作为核函数，需要调整支持向量机参数C以及高斯核的带宽gamma（即本章7.4.2(3)中的σ）。如下面的代码所示，本案例使用网格搜索法来选择最优参数，共考虑了$3\times4=12$个gamma与C的参数组合。在比较不同参数组合下的模型性能时，采用五折交叉验证的方法，并选择平均精度最高的模型作为最优模型。

```
params = {
  "kernel": ["rbf"],
  "gamma": [0.1, 0.2, 0.5, 1],      # 备选的4个参数值gamma
  "C": [10, 100, 1e3]               # 备选的3个参数值C
}
clf = GridSearchCV(SVC(), params, cv=5)
clf.fit(X_train, y_train)
print(clf.best_params_)             # 输出为: {'C': 10, 'gamma': 0.5, 'kernel': 'rbf'}
```

输出表明选用高斯核函数时，最优参数为C取10，gamma取0.5。下面对最优分类器在测试集上的表现进行测试。

```
1.y_pred = clf.predict(X_test)
2.acc = accuracy_score(y_test, y_pred)
3.print(acc)  # 输出为: 0.9335
```

（4）小结

通过上述的测试表明，模型在测试集上的精度达到了93.4%，说明支持向量机模型在本例中取得了很好的效果。读者可以尝试调整训练样本数目以及核函数等参数，或选用其他评价指标，研究支持向量机模型在不同条件下训练速度和指标的变化情况。

7.7　本章小结

本章介绍了支持向量机模型，首先从线性可分和间隔等基本概念出发，介绍了支持向量机模型的基本型，并引入其对偶问题；随后介绍了支持向量机中硬间隔和软间隔的概念，又将核技巧引入支持向量机中，并简介了一些常见的核函数；然后还介绍了如何用SMO算法来高效求解支持向量机模型；最后以网格拥堵程度分类问题为例，介绍了如何通过Python调用Scikit-learn库中的支持向量机模型训练分类器，并取得了较好的效果。

相比于其他机器学习模型，支持向量机模型具有严密的理论推导，以及较强的可解释性。从模型效果而言，支持向量机模型在小样本和高维度的数据集上有明显优势；尤其是在维数大于样本数的情况下，支持向量机只依赖于支持向量的特性很好地避免了高维数据带来的计算问题。支持向量机模型最明显的劣势在于难以实施大规模训练，当样本数较大时训练支持向量机会消耗大量的存储空间和运算时间。但是，在支持向量机模型核函数选择的问题上，目前仍没有较为可靠的理论依据。

对于支持向量机模型的求解，许多研究者从优化问题的角度提出了众多算法，其中一个常见的算法就是本章中介绍的SMO算法。目前网络上已经有众多开源的SVM软件包可以使用，其中最有名的就是LIBSVM库[12]，它的内核采用的正是由C++编写的SMO算法，并且提供了C/C++的接口。本章案例通过Python调用的Scikit-learn库中的支持向量机分类器也是在LIBSVM的基础上开发的Python接口。

若读者想对支持向量机做更加系统的了解，可以参考Scholkopf与Smola[5]合著的专著《Learning with Kernels: Support Vector Machines, Regularization, Optimization, and Beyond》，此外也推荐Bishop[13]撰写的《Pattern Recognition and Machine Learning》，通过此书，读者可以对核函数在机器学习中的应用有更为深入和透彻的理解。

7.8　本章习题

1. 已知二维平面中线性可分的数据集，其中正样本$x_1=\begin{pmatrix}-3\\1\end{pmatrix}$，$x_2=\begin{pmatrix}1\\-2\end{pmatrix}$，负样本$x_3=\begin{pmatrix}1\\4\end{pmatrix}$，$x_4=\begin{pmatrix}3\\2\end{pmatrix}$，$x_5=\begin{pmatrix}6\\1\end{pmatrix}$，求最大间隔及对应的分隔面方程，并列出所有支持向量。

2. 试从损失函数的角度分析线性支持向量机与对数几率回归的关联，并分别比较分类正确样本与分类错误样本在两种损失函数上的差异。

3.对于二维平面中的数据集，其中正样本$\boldsymbol{x}_1=\begin{pmatrix}0\\0\end{pmatrix}$，$\boldsymbol{x}_2=\begin{pmatrix}1\\5\end{pmatrix}$，负样本$\boldsymbol{x}_3=\begin{pmatrix}3\\2\end{pmatrix}$，$\boldsymbol{x}_4=\begin{pmatrix}7\\2\end{pmatrix}$，负样本$\boldsymbol{x}_5=\begin{pmatrix}4\\4\end{pmatrix}$，$\boldsymbol{x}_6=\begin{pmatrix}5\\6\end{pmatrix}$，若采用核函数，$\kappa(\boldsymbol{x}_i,\boldsymbol{x}_j)=\phi(\boldsymbol{x}_i)^{\mathrm{T}}\phi(\boldsymbol{x}_j)$，其中$\phi(\boldsymbol{x})=\begin{pmatrix}x^{(1)}\cdot x^{(2)}\\x^{(1)}+x^{(2)}\end{pmatrix}$，判断样本在原始特征空间中以及映射空间中是否线性可分。

4.证明：函数$\kappa(\boldsymbol{x}_i,\boldsymbol{x}_j)=(\boldsymbol{x}_i{}^{\mathrm{T}}\boldsymbol{x}_j+1)^2$可以作为核函数。

5.试将本章中的核技巧应用于L2正则化的对数几率回归，推导出核化对数几率回归模型。

6.试讨论SMO算法中，求解双变量二次规划时α_j的可行域$[L,H]$范围。

7.支持向量机也能用梯度下降法训练，试列出线性支持向量机损失函数关于参数的梯度。

8.试列出以下优化问题的KKT条件，

$$\min z(x_1,x_2)=4(x_1-2)^2+3(x_2-4)^2$$

$$s.t.\begin{cases}x_1+x_2\leqslant 5\\x_1\geqslant 1\\x_2\geqslant 2\end{cases}$$

9.试讨论SVM中的核函数与贝叶斯优化中高斯过程所使用的核函数有什么联系和不同。

7.9　参考文献

[1]Vapnik V N, Chervonenkis A Y. A class of algorithms for pattern recognition learning[J]. Avtomatika i Telemekhanika, 1964, 25(6): 937 - 945.

[2]Cortes C, Vapnik V. Support-vector networks[J]. Machine Learning, 1995, 20(3): 273 - 297.

[3]Boser B E, Guyon I M, Vapnik V N. A training algorithm for optimal margin classifiers[C]//Proceedings of the Fifth Annual Workshop on Computational Learning Theory- COLT '92. Pittsburgh, Pennsylvania, United States: ACM Press, 1992: 144-152.

[4]Bazaraa M S, Sherali H D, Shetty C M. Nonlinear programming: theory and algorithms[M]. John Wiley & Sons, 2013.

[5]Scholkopf B, Smola A J. Learning with Kernels: Support Vector Machines, Regularization, Optimization, and Beyond[M]. Cambridge: MIT Press, 2001.

[6]Lin H-T, Lin C-J. A study on sigmoid kernels for SVM and the training of non-PSD kernels by SMO-type methods[R]. National Taiwan University, 2003: 32.

[7]Scholkopf B. Support Vector Learning[D]. Berlin, Germany: Technische Universität Berlin, 1997.

[8] Alpaydin E. Kernel Machines [M]//Third edition. Introduction to Machine Learning. Cambridge, Massachusetts: The MIT Press, 2014: 349 - 385.

[9]Ng A. CS229 Lecture Notes[R]. Stanford University, 2018: 30.

[10] Hsu C-W, Chang C-C, Lin C-J. A practical guide to support vector classification[R]. Department of Computer Science, National Taiwan University, 2003: 16.

[11]Platt J. Sequential minimal optimization: A fast algorithm for training support vector machines[R]. MSR-TR-98-14, Microsoft Research, 1998: 21.

[12]Chang C-C, Lin C-J. LIBSVM: A library for support vector machines[J]. ACM Transactions on Intelligent Systems and Technology, 2011, 2(3): 1 - 27.

[13]Bishop C M. Pattern Recognition and Machine Learning[M]. New York: Springer, 2006.

第8章 决策树

在第6章和第7章中，我们分别介绍了两类常用于解决分类问题的模型，对数几率回归以及SVM模型。在本章，我们将继续探讨一种在交通大数据领域应用非常广泛的分类与回归模型，决策树(decision tree)。决策树模型是因其特殊的树形结构而得名，它利用像树一样的图形或决策模型来辅助决策，并最终确定一个最可能达到目标的策略。举个简单的例子，如果你需要出门参加一个会议，有两种可达的出行方式，分别是乘出租车和步行，为了选择合适的出行方式，你可能会综合考虑天气、会议路程、会议开始时间等各种条件，再最终做出决定。而这样的决策过程，可以用图8-1这样一个简单的决策树结构来展示。

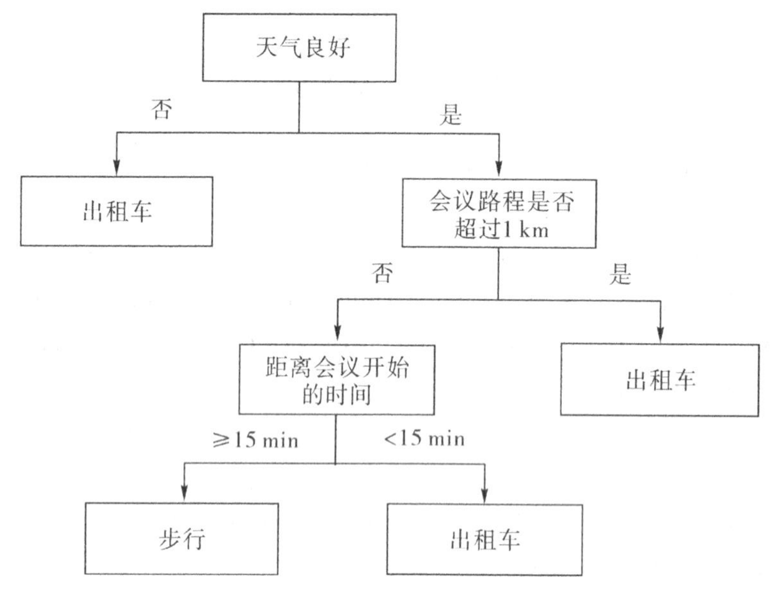

图8-1　分类的决策树：决定步行还是搭乘出租车

决策树不需要依赖其他领域的知识和参数假设，可以清晰地显示特征的重要程度，进而生成可以理解的分类规则，具有原理简单、可解释性强的优点[1]。另一方面，由于决策树性能优异，既可以用于解决分类问题，也可以用于回归分析，所以其常作为组合算法中的基本模型[2]。

决策树模型的一个里程碑是1986年由Quinlan[3]提出的著名的ID3算法，该算法奠定了决策树算法的基础。但该算法在设计之初未考虑如何处理连续属性、属性缺失以及噪声等问题，因此在ID3算法的基础上，1993年Quinlan[4]又提出了C4.5算法，并且引入了优化决策树的剪枝方法。Breiman等人[5]在1984年提出了CART算法，用二叉树作为模型结构，通过递归操作不断地对决策属性进行划分，同时利用验证数据对树模型进行优化。

本章将首先介绍决策树的基本概念，然后通过ID3、C4.5以及CART三种经典决策树算法介绍特征的选择、决策树的生成和决策树的剪枝，最后基于网约车轨迹数据的道路交通状态预测，来展示决策树在交通问题中的应用。

8.1 决策树学习模型

8.1.1 决策树的结构

决策树由结点(node)和有向边(directed edge)组成。通常情况下,一棵树包含一个根结点、多个内部结点和多个叶结点[6]。根结点和内部结点表示一个特征或属性的测试条件(用于分开具有异质特征的样本),叶结点对应于决策结果。

决策树模型的结构使其可以非常直观地用来处理分类任务,因此本章首先讨论利用决策树进行分类任务的处理与分析,在8.2节的后半部分将会进一步讨论回归问题的处理。如图8-1所示,决策树处理分类问题的具体做法是从根结点开始,对实例的某一特征进行度量,根据度量结果将实例分配到其子结点(也就是选择适当的分支);当沿着该分支到达另一个内部结点时,使用新的特征取值递归执行以上步骤,直到抵达一个叶结点,这时我们就可以得到分类结果。

8.1.2 特征选择

为提高学习效率,决策树每一步需要选择最优特征,其选择标准是从剩余的特征中选取对数据的分类能力最佳的,即在该特征空间划分下,各个子集(该特征的各个取值)所包含的样本尽可能属于同一类[7]。我们通过如下的网格拥堵状态分类问题来说明特征选择过程。

例8-1 表8-1是一个采样区域内由20个样本组成的网约车数据集,包括采样区域的3个特征(相比第6章的例6-2和第7章的例7-1,为了更好地体现决策树的特征选择过程,我们对特征做了离散化处理。我们将在例8-6中详细阐述连续变量的离散化处理方法)。

第一个特征是网格内网约车平均车速,有三个可能值:低、中、高;

第二个特征是网格内的网约车流量,有两个可能值:大、小;

第三个特征是网格内网约车有无停车行为,有两个可能值:有、无。

表的最后一列是网格当前的交通状态,即该分类问题的标签,有畅通、缓行、拥堵三个可能值。

表8-1 道路交通流特征样本数据

编号	平均速度	流量	有无停车	交通状态	编号	平均速度	流量	有无停车	交通状态
1	低	小	有	拥堵	11	低	大	无	缓行
2	低	大	有	拥堵	12	中	大	无	畅通
3	高	大	无	畅通	13	低	小	有	拥堵
4	中	小	无	缓行	14	高	大	无	畅通
5	中	大	无	畅通	15	高	大	有	畅通
6	低	小	无	缓行	16	中	大	有	缓行
7	高	小	无	畅通	17	高	小	有	畅通
8	中	小	有	拥堵	18	高	小	无	畅通
9	低	小	有	拥堵	19	低	小	有	拥堵
10	中	小	无	缓行	20	中	小	无	缓行

我们这个案例的目标,是希望通过上表中的训练数据,学习一个决策树,用以对未知的交通状态进行预测。图8-2展示了三类可能的分类选择,那么究竟哪一种分类方式更合理?我们需要对这三个特征的分类能力进行衡量,而如何进行衡量呢?这里将介绍三种基本的衡量指标:信息增益(information gain)、信息增

益率(information gain ratio)和基尼指数(Gini index)。

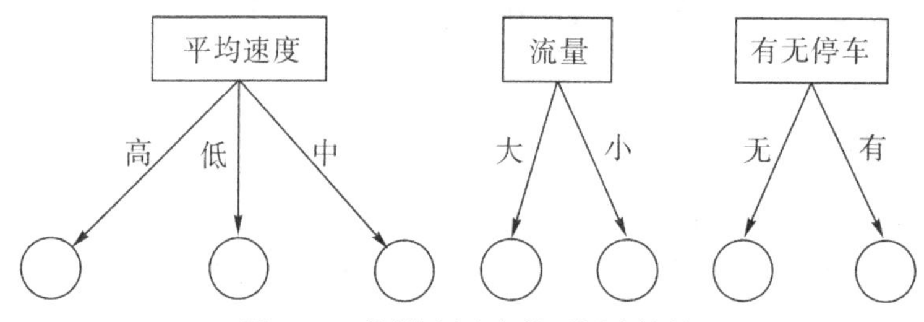

图8-2 不同特征决定的不同决策树

1.信息增益

数据集$D=\{(x_1,y_1),(x_2,y_2),\cdots,(x_m,y_m)\}$包含$m$个样本。样本标签$y_i$共有$K$个可能取值,根据标签取值,我们将所有样本分为$K$个类别,其中第$k$类样本所占的比例为$p_k(k=1,2,...,K)$,则$D$的信息熵定义为:

$$Ent(D)=-\sum_{k=1}^{K}p_k\log_2(p_k) \tag{8.1}$$

第5章介绍过,信息熵本质上是样本信息量$-\log_2(p_k)$的期望。对于一个特定样本集,其某一类别样本的比例越低,则信息量(也称自信息)越大。例如一个二分类问题,正反样本比例分别为:0.9和0.1,则采样到一个反例的信息量远大于正例。从公式(8.1)可以看出,二分类问题中,正反样本比例相等时(即都是0.5),信息熵最大。因此,信息熵越大,样本集的纯度越低,采样时的不确定性也最大,也就是说,信息熵代表了样本分布(或随机分布)的混乱程度。信息熵的这一特点,使之与热力学中的"熵"有类似之处(熵越大,混乱程度越高),信息熵也因此而得名。

要注意的是,在公式(8.1)中,如果某一类样本的数量是0,即$p_k=0$,那么$\log_2(p_k)$的编程计算会报错,此时可直接令$p_k\log_2(p_k)=0$即可。这是因为$\lim_{p_k\to 0}p_k\log_2(p_k)=0$。

假设数据集D具有某个离散特征a,其可能的取值有N个,记为$\{a_1,a_2,\cdots,a_N\}$。D_j^a为D中样本在特征a上取值为a_j的样本子集,这些样本在整个样本集中所占的比例记为$p(x_a=a_j)$,$p(x_a=a_j)=\frac{|D_j^a|}{|D|}$。$p(y_k|x_a=a_j)$表示样本在特征$a$取值为$a_j$的情况下属于$k$类的条件概率,即为集合$D_j^a$中第$k$类样本所占的比例,则集合$D_j^a$的信息熵为$Ent(D_j^a)=-\sum_{k=1}^{K}p(y_k|x_a=a_j)\log_2 p(y_k|x_a=a_j)$。进而,则样本集$D$对于特征$a$的条件熵(conditional entropy)定义如下:

$$\begin{aligned}Ent_a(D)&=-\sum_{j=1}^{N}p(x_a=a_j)\sum_{k=1}^{K}p(y_k|x_a=a_j)\log_2 p(y_k|x_a=a_j)\\&=\sum_{j=1}^{N}\frac{|D_j^a|}{|D|}Ent(D_j^a)\end{aligned} \tag{8.2}$$

由公式(8.2)可知,如果数据集D按照a进行划分之后得到的N个子集的纯度都很高,则条件熵的值会较小。因此,决策树算法在所有的备选特征中进行比选的时候,应该优先挑选那些条件熵最小的特征。这一选择原则,也可以进一步用如下的信息增益$Gain(D|a)$来表示。信息增益的计算公式如下所示:

$$Gain(D|a)=Ent(D)-Ent_a(D) \tag{8.3}$$

信息增益表示得知特征a的信息后,D的不确定性的变化程度。在备选的特征中,信息增益大的特征则具有更强的分类能力(各分支的样本纯度最高),这是决策树学习选择特征的重要准则。

例 8–2 根据表 8–1 所给的训练数据集，以信息增益准则选择出最优的特征。

(1)计算数据集D的信息熵

根据表 8–1，数据集D中畅通、缓行、拥堵样本所占比例分别为$\frac{8}{20}$，$\frac{6}{20}$，$\frac{6}{20}$，进一步求得数据集D的信息熵为：

代码下载

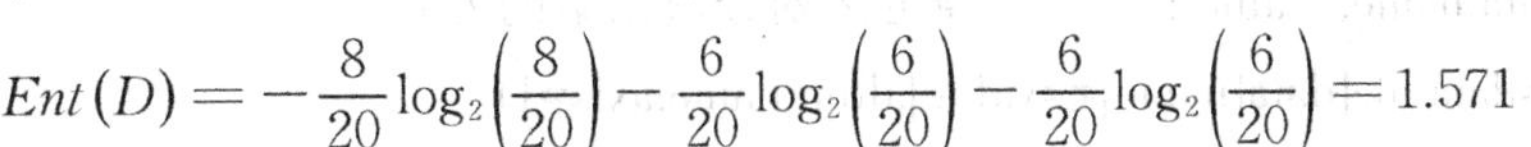

$$Ent(D)=-\frac{8}{20}\log_2\left(\frac{8}{20}\right)-\frac{6}{20}\log_2\left(\frac{6}{20}\right)-\frac{6}{20}\log_2\left(\frac{6}{20}\right)=1.571$$

```
from math import log
import pandas as pd
def cal_Ent(data):
  sample_size = len(data)                 # 样本数
  labelCounts = {}                        # key是交通状态类别，value是属于该类别的样本个数
  for index,data in data.iterrows():      # 遍历整个数据集，每次取一行
    currentLabel = data['交通状态']         # 取标签的值
    if currentLabel not in labelCounts.keys():
      labelCounts[currentLabel]=0
    labelCounts[currentLabel] += 1
  Ent = 0.0                               # 初始化信息熵
  for key in labelCounts:
    prob = float(labelCounts[key])/sample_size
    Ent -= prob * log(prob,2)             # 计算信息熵
  return Ent
dataset=pd.read_csv('example8-1.csv',encoding='gbk')
print(cal_Ent(dataset))
```

(2)计算各特征对数据集D的信息增益

如果分别以sp，vo，st表示平均速度、流量与有无停车3个特征。对于平均速度，以D_1^{sp}，D_2^{sp}，D_3^{sp}表示D中平均速度取值为低、中、高的样本子集，可求得各类子集占总数据集D的比例分别为$\frac{7}{20}$，$\frac{7}{20}$，$\frac{6}{20}$。参照上面的步骤，可以先计算各个子集的信息熵$Ent\left(D_i^{sp}\right)$，通过如下计算得到特征sp对数据集的信息增益：

$$Gain(D|sp)=Ent(D)-\left[\frac{7}{20}Ent\left(D_1^{sp}\right)+\frac{7}{20}Ent\left(D_2^{sp}\right)+\frac{6}{20}Ent\left(D_3^{sp}\right)\right]$$

$$=1.571-\left[\frac{7}{20}\left(-\frac{5}{7}\log_2\frac{5}{7}-\frac{2}{7}\log_2\frac{2}{7}\right)+\frac{7}{20}\left(-\frac{1}{7}\log_2\frac{1}{7}-\frac{4}{7}\log_2\frac{4}{7}-\frac{2}{7}\log_2\frac{2}{7}\right)+\frac{6}{20}\left(-\frac{6}{6}\log_2\frac{6}{6}\right)\right]$$

$$=1.571-0.785=0.786$$

类似地，可以计算其它特征的信息增益。

$$Gain(D|vo)=Ent(D)-\left[\frac{12}{20}Ent\left(D_1^{vo}\right)+\frac{8}{20}Ent\left(D_2^{vo}\right)\right]=1.571-1.452=0.119$$

$$Gain(D|st)=Ent(D)-\left[\frac{11}{20}Ent\left(D_1^{st}\right)+\frac{9}{20}Ent\left(D_2^{st}\right)\right]=1.571-1.098=0.473$$

(3)比较各特征的信息增益值

通过比较可以得知,特征 sp 的信息增益值最大,所以我们选择特征 sp 作为最优特征。

上述计算过程的Python代码如下所示[8]:

```
def splitDataSet(data,name, value):              #定义划分数据集的方式
  reducedFeatVec=data.loc[data[name]==value].drop(name,axis=1)
  return reducedFeatVec
def chooseBestFeatureToSplit(dataset):
  baseEntropy = cal_Ent(dataset)                 #计算当前数据集的信息熵
  bestInfoGain = -1.0                            #初始化最优信息增益和最优的特征
  for name in dataset.columns[:-1]:
    uniquevals=set(dataset[name])                #获取当前特征的所有可能取值
    newEntropy = 0.0
    for value in uniquevals:                     #计算每种划分方式的信息熵
      subDataSet=splitDataSet(dataset,name,value)
      prob = len(subDataSet)/float(len(dataset))
      newEntropy += prob * cal_Ent(subDataSet)
    infoGain = baseEntropy - newEntropy #计算信息增益
    print(name,infoGain)
    if (infoGain > bestInfoGain):                #比较每个特征的信息增益
      bestInfoGain = infoGain
      bestFeature = name
  return bestFeature
print(chooseBestFeatureToSplit(dataset))
```

2.信息增益率

以信息增益来构造决策树的问题时,决策树模型倾向于选择那些取值较多的特征,容易造成模型的过拟合。例如,表8-1给的数据中,如果我们把第一列"编号"也作为一个特征,那么其有20种取值,且每个分支结点上的样本数为1(即每个子集的信息熵为0)。从而算得"编号"这一特征的信息增益为1.571,取值最大,被选为最优划分特征。这样的结果显然无法对新样本进行有效预测。

信息增益率可以解决上述问题。信息增益率是在信息增益的基础上,除以相应特征的固有值(instrinsic value)得到的。用符号 $IV(a)$ 表示特征 a 的固有值,其计算方法如下:

$$IV(a) = -\sum_{j=1}^{N}\frac{|D_j^a|}{|D|}\log_2\frac{|D_j^a|}{|D|} \tag{8.4}$$

特征 a 的固有值实际上是以特征 a 的取值为标签来得到的一种信息熵。某个特征的取值越多,通常其固有值的取值也越大。因此,可采用如下的信息增益率 $GainRate(D|a)$,来一定程度上解决信息增益的上述缺陷。

$$GainRate(D|a) = \frac{Gain(D|a)}{IV(a)} \tag{8.5}$$

例8-3 根据表8-1所给的训练数据集,在例8-2的基础上计算各个特征的信息增益率。

首先,根据式(8.4)求得各个特征的固有值为:

$$IV(sp)=-\frac{7}{20}\log_2\left(\frac{7}{20}\right)-\frac{7}{20}\log_2\left(\frac{7}{20}\right)-\frac{6}{20}\log_2\left(\frac{6}{20}\right)=1.581$$

$$IV(vo)=-\frac{12}{20}\log_2\left(\frac{12}{20}\right)-\frac{8}{20}\log_2\left(\frac{8}{20}\right)=0.971$$

$$IV(st)=-\frac{11}{20}\log_2\left(\frac{11}{20}\right)-\frac{9}{20}\log_2\left(\frac{9}{20}\right)=0.993$$

基于例8-2中信息增益的计算结果，代入式(8.5)，可求得各个特征的信息增益率为：

$$GainRate(D|sp)=\frac{0.786}{1.581}=0.497,\ GainRate(D|vo)=\frac{0.119}{0.971}=0.123$$

$$GainRate(D|st)=\frac{0.473}{0.993}=0.476$$

通过比较可以得知，特征 sp 的信息增益率最大，所以我们选择特征 sp 作为最优特征。

3. 基尼指数

除了信息熵之外，对于样本纯度（分布均匀性）的度量，还可以采用基尼指数，这一度量分布均匀程度的指标。对于数据集 D，首先定义其"基尼值"(Gini)：

$$Gini(D)=\sum_{k=1}^{K}\sum_{k'\neq k}p_k p_{k'}=1-\sum_{k=1}^{K}p_k^2 \tag{8.6}$$

对于特征 a 划分下的各个子集 $D_j^a(j=1,2,\cdots,N)$，用 $Gini(D_j^a)$ 表示其基尼值，则特征 a 的基尼指数定义为：

$$Gini\_index(D,a)=\sum_{j=1}^{N}\frac{|D_j^a|}{|D|}Gini(D_j^a) \tag{8.7}$$

在决策树分析中，一个理想的数据特征，应该能够使划分后的子集的纯度更高，即分布更不均匀，以二分类为例，我们希望划分后的子集尽量都是正例或都是反例。从基尼值的定义可以看出，集合的纯度越高，基尼值越小，如果子集里全是正例，则基尼值为0。因此，如果以基尼指数作为特征表现的度量，我们希望挑取基尼指数更小的特征。

值得注意的是，在经济学中反映人群收入差距的基尼系数，则是样本的分布越不均匀（收入差异大）则取值越大，与本节的基尼值的变化趋势是相反的，二者是不同的度量指标。

例8-4 依旧根据表8-1所给的训练数据集，计算各个特征的基尼指数。

同例8-2中的符号定义，根据式(8.7)，特征 sp 的基尼指数计算如下：

$$\begin{aligned}Gini\_index(D,sp)&=\frac{7}{20}Gini(D_1^{sp})+\frac{7}{20}Gini(D_2^{sp})+\frac{6}{20}Gini(D_3^{sp})\\&=\frac{7}{20}[1-(\frac{5}{7})^2-(\frac{2}{7})^2]+\frac{7}{20}[1-(\frac{1}{7})^2-(\frac{4}{7})^2-(\frac{2}{7})^2]+\frac{6}{20}[1-(\frac{6}{6})^2]=0.343\end{aligned}$$

类似地，可以计算其它特征的基尼指数，计算结果如下：

$$Gini\_index(D,vo)=0.604,\ Gini\_index(D,st)=0.495$$

可以看出，特征 sp 的基尼指数最小，选择作为最优划分特征。

8.2 决策树生成

在8.1节中，我们以网约车拥堵程度的特征划分作为示例，分别介绍了包括信息增益、信息增益率以及基尼指数在内的三种最优特征选择方法。8.2节将继续介绍构建和生成决策树模型的方法。

8.2.1 基于信息增益的ID3算法

1.ID3建树规则

ID3算法于1986年由Quinlan提出，是一类递归构建决策树的重要算法，其核心是在决策树各个结点上基于信息增益准则选择特征。具体方法是：首先，从根结点（root node）开始，对结点计算所有备选特征的信息增益，选择信息增益最大的特征作为结点的划分特征，由该特征的各个取值建立子结点；其次，对每个子结点递归地调用以上方法，构建决策树；最后，直到所有特征的信息增益均很小或没有特征可以选择为止，从而得到一棵决策树。

2.ID3算法流程

输入：训练数据集D，特征集A，阈值ε；

输出：决策树T。

具体步骤为：

（1）若D中所有样本属于同一类C_k，则T为单结点树，并将类C_k作为该结点的类标记，返回T；

（2）若$A=\varnothing$，则T为单结点树，并将D中样本数最多的类C_k作为该结点的类标记，返回T；

（3）否则，计算A中每个特征对D的信息增益，选择信息增益最大的特征a，并将该特征从集合A中删除；

（4）如果a的信息增益小于阈值ε（例如0.1），则置T为单结点树，并将D中样本数量最多的类C_k作为该结点的类标记，返回T；

（5）否则，对a的每一可能值a_i，依据其样本特征值将D分割为若干非空子集D_i，将D_i中样本数量最多的类作为标记，构建子结点，由结点及其子结点构成树T，返回T；

（6）对第i个子结点，以D_i为训练集，以更新后的A为特征集，递归地执行步骤（1）~（5），得到子树T_i，返回T_i。

代码下载

例8-5 根据表8-1所给的训练数据集，基于信息增益规则和ID3算法流程步骤，通过下述代码递归生成一棵决策树，以字典的方式对结果进行存储。

```
from operator import itemgetter
def majorityCnt(classList):                              # 遍历所有实例返回出现次数最多的类别
  classCount={}
  for vote in classList:
    if vote not in classCount.keys(): classCount[vote] = 0
    classCount[vote] += 1
  sortedClassCount = sorted(classCount.items(), key=itemgetter(1), reverse=True)
  return sortedClassCount[0][0]
def createTree(dataSet,featureName):                     # 决策树生成主函数
  classList = dataSet['交通状态'].tolist()
  if classList.count(classList[0]) == len(classList):    # 统计属于列别classList[0]的个数
    return classList[0]                                  # 当类别完全相同则停止继续划分
  if len(dataSet.iloc[0]) ==1:                           # 当只有一个特征的时候
    return majorityCnt(classList)
  bestFeatLabel= chooseBestFeatureToSplit(dataSet)       # 最佳特征
```

```
    myTree ={bestFeatLabel:{}}               # map 结构，且key为featureLabel
    featureName.remove(bestFeatLabel)
    featValues =dataSet[bestFeatLabel]  # 找到需要分类的特征子集
    uniqueVals = set(featValues)
    for value in uniqueVals:
        subLabels = featureName[:]         # 复制操作
        myTree[bestFeatLabel][value] = createTree(splitDataSet(dataSet,bestFeatLabel,value),subLabels)
    return myTree
featureName=['平均速度','流量','有无停车']
dataset=pd.read_csv('example8-1.csv',encoding='gbk')
print(createTree(dataset,featureName))
```

输出结果如下：{'平均速度': {'中': {'流量': {'小': {'有无停车': {'无':'缓行','有':'拥堵'}},'大': {'有无停车': {'无':'畅通','有':'缓行'}}}},'高':'畅通','低': {'有无停车': {'无':'缓行','有':'拥堵'}}}}。决策树构造如图8-3所示：

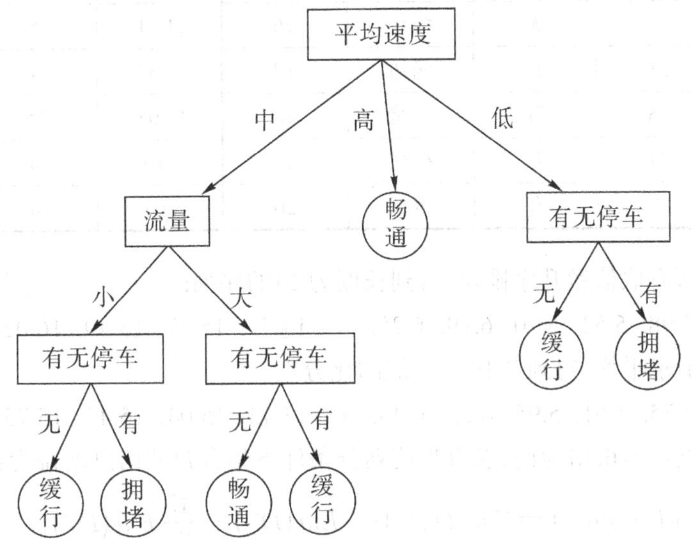

图8-3　道路交通状态分类任务ID3决策树

8.2.2　基于信息增益率的C4.5算法

1.C4.5建树规则

ID3算法有两个缺点：第一，采用信息增益来筛选特征，容易倾向于选择那些取值较多的特征；第二，只能处理离散变量。为了解决这两个问题，Quinlan于1993年进一步提出了C4.5算法。与ID3算法的不同之处在于，C4.5采用信息增益率来筛选特征，并且加入了对连续变量的处理方法。

2.连续型变量的离散化处理

在现实任务中经常会遇到连续型变量（特征），比如交通流参数中的速度、流量等（见表8-2），为了在决策树中对连续型变量进行分支化归类，需要对其进行离散化处理。C4.5中采用的是二分法（bi-partition），即对于数据集D的一个连续特征a：

（1）首先将所有数据按a的取值做升序排列，得到特征a的取值序列$\{a_1, a_2, \ldots, a_N\}$，共有$N$个取值。

(2)对于任意的$1 \leqslant i \leqslant N-1$都有两个相邻的属性取值$a_i$和$a_{i+1}$,定义阈值$t_i=\frac{a_i+a_{i+1}}{2}$,则$t_i$可将整个数据集分为两个子集$D_{t_i}^-$(在$a$上取值小于$t_i$的样本)和$D_{t}^+$(在$a$上取值大于$t_i$的样本),二分法也因此而得名。

(3)为了从潜在的$N-1$个阈值中选择最优阈值,可以利用信息增益率法,即和上文8.1.2节中选择最优特征一样,计算采用每个阈值t_i划分后集合D的信息增益率,选择使信息增益率最大的t_{i*}作为最优划分点,对连续变量进行离散化处理。

例8-6 对表8-2中的平均速度和流量等连续特征进行离散化处理,并计算最优特征及其最优划分点。

表8-2 道路交通流特征样本数据

ID	平均速度	流量	有无停车	交通状态	ID	平均速度	流量	有无停车	交通状态
1	6.25	5	有	拥堵	11	10.56	10	无	缓行
2	5.70	8	有	拥堵	12	11.47	12	无	畅通
3	12.15	2	无	畅通	13	3.98	7	有	拥堵
4	6.61	3	无	缓行	14	14.71	21	无	畅通
5	16.02	16	无	畅通	15	16.02	21	有	畅通
6	5.52	3	无	缓行	16	11.11	5	有	缓行
7	15.49	21	有	畅通	17	15.37	4	有	畅通
8	9.48	15	有	拥堵	18	12.03	15	有	畅通
9	7.16	21	有	拥堵	19	6.19	6	有	拥堵
10	6.85	9	有	缓行	20	8.68	6	无	缓行

首先对平均速度的所有取值做升序排列,得到长度为20的序列:

[3.98, 5.52, 5.70, 6.19, 6.25, ⋯, 14.71, 15.37, 15.49, 16.02]

然后对相邻两个取值求平均,得到共19个可能的化分点:

[4.75, 5.61, 5.95, 6.22, 6.43, ⋯, 13.43, 15.04, 15.43, 15.75]

我们以第五个划分点$t_5=6.43$为例,求得当前划分条件下集合D的信息增益为:

$$Gain(D, sp, t_5)=Ent(D)-\left[\frac{5}{20}Ent(D_5^-)+\frac{15}{20}Ent(D_5^+)\right]$$

$$=1.571-\left(\frac{5}{20}\times 0.722+\frac{15}{20}\times 1.400\right)=0.341$$

类似地,我们可以求得其它所有特征和划分点的信息增益,计算结果如表8-3和8-4所示。可以看出,最优划分特征为平均速度,最优划分点为11.29m/s。

表8-3 平均速度(m/s)特征划分点选择结果

划分点	信息增益	划分点	信息增益	划分点	信息增益
4.75	0.091	7.01	0.359	11.75	0.717
5.61	0.079	7.92	0.476	12.09	0.557
5.95	0.139	9.08	0.522	13.43	0.430
6.22	0.227	10.02	0.725	15.04	0.322
6.43	0.341	10.84	0.798	15.43	0.228
6.73	0.330	11.29	0.971	15.75	0.144

表8-4　流量(辆)特征划分点选择结果

划分点	信息增益	划分点	信息增益	划分点	信息增益
2.5	0.069	6.5	0.095	11	0.371
3.5	0.117	7.5	0.093	13.5	0.277
4.5	0.122	8.5	0.125	15.5	0.216
5.5	0.062	9.5	0.198	18.5	0.145

代码下载

上述过程用Python实现的代码如下：

(1)数据划分函数。首先，我们定义一个实现数据集划分功能的函数，函数的输入是待划分数据集、特征名称和划分点，输出是划分后的两个子集及其权重。

```
def splitDataSet_c(dataSet, name, value):  # 数据集二分处理
  retDataSet_L=dataSet.loc[dataSet[name]<value].drop(name,axis=1)
  retDataSet_R=dataSet.loc[dataSet[name]>value].drop(name,axis=1)
  probLeft = len( retDataSet_L) / len(dataSet)
  probRight = len(retDataSet_R) / len(dataSet)
  return retDataSet_L,retDataSet_R,probLeft,probRight
```

(2)比较信息增益大小，选择最优划分点：

```
def chooseBestFeatureToSplit_c(dataSet):
    baseEntropy = cal_Ent(dataSet)                    # 计算根结点的信息熵
    bestInfoGain = 0.0
    bestFeature = -1
    bestPartValue = None                              # 连续的特征值，最佳划分值
    for name in dataset.columns[:-2]:                 # 取平均速度和流量两个特征
      uniqueVals=set(dataset[name])                   # 获取当前特征的所有可能取值
      sortedUniqueVals = list(uniqueVals)
      sortedUniqueVals.sort()                         #对特征值排序
      bestPartValuei = None
      minEntropy = float("inf")
      for j in range(len(sortedUniqueVals) - 1):
        partValue = (float(sortedUniqueVals[j]) + float(sortedUniqueVals[j + 1]))/2 #计算划分点
        dataSetLeft,dataSetRight,probLeft,probRight = splitDataSet_c(dataSet, name, partValue)
        Entropy = probLeft * cal_Ent(dataSetLeft) + probRight * cal_Ent(dataSetRight)#计算信息熵
        print(name,partValue, baseEntropy -Entropy)
        if Entropy < minEntropy:                      # 取最小的信息熵
          minEntropy = Entropy
          bestPartValuei = partValue
        infoGain = baseEntropy - minEntropy           # 计算信息增益
      if infoGain > bestInfoGain:                     # 取最大的信息增益对应的特征
```

```
            bestInfoGain = infoGain
            bestFeature = name
            bestPartValue = bestPartValuei
    return bestFeature, bestPartValue
dataset=pd.read_csv('example8-2.csv',encoding='gbk')
print(chooseBestFeatureToSplit_c(dataset))
```

3.C4.5算法流程

C4.5决策树生成算法与ID3算法基本一致，不同之处主要有两点：第一，对连续特征按照上一小节内容进行离散处理；第二，将8.2.1节所述ID3算法流程的（3）、（4）步中特征选择的度量方式由信息增益改为信息增益率。因此这里就不再具体介绍C4.5的整体流程。

8.2.3 CART分类回归树算法

CART（Classification and Regression Tree）是以分类回归树的英文缩写命名的。相对于ID3和C4.5，CART既可以用于分类也可以用于回归，其应用更加广泛。我们首先讨论CART树在分类问题中的应用。

1.CART分类树的分支规则

CART分类树算法对于特征值连续的情况，其处理思想与C4.5相同，即将连续特征值离散化，不同的是它不采用信息增益，而使用基尼指数作为度量标准。基尼指数省略了对数计算，计算起来更加方便。对于取值多于两个的离散特征，ID3和C4.5会在结点上划分出多叉树，在分叉之后的“子树”中该特征不会再次起作用，在实践中发现，这种特征处理方式的准确率不高，容易发生欠拟合。为了解决这一问题，CART算法采用二叉树（即每个结点只有两个分叉），使决策树的深度增加，提升树的结构复杂度，且每步重复使用所有特征。

对于有多个取值的特征，CART树会选择其中一个特征取值分为一类，其它特征取值汇总为另外一类。例如，特征a的取值包括$\{a_1, a_2, \ldots, a_N\}$，CART树首先将$a_1$作为一类，而把其它取值全部作为另外一类，并计算该分类下数据集D的基尼指数，记为$Gini_index(D, a_1)$。之后以此遍历所有N个取值，进行这样的二分类处理，并逐次计算其对应的基尼指数。最终选择基尼指数最小的一种划分方法，其取值记为a_j^*，来作为该特征的划分结果，即特征a的基尼指数值$Gini_index(D, a) = Gini_index(D, a_j^*)$。

2.CART分类树的算法流程

对于训练数据集D，从根结点开始，递归地对每个结点进行如下操作，构建二叉决策树：

（1）用$\bar{D}$来表示是目前结点待分析的数据集，供选择的特征及其切分点构成集合$\bar{A}$。对任一个特征$a \in \bar{A}$，根据上面介绍的分支规则，计算基尼指数$Gini_index(D, a)$。选择$\bar{A}$中基尼指数最小的特征作为最优特征a^*，并以该特征的最优划分方法来建立决策树分支，从现结点生成两个子结点，将训练数据集依特征分配到两个子结点中去，得到子集$\bar{D}_1$和$\bar{D}_2$，并将对应子结点的标签分别标记为$\bar{D}_1$和$\bar{D}_2$中样本数最多的类别。

（2）判断目前的决策树是否满足停止条件，例如结点中的样本个数小于预定阈值，或样本集的基尼值$Gini(\bar{D})$小于预定阈值（样本基本属于同一类）。如果不满足，则对新生成的子结点，递归地执行步骤（1）中的操作，要注意的是，此时通常会保留$\bar{A}$中的所有特征到子树中，即特征a^*在子树中可能会重复出现；若满足停止条件则输出生成的CART决策树。

代码下载

例8-7 基于表8-2中的数据，以平均速度和流量作为特征，生成CART分类树。

本例中，我们通过调用Scikit-learn中的DecisionTree模块[9]来生成一棵决策树。

（1）类别特征处理

```
import numpy as np
import pandas as pd
from sklearn import tree
from sklearn.tree import DecisionTreeClassifier   #导入决策树模块
data = pd.read_csv('example8-2.csv',encoding='gbk')
x1= data['平均速度']
x2= data['流量']
x=np.stack((x1,x2,axis=1))
y=pd.Categorical(data['交通状态']).codes
```

（2）构建决策树模型。DecisionTree模块采用一种改良过的CART算法来构建决策树，沿用了如上的二叉树规则，但在度量方式上提供了更多的选择，可以使用"gini"或者"entropy"，前者代表基尼指数，后者代表信息增益。上面的代码中，采用的是DecisionTree模块中的DecisionTreeClassifier来处理分类问题。DecisionTreeClassifier有两个输入：X和Y，分别存放样本和标签。其中，X的长度为[n_sample,n_feature]；Y的取值为整型，长度为[n_sample]。

```
model = DecisionTreeClassifier(criterion='gini')      #决策树模型建立
model.fit(x, y)
```

（3）查看决策树结构。为了直观地显示CART决策树的结构，可以借助Graphviz工具[10]。Graphviz是一个开源的图形可视化软件，用于表达有向图或无向图的连接关系，它在计算机网络、机器学习、网页设计、数据库和软件工程等诸多领域被技术人员广泛使用。Graphviz同时也是在Python中进行决策树模型建立时一个非常有力的可视化工具，可以直观地展示决策树结构，该模块可以在http://www.graphviz.org进行下载。

```
traffic_feature_E = 'speed_class','volume_class'
label = 'congestion', 'amble','smooth'
with open('traffic_condition.dot','w') as f:
    tree.export_graphviz(model, out_file=f)
    dot_data = tree.export_graphviz(model, out_file=None,
                                    feature_names=traffic_feature_E,
                                    class_names=label,
                                    filled=True, rounded=True,      #颜色表示结点纯度
                                    special_characters=True)
    graph = pydotplus.graph_from_dot_data(dot_data)
    f = open('traffic_condition_decision_tree.png', 'wb')
    f.write(graph.create_png())                                     #输出决策树结构图
    f.close()
```

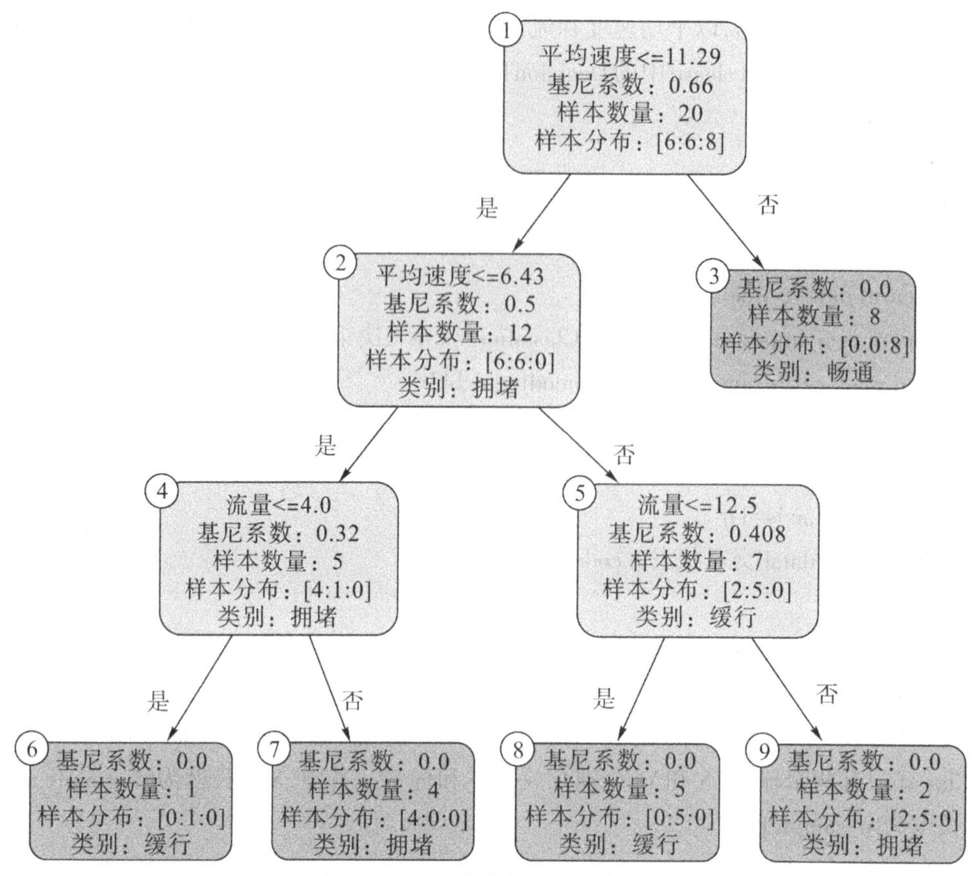

图8-4　CART分类树的可视化例子

从图8-4的可视化结果可以看出，CART树是二叉树。结点框的颜色代表了其所属的标签类别，颜色越深代表了纯度越高。可见，随着决策树的不断生长，结点的纯度越来越高。需要注意的是，为了方便展示，我们在此给图中的结点添加了编号，以方便后文中剪枝等流程的介绍。

3.CART回归树

我们进一步讨论CART树在回归问题中的应用。回归树的特征可以是离散值或连续值，它沿用了CART分类树中对连续特征的处理方法和二叉树建树规则，但不同之处在于回归树的输出变量（样本标签y）是连续值，比如预测一条道路的交通量（在车流量比较大的时候，交通量可近似认为是一种连续值）。因此，回归树在选择划分特征的度量标准和决策树建立后预测的方式上，也和分类树存在不同。

对于数据集$D=\{(x_1,y_1),(x_2,y_2),\cdots,(x_m,y_m)\}$，$y_i$是连续变量。回归问题的目标是构造一个函数$f(x)$来拟合$D$中的数据，使得误差最小，以均方误差为损失函数时：

$$\min\frac{1}{m}\sum_{i=1}^{m}(f(x_i)-y_i)^2 \tag{8.8}$$

上文提到，分类树的每一个叶结点的类别标签是由该结点中样本量最大的类所决定。而回归树同样需要确定这样的“标记”来作为叶结点的预测值。一棵拥有N个叶结点的回归树，将输入空间$\bar{X}$划分为N个子集$\bar{X}_1,\bar{X}_2,\dots,\bar{X}_N$。叶结点$n$的预测值$c_n$（即该叶结点的标签）由该结点所有样本的平均值所决定，即$c_n=ave(y_i|(x_i,y_i)\in\bar{X}_n)$。在式(8.8)的基础上，我们得到CART回归树的均方误差损失函数为：

$$\min\frac{1}{m}\sum_{n=1}^{N}\sum_{x_i\in\bar{X}_m}(c_n-y_i)^2 \tag{8.9}$$

以道路交通量预测问题为例，建立包含两个特征（道路等级rl和观测时段op）的回归树模型，进行交通量y的预测。现有由13个样本构成的数据集，样本的数据结构为(rl, op, y)，其中，道路等级rl共有1、2、3、4四个级别(取值)；观测时段op包含高峰和非高峰两类取值；路段交通量y取值在0至2000辆/h之间。图8-5展示了在某种(非最优)划分条件下生成的回归树结构。该回归树有三个叶结点，输入空间被划分为$\bar{X}_1$(道路等级$\leqslant 2$)、$\bar{X}_2$(道路等级> 2&高峰)、$\bar{X}_3$(道路等级> 2&非高峰)，对应的预测值c_n为各子集中样本交通量的均值，例如$c_1=(371+209+576+464+329)/5=389.8$辆/$h$。

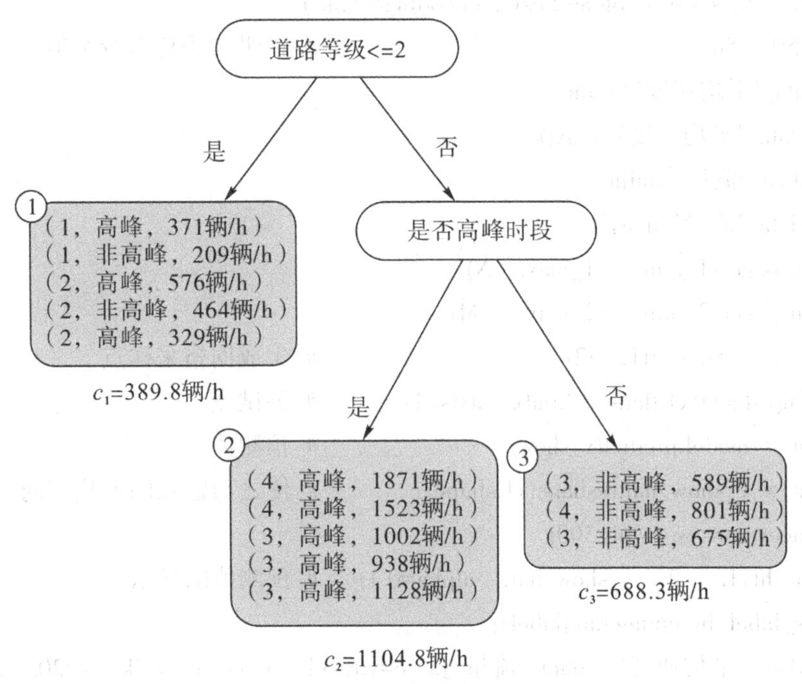

图8-5　用于交通量预测的CART回归树

在确定了c_n值后，即可按照式(8.9)计算各叶结点的均方误差，通过选择最优划分特征和划分点，使得各个叶结点的均方误差和最小。CART回归树与CART分类树的算法步骤基本一致，每步都需要遍历所有输入特征a和其划分点a_j进行二分叉，将输入空间$\bar{X}$划分为$\bar{X}_1(a \leqslant a_j)$和$\bar{X}_2(a > a_j)$这两个子空间。为了使整个决策树的均方误差最小，此处的划分点选择也应该以均方误差为目标(替代CART分类树中的基尼指数)，使得：

$$\min_{a, a_j}\left[\sum_{x_i \in \bar{X}_1(a, a_j)}(y_i - c_1)^2 + \sum_{x_i \in \bar{X}_2(a, a_j)}(y_i - c_2)^2\right] \tag{8.10}$$

得到满足式(8.10)条件的最优划分特征a^*和最优划分点a_j^*，以此建立二叉树分支，将输入空间二分为$\bar{X}_1(a^*, a_j^*)$和$\bar{X}_2(a^*, a_j^*)$。

对划分后的每个子集(内部结点)递归进行上述遍历、择优和划分过程，不断地延伸树，直到满足停止条件为止。其实，回归树也有分类的思想。所谓"物以类聚"，相同类之间的目标变量值才会更接近，方差值也就会更小。对于回归树的生成算法流程，除了以上两点外，其它都与分类树相同，这里就不再阐述。

8.2.4　决策边界

决策边界(decision boundary)是学习器为各类样本划定的一条边界线。决策树的决策边界是根据子结点的取值范围而定的，子结点的每一次分支都定义了一个特征维度的边界。可见，对于决策树而言，分类边界的每一段都是与坐标轴平行的，每一段划分都直接对应了某一特征的具体取值。在例8-7的代码基础上，添加以下代码可以绘制决策树的决策边界。

```
import matplotlib.pyplot as plt
import matplotlib as mpl
mpl.rcParams['font.sans-serif'] = [u'SimHei']
mpl.rcParams['axes.unicode_minus'] = False
data = pd.read_csv('example8-2.csv', encoding='gbk')
N, M = 50, 50                                      # 横纵各采样多少个值
x1_min=data['平均速度'].min()
x1_max= data['平均速度'].max()
x2_min= data['流量'].min()
x2_max =data['流量'].max()
t1 = np.linspace(x1_min, x1_max, N)
t2 = np.linspace(x2_min, x2_max , M)
x1, x2 = np.meshgrid(t1, t2)                       # 生成网格采样点
x_show = np.stack((x1.flat, x2.flat), axis=1)      # 测试点
y_show_hat = model.predict(x_show)                 # 预测值
y_show_hat = y_show_hat.reshape(x1.shape)          # 使之与输入的形状相同
plt.figure(facecolor='w', dpi=300)
plt.pcolormesh(x1, x2, y_show_hat, alpha=0.1)      # 预测值的显示
for i, class_label in enumerate(label):
plt.scatter(data['平均速度'], data['流量'], c=y.ravel(), edgecolors='k', s=20, zorder=10,
label=class_label)
plt.xlabel(u'平均速度(m/s)', fontsize=12)
plt.ylabel( u'流量(辆)', fontsize=12)
plt.xlim(x1_min-0.2, x1_max+0.2)
plt.ylim(x2_min-0.4, x2_max+0.4)
plt.show()
```

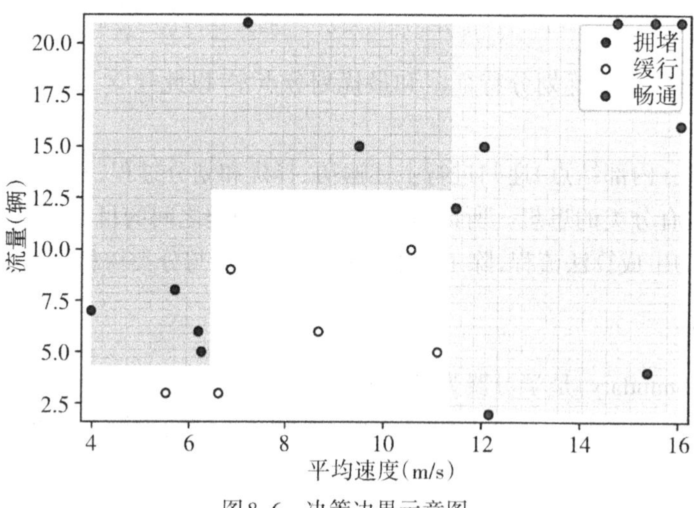

彩图效果

图8-6　决策边界示意图

图8-6展示了例8-7(即图8-4)中所生成的分类树的决策边界,可以看出边界条件与图8-4中各内部结点的划分情况完全一致。

8.3 决策树剪枝

8.3.1 剪枝问题概述

在决策树学习中,为了尽可能正确分类训练样本,结点划分过程将不断重复,有时会造成决策树分支过多,这时就可能因训练样本学得"过好",以至于把训练集中的部分噪声当作所有数据都具有的一般性质而导致过拟合。因此,在决策树构建过程中,可通过主动去掉一些分支的方法来降低过拟合的风险,即需要对已生成的决策方案进行简化,这种过程称为剪枝(pruning)[11]。

剪枝在损失一定训练精度的情况下,能够控制决策树的复杂度,提高其泛化能力。剪枝处的内部结点会变成一个新的叶结点,其类别标记为结点样本数量最多的类别,如图8-7所示。决策树剪枝的方法非常多,根据修剪的方向,可以分为预剪枝(prepruning)和后剪枝(postpruning)。预剪枝是通过设定一些控制条件终止树的生长,而后剪枝则在使树充分生长后,通过一定条件将树进行收缩以达到剪枝的目的。

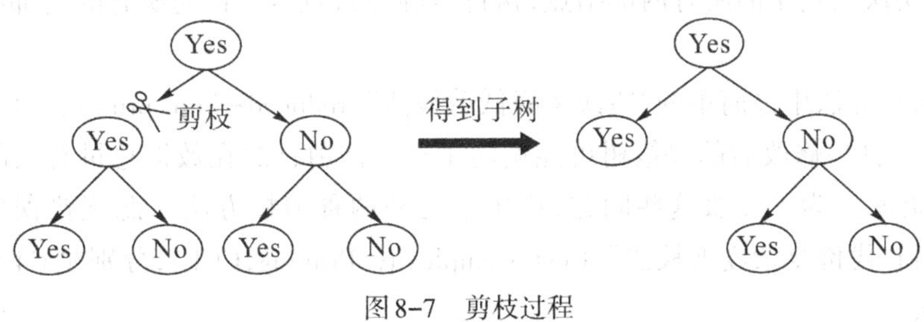

图8-7 剪枝过程

预剪枝的常用方法有以下几种:

(1)控制决策树的最大深度(即根结点到叶结点的最大结点数,但不包含根结点)。如果决策树的层数已经达到指定深度,则停止生长;

(2)控制树中父结点的最少样本量或比例。如果结点的样本量低于最小样本量或比例,则不再对该结点进一步划分;

(3)控制树中叶结点的最小样本量或比例。如果结点划分后生成的任意一个子结点的样本量低于最小样本量或比例,则不对该结点进行划分。

Scikit-learn决策树算法库中的DecisionTreeClassifier,就运用了预剪枝的思想,通过设置一些重要参数来防止过拟合,如表8-5所示。

表8-5 DecisionTreeClassifier的剪枝参数

参数	功能
max_depth	决策树的最大深度。限制了决策树学习到的模型的复杂度,在模型样本量多,特征也多的情况下,推荐限制最大深度,具体的取值取决于数据的分布。常用的取值为10-100。
min_samples_split	在决策树分割一个节点之前,该节点必须包含的最小样本数。限制了子树继续划分的条件,如果某结点的样本数少于min_samples_split,则不会继续尝试选择最优特征来进行划分。如果样本量数量级非常大,则推荐增大此参数。
min_samples_leaf	叶节点(树的末端节点)必须包含的最小样本数。限制了叶结点最少的样本数,如果某叶结点数目小于样本数,则会和兄弟结点一起被剪枝;样本量数量级非常大时可相应增大这个值。

续表

参数	功能
max_leaf_nodes	决策树允许的最大叶节点数量。限制叶结点总数，适用于特征较多的情况。合理取值可以通过交叉验证来分析而得。
min_impurity_decrease	用于控制决策树分割节点的条件。如果某结点的不纯度指数(基尼指数、信息增益、均方差、绝对差)小于此阈值，则停止继续分叉。

预剪枝方法通过阻止分支"展开"，降低了过拟合的风险，并提高了训练效率。然而，有些分支的当前划分虽然不能提升模型的泛化性能，但在此基础上进行后续划分时却有可能显著提升模型性能。因此，预剪枝方法存在欠拟合的风险，而后剪枝方法则首先完整地构造决策树，然后对结点子树进行修剪，可以有效减少欠拟合的风险。需要注意的是，如果剪枝顺序不同("自上而下"或是"自下而上")，最终得到的决策树是不一样的，实际操作中可以任选一种顺序。其中，自下而上的后剪枝方法实现流程如下：

(1)从所有样本中选择一部分作为验证集，计算决策树T在验证集上的验证误差$\mathcal{L}(T)$。

(2)考察决策树T的内部结点i，即是否在此处进行剪枝。将在结点i处剪枝得到的决策树记为T_i，计算其验证误差$\mathcal{L}(T_i)$，若$\mathcal{L}(T) > \mathcal{L}(T_i)$，则剪枝，更新$T = T_i$；否则，不进行修剪。

(3)自下而上遍历决策树T的所有内部结点，执行步骤(2)；直至分析完所有的内部结点后，输出此时的决策树T。

上述方法是后剪枝方法中最简单的"错误率降低剪枝法"(reduced-error pruning)，但由于其使用了独立的验证集，其缺点在于：(1)修改后的决策树可能偏向于过度修剪；(2)在数据总量有限的时候，设置验证集浪费了宝贵的数据资源。为了克服这些问题，产生了另外两种剪枝方法，"悲观错误剪枝法"(Pessimistic Error Pruning，PEP)和"代价复杂度剪枝法"(Cost-Complexity Pruning，CCP)，分别是C4.5算法和CART算法中所采用的剪枝方法。

8.3.2 悲观错误剪枝法PEP

PEP自上而下地估算每个内部结点t所覆盖的样本集的错误率P_t，通过比较剪枝前后这部分样本的错误率来决定是否进行剪枝。

对于独立同分布采样，每一个样本的误判服从伯努利分布，且误判样本数服从二项分布。假设一个叶结点i覆盖N_i个训练集样本，其中误判个数为$\bar{N}_i$。此时，由于决策树本身是由训练集生成，所以$\bar{N}_i/N_i$无法准确评估模型在新数据集上的错误率，因此，这里需要对误判样本数的二项分布进行连续性修正(continuity correction)[12]，添加一个修正项β，一般取值为0.5。该叶结点的错误率估计为：

$$p_i = \frac{\bar{N}_i + \beta}{N_i} \tag{8.11}$$

对于从内部结点t处分枝出的子树T_t，假设其样本总数为N_{T_t}，误判样本数为$\bar{N}_{T_t}$。其拥有L_{T_t}个叶结点，则T_t的错误率估计为：

$$P_t = \frac{\sum_{i=1}^{L_{T_t}} \bar{N}_i + \beta L_{T_t}}{\sum_{i=1}^{L_{T_t}} N_i} = \frac{\bar{N}_{T_t} + \beta L_{T_t}}{N_{T_t}} \tag{8.12}$$

T_t中的误判样本数同样服从连续性修正后的二项分布$\bar{N}_{T_t} \sim B(N_{T_t}, P_t)$，则求得子树的样本误判数的期望与标准差为：

$$E\left(\bar{N}_{T_t}\right) = N_{T_t} \times P_t \tag{8.13}$$

$$std\left(\bar{N}_{T_t}\right)=\sqrt{N_{T_t}\times P_t\times(1-P_t)} \tag{8.14}$$

若将子树t剪枝成叶结点后，此处的N_{T_t}个样本被重新标定，若其中误判样本个数为$\bar{N}'_t$，我们根据式(8.11)重新计算该叶结点的误判率p'_t，进而得到误判样本数期望值$E\left(\bar{N}'_t\right)=N_t\times p'_t$。这里运用区间估计的思想，当剪枝后的误差小于剪枝前误差的上限值时，剪枝成立。通常情况下，我们采用一倍标准差对误判样本数进行区间估计，其上限值为$E\left(\bar{N}_{T_t}\right)+std(\bar{N}_{T_t})$，并将此上限值与剪枝后叶结点误判样本数的期望值进行比较，即当$E\left(\bar{N}_{T_t}\right)+std(\bar{N}_{T_t})\geqslant E\left(\bar{N}'_t\right)$时，执行剪枝。

以图8-4所示的决策树为例，PEP依次对1、2、4、5四个内部结点进行剪枝考察(其中1是根结点)。例如，在考察结点4的子树T_4时，其覆盖5个样本和2个叶结点，由式(8.12)求得子树错误率为$(0+0+0.5\times2)/5=0.2$，误判数期望$E\left(\bar{N}_{T_4}\right)=0.2\times5=1$，标准差$std\left(\bar{N}_{T_4}\right)=\sqrt{5\times0.2\times0.8}=0.894$；若将子树替换为叶结点4后，结点错误率为$(1+0.5)/5=0.3$，样本误判数期望$E\left(\bar{N}_4\right)=1.5$，可见$1+0.894>1.5$，满足剪枝条件，将$T_4$进行剪枝。

8.3.3　代价复杂度剪枝法CCP

CCP综合考虑了预测误差与复杂度，可同时降低偏差和方差(详见第5章的讨论)。对于任意一棵决策树或子树T，首先定义其"代价复杂度"$R_\alpha(T)$如下：

$$R_\alpha(T)=R(T)+\alpha L_T \tag{8.15}$$

式中，$R(T)$是子树T的预测误差(在验证集上的错误率或均方误差)；L_T表示叶结点的个数，可用来衡量树的复杂度；$\alpha\geqslant0$为复杂度参数，衡量了每多一个叶结点带来的过拟合风险，进而追求在偏差和方差之间的平衡。

用T表示一颗充分生长的决策树，对于给定的α，我们都可以找到使得$R_\alpha(T)$最小的最优子树T^α，且α值越大，得到的子树的复杂度越小。事实上，由于一棵树的子树数目是有限的，当α从0逐渐增大的过程中，我们可以通过不断剪枝得到一个有限且不重复的最优子树序列，且序列中的每一棵子树都对应着某一段α的取值区间，使得α在该区间内，当前子树始终是最优的。

CCP算法的关键是获取上述的最优子树序列。即找到一个从小到大排列的α值序列$\left(\alpha_1,\alpha_2,\cdots\alpha_i,\cdots\alpha_n\right)$，使得其对应的最优子树序列$\{T^{\alpha_1}\supseteq T^{\alpha_2}\supseteq\ldots T^{\alpha_i}\supseteq\ldots\supseteq T^{\alpha_n}\}$具有以下两个特征：$T^{\alpha_{i+1}}$是由$T^{\alpha_i}$剪枝而得；$T^{\alpha_i}$在$\alpha\in[\alpha_i,\alpha_{i+1})$这一区间中始终为最优子树。其中，$\alpha$临界值的确定方法如下：

参照式(8.15)，我们可以定义内部结点t的代价复杂度，其中$R(t)$指的是节点t的预测误差：

$$R_\alpha(t)=R(t)+\alpha \tag{8.16}$$

以t为根结点的子树T_t的代价复杂度为：

$$R_\alpha\left(T_t\right)=R\left(T_t\right)+\alpha L_{T_t} \tag{8.17}$$

当α为0或很小时：

$$R_\alpha(t)>R_\alpha\left(T_t\right) \tag{8.18}$$

当α增大时，存在某一临界值$\bar{\alpha}$，使得：

$$R_{\bar{\alpha}}(t)=R_{\bar{\alpha}}\left(T_t\right) \tag{8.19}$$

即当$\alpha>\bar{\alpha}$时，$R_\alpha(t)<R_\alpha\left(T_t\right)$。将公式(8.16)(8.17)代入(8.19)可得，$\bar{\alpha}=\dfrac{R(t)-R\left(T_t\right)}{L_{T_t}-1}$，此时，$t$与$T_t$具有相同的代价复杂度，但$t$的结点更少，因此在$t$处执行剪枝。其它每一个内部结点都可以算出这样的临界值$\bar{\alpha}$，我们选临界值$\bar{\alpha}$最小的一个内部结点进行修剪，便可以获得对应的最优子树。

CCP的具体剪枝流程如下：

(1)初始化$i=0, \alpha_i=0, T^{\alpha_i}=T, \alpha_{\min}=M$，其中，$M$是一个非常大的正值。

(2)$T_t^{\alpha_i}$是T^{α_i}中以内部结点t为根结点的子树，从叶结点开始自下而上访问各内部结点t，计算结点及其子树的预测误差$R(t), R\left(T_t^{\alpha_i}\right)$，更新$\alpha_{\min}=\min\left\{\dfrac{R(t)-R\left(T_t^{\alpha_i}\right)}{L_{T_t^{\alpha_i}}-1}, \alpha_{\min}\right\}$。

(3)自上而下的访问T^{α_i}的内部结点t，如果$\dfrac{R(t)-R\left(T_t^{\alpha_i}\right)}{L_{T_t^{\alpha_i}}-1}\leqslant\alpha_{\min}$时，进行剪枝，并决定叶结点$t$的值，如果是分类树，则是占比最高的类别，如果是回归树，则是样本输出的均值，这样得到一颗新树T^*。

(4)更新$i=i+1, \alpha_i=\alpha_{\min}, T^{\alpha_i}=T^*$。

(5)停止规则：如果T^{α_i}不是由根结点单独构成的树，则返回步骤(2)，否则执行步骤(6)。

(6)采用交叉验证法在$\{T^{\alpha_0}, T^{\alpha_1}, T^{\alpha_2}, \ldots, T^{\alpha_i}\}$中选择唯一最优子树，输出结果。

基于训练集构建原始决策树，然后根据CART算法，由验证集计算代价复杂度，进行剪枝。由于交叉验证中划分训练集和验证集是随机的，所以产生的树形结构可能会不一致。另外，α的取值范围是由0到正无穷，其作为权重项调整代价(预测误差)与复杂度(根结点个数)对剪枝的影响，α取值较大，说明剪枝次数较多，得到的树结构会相对简单，反之则复杂。

8.4 决策树模型的应用实例

例8-8 决策树模型在网格拥堵程度分类中的应用

在例6-3和例7-1中，我们分别研究了对数几率回归以及SVM模型在网格拥堵程度分类中的应用。在本章，我们将继续以该问题为例，运用上文提到的DecisionTreeClasifier方法实现对网格交通状态的分类，并评估其效果。

(1)数据集介绍

本例将采用网格交通流数据，同时选取“平均速度”、“流量”、“速度标准差”、“平均停车次数”这4个特征作为模型输入，进行分类研究，具体数据如表8-6所示：

表8-6 网约车交通状态参数数据样例

平均速度	流量	速度标准差	平均停车次数	交通状态
6.61	3	3.412	0.00	缓行
9.47	6	2.614	0.00	缓行
8.12	5	4.485	0.60	缓行
11.92	15	6.444	0.40	畅通
12.04	6	6.204	2.70	拥堵
3.98	1	0.605	2.70	拥堵
12.16	8	7.168	1.50	拥堵
12.00	4	4.085	0.00	畅通
3.98	2	0.946	1.00	缓行

(2)建模预处理

首先对研究范围内的数据进行载入并进行训练集与测试集的划分。由于决策树算法完全不受数据缩放的影响，每个特征被单独处理，而且数据的划分也不依赖于缩放，因此这里不需要对不同交通流参数做标准化处理。

代码下载

```
import numpy as np
import pandas as pd
from sklearn.tree import DecisionTreeClassifier
from sklearn.model_selection import train_test_split
# 加载数据文件
data = pd.read_csv('DATASET-B.csv',nrows=200000)
x = data[['aveSpeed','stopNum','volume','speed_std']]            #特征提取
y = pd.Categorical(data['labels']).codes                         #类别特征处理
#划分训练集测试集(7:3)
x_train, x_test, y_train, y_test = train_test_split(x, y, train_size=0.7,random_state=1)
```

(3)模型训练

我们用DecisionTreeClassifier类中的fit()函数对训练集进行建模，构建决策树模型，并设置最小叶结点数量、最大深度及结点最小样本数目等参数进行决策树的预剪枝，设置class_weight按各类样本比例为样本赋权，消除样本不均衡的影响。最后输出每个特征在模型中的重要度。

```
#决策树参数估计
model = DecisionTreeClassifier(criterion='gini', min_samples_split=10,
                               min_samples_leaf=40,max_depth=10,
                               class_weight='balanced')
model.fit(x_train, y_train)
print(model.feature_importances_)
```

(4)分类准确性及可视化

上述代码的输出结果为[0.4788，0.5170，0.002，0.002]（由于测试集与训练集是随机划分的，若修改随机种子，输出结果可能与此结果略有差异）。可以看出平均速度和平均停车次数对模型的贡献度较大，训练完毕的决策树模型在测试集上的分类正确率为93.88%。

```
#测试集上的预测结果
y_test_hat = model.predict(x_test)       # 测试数据
y_test = y_test.reshape(-1)
result = (y_test_hat == y_test)          # True则预测正确，False则预测错误
acc = np.mean(result)
print('准确度: %.2f%%' % (100 * acc))
```

我们可以通过另外一个例子来直观展示决策树分类效果和规则，选取贡献度较大的平均速度和平均停车次数重新建模，通过meshgrid可视化的形式对特征空间划分和样本分类效果进行直观展示。

```
# 绘制分类效果图
import matplotlib.pyplot as plt
import matplotlib as mpl
mpl.rcParams['font.sans-serif'] = [u'SimHei']
mpl.rcParams['axes.unicode_minus'] = False
N, M = 50, 50  # 横纵各采样多少个值
x1_min, x2_min,_ ,_  = x.min()
x1_max, x2_max,_,_ = x.max()
t1 = np.linspace(x1_min, x1_max, N)
t2 = np.linspace(x2_min, x2_max, M)
x1, x2 = np.meshgrid(t1, t2)  # 生成网格采样点
x_show = np.stack((x1.flat, x2.flat), axis=1)  # 测试点
model2 = DecisionTreeClassifier(criterion='gini', min_samples_split=10,
                min_samples_leaf=40,max_depth=10,
                class_weight='balanced')
model2.fit(x_train[['aveSpeed','stopNum']],y_train)
y_show_hat = model2.predict(x_show)  # 预测值
y_show_hat = y_show_hat.reshape(x1.shape)  # 使之与输入的形状相同
# 随机选取 2000个样本点
sample_plot_idx = np.random.choice(x_test.shape[0],size=2000,replace=False)
x_test1=x_test.iloc[sample_plot_idx]
y_test1=y_test[sample_plot_idx]
plt.figure(facecolor='w',dpi=300)
plt.pcolormesh(x1, x2, y_show_hat, alpha=0.1)  # 预测值的显示
condition=['畅通','缓行','拥堵']
color=['purple','green','yellow']
for index in range(3):
  plot_idx=np.where(y_test1==index)
  plt.scatter(x_test1.iloc[plot_idx]['aveSpeed'],
          x_test1.iloc[plot_idx]['stopNum'],
          c=color[index],edgecolors='k',
          s=20, zorder=10,label=condition[index])
plt.xlabel(u'速度(m/s)', fontsize=12)
plt.ylabel( u'平均停车次数', fontsize=12)
plt.xlim(x1_min-0.3, x1_max+0.3)
plt.ylim(x2_min-0.1, x2_max+0.1)
plt.title(u'道路交通状态的决策树分类', fontsize=12)
plt.legend()
plt.savefig('result.jpg')
plt.show()
```

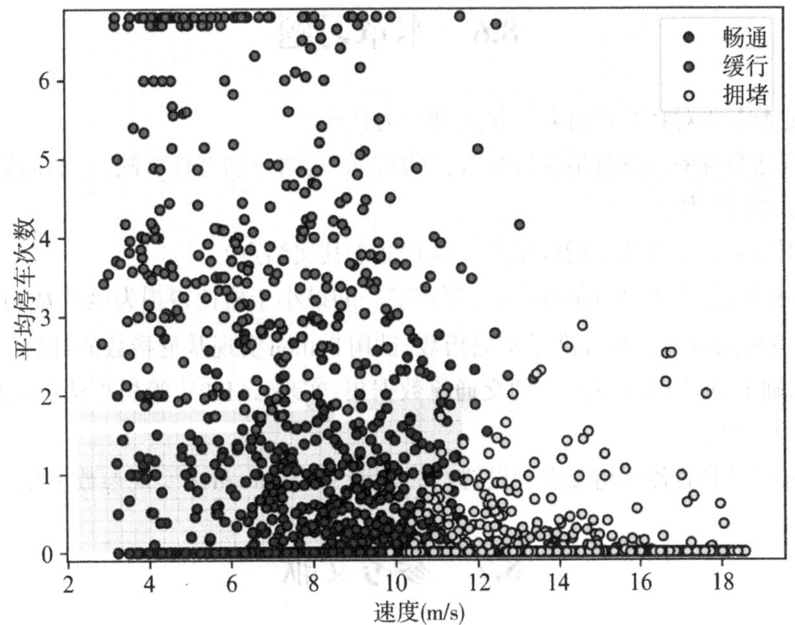

图8-8　道路交通状态的决策树分类

(5)小结

图8-6直观地显示了该分类树的决策边界。在图8-8中左下区域/左上区域/右下区域分别对应畅通/缓行/拥堵三种交通状态所对应的特征空间,每个圆形样本为实际道路的交通状态结果,可以看出,仅有少部分样本存在分类错误的现象。

经过计算,该例子的分类正确率为93.88%。这一分类效果已经可以满足大多数情况下的实际应用需求。如果想要更好的分析精度,可以尝试使用多个特征构建决策树,或使用第10章将介绍的集成学习,来进一步提高模型的泛化能力。

8.5　本章小结

本章为大家详细介绍了大数据领域非常重要且基本的决策树模型。一个良好的决策树模型,旨在构建与训练拟合很好,同时具有较好泛化能力,并且复杂度小的决策树。决策树学习算法包括三部分:特征选择、树的生成和树的剪枝。

在决策树生成过程中,常用的算法有ID3、C4.5和CART,分别使用信息增益最大、信息增益率最大或基尼指数最小作为特征选择的准则。通过计算信息增益或其他指标,可从根结点开始,递归地生成决策树。由于生成的决策树存在过拟合问题,需要对它进行剪枝,即从完整的决策树上剪掉一部分,从而得到一个更加简化的决策树,从而提高其性能。

决策树是一种监督学习模型,适用于带有标签的数据集,无法使用标签未知的数据集进行训练。针对这一问题,我们将在下一章介绍聚类分析的方法。与分类模型需要使用有类标记样本构成的训练数据不同,聚类分析是在没有给定划分类别的情况下,根据事物彼此不同的属性进行辨认,将具有相似属性的事物划分为同一组。

8.6 本章习题

1.决策树模型是否需要对特征进行归一化处理？为什么？

2.信息增益和信息增益率是进行最优特征选择的指标，它们分别有什么缺点，如何解决？

3.决策树如何处理缺失值？

4.CART决策树中，子结点的基尼指数是高于还是低于其父结点？

5.证明CART剪枝算法当中，当α值确定时，存在唯一的最小子树使得损失函数$R_\alpha(T)$最小。

6.CART分类决策树的特征选择标准是基尼指数，试用Python实现基尼指数的计算。

7.在第6题的基础上，运用本章表8-1的交通流数据集，实现CART决策树算法中特征选择的过程，并与例8-4的计算结果进行对比。

8.如何对决策树模型中的各项超参进行设置？尝试用Scikit-learn来实现参数优化。

8.7 参考文献

[1]杨学兵，张俊.决策树算法及其核心技术[J].计算机技术与发展，2007(1):43-45.

[2] Freund Y, Mason L. The alternating decision tree learning algorithm [C]//Proceedings of the Sixteenth International Conference on Machine Learning. San Francisco, CA, USA: Morgan Kaufmann Publishers Inc., 1999: 124 - 133.

[3]Quinlan J R. Introduction of decision trees[J]. Machine Learning, 1986, 1(1): 86-106.

[4]Quinlan J R. C4.5: Programs for Machine Learning[M]. San Mateo: Morgan Kaufmann Publishers, 1988.

[5]Breiman L. Classification and Regression Trees[M]. New York:Routledge, 2017.

[6]周志华.机器学习[M].北京：清华大学出版社，2016.

[7]李航.统计学习方法[M].北京：清华大学出版社，2012.

[8]Harrington P. 机器学习实战[M].北京：人民邮电出版社，2013.

[9] Scikit-learn Decision Tree Classifier [EB / OL]. [2019-11-12]. https://scikit-learn. org / stable / modules / generated/sklearn.tree.DecisionTreeClassifier.html#sklearn.tree.DecisionTreeClassifier.

[10]Graphviz - Graph Visualization Software[EB/OL].[2020-05-06].http://www.graphviz.org.

[11]Elomaa T. The biases of decision tree pruning strategies[M]//Hand D J, Kok J N, Berthold M R. Advances in Intelligent Data Analysis. Berlin, Heidelberg: Springer, 1999, 1642: 63 - 74.

[12]Snedecor G W, Cochran W G. Statistical methods[M]. Ames: Iowa State University Press, 1980.

第9章 聚类分析

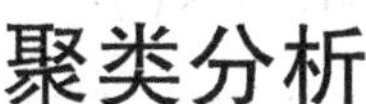

根据本书第5章中关于监督学习和无监督学习的介绍可以发现，过去三章中介绍的线性回归模型、SVM模型和决策树模型，本质上都属于监督学习。监督学习要求训练中用到的特征输入，都必须预先打好标签，可以是类别，也可以是对应输出结果，进而学习特征输入与标签之间的一一对应关系。但在处理交通领域的大数据问题时，很多时候我们无法直接获取相应的标签，或者标签的获取需要付出巨大的成本。这种情况下，我们通常进行无监督学习。不同于监督学习，无监督学习的目标，是通过对无标记训练样本的学习来揭示数据的内在性质及规律，为进一步数据分析提供基础。而此类学习任务中研究最多、应用最广的算法，就是“聚类”(clustering)。

聚类分析既能作为一个单独的分析步骤，用于寻找数据内在的分布结构，也可作为分类等其他学习任务的前驱过程。聚类通常试图将数据集中的样本自动划分为若干个不相交的子集，每个子集成为一个“簇”(cluster)。经过这样的划分，每个簇可能对应于一些潜在的概念。需要说明的是，这些概念对聚类算法而言是未知的，其背后对应的概念语义仍需使用者结合实际的场景解析，进行自我理解和分析[1]。

聚类是机器学习中“新算法”出现最多、最快的领域之一[1]，一个重要原因是聚类不存在客观标准，只是实践“物以类聚”的建模思想，而最终相似度量与集合划分均没有统一客观的标签进行建模质量分析。给定一个数据集，我们总能从某个角度找到以往算法未充分覆盖的某种标准，从而设计出新算法[2]。经典的K-均值聚类算法(K-Means)是在很多不同的科学研究领域被独立发现的，例如：Steinhaus(1956)[3]、Ball等(1965)[4]、MacQueen(1967)[5]。作为最早发现、应用最为广泛的聚类算法之一，很多改进算法都在K-均值聚类的基础上衍生而来。层次聚类最早由Johnson在1967年提出[6]。1998年，Hinneburg等提出了基于密度的DBSCAN聚类算法[7]。Jain详细介绍了常见聚类算法及算法设计中的挑战和关键问题[8]。可以说，聚类分析发展到今天，其方法理论体系较为丰富成熟，也被广泛应用在包括交通大数据分析等在内的多个学科领域。例如，我们会利用聚类分析，根据速度、密度等指标来判别城市交通拥堵状况，或者根据驾驶员特征来研究驾驶员的事故倾向性，再或是根据道路的事故信息识别事故的黑点等。

本章就将为大家着重介绍聚类分析的基本理论和经典的聚类算法，并着重围绕交通领域的案例，展示聚类算法在交通大数据问题中的应用。除此之外，关于聚类分析的理论推导部分可以参考周志华《机器学习》的第九章，其中较为详细地讲解了不同聚类算法的原理。若要进一步了解聚类算法的经典算法K-均值聚类，并学会自己使用Python实现这一算法，我们为大家推荐学习Harrington《机器学习实战》[9]第十章。

9.1 聚类分析的一般建模流程

9.1.1 建模原理

聚类模型是建立在无类别标记数据上，通过学习数据内部的相似关系，进而获取数据分类的一种无监督学习算法。假定数据集$D=\{x_1,x_2,\dots,x_m\}$包含m个无标记样本，每个样本$\boldsymbol{x}_i=(x_{i1},x_{i2},\dots,x_{id})$是一个$d$维特征向量。聚类算法会基于某个特定的规则，将数据集D划分成k个不相交的簇$\{E_l \mid l=1,2,\cdots,k\}$，

$\forall l_1, l_2 \in \{1, 2, \cdots, k\}, E_{l_1} \bigcap_{l_1 \neq l_2} E_{l_2} = \varnothing$，且一般情况下 $D = \bigcup_{l=1}^{k} E_l$。部分算法可以在识别簇的过程中同时剔除离群点，故 $\bigcup_{l=1}^{k} E_l \subset D$。

聚类算法有很多不同的类型，常用的聚类方法包括K-均值聚类算法、高斯混合(Gaussian mixture model)聚类算法、层次聚类算法(hierarchical clustering)、基于密度的DBSCAN聚类算法等，算法特点可总结为表9-1。

表9-1　常用聚类分析算法

算法类别	算法名称	算法特点
原型聚类	K-均值聚类	K-均值聚类也称为快速聚类法，在最小化误差函数的基础上将数据划分为预定的类数k。该算法原理简单并便于处理大规模数据。
	高斯混合聚类	与K-均值用原型向量刻画聚类结构不同，高斯混合聚类采用概率模型表达聚类原型。假设所有样本服从一个整体分布，由k个独立高斯分布混合组成。每个高斯分布均代表一个簇，每个观测样本均有一定概率由不同的高斯分布产生，相对于每个观测样本完全由同一个簇产生的硬分类，该方法属于软分类。
层次聚类	AGglomerative NESting	层次聚类也称为系统聚类，试图在不同层次对数据集进行划分，从而形成树形的聚类结构。数据集的划分可采用"自底向上"的聚合策略，也可采用"自顶向下"的分拆策略。AGNES的策略为前者。树状结构所处的位置越低，其所包含的对象就越少，共同特征越多。该聚类算法只适合少量数据时使用，数据量过大时聚类速度较慢。
密度聚类	Density-based spatial clustering of applications with noise	DBSCAN是应用最广泛的密度聚类算法，它基于一组"邻域"参数来刻画样本分布的紧密程度。从样本密度的角度来考察样本之间的可连接性，并基于可连接样本不断扩展聚类簇以获得最终的聚类结果。

9.1.2　聚类分析算法的性能度量

因为聚类算法的类型比较多，适用特点也各不相同，因此我们在利用聚类进行问题分析时，常需要对聚类算法的性能进行度量和比选。其度量方法大致有两类。一类是将聚类结果与某个"参考模型"(reference model)进行比较(例如将领域专家给出的划分结果作为参考模型)，这种度量称为"外部指标"(external index)；另一类则是直接考察聚类结果而不利用任何参考模型，常称之为"内部指标"(internal index)。一般来说，聚类任务很难找到可靠的参考模型，因此本小节着重介绍常用的"内部指标"。

直观来看，我们希望聚类结果的"类内相似度"(intra-cluster similarity)高且"类间相似度"(inter-cluster similarity)低。我们用dist(·,·)表示计算两点之间的距离(或相似程度)，有多种计算标准，具体请参见9.1.3节。考虑聚类结果簇划分$\{E_l | l=1, 2, \ldots, k\}$，定义$\mathrm{avg}(E_l)$为簇$E_l$内两不同样本间的平均距离，$\mathrm{diam}(E_l)$为簇$E_l$内两不同样本间的最远距离，$\mathrm{d_{min}}(E_l, E_p)$为两个不同簇$E_l$和$E_p$之间的最近样本间距离，$\mathrm{d_{cen}}(E_l, E_p)$为两个不同簇$E_l$和$E_p$中心点之间的距离。

$$\mathrm{avg}(E_l) = \frac{2}{|E_l|(|E_l|-1)} \sum_{1 \leqslant s < t \leqslant |E_l|} \mathrm{dist}(\boldsymbol{x}_s, \boldsymbol{x}_t) \tag{9.1}$$

$$\mathrm{diam}(E_l) = \max_{1 \leqslant s < t \leqslant |E|} \mathrm{dist}(\boldsymbol{x}_s, \boldsymbol{x}_t) \tag{9.2}$$

$$\mathrm{d_{min}}(E_l, E_p) = \min_{x_s \in E_l, x_t \in E_p} \mathrm{dist}(\boldsymbol{x}_s, \boldsymbol{x}_t) \tag{9.3}$$

$$\mathrm{d_{cen}}(E_l, E_p) = \mathrm{dist}(\boldsymbol{\mu}_l, \boldsymbol{\mu}_p) \tag{9.4}$$

其中，x_s和x_t表示两个不同的样本，μ_l代表簇E_l的中心点，是一个d维向量。如果簇E_l内样本某一特征j

为连续变量，则中心点对应特征j可通过均值计算，$\mu_{lj}=\frac{1}{|E_l|}\sum_{1\leqslant i\leqslant|E_l|}x_{ij}$；如果簇$E_l$内样本某一特征$j$为离散变量，则中心点对应特征$j$可通过变量众数来计算。

基于上式，可以推导出下面这些常用的聚类性能度量内部指标。

（1）DB指数（Davies-Bouldin Index，DBI）

$$\mathrm{DBI}=\frac{1}{k}\sum_{l=1}^{k}\max_{p\neq l}\left(\frac{\mathrm{avg}(E_l)+\mathrm{avg}(E_p)}{\mathrm{d}_{cen}(E_l,E_p)}\right) \tag{9.5}$$

显然，该值越小越好。

（2）Dunn指数（Dunn Index，DI）

$$\mathrm{DI}=\frac{\min_{1\leqslant l,p\leqslant k,l\neq p} d_{\min}(E_l,E_p)}{\max_{1\leqslant q\leqslant k} diam(E_q)} \tag{9.6}$$

该值则越大越好。

（3）轮廓系数（Silhouette Coefficient，SC）

假设样本x_i属于簇E_l，定义：

$$\mathrm{a}(x_i)=\frac{1}{|E_l|-1}\sum_{x_s\in E_l,x_s\neq x_i}\mathrm{dist}(x_i,x_s) \tag{9.7}$$

$$\mathrm{b}(x_i)=\min_{q\neq l}\frac{1}{|E_q|}\sum_{x_s\in E_q}\mathrm{dist}(x_i,x_s) \tag{9.8}$$

则有

$$\mathrm{SC}=\frac{1}{m}\sum_{i=1}^{m}\frac{\mathrm{b}(x_i)-\mathrm{a}(x_i)}{\max\left(\mathrm{b}(x_i),\mathrm{a}(x_i)\right)} \tag{9.9}$$

在实际任务中，因为聚类算法的参数往往都有一定的物理意义（不同聚类目标所蕴含的意义不同）。所以选择参数时，要结合案例实际情况以及聚类结果的物理意义，再参考以上指标，进行相应的比选。

9.1.3 相似程度计算

聚类算法建模和性能评估过程中，另外一个很重要的点是相似程度的计算，一般会以样本之间的距离、样本与簇之间的距离以及簇与簇之间的距离为度量标准。如果是连续属性，还需先对各属性值进行规范化处理，之后再进行距离的计算。

度量样本之间的相似性最常用的是欧几里得距离、曼哈顿距离和闵可夫斯基距离。如前所述，每个观测样本有d个属性，数据集D可由以下$m\times d$维矩阵表示：

$$\begin{bmatrix} x_{11} & \cdots & x_{1d} \\ \vdots & \ddots & \vdots \\ x_{m1} & \cdots & x_{md} \end{bmatrix}$$

此处，以样本间的距离为例，介绍三个常用相似距离计算。

（1）欧几里得距离（Euclidean distance）：

$$\mathrm{dist}(x_t,x_s)=\sqrt{\sum_{j=1}^{d}(x_{tj}-x_{sj})^2} \tag{9.10}$$

（2）曼哈顿距离（Manhattan distance）：

$$\mathrm{dist}(x_t,x_s)=\sum_{j=1}^{d}|x_{tj}-x_{sj}| \tag{9.11}$$

可见，曼哈顿距离是两组数据在各个特征维度上取值差值的绝对值之和。

(3)闵可夫斯基距离(Minkowski distance):

$$\mathrm{dist}(x_t, x_s)=\sqrt[q]{\sum_{j=1}^{d}(x_{tj}-x_{sj})^q} \tag{9.12}$$

其中,q为正整数,$q=2$时即为欧几里得距离。

样本与簇之间的距离可以用样本$\mathbf{x}_i$到簇中心的距离$\mathrm{dist}(\mu_l, \mathbf{x}_i)$表示;簇与簇之间的距离可以用簇中心的间距$\mathrm{dist}(\mu_i, \mu_j)$表示。

9.2 K-均值聚类算法

从本节开始,将依次为大家介绍几类经典的聚类算法,首先是K-均值聚类算法。该算法在最小化误差函数的基础上,将数据划分为预定的簇数k,并采用距离作为相似程度的判断指标,认为两个对象的距离越近,其相似度越大。

9.2.1 算法过程

K-均值聚类算法的主要过程如下:

(1)从n个样本数据中随机选取k个对象作为初始的聚类中心;

(2)分别计算每个样本到各个聚类中心的距离,将每个样本分配到距离最近的簇中;

(3)所有对象分配完成后,重新计算k个簇的中心;

(4)与前一次计算得到的k个簇的中心比较,如果任何一个簇的聚类中心发生变化,转至步骤(2),否则转至步骤(5);

(5)算法终止并输出聚类结果。

从流程中可以发现,该聚类结果依赖于步骤(1)初始聚类中心的随机选择,如果初始解选择不当,可能使得最终结果严重偏离全局最优。因此在实践中,为了得到较好的结果,通常选择不同的初始聚类中心,多次运用K-均值聚类算法,并对结果进行评价,根据聚类性能度量指标选择表现最好的结果。

9.2.2 目标函数

执行K-均值聚类算法的核心思想,是给定数据集$D=\{x_1, x_2, \ldots, x_m\}$,针对聚类所得簇划分$\{E_l|l=1, 2, \ldots, k\}$最小化误差的平方和SSE。SSE的计算公式为:

$$\mathrm{SSE}=\sum_{l=1}^{k}\sum_{x_i\in E_l}\mathrm{dist}(\mu_l, x_i)^2 \tag{9.13}$$

其中,k为聚类簇的个数;E_l为第l个簇;x_i为样本;μ_l为簇E_l的聚类中心。

9.2.3 算法变体——K-Medoids

从K-均值聚类算法的聚类中心计算方式可以看出,该算法对数据中离群点是十分敏感的。如果样本数据中有较突出的离群点时,就可能大幅度地扭曲数据的分布。K-Medoids算法就是为了消除这种敏感性提出的。其与K-均值聚类算法类似,但主要区别在于中心点的选取方法,当存在离群点时,K-Medoids算法的鲁棒性更好。

K-Medoids聚类算法与K-均值聚类算法的不同之处在于聚类中心的选取。在K-均值聚类算法中,簇E_l的聚类中心更新为该簇的均值向量μ_l;而在K-Medoids聚类算法中,簇E_l的聚类中心更新为该簇中的一个样本向量x',要求该向量到该簇内所有点的距离平方和最小,即,

$$x' = \underset{x_s \in E_l}{\arg\min} \sum_{x_i \in E_l} \mathrm{dist}(x_s, x_i)^2 \tag{9.14}$$

K-Medoids聚类算法一定程度上削弱了异常离群值的影响，但其缺点是计算较为复杂，计算效率比K-均值聚类算法要低。

9.2.4　K-均值算法的实例应用

例9-1　利用K-均值算法判断网格拥堵程度

在前面几章中，分别应用了对数几率回归、SVM模型以及决策树模型，构建了相应的网格拥堵程度分类模型，并对新的网格拥堵状态进行了判别，即属于畅通、缓行还是拥堵。但正如本章开始所提到的，这些模型都是基于已有的网格特征和路况真实标签的监督学习过程。然而，假如历史数据并没有相应的拥堵状态标签，即并不知道每一个网格当前状态下的路况类别，但又希望去对这些状态做分类或者说预测，就必须使用无监督的方法进行分析，例如聚类算法。本例就将展示如何利用K-均值算法，来对无真实标签下的网格拥堵状态进行判别。

1.数据集介绍

本例在50个样本的小数据集上进行聚类分析，选取"平均速度"和"平均停车次数"作为聚类特征，来判断网格的拥堵状态。

表9-2　聚类数据集

编号	平均速度	平均停车次数	编号	平均速度	平均停车次数
1	4.99	3.26	26	20.83	0
2	7.11	0.66	27	21.01	1
3	3.64	0.72	28	25.61	0
4	10.17	3.32	29	12.18	0.29
5	8.23	0.48	30	22.74	2.5
6	22.55	0	31	1.18	8.7
7	0.33	5.19	32	0.44	9.93
8	3.5	1.35	33	0.5	8.18
9	10	1.55	34	27.11	0
10	8	0.06	35	22.02	0
11	9	4.25	36	22.68	0.33
12	26.45	0	37	35.68	0
13	2.5	13.58	38	35.42	0
14	21.2	0	39	5.79	2.2
15	31.19	0	40	2.94	7.35
16	21.38	0	41	22.02	0
17	15.9	0.46	42	22.68	0.33
18	20.61	0	43	35.68	0
19	23.04	0	44	35.42	0
20	21.71	0	45	27.01	0
21	32.86	0	46	13.58	2.08
22	21.44	0	47	26.81	0
23	24.18	0	48	23.23	0
24	30.68	0	49	31.75	0.13
25	20.01	0	50	1.35	6.78

由于我们想得到畅通、缓行和拥堵三种不同的拥堵程度，因此聚类个数为3，即将所有的样本数据分为3个簇。

2.模型训练

首先，构建K-均值聚类算法。读取数据集并选取特征后，定义K-均值算法，包括聚类个数和随机种子，然后进行数据标准化，再在此基础上进行K-均值聚类，最后将聚类结果拼接到原始数据集中并进行输出。

代码下载

```python
import numpy as np
import pandas as pd
from sklearn.cluster import KMeans, DBSCAN, AgglomerativeClustering
from sklearn.mixture import GaussianMixture
from sklearn.preprocessing import StandardScaler
#读取数据
data_ori = pd.read_csv('聚类数据集.csv')
#选择特征
feature = ['stopNum', 'aveSpeed']
#数据标准化
scaler = StandardScaler()
scaler.fit(data_ori[feature])
data_ori_nor = scaler.transform(data_ori[feature])
#K均值聚类
n = 3
labels = KMeans(n_clusters=n, random_state=0).fit(data_ori_nor).labels_
#输出数据集
output_data = pd.concat((data_ori,
                         pd.DataFrame(labels, columns = ['labels'])),
                         axis=1)
output_data.to_csv('kmeans聚类结果.csv', index=False)
```

这里需要注意的是，聚类算法可以得到簇标签，但每个簇的具体意义需要根据实际分析得到。根据当前聚类结果，可以进行交通流参数分析等，为进一步研究提供依据。此外，合理的分析结果将进一步说明聚类结果的可靠性。

3.聚类结果分析及可视化

聚类结果分析代码如下，主要功能是将属于不同聚类簇的数据点用不同的颜色表示出来。

```python
import pandas as pd
import seaborn as sns
from matplotlib import pyplot as plt
import numpy as np
plt.rcParams['axes.unicode_minus'] = False
```

```
plt.rcParams['font.sans-serif'] = 'SimHei'
#读取数据
df = pd.read_csv('kmeans聚类结果.csv')
#判断各簇实际意义
grouped = df.groupby(['labels']).mean()['aveSpeed']
congested = int(grouped.idxmin(axis=0))
clear = int(grouped.idxmax(axis=0))
slow = [x for x in [0,1,2] if x not in [congested, clear]][0]
#绘图
fig = plt.figure(figsize=(8,6))
plt.scatter(df[df['labels']==slow]['aveSpeed'],
            df[df['labels']==slow]['stopNum'], label='缓行', color='darkorange')
plt.scatter(df[df['labels']==clear]['aveSpeed'],
            df[df['labels']==clear]['stopNum'], label='畅通', color='darkgreen')
plt.scatter(df[df['labels']==congested]['aveSpeed'],
            df[df['labels']==congested]['stopNum'], label='拥堵', color='firebrick')
plt.xlim((-0.1,40))
plt.tick_params(labelsize=18)
plt.xlabel('速度',fontsize=20)
plt.ylabel('停车次数',fontsize=20)
plt.legend(fontsize=18, loc='upper right')
```

将聚类标签与原始样本进行匹配，对每个簇绘制散点图，直观地展示其实际意义。图9-1为使用K-均值聚类方法得到的各簇速度-停车次数散点图。

彩图效果

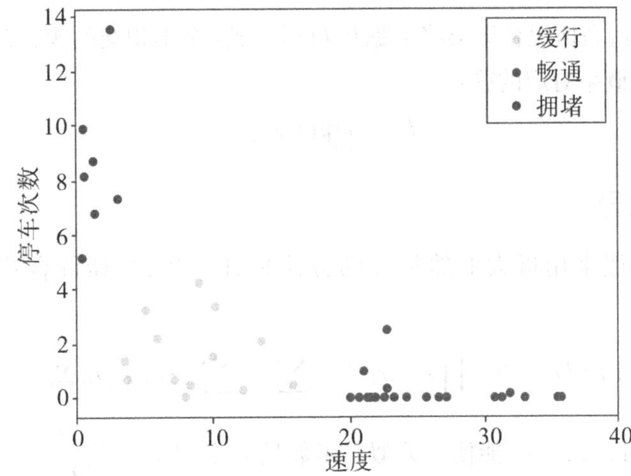

图9-1　聚类结果散点图（K-均值）

9.3 高斯混合聚类

除了K-均值聚类外，高斯混合聚类是另一种常用的经典原型聚类算法。与K-均值聚类算法用原型向量刻画聚类结构不同，高斯混合聚类采用概率模型来表达聚类原型。假设所有样本服从一个整体分布，该分布由k个混合成分组成，每个混合成分对应一个高斯分布，每个样本均有一定概率由不同高斯分布产生。

9.3.1 基本概念

若d维样本空间中的随机变量X服从高斯分布，则其概率密度函数为：

$$f(\boldsymbol{x}|\boldsymbol{\mu},\boldsymbol{\Sigma})=\frac{1}{(2\pi)^{\frac{d}{2}}|\boldsymbol{\Sigma}|^{\frac{1}{2}}}e^{-\frac{1}{2}(x-\mu)^T\Sigma^{-1}(x-\mu)} \tag{9.15}$$

其中，$\boldsymbol{\mu}$是d维均值向量，$\boldsymbol{\Sigma}$是$d\times d$的协方差矩阵，高斯分布完全由这两个参数决定。

假设若d维样本空间中的随机变量X服从高斯混合分布，可进一步定义样本整体分布，

$$f_M(\boldsymbol{x})=\sum_{i=1}^{k}\alpha_i\cdot f(\boldsymbol{x}|\boldsymbol{\mu}_i,\boldsymbol{\Sigma}_i) \tag{9.16}$$

该分布由k个混合成分组成，每个混合成分对应一个高斯分布。其中，$\boldsymbol{\mu}_i$和$\boldsymbol{\Sigma}_i$是第i个高斯混合成分的参数，而$\alpha_i>0$为相应的“混合系数”(mixture coefficient)，$\sum_i^k\alpha_i=1$。

假设每个样本都是源于高斯混合分布的采样。若数据集$D=\{\boldsymbol{x}_1,\boldsymbol{x}_2,\ldots,\boldsymbol{x}_m\}$由此生成，令随机变量$z_t\in\{1,2,\ldots,k\}$表示生成样本$\boldsymbol{x}_t$的高斯混合成分，其取值未知。首先，根据$\alpha_1,\alpha_2,\ldots,\alpha_k$定义的先验分布选择高斯混合成分，其中$\alpha_i$为选择第$i$个高斯混合成分的概率，即$z_t$的先验概率$f(z_t=i)=\alpha_i$；然后，根据被选择高斯混合成分的概率密度函数进行采样，从而生成相应的样本。根据贝叶斯定理，z_t的后验分布对应于

$$f_M(z_t=i|\boldsymbol{x}_t)=\frac{f(z_t=i)\cdot f_M(\boldsymbol{x}_t|z_t=i)}{f_M(\boldsymbol{x}_t)}=\frac{\alpha_i\cdot f(\boldsymbol{x}_t|\boldsymbol{\mu}_i,\boldsymbol{\Sigma}_i)}{\sum_{l=1}^{k}\alpha_l\cdot f(\boldsymbol{x}_t|\boldsymbol{\mu}_l,\boldsymbol{\Sigma}_l)} \tag{9.17}$$

这也就是说，$f_M(z_t=i|\boldsymbol{x}_t)$给出了样本$\boldsymbol{x}_t$由第$i$个高斯混合成分生成的后验概率。为了方便叙述，将其简记为$\gamma_{ti}(i=1,2,\ldots,k)$。

当高斯混合分布已知时，高斯混合聚类将数据集D划分成k个不相交的簇$\{E_l|l=1,2,\ldots,k\}$，每个样本$\boldsymbol{x}_t$所属的簇l_t即为最大后验概率对应的簇：

$$l_t=\underset{i\in\{1,2,\ldots,k\}}{\operatorname{argmax}}\ \gamma_{ti} \tag{9.18}$$

9.3.2 关键参数推导

对于给定数据集D一般采用极大似然估计的方法估计参数，高斯混合算法中需要估计的参数为$\{(\alpha_i,\boldsymbol{\mu}_i,\boldsymbol{\Sigma}_i)|i=1,2,\ldots,k\}$。

$$LL(D)=\ln\left(\prod_{t=1}^{n}f_M(\boldsymbol{x}_t)\right)=\sum_{t=1}^{n}\ln\left(\sum_{i=1}^{k}\alpha_i\cdot f(\boldsymbol{x}_t|\boldsymbol{\mu}_i,\boldsymbol{\Sigma}_i)\right) \tag{9.19}$$

若参数$\{(\alpha_i,\boldsymbol{\mu}_i,\boldsymbol{\Sigma}_i)|i=1,2,\ldots,k\}$能使对数似然函数最大化，则由$\frac{\partial LL(D)}{\partial\boldsymbol{\mu}_i}=0$有

$$\sum_{t=1}^{n}\frac{\alpha_i\cdot f(\boldsymbol{x}_t|\boldsymbol{\mu}_i,\boldsymbol{\Sigma}_i)}{\sum_{l=1}^{k}\alpha_l\cdot f(\boldsymbol{x}_t|\boldsymbol{\mu}_l,\boldsymbol{\Sigma}_l)}(\boldsymbol{x}_t-\boldsymbol{\mu}_i)=0 \tag{9.20}$$

由式(9.17)，有

$$\boldsymbol{\mu}_i=\frac{\sum_{t=1}^{n}\gamma_{ti}\boldsymbol{x}_t}{\sum_{t=1}^{n}\gamma_{ti}} \tag{9.21}$$

即各混合成分的均值可通过样本加权平均来估计，样本权重是每个样本属于该成分的后验概率。类似地，由$\frac{\partial LL(D)}{\partial \boldsymbol{\Sigma}_i}=0$可得

$$\boldsymbol{\Sigma}_i=\frac{\sum_{t=1}^{n}\gamma_{ti}(\boldsymbol{x}_t-\boldsymbol{\mu}_i)^{\top}(\boldsymbol{x}_t-\boldsymbol{\mu}_i)}{\sum_{t=1}^{n}\gamma_{ti}} \tag{9.22}$$

对于混合系数α_i，除了要最大化对数似然函数，还需满足$\alpha_i\geqslant 0,\sum_{i=1}^{k}\alpha_i=1$，考虑$LL(D)$的拉格朗日形式

$$LL(D)+\lambda\left(\sum_{i=1}^{k}\alpha_i-1\right) \tag{9.23}$$

其中，λ为拉格朗日乘子。

由式(9.23)对α_i求导，令导数为0，有

$$\sum_{t=1}^{n}\frac{f(\boldsymbol{x}_t|\boldsymbol{\mu}_i,\boldsymbol{\Sigma}_i)}{\sum_{l=1}^{k}\alpha_l\cdot f(\boldsymbol{x}_t|\boldsymbol{\mu}_l,\boldsymbol{\Sigma}_l)}+\lambda=0 \tag{9.24}$$

两边同时乘以α_i，对所有混合成分求和可知$\lambda=-n$，有

$$\alpha_i=\frac{1}{n}\sum_{t=1}^{n}\gamma_{ti} \tag{9.25}$$

即每个高斯成分的混合系数由样本属于该成分的平均后验概率确定。

但是极大似然估计方法中γ未知，故仍需提前估计γ。为了解决这一问题，高斯混合聚类通常用最大期望算法(Expectation-Maximization, EM)求解。

9.3.3 EM算法过程

EM算法是在概率模型中寻找参数最大似然估计或者最大后验估计的算法，其中概率模型依赖于无法观测的隐性变量。它的基本思想是：若参数已知，那么可以计算出隐性变量的期望，即expectation；若隐性变量已知，那么可以对参数做极大似然估计，这就是所谓的"最大化"(maximization)。这两个步骤迭代循环进行。因此，高斯混合聚类是一个非常适合用EM求解的问题，此处无法观测的隐性变量即为γ。算法主要过程如下：

(1)初始化参数$\{(\alpha_i,\boldsymbol{\mu}_i,\boldsymbol{\Sigma}_i)|i=1,2,\ldots,k\}$；

(2)根据当前参数计算每个样本属于每个高斯成分的后验概率γ_{ti}(E步)；

(3)根据式(9.21)、(9.22)、(9.25)更新模型参数$\{(\alpha_i,\boldsymbol{\mu}_i,\boldsymbol{\Sigma}_i)|i=1,2,\ldots,k\}$(M步)；

(4)假如EM算法的停止条件满足，例如：已经达到最大迭代次数，或似然函数增长很少甚至不再增长，则根据高斯混合分布确定簇划分，否则返回(2)。

9.3.4 高斯混合聚类算法的实例应用

代码下载

例9-2 利用高斯混合聚类算法判断网格拥堵程度

使用高斯混合聚类算法进行网格拥堵程度聚类，代码如下：

```
import numpy as np
import pandas as pd
from sklearn.cluster import KMeans, DBSCAN, AgglomerativeClustering
from sklearn.mixture import GaussianMixture
from sklearn.preprocessing import StandardScaler
#读取数据
data_ori = pd.read_csv('聚类数据集.csv')
#选择特征
feature = ['stopNum', 'aveSpeed']
#数据标准化
scaler = StandardScaler()
scaler.fit(data_ori[feature])
data_ori_nor = scaler.transform(data_ori[feature])
#高斯混合聚类
n = 3
GMM = GaussianMixture(n, random_state=0).fit(data_ori_nor)
labels = GMM.predict(data_ori_nor)
num_iter = GMM.n_iter_
print (num_iter)
#输出计算过程中的迭代轮数,这里是:11轮
#输出数据集
output_data = pd.concat((data_ori,
                         pd.DataFrame(labels, columns = ['labels'])),
                         axis=1)
output_data.to_csv('GMM聚类结果.csv', index=False)
```

以上代码中，还打印出了计算过程中的迭代总轮数，在本案例中，一共迭代了11轮。下面对结果进行可视化，图9-2为使用高斯混合聚类方法得到的各簇速度-停车次数散点图。

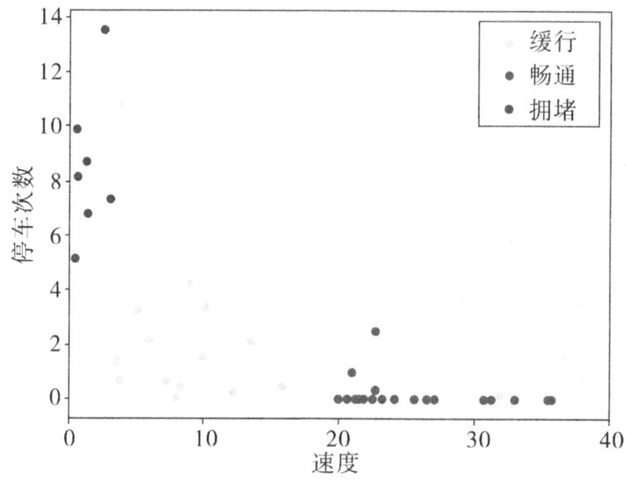

图9-2　聚类结果散点图(高斯混合聚类)

彩图效果

9.4 层次聚类算法

层次聚类(又称为系统聚类或系谱聚类)是另一种常用聚类算法,该算法通过合成或分割簇,生成嵌套的集群。层次聚类算法的策略可以分为"自底向上聚合"和"自顶向下分拆"两种。本节介绍的算法策略为前者,其算法层次结构可以表示为一棵树,树的根是一个唯一的簇,包含所有的样本,而树的叶子节点是单独的一个样本。通过树的叶子节点的相互合并,最终合称为树的根节点。

9.4.1 算法基本思想

算法基本思想是先将样本看作各自一簇,定义簇间距离的计算方法,选择距离最小的一对簇合并成为一个新的簇。然后,重新计算簇间的距离,再将距离最近的两簇合并,循环计算,直至合成为一个唯一的簇。

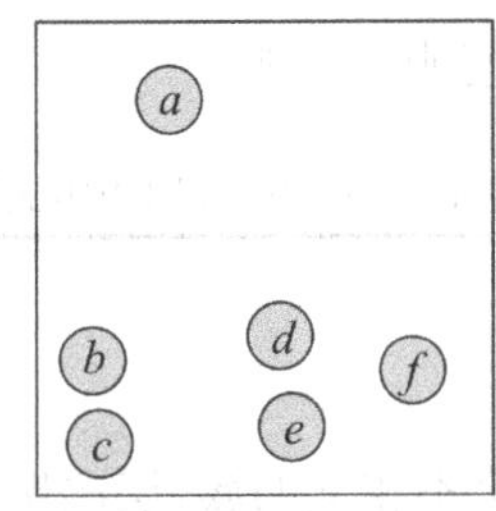

(a)系统聚类原始样本

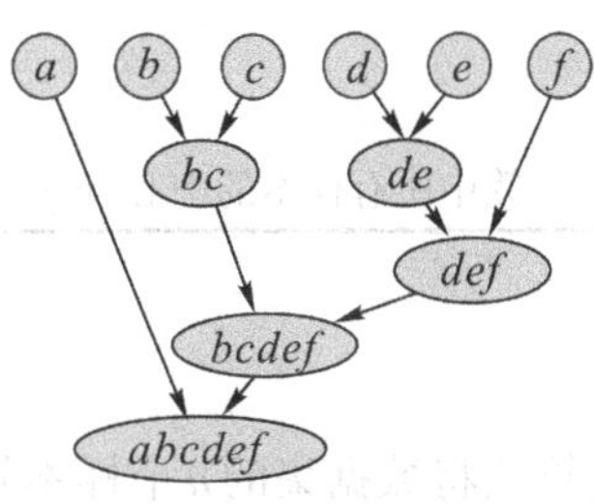

(b)系统聚类最终结果

图9-3 系统聚类

如图9-3所示的是系统聚类的基本聚类过程。首先定义样本间距离的计算方法,系统聚类除了9.1.3节中介绍的欧几里得距离、曼哈顿距离外,常用的还有均方距离、余弦距离、最大距离,如表9-3所示。根据距离公式计算各个样本点间的距离,先将距离最近的b与c合并,此时可得到5个类:$\{a\}$、$\{b,c\}$、$\{d\}$、$\{e\}$和$\{f\}$,如果进一步合并,我们需要计算簇$\{a\}$与$\{b,c\}$间的距离。因此还需要定义簇间距离的计算方法,如表9-4所示,这里对表9-4中的离差平方和进行简要说明:离差平方和衡量了一组数据偏离均值的程度,对于任意一个簇,其离差平方和的计算方式是:(1)首先计算数据集的平均值(均值);(2)对于每个数据点,计算其与平均值的差异(离差);(3)将每个离差值都取平方;(4)将所有离差的平方相加,得到离差平方和。基于离差平方和进行层次聚类的基本思想是:簇进行合并会增加整体的离差平方和(即所有簇离差平方和之和),初始情况下,每个样本为一簇(此时整体离差平方和为0),后续每轮迭代选取使整体离差平方和增加最小的簇进行合并。按照合并距离最小的两个簇的规则,按顺序合并$\{d\}$与$\{e\}$,$\{d,e\}$与$\{f\}$,$\{b,c\}$与$\{d,e,f\}$,$\{a\}$与$\{b,c,e,d,f\}$。最终通过类的合并得到图9-3(b)的结果。可以看到,整个过程如同生成树的过程,树的层次结构分明。

表9-3 样本距离定义

距离名称	公式
均方距离	$\mathrm{d}(x_s,x_t)=\lVert x_s-x_t\rVert_2^2=\sum_j(x_{sj}-x_{tj})^2$
余弦距离	$\mathrm{d}(x_s,x_t)=1-\cos\theta=1-\dfrac{\sum_j x_{sj}x_{tj}}{\sqrt{\sum_j x_{sj}^2}\cdot\sqrt{\sum_j x_{tj}^2}}$
最大距离	$\mathrm{d}(x_s,x_t)=\lVert x_s-x_t\rVert_\infty=\max_j\lvert x_{sj}-x_{tj}\rvert$

表 9-4　簇间距离定义

连接规则名称	公式
完全连接聚类	$d(E_l,E_p)=\max(\text{dist}(x_s,x_t)),x_s\in E_l,x_t\in E_p$
单一连接聚类	$d(E_l,E_p)=\min(\text{dist}(x_s,x_t)),x_s\in E_l,x_t\in E_p$
平均连接聚类	$d(E_l,E_p)=\dfrac{1}{\lvert E_l\rvert\lvert E_p\rvert}\sum\limits_{x_s\in E_l}\sum\limits_{x_t\in E_p}\text{dist}(x_s,x_t)$
离差平方和法	$d(E_l,E_p)=d_{lp}-d_l-d_p$ 其中： $d_{lp}=\sum\limits_{x_k\in E_l\cup E_p}\lVert x_k-\mu\rVert_2^2$ $d_l=\sum\limits_{x_l\in E_l}\lVert x_l-\mu_l\rVert_2^2$ $d_p=\sum\limits_{x_p\in E_p}\lVert x_p-\mu_p\rVert_2^2$ μ 为两个簇中所有样本的中心点，μ_l 为簇 E_l 的中心点，μ_p 为簇 E_p 的中心点

9.4.2　算法过程

考虑使用AGNES聚类算法将数据集的 n 个样本划分为 k 个不相交的簇，层次聚类算法的步骤如下：

(1)初始化，选择样本间距离和簇间距离的计算方法，将每个样本点各自设为独立的一簇，记为 $E_1,E_2,\cdots,E_{m-1}$；

(2)计算任意两个簇间的距离 $\text{d}(E_i,E_j)$，将最短距离的两个簇 E_i 与 E_j 合并成 $\{E_i,E_j\}$，并将类重新标记为 $E_1,E_2,\cdots,E_{m-p}$(此处 p 为该步骤参与计算的次数)；

(3)如果已经聚类为 k 簇或者最相近的每两个簇间的距离已经超过设定的最小距离阈值，则算法终止，否则重复步骤(2)，继续合并类。

系统聚类算法的优点在于灵活的距离计算公式使得它有很广的适用性，并且我们能够通过建立树的过程发现类的层次关系。但注意系统聚类算法的计算复杂度很高，所以处理大规模数据聚类问题时，建议不要选择此算法。

9.4.3　层次聚类算法的实例应用

例 9-3 利用层次聚类算法判断网格拥堵程度

在Scikit-learn中，提供了AgglomerativeClustering对象用于执行层次聚类，可自定义类内距离和连接规则的表示方法。其中，参数affinity用于定义类内距离，“euclidean”、“manhattan”、“cosine”分别表示欧几里得距离、曼哈顿距离、余弦距离。参数linkage用于定义连接规则，“ward”、“complete”、“average”、“single”分别表示离差平方和法、完全连接聚类、平均连接聚类、单一连接聚类。

代码下载

用默认的欧几里得距离和进行聚类，代码如下：

```
import numpy as np
import pandas as pd
from sklearn.cluster import KMeans, DBSCAN, AgglomerativeClustering
from sklearn.mixture import GaussianMixture
```

```
from sklearn.preprocessing import StandardScaler
#读取数据
data_ori = pd.read_csv('聚类数据集.csv')
#选择特征
feature = ['stopNum', 'aveSpeed']
#数据标准化
scaler = StandardScaler()
scaler.fit(data_ori[feature])
data_ori_nor = scaler.transform(data_ori[feature])
#层次聚类
n = 3
labels = AgglomerativeClustering(n_clusters=n).fit(data_ori_nor).labels_
#输出数据集
output_data = pd.concat((data_ori,
                         pd.DataFrame(labels, columns = ['labels'])),
                         axis=1)
output_data.to_csv('层次聚类结果.csv', index=False)
```

对结果进行可视化,图9-4为使用层次聚类方法得到的各簇速度-停车次数散点图。

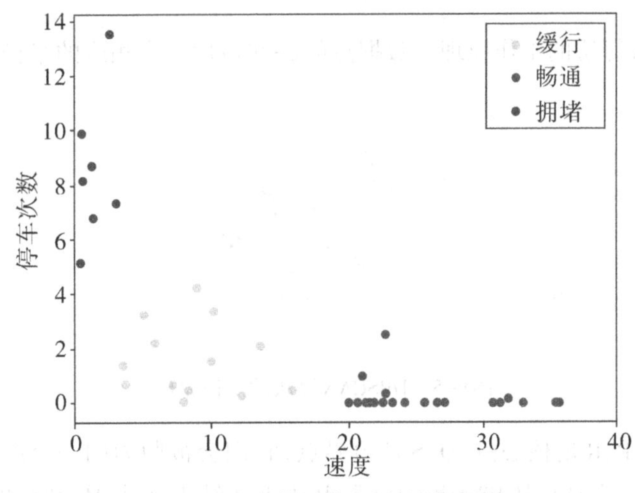

彩图效果

图9-4 聚类结果散点图(层次聚类)

9.5 基于密度的DBSCAN聚类方法

上文介绍的三种聚类方法,其本质都是基于各种不同的相似程度度量在进行聚类,本节将介绍一种基于密度的聚类方法——DBSCAN。该算法能够有效克服基于距离的算法只能应用于凸样本的缺点。

9.5.1 基本概念

DBSCAN(Density-Based Spatial Clustering of Applications with Noise)是一种常用的密度聚类方法,其

核心思想是先发现高密度的样本，把相近的高密度样本逐步连成一片，进而生成各种簇。而且，可在有噪声的数据中发现不同类型的数据集。为了方便理解，本节主要以二维平面点聚类为例进行介绍。DBSCAN的两个参数：邻域半径(ε)和邻域内的最小包含点数($MinPts$)。

DBSCAN算法：基于一组邻域参数($\varepsilon, MinPts$)来刻画样本分布的紧密程度。给定数据集$D=\{x_1, x_2, \ldots, x_m\}$，定义下面若干概念：

ε-邻域：对于$x_j \in D$，其ε-邻域包含数据集D中与x_j的距离不大于ε的样本，即$N_\varepsilon(x_j)=\{x_i \in D \mid \mathrm{dist}(x_i, x_j) \leqslant \varepsilon\}$；

核心点：若点的ε-邻域至少包含$MinPts$个样本，则称该点为核心点(core point)。

密度直达：若x_j位于x_i的ε-邻域中，且x_i是核心对象，则称x_j由x_i密度直达；

密度可达：对于x_j与x_i，若存在样本序列$p_1, p_2, \cdots, p_n$，其中$p_1=x_i, p_n=x_j$且p_{i+1}由p_i密度直达，则称x_j由x_i密度可达；

密度相连：对x_j和x_i，若存在x_k使得x_j与x_i均由x_k密度可达，则称x_j与x_i密度相连。

9.5.2 算法过程

在DBSCAN算法的实现上，主要是以每个数据点为圆心，以ε为半径画个圈，检查有多少个点在这个圈内，这个数就是该点密度值。而$MinPts$可以理解为密度阈值，如果该圆心点密度值小于$MinPts$的称为低密度的点，可能是边缘点或噪声点，而大于或等于$MinPts$的称为高密度的点，即核心点。

如果有一个高密度的点在另一个高密度的点的圈内，就可以把这两个高密度点连接起来，这样可以把更多的点不断串联出来，形成点簇的核心。如果有低密度的点也在高密度的点的圈内，亦即边缘点，就把它也连到最近的高密度点上。这样所有能连到一起的点就成了一个簇，而不在任何高密度点的圈内的低密度点就是噪声点。

图9-5展示了DBSCAN算法的工作原理。数据点的ε-邻域用一个相应的半径表示，取$MinPts=3$。

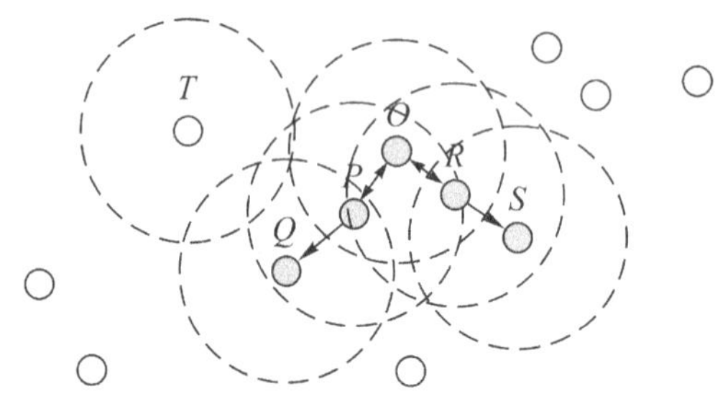

图9-5 DBSCAN算法的工作原理

进一步研究图9-5，O、P、R是核心点，Q、S是边界点，它们会被归为同一个簇；T是噪声点，无法归入该簇。由于P是从O“密度直达”，Q是从P“密度直达”，基于上述结果，Q是从O“密度可达”；但O从Q无法“密度可达”(非对称性)。而Q和S是“密度相连”的。

至于DBSCAN的参数选择问题，会随着具体的案例而不同，一般我们都需要考虑实际意义与领域知识。假如先验知识无法确定参数，可以参考Ester等[10]提出的方法。该方法建议$MinPts \approx \ln(n)$，其中n为样本个数。确定ε时，先计算每个样本到其k-近邻样本的距离，其中$k=MinPts$。然后，将这些距离降序排列，找到排序图的第一个“谷”(valley)，选择的参数ε应小于该值。

9.5.3 算法变体——ST-DBSCAN

DBSCAN算法也有很多变体，其中以Birant等首次提出的ST-DBSCAN[11]最为著名，这一算法考虑了时空数据的聚类。所谓时空数据，就是样本的特征还对应了时间和空间两个维度。空间信息通常由经度和纬度表示，时间信息通常由固定的时间单元(time unit)表示。

这一算法定义了四个参数：ε_1是空间距离的最大值，ε_2是非空间距离的最大值，$MinPts$是邻域内最小包含点数，$\Delta\varepsilon$是寻找密度相连样本时用到的阈值。假设每个样本的空间位置表示为(lat, lon)，且有两个特征，对于给定的两个样本x_i和x_j，计算：

$$Eps1 = \text{dist}\left[(lat_i, lon_i), (lat_j, lon_j)\right] \tag{9.26}$$

$$Eps2 = \text{dist}(x_i, x_j) \tag{9.27}$$

假如这两个样本是同一邻域内的点(即密度直达)，需要满足以下条件：

(1)空间距离$Eps1 \leqslant \varepsilon_1$；

(2)非空间距离$Eps2 \leqslant \varepsilon_2$；

(3)两个样本在相邻的时间单元中被观察到。例如：在同一年中相邻的两天被观察到，或者在相邻两年的同一天被观察到。

聚类过程中，首先寻找某个核心点O的密度直达点，然后在这些点中找出核心点，进一步寻找新的密度直达点，这些点就是点O的密度可达点。上一节提到，DBSCAN将这些点归到点O所在的簇(例如，图9-5中的Q和S)，但是这么做可能会使簇的边界对于相邻点的位置过于敏感。某些相邻点的位置稍微变化一点，簇的边界就有可能变化很大。为了解决这一问题，ST-DBSCAN引入了参数$\Delta\varepsilon$，对于点O的密度可达点Q，计算：

$$\Delta Eps = \text{dist}(\mu, x_Q) \tag{9.28}$$

其中，μ指的是点O所在的簇中所有点特征的平均值。

只有满足$\Delta Eps \leqslant \Delta\varepsilon$，点$Q$才能归入点$O$所在的簇。

代码下载

9.5.4 DBSCAN算法的实例应用

例9-4 利用DBSCAN算法判断网格拥堵程度

使用DBSCAN算法进行网格拥堵程度聚类，代码如下：

```
import numpy as np
import pandas as pd
from sklearn.cluster import KMeans, DBSCAN, AgglomerativeClustering
from sklearn.mixture import GaussianMixture
from sklearn.preprocessing import StandardScaler
#读取数据
data_ori = pd.read_csv('聚类数据集.csv')
#选择特征
feature = ['stopNum', 'aveSpeed']
#数据标准化
scaler = StandardScaler()
scaler.fit(data_ori[feature])
data_ori_nor = scaler.transform(data_ori[feature])
#DBSCAN
eps = 0.5
min_samples = 3
```

```
labels = DBSCAN(eps=eps, min_samples=min_samples).fit(data_ori_nor).labels_
#输出数据集
output_data = pd.concat((data_ori,
                         pd.DataFrame(labels, columns = ['labels'])),
                         axis=1)
output_data.to_csv('DBSCAN聚类结果.csv', index=False)
```

需要注意的是，该算法无法指定聚类个数，只能通过调整邻域半径和邻域内的最小包含点数这两个参数来改变最终聚类个数。对结果进行可视化，图9-6为使用DBSCAN聚类方法得到的各簇速度-停车次数散点图。在这张图中，“噪声点”没有绘制出来。

彩图效果

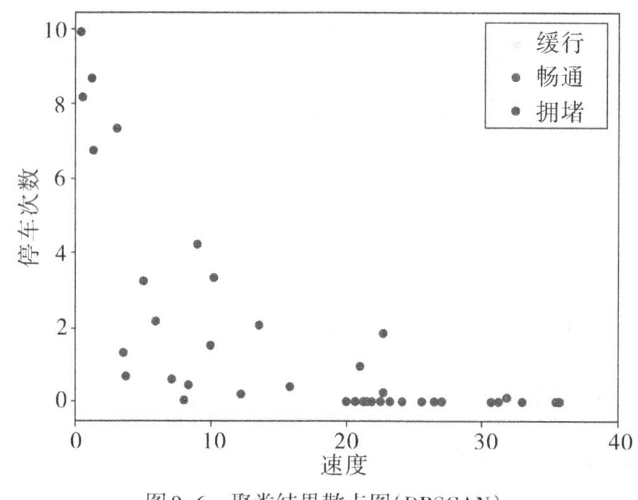

图9-6　聚类结果散点图（DBSCAN）

9.6　本章小结

本章介绍了常用聚类算法的基本概念、算法过程等，主要包括原型聚类方法中的K-Means聚类和高斯混合聚类，层次聚类方法和密度聚类方法中的DBSCAN方法。除此以外，本章也针对性地介绍了部分建立在常用算法基础上的变体算法，例如K-Medoids和ST-DBSCAN。最后，为了让读者进一步理解聚类算法在交通大数据问题中的应用，本章以无状态标签下的网格拥堵程度判别问题作为案例，展开了深入的探讨。

但是，也需要提醒各位读者，由于实际问题的复杂性和特点均有差异，加上聚类算法不存在客观选择标准。因此，在面对不同的任务时，具体选择什么聚类方法、如何确定参数等，不仅需要参考常用的聚类性能度量指标，更重要的是深入理解聚类结果和参数的物理意义，具体案例具体分析。

9.7　本章习题

1. 本章提到了四种常用的聚类方法，它们的核心思想分别是什么？

2. 总结不同聚类方法的优缺点。

3. 假设任务是将以下5个点聚成2个簇。点集：{[1,2], [2,5], [2,10], [4,9], [5,8]}。以[1,2]和[5,8]为初始聚类中心，距离函数是欧几里得距离。请手动操作K-均值聚类的各个步骤，该任务共需要几次迭代？最终结果如何?

4.基于上一题的数据,假设 $\varepsilon=\sqrt{10}$,$MinPts=2$,距离函数是欧几里得距离。请手动操作DBSCAN的各个步骤并得出结果。

5.基于上一题的数据,基于欧几里得距离和余弦距离计算各个样本点间的距离,并将距离最近的两个样本合并。体会这两个距离计算公式的差异。

6.轮廓系数用于确定K-均值聚类个数的最佳个数,请编写程序实现该功能。(注意:Scikit-learn中metrics的silhouette_score函数可以自动计算轮廓系数)

7.查阅资料,思考为何可以用贝叶斯信息量进行高斯混合聚类算法的参数选择?

8.除了本章详细介绍的四种聚类方法,其他常用的方法还有哪些?请查阅Scikit-learn的官方文档,并尝试实现。

9.8　参考文献

[1]周志华.机器学习[M].北京:清华大学出版社,2016.

[2]Estivill-Castro V. Why so many clustering algorithms: a position paper[J]. SIGKDD explorations, 2002, 4(1): 65-75.

[3]Steinhaus H. Sur la division des corp materiels en parties[J]. Bull. Acad. Polon. Sci, 1956, 1(804): 801.

[4]Ball G H, Hall D J. ISODATA, a novel method of data analysis and pattern classification[R]. Stanford research inst Menlo Park CA, 1965.

[5]Macqueen J. Some methods for classification and analysis of multivariate observations[C]//Proceedings of the Fifth Berkeley Symposium on Mathematical Statistics and Probability, 1967: 281-297.

[6]Johnson S C. Hierarchical clustering schemes[J]. Psychometrika, 1967, 32(3): 241-254.

[7]Hinneburg A, Keim D A. An efficient approach to clustering in large multimedia databases with noise[C]// KDD, 1998: 58-65.

[8]Jain A K. Data clustering: 50 years beyond K-means[J]. Pattern Recognition Letters, 2010, 31(8): 651-666.

[9]Harrington P. 机器学习实战[M].北京:人民邮电出版社,2013.

[10]Ester M, Kriegel H-P, Sander J, et al. A density-based algorithm for discovering clusters a density-based algorithm for discovering clusters in large spatial databases with noise[C]//Proceedings of the Second International Conference on Knowledge Discovery and Data Mining - KDD '96. Portland, Oregon: AAAI Press, 1996: 226 - 231.

[11]Birant D, Kut A. ST-DBSCAN: An algorithm for clustering spatial-temporal data[J]. Data & Knowledge Engineering, 2007, 60(1): 208-221.

第10章

集成学习

相信大家都有这样的经历，在做重要决定时，往往会参考或综合多个朋友或家人的意见，集思广益，而不是独断专行。对于机器学习过程亦是如此，不同的学习器对于不同的数据环境和学习目标，有不同的学习效果，如果我们在构建机器学习模型的过程中，能够结合不同学习器的优势来共同完成同一个任务，是不是会取得更理想的效果呢？这也就是集成学习(ensemble learning)背后的思路。集成学习通过把多种学习器组合在一起，共同协作形成一个具有较强性能的集成学习器。集成学习的一般结构如图10-1所示。

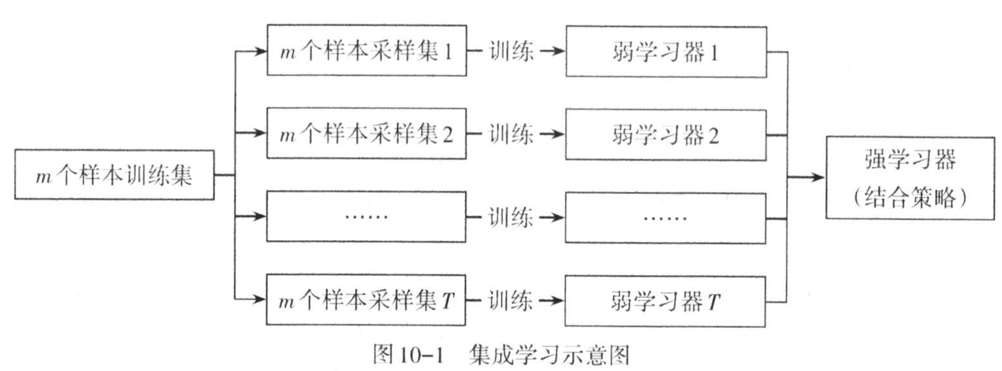

图10-1　集成学习示意图

考虑模型本身的特点，集成学习既可用于分类问题，也适用于回归问题。例如在交通状态估计问题中，如果从更多角度考虑交通影响因素，能帮助我们降低估计误差；同时，多个模型的集成也能降低数据中异常噪声的影响。这也就是集成模型的两大主要优点——预测更加精准和稳定。

集成系统(ensemble system)的思想最早于1979年由Dasarathy[1]提出，Efron[2]在同年提出了Bootstrap。Hansen[3]证明了集成系统的方差缩减(variance reduction)性质，这个性质可以提升神经网络的表现。Schapire[4]在1990年设计出Boosting算法，接着Breiman[5,6]开发出Bagging预测器并提出随机森林，极大地推动了集成学习模型的发展。集成学习领域的最新成果，则是基于梯度提升决策树模型的XGBoost[7]和LightGBM[8]。

本章将介绍集成学习的关键理论要点，包括集成学习的分类、Boosting和Bagging集成方法的原理、集成学习中模型多样性的分析，此外还重点关注集成学习在交通大数据问题中的应用。

10.1　集成学习的分类

如本章开篇所述，集成学习通过将多个学习器组合来实现提升模型性能的目标。通常，集成学习模型由两个学习步骤构成：首先构建一系列个体学习器(individual learner)，随后定义一种组合策略将这些个体学习器进行集成。个体学习器一般可以是任意机器学习模型，例如决策树模型、支持向量机模型、神经网络模型。根据个体学习器的不同，集成学习的集成方式可以分为两类：同质集成和异质集成。顾名思义，同质集成中，个体学习器是同质的(homogeneous)，即属于同种类型或拥有相似的性能。同质集成中的个体学习器也称为基学习器(base learner)，相应的学习算法称为基学习算法(base learning algorithm)。但如果集成中的个体学习器类型互不相同，则我们称这个集成是异质的（heterogeneous）。异质集成中的个体学习器由不同的学习算法生成，其中个体学习器也被称为组件学习器（component learner），常用的异质集成方法包括Stacking和Blending。

接下来将主要介绍集成学习的两类不同方法，即Boosting算法和Bagging算法，这两类集成方法考虑的均为同质基学习器。在Boosting算法中，个体学习器间存在强依赖关系，必须依次串行生成，例如梯度提升决策树。对于Bagging算法，个体学习器间则不存在强依赖关系，可同时并行生成，例如随机森林。

10.2　Boosting

10.2.1　Boosting简介

集成学习中，通常称泛化性不高的单一基学习器为弱学习器（weak learner），例如，在二分类问题上精度略高于50%的分类器。尽管单一弱学习器的性能十分有限，但通过将多个弱学习器进行结合，往往能够获得巨大的性能提升。Boosting算法便旨在将多个预测性能较弱的基学习器顺序组合，形成一个强学习器，大量理论和实践都显示Boosting能显著地降低基学习器的预测误差。Boosting算法的基本流程可以概括为如下步骤：

（1）设计一个有一定预测能力的基学习器；

（2）使用基学习器对训练集进行预测；

（3）根据预测结果调整训练样本的分布，使得先前基学习器做错的训练样本在后续受到更多关注；

（4）在调整分布后的训练集上，再训练一个新的基学习器，即返回（1）。

反复执行以上步骤，直到学习器达到设定的预测精度或达到最大迭代次数。最终的集成模型即为这些基学习器的结合（例如对基学习器预测结果线性加权求和）。

从第5章谈到的机器学习性能评估的偏差-方差分解的角度看，Boosting主要关注降低偏差。因此，Boosting能基于性能相当弱的学习器构建出性能很强的集成模型。

Boosting算法中第（3）步提到的训练集数据分布的调整通常有两种思路，一是重赋权法（reweighting），即在每一轮基学习器训练完成后，根据基学习器对于各个样本的预测误差，提高分类错误样本的权重，并降低分类正确样本的权重。但是，并非所有的机器学习算法都能处理带权重的训练样本，对于这类算法，也可以使用重采样法（resampling）。与重赋权法类似，在每一轮基学习器训练完成后，也要根据基学习器的表现更新样本权重，但重采样法并不直接将带权样本交给学习器，而是按照样本权重对训练集进行加权随机采样，生成一个新的数据集作为下一轮训练的训练集。

Boosting算法在训练的每一轮都要检查当前生成的基学习器是否满足基本条件，例如：检查当前基分类器是否比随机猜测更好（比如二分类时正确率是否大于0.5）。若条件不满足，则意味着数据中已没有更多有价值的信息可供学习，故弃用当前的基学习器，并终止学习过程，最终仅对此前迭代中的基学习器进行集成。因此，使用重赋权法时，算法有一定几率过早地中止，此时学习轮数往往未达到预设的最大基学习器数量，最终的集成中只包含少量基学习器，无法获得较高的精度。如果采用重采样法，则可以对训练集重新进行一次采样，因此有机会继续下一轮学习，避免训练过早停止。

10.2.2　AdaBoost

Boosting算法最著名的代表是Freund和Schapire[9]在1997年提出的AdaBoost。AdaBoost是一种迭代算法，在训练弱分类器的过程中，AdaBoost算法使用重赋权法，不断调整样本的分布，在每一轮迭代中都更加关注前一轮迭代分类错误的样本。经过多轮迭代，Adaboost训练出大量弱分类器，并将它们进行加权线性组合，最终形成一个强分类器。

下面以二分类问题为例介绍AdaBoost的算法步骤，但以下方法可以容易地拓展到多分类任务中。设训练集为$D=\{(x_1,y_1),(x_2,y_2),\cdots,(x_m,y_m)\}$，其中$x_i$是输入的训练样本，其标签$y_i\in\{+1,-1\}$分别表示正样本和负样本。训练集共包含$m$个样本，正样本数为$m^+$，负样本数为$m^-$，有$m=m^++m^-$。由于AdaBoost算法使用重赋权法来调整样本分布，故需为各个样本指定权重，记第t轮迭代中第i个样本对应的权重为$w_{t,i}$。在算法开始前，对任意$1\leqslant i\leqslant m$，设置其初始样本权重为$w_{1,i}=\frac{1}{m}$。

AdaBoost的特点在于它会根据基分类器的分类错误率不断调整样本权重。基于预设的最大基分类器数量T，AdaBoost共执行T轮迭代。在第t轮循环中，AdaBoost会训练一个新的基分类器，记该分类器的预测结果为$h_t(x_i)$，并计算其在训练集上的错误率：

$$\varepsilon_t=\sum_{i=1}^{m}w_{t,i}\ \mathbb{I}\left(h_t(x_i)\neq y_i\right) \tag{10.1}$$

其中，指示函数$\mathbb{I}(x)=\begin{cases}1, & x\text{为真}\\0, & x\text{为假}\end{cases}$。对于预测正确的样本，$y_i$与$h_t(x_i)$同号，有$\mathbb{I}\left(h_t(x_i)\neq y_i\right)=0$；而对于预测错误的样本，$y_i$与$h_t(x_i)$异号，有$\mathbb{I}\left(h_t(x_i)\neq y_i\right)=1$。

根据基分类器的错误率，AdaBoost将按如下计算的$w'_{t+1,i}$来调整样本i的权重，

$$w'_{t+1,i}=w_{t,i}\beta_{t,i} \tag{10.2}$$

$$\beta_{t,i}=\exp(-\alpha_t y_i h_t(x_i)) \tag{10.3}$$

其中，系数$\alpha_t=\frac{1}{2}\ln\left(\frac{1}{\varepsilon_t}-1\right)$表示了分类器$h_t$在最终的集成分类器中的重要程度，容易看出，分类错误率越小的分类器，其重要度越高。当分类器性能优于随机猜测，即$\varepsilon_t<0.5$时，有$\alpha_t>0$；若错误率为0，则可以提前结束训练过程。需要注意的是，AdaBoost通常默认$\alpha_t>0$，这等价于分类错误率小于0.5。这一假设在二分类问题上通常能够得到保障（即弱分类器效果优于随机预测），然而在处理多分类问题时，通常会出现分类错误率大于0.5的情况，此时系数$\alpha_t<0$。在实践中通常可以选取以下处理方式：(1)停止迭代；(2)重新选取样本并重新训练弱分类器；(3)不做任何特殊处理，继续进行模型训练（可以理解为该弱学习器效果太差，因此需要在集成模型中做“反方向”的预测，有部分实践表明这种处理效果很好）。在$\alpha_t>0$的情况下，样本预测正确时，$y_ih_t(x_i)=1$，式(10.3)的指数项为负，权重参数$\beta_{t,i}$较小；样本预测错误时，$y_ih_t(x_i)=-1$，式(10.3)的指数项为正，权重参数$\beta_{t,i}$较大。因此，在下一步权重更新后，错误样本的权重会增加。

我们将$w'_{t+1,i}$归一化后（以确保新的权重依然是一个分布），得到任一样本i新一轮的权重$w_{t+1,i}$：

$$w_{t+1,i}=w'_{t+1,i}\Big/\sum_{j=1}^{m}w'_{t+1,j}=w_{t,i}\beta_{t,i}\Big/\sum_{j=1}^{m}w_{t,j}\beta_{t,j} \tag{10.4}$$

最终集成分类器的预测结果由各个基分类器预测结果的加权线性组合投票决定，结合方法如下式所示，

$$H_{\text{final}}(x)=\operatorname{sign}\left(\sum_{t=1}^{T}\alpha_t h_t(x)\right) \tag{10.5}$$

AdaBoost依托于Boosting算法的基本框架，并使用重赋权法不断调整样本权重，其权重更新的依据是每一轮训练中，基分类器对训练集中各个样本的预测结果，以及上一轮训练中的基分类器的预测精度。样本权重更新后的训练集会被交给下一轮迭代的基分类器进行训练。最终，AdaBoost将每一轮迭代中训练好的基分类器做加权线性组合，得到集成结果。本质上，AdaBoost中每步调整系数α_t与β_t（式(10.3)）的表达式，是以最小化指数损失函数(exponential loss function)为目标方程时得到的最优解，其能最小化分类错误率，是一种强有力的学习器[10]。

下面我们将结合代码来了解AdaBoost算法的具体步骤。在编写算法前,需要导入必要的包和函数。

```
from sklearn.tree import DecisionTreeClassifier
from copy import deepcopy
import numpy as np
```

首先,定义一个AdaBoostClassifier类,类中包含4个基础参数——基分类器(base_clf)、最大基分类器数量(n_estimators)、收敛精度(tol)、随机状态(random_state)。其中,默认基分类器被设置为深度为1的决策树模型。

代码下载

```
class AdaBoostClassfier():
    def __init__(self, base_clf=None, n_estimators=20, tol=1e-3, random_state=42):
        if base_clf is None:
            base_clf = DecisionTreeClassifier(max_depth=1)
        self.base_clf = base_clf                    #定义基分类器
        self.n_estimators = n_estimators            #基分类器数量T
        self.tol = tol                              #收敛精度
        self.random_state = random_state            #随机状态
```

接下来为AdaBoostClassifier类添加一个新的成员函数fit,作为执行AdaBoost算法的入口。此外,也定义了两个类属性fitted_clf和weights,用于在训练结束后获取各个基分类器以及每一轮迭代的样本权重。

```
    #代码接上段,注意需要缩进4格
    #定义类属性:基分类器列表
    @property
    def _fitted_clf(self):
        return self.fitted_clf
    #定义类属性:样本权重
    @property
    def _weights(self):
        return self.weights
    #训练模型
    def fit(self, X, y):
        assert X.shape[0] == y.shape[0]                 # 确保特征与标签长度一致
        self.fitted_clf = []                            # 基分类器列表
        self.alphas = []                                # 基分类器权重
        self.n = X.shape[0]                             # 样本数量
        self.weights = [np.full(self.n, 1 / self.n)]    # 样本权重初始化为1/n
        self._boost(X, y)                               # 训练基分类器
        return self
```

算法的核心迭代过程由AdaBoost类的成员函数_boost实现，包括基分类器的训练和权重的更新。权重更新部分的代码被封装在了另一个成员函数_update_weights中。

```
# 代码接上段，注意需要缩进4格
    def _boost(self, X, y):
        for i in range(self.n_estimators):
            clf = deepcopy(self.base_clf)                  # 建立新的基分类器
            clf.set_params(random_state=self.random_state + i) # 设置基分类器随机状态
            clf.fit(X, y, sample_weight=self.weights[-1])  # 训练基分类器
            y_pred = clf.predict(X)                        # 基分类器预测
            error = np.sum(self.weights[-1] * (y_pred != y))  # 计算基分类器训练集错误率
            if error >= 0.5:                               #检查基分类器性能是否优于随机猜测
                break
            self.fitted_clf.append(clf)                    # 保存基分类器
            if error < self.tol:                           # 检查基分类器是否提前达到预定精度
                self.alphas.append(100)
                break
            alpha = np.log(1 / error - 1) / 2              # 计算基分类器权重
            self.alphas.append(alpha)
            self._update_weights(y_pred, y)                # 更新样本权重
    def _update_weights(self, y_pred, y):
        beta = np.exp(-self.alphas[-1] * y * y_pred)
        self.weights.append(self.weights[-1] * beta)       # 更新样本权重
        self.weights[-1] /= np.sum(self.weights[-1])       # 归一化样本权重
```

对基学习器的集成通过成员函数predict实现，用于给出最终预测结果。

```
# 代码接上段，注意需要缩进4格
    def predict(self, X):
        h = np.array([clf.predict(X) for clf in self.fitted_clf])   # 基分类器分别预测
        ah = np.repeat(self.alphas, X.shape[0], axis=0).reshape(len(self.alphas), -1) * h
        h_final = np.sign(np.sum(ah, axis=0))                       # 集成预测结果
        return h_final
```

接下来将结合一个简单的实例来对比基学习器与AdaBoost集成学习器的分类效果差异。为了便于展示，使用Scikit-learn的样例数据集构造函数生成模拟数据。下方代码中使用的make_moons函数会随机生成具有二维特征的二分类数据。需要注意的是，由于AdaBoost算法中多个步骤的表达式都依赖于y_i的取值，例如式(10.3)，所以这里需要把模拟数据集中负样本的标签由0改为-1。

```
from sklearn.datasets import make_moons
```

```
data = make_moons(noise=0.3, random_state=42)          # 生成模拟数据
X = data[0]
y = data[1]
y[y == 0] = -1                                         # 修改负样本标签
```

基分类器仍然选择深度为1的决策树模型，为了对比基学习器与集成学习器的分类效果，可使用下面的plot_decision_boundary函数来绘制决策树的决策边界。

```
import matplotlib.pyplot as plt
def plot_decision_boundary(clf, X, y, weighted_s=40, ax=None):   # 绘制决策边界
    if ax is None:
        fig, ax = plt.subplots(dpi=200, figsize=(6, 6))
    x_min, x_max = X[:, 0].min() - 1, X[:, 0].max() + 1
    y_min, y_max = X[:, 1].min() - 1, X[:, 1].max() + 1
    xx, yy = np.meshgrid(np.arange(x_min, x_max, 0.01),
                         np.arange(y_min, y_max, 0.01))   # 建立数据网格
    Z = clf.predict(np.c_[xx.ravel(), yy.ravel()])         # 逐数据点预测
    Z = Z.reshape(xx.shape)
    cs = ax.contourf(xx, yy, Z, cmap=plt.cm.plasma, alpha=0.3)
    #绘制样本点
    for i, color in zip([-1, 1], "rb"):
        idx = np.where(y == i)
        s = weighted_s if isinstance(weighted_s, int) else weighted_s[idx]
    ax.scatter(x[:,0], x[:,1], c=y, cmap=plt.cm.plasma,
               edgecolor='black', s=weighted_s)
```

首先来看集成学习器的分类效果。由下图可见，基于9个基学习器的AdaBoost集成学习器取得了较为理想的分类效果，绝大多数训练集样本都被正确分类，仅有极个别样本的分类结果错误。

```
clf = AdaBoostClassfier(n_estimators=9).fit(X, y)
plot_decision_boundary(clf, X, y)
plt.show()
```

彩图效果

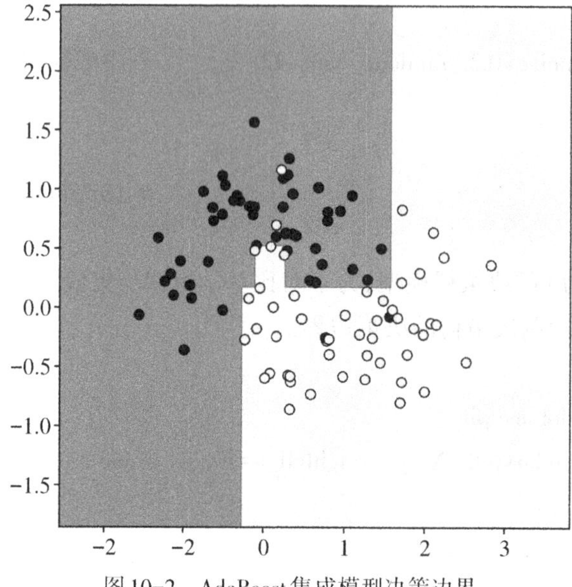

图 10-2 AdaBoost 集成模型决策边界

类似地，图 10-3 也顺次将 9 个基学习器的决策边界分别画出，其中各个样本点的大小反映了在各个基学习器中所使用的样本权重。可以看出随着不断迭代，分类错误的样本在下一轮会被赋予更大的权重。从图中还可观察到，由于基学习器的决策树深度被限制在 1，在二维的数据集上只能实现沿单一维度的线性划分，因此，任意单一的基学习器都只能对图中的数据进行较为粗糙的分类，难以达到较高的分类精度。对比图 10-2，AdaBoost 通过不断调整训练集样本权重，构建多个基学习器进行集成，实现了精度的大幅度提升。

```
fig = plt.figure(dpi=100, figsize=(9, 9))
for i in range(9):
    ax = plt.subplot(3, 3, i + 1)
    plot_decision_boundary(clf.fitted_clf[i], X, y, weighted_s=clf.weights[i] * 2000, ax=ax)
    ax.set_title(i + 1)
plt.tight_layout()
plt.show()
```

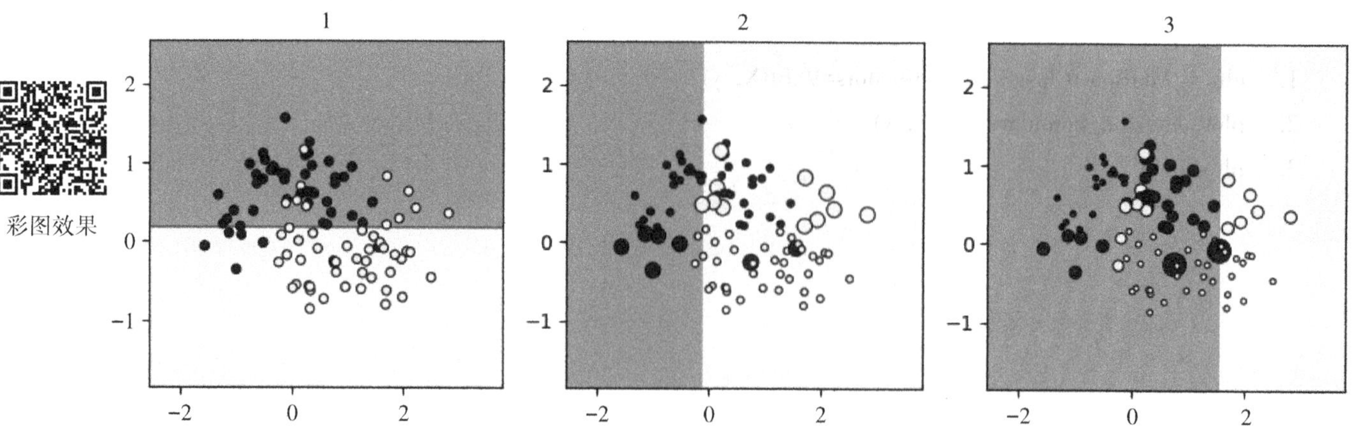

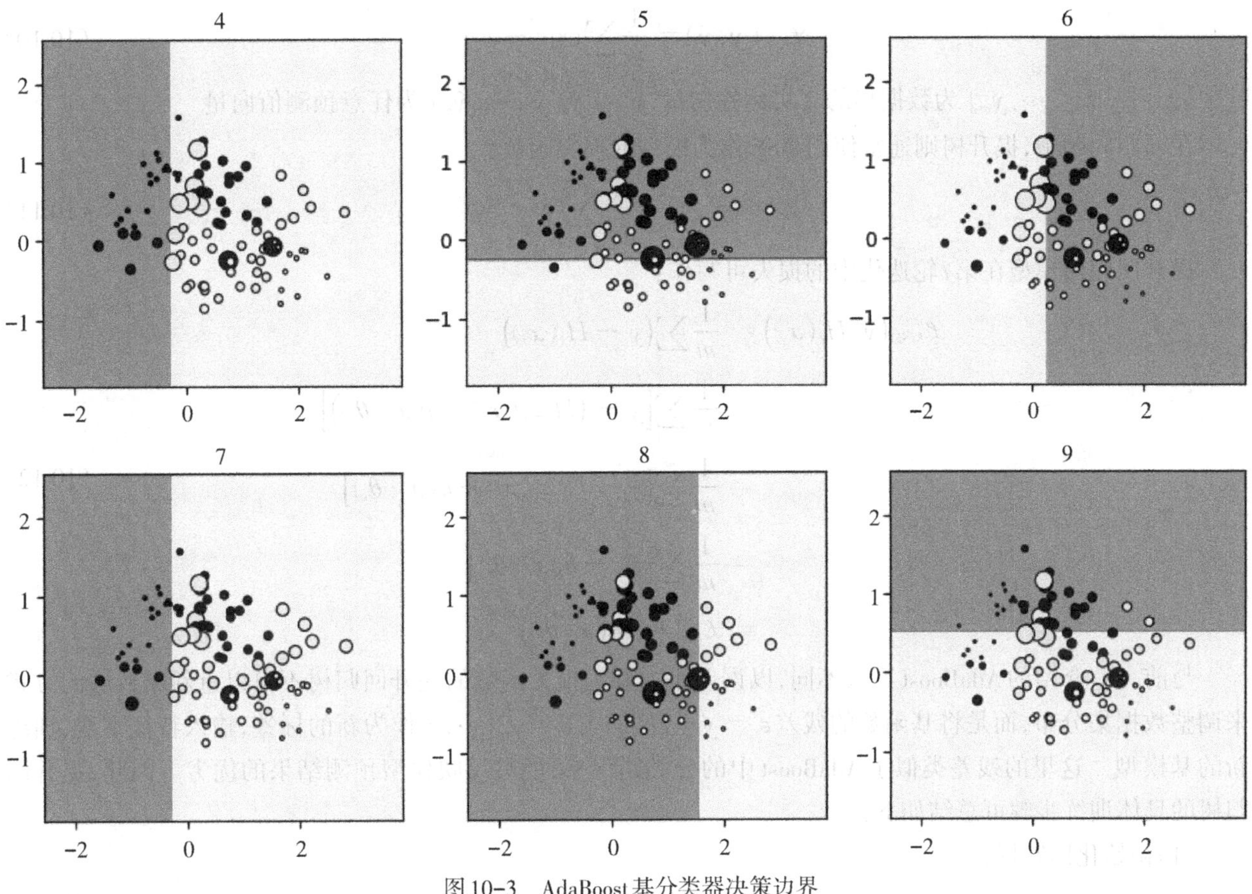

图10-3　AdaBoost基分类器决策边界

10.2.3　提升树

提升树(Boosting Tree)是以决策树为基模型的一类Boosting算法。由于其优异的性能,提升树模型已成为应用最为广泛的机器学习模型之一。提升树模型也可以视为一系列决策树的线性组合,记一棵输入为x的决策树模型输出结果为$h(x;\theta_t)$,其中θ_t为决策树t的参数(例如决策树深度、叶子节点包含的最小样本数等),则T棵决策树的最终集成结果可写作:

$$H_T(x)=\sum_{t=1}^{T}h(x;\theta_t) \tag{10.6}$$

在每一轮迭代中,新一轮的预测结果由前一轮的预测结果与新构造的决策树预测结果相加得到。第t轮的结果为:

$$H_t(x)=H_{t-1}(x)+h(x;\theta_t) \tag{10.7}$$

记损失函数为$\mathcal{L}(\cdot,\cdot)$,在每一轮迭代中,需要优化新构造的决策树参数θ_t,以使模型损失最小化。

$$H_t(x)=\underset{H'_t(x)}{\operatorname{argmin}}\,\mathcal{L}(y,H'_t(x)) \tag{10.8}$$

$$\Leftrightarrow \theta_t=\underset{\theta'_t}{\operatorname{argmin}}\,\mathcal{L}\left(y,H_{t-1}(x)+h(x;\theta'_t)\right) \tag{10.9}$$

针对不同问题(回归/分类)的提升树学习算法,其主要区别在于使用的损失函数不同。不同的损失函数会影响基模型的训练结果与集成模型的训练方法,在分类问题中,提升树常用的损失函数有交叉熵损失函数和指数损失函数。事实上,当提升树模型使用指数损失函数时,与上一节的样例代码实现的AdaBoost模型是等价的。

$$\mathcal{L}_{\exp}(\boldsymbol{y},\hat{\boldsymbol{y}})=\frac{1}{m}\sum_{i=1}^{m}\exp(-y_i\hat{y}_i) \tag{10.10}$$

其中，$\boldsymbol{y}=[y_1,y_2,\cdots,y_m]^{\mathrm{T}}$为数据集的真实标签向量，$\hat{\boldsymbol{y}}=[\hat{y}_1,\hat{y}_2,\cdots,\hat{y}_m]^{\mathrm{T}}$为任意预测值向量。

在回归问题中，提升树则通常使用MSE作为模型的损失函数：

$$\mathcal{L}_{MSE}(\boldsymbol{y},\hat{\boldsymbol{y}})=\frac{1}{m}\sum_{i=1}^{m}(y_i-\hat{y}_i)^2 \tag{10.11}$$

提升回归树模型在第t轮迭代中的损失可写作：

$$\begin{aligned}\mathcal{L}_{MSE}\big(\boldsymbol{y},H_t(\boldsymbol{x})\big)&=\frac{1}{m}\sum_{i=1}^{m}\big(y_i-H_t(\boldsymbol{x}_i)\big)^2\\&=\frac{1}{m}\sum_{i=1}^{m}\Big[y_i-\big(H_{t-1}(\boldsymbol{x}_i)+h(\boldsymbol{x}_i;\boldsymbol{\theta}_t)\big)\Big]^2\\&=\frac{1}{m}\sum_{i=1}^{m}\big[y_i-H_{t-1}(\boldsymbol{x}_i)-h(\boldsymbol{x}_i;\boldsymbol{\theta}_t)\big]^2\\&=\frac{1}{m}\sum_{i=1}^{m}\big[\varepsilon_{t,i}-h(\boldsymbol{x}_i;\boldsymbol{\theta}_t)\big]^2\\&=\mathcal{L}_{MSE}\big(\boldsymbol{\varepsilon}_t,h(\boldsymbol{x};\boldsymbol{\theta}_t)\big)\end{aligned} \tag{10.12}$$

与前一节介绍的AdaBoost算法不同，以误差平方和为损失函数的提升回归树不再以重新赋权法的方式来调整数据集分布，而是将基函数的残差$\varepsilon_{t,i}=y_i-H_{t-1}(x_i)$，$i=1,2,\cdots,m$作为新的标签，输入特征不变，训练新的基模型。这里的残差类似于AdaBoost中的分类错误率，能够反映模型预测结果的优劣。因此，提升回归树的具体训练步骤可总结如下：

(1)初始化回归树，

$$H_0(\boldsymbol{x})=0 \tag{10.13}$$

(2)对每个$t=1,2,\cdots,T$(T为决策树的个数)：

①对各个样本$i=1,2,\cdots,m$计算前一轮迭代中模型的残差，

$$\varepsilon_{t,i}=y_i-H_{t-1}(\boldsymbol{x}_i) \tag{10.14}$$

②以残差$\boldsymbol{\varepsilon}_t$为标签，输入特征$\boldsymbol{x}$不变，训练一个回归树模型，模型输出为$h(\boldsymbol{x};\boldsymbol{\theta}_t)$，并计算本轮的预测结果，

$$H_t(\boldsymbol{x})=H_{t-1}(\boldsymbol{x})+h(\boldsymbol{x};\boldsymbol{\theta}_t) \tag{10.15}$$

(3)最终的提升树由各轮构造的决策树相加得到，

$$H_T(\boldsymbol{x})=\sum_{t=1}^{T}h(\boldsymbol{x},\boldsymbol{\theta}_t) \tag{10.16}$$

10.2.4 梯度提升树

基于基本的提升树模型，许多研究者进行了丰富的拓展。针对更一般的损失函数，式(10.8)的优化问题较难求解，因此Freidman[11]提出了梯度提升(Gradient Boosting)的概念，通过求解损失函数的梯度来实现提升。不同于上一节介绍的提升回归树，梯度提升树在每一轮构造新的树时，会利用损失函数的负梯度代替上一轮预测值的残差，实际上，这是利用了梯度下降法来求解式(10.8)的优化问题。在国内外多项机器学习竞赛中，梯度提升树模型以及它的一系列改进模型被频繁使用，并累获大奖。在应用一般损失函数的情况下，第t－1轮训练结束后的损失为：

$$\mathcal{L}(\boldsymbol{y},H_{t-1}(\boldsymbol{x})) \tag{10.17}$$

在第t轮训练之后，我们希望得到$H_t(\boldsymbol{x})=H_{t-1}(\boldsymbol{x})+h\big(\boldsymbol{x},\boldsymbol{\theta}_t\big)$，使$\mathcal{L}(\boldsymbol{y},H_t(\boldsymbol{x}))$相比于$\mathcal{L}(\boldsymbol{y},H_{t-1}(\boldsymbol{x}))$有最大程度的下降。倘若我们把$\mathcal{L}(\boldsymbol{y},H_{t-1}(\boldsymbol{x}))$看作目标函数，将$H(\boldsymbol{x})$看作决策变量，那么$H(\boldsymbol{x})$的更新

过程可以用梯度下降法进行计算。损失函数的最速下降方向是：

$$-\nabla_{H_{t-1}(x)}\mathcal{L}\big(\boldsymbol{y},H_{t-1}(\boldsymbol{x})\big)=-\frac{\partial\mathcal{L}\big(\boldsymbol{y},H_{t-1}(\boldsymbol{x})\big)}{\partial H_{t-1}(\boldsymbol{x})} \tag{10.18}$$

因此，第t轮迭代之后的损失函数可以写作：

$$\mathcal{L}\left(\boldsymbol{y},H_{t-1}(\boldsymbol{x})-\eta\frac{\partial\mathcal{L}\big(\boldsymbol{y},H_{t-1}(\boldsymbol{x})\big)}{\partial H_{t-1}(\boldsymbol{x})}\right) \tag{10.19}$$

其中，η为学习率，其取值在0到1之间。为了使第t轮迭代之后的损失函数最小，梯度提升树只需训练$h(\boldsymbol{x},\boldsymbol{\theta}_t)$，使之与$\eta\frac{\partial\mathcal{L}(\boldsymbol{y},H_{t-1}(\boldsymbol{x}))}{\partial H_{t-1}(\boldsymbol{x})}$的偏差最小。换言之，在特征不变的情况下，以$\eta\frac{\partial\mathcal{L}(\boldsymbol{y},H_{t-1}(\boldsymbol{x}))}{\partial H_{t-1}(\boldsymbol{x})}$为训练标签对$h(\boldsymbol{x},\boldsymbol{\theta}_t)$进行训练。

我们以MSE作为损失函数向读者展示如何计算$\nabla_{H_{t-1}(x)}\mathcal{L}\big(\boldsymbol{y},H_{t-1}(\boldsymbol{x})\big)$。为方便求导计算，这里为式(10.11)中的MSE损失函数添加一个常数系数$\frac{1}{2}$，即$\mathcal{L}_{MSE}(\boldsymbol{y},\hat{\boldsymbol{y}})=\frac{1}{2m}\sum_{i=1}^{m}(y_i-\hat{y}_i)^2$，在第$t$轮迭代中，损失函数关于第$t-1$轮迭代预测值$H_{t-1}(\boldsymbol{x})$的负梯度恰为第$t-1$轮迭代中模型的残差，

$$\begin{aligned}-\nabla_{H_{t-1}(\mathrm{x})}\mathcal{L}_{MSE}\big(\boldsymbol{y},H_{t-1}(\boldsymbol{x})\big)&=-\frac{\partial\mathcal{L}_{MSE}\big(\boldsymbol{y},H_{t-1}(\boldsymbol{x})\big)}{\partial H_{t-1}(\boldsymbol{x})}\\&=\frac{1}{m}\big(\boldsymbol{y}-H_{t-1}(\boldsymbol{x})\big)\end{aligned} \tag{10.20}$$

梯度提升回归树的具体步骤总结如下：

(1)初始化回归树，

$$H_0(\boldsymbol{x})=0 \tag{10.21}$$

(2)对每个$t=1,\cdots,T$(T为回归树的个数)：

①对各个样本计算损失函数关于前一轮预测值的负梯度$-\nabla_{H_{t-1}(x)}\mathcal{L}\big(\boldsymbol{y},H_{t-1}(\boldsymbol{x})\big)$。

②输入特征不变，以①中计算的负梯度为新的标签，训练一棵新的回归树，该回归树预测结果为$h(\boldsymbol{x};\boldsymbol{\theta}_t)$。随后计算当前轮迭代的预测结果，

$$H_t(\boldsymbol{x})=H_{t-1}(\boldsymbol{x})+\eta h(\boldsymbol{x};\boldsymbol{\theta}_t) \tag{10.22}$$

(3)最终的梯度提升回归树模型预测结果由各轮构造的回归树预测结果线性相加得到，

$$H_T(\boldsymbol{x})=\sum_{t=1}^{T}h(\boldsymbol{x},\boldsymbol{\theta}_t) \tag{10.23}$$

近年来，在梯度提升树的基础上，也有研究者进行了工程上的改进，例如XGBoost与LightGBM，优化了梯度提升树的预测精度与运算速度，感兴趣的读者可以参考XGBoost[7]和LightGBM[8]的原论文。

10.3 Bagging

10.3.1 Bagging简介

Boosting是一种串行的集成方法，个体学习器之间存在较强的依赖关系，而本节将要介绍的Bagging则是一种并行的集成方法，个体学习器之间是互相独立的。独立而多样的个体学习器集成通常能够增强模型的泛化性能。为了在有限的数据条件下，为各个个体学习器构造尽可能独立且存在一定差异的训练集，一种常用的解决方法就是对训练样本进行重新采样，产生出若干个不同的子集。基于这些数据集子集，可以分别训练出若干个体学习器，最终将它们集成。此外，为了保证个体学习器都具有不差的性能，需要保证训

练各个个体学习器的数据集子集包含了充分的信息。因此在采样时，尤其对于样本数量不大的数据集，一般不会让采样出的数据集子集互斥，而是使它们相互有重叠。

有放回采样（Bootstrap）是Bagging中常用的一种数据集重采样方法。对于一个包含m个样本的数据集，有放回地依次取出m个样本，组成一个新的数据集，显然这个新数据仍然包含m个样本。在一次有放回采样中，通常会有一部分重复出现的样本，也有另一些原数据集中的样本未被包含在新数据集中。当m充分大时，一个样本不在新数据集中的概率为：

$$\lim_{m\to\infty}\left(1-\frac{1}{m}\right)^m=\frac{1}{e}\approx 36.8\% \tag{10.24}$$

可见，仅有约$\frac{2}{3}$的样本被用来训练一个个体学习器。对于剩余的约$\frac{1}{3}$的样本，它们会被作为验证集，来评估该个体学习器的泛化性能，评估结果通常被称为包外（out-of-bag）估计。包外估计在模型训练中还可以帮助减小模型的过拟合风险。例如，若基学习器是神经网络，包外估计的结果可以用作早停策略执行的依据；若基学习器是决策树，它也可以作为模型的剪枝的参考。

除了拥有较强的泛化性能，Bagging还是一个高效的集成学习算法。由于基学习器是相互独立的，因此Bagging算法的执行过程非常容易并行化，训练一个Bagging集成学习器与直接使用基学习算法训练一个学习器的复杂度同阶。

10.3.2 随机森林

随机森林（Random Forest，RF）是基于决策树模型设计的一种Bagging集成模型。Breiman[6]将随机森林定义为一个由一系列决策树$h(x;\boldsymbol{\theta}_i)$组成的分类器，其中$\boldsymbol{\theta}_i$为独立同分布的随机向量，基于这些树的投票，随机森林将给出最终的集成结果。对于回归任务，只需要将随机森林的基学习器由分类树替换为回归树，并将最终的投票法替换为简单平均法即可。

在Bagging集成方法中，各个基学习器会在重采样的数据集上进行训练，随后对结果投票来提升预测精度。通过这种方式，随机森林可以建立数十或数百棵树，形成一片决策"森林"。为了丰富森林中决策树的多样性，除了Bagging中的数据集重采样，许多研究曾尝试为这些基学习器引入更多的随机性，例如，Dietterich [12]令决策树在划分时，从最佳的多个划分点中进行随机选择；Breiman[13]则向决策树的输出添加了随机噪声。尽管这些措施能使模型的性能超越普通的Bagging方法，但仍无法与AdaBoost相提并论。在2001年，受Amit和Geman[14]的研究启发，Breiman[6]又为随机森林引入了随机特征选择机制，终于形成了现在所使用的随机森林模型。第8章介绍过，普通决策树在划分子节点时，通常会考虑全部的d维输入特征，而随机森林中的决策树则会对特征再进行一次采样，即从全部特征中随机选择k个，再在这k维特征中寻找最优的划分点。这里的超参数k控制了基决策树的随机程度，特别地，当$k=d$时，随机森林等价于基学习器为普通决策树的Bagging集成模型。在实践中，可以取推荐值$k=\log_2 d$[6]。

下面将基于给定的数据集$D=\{(x_1,y_1),(x_2,y_2),\cdots,(x_m,y_m)\}$，介绍随机森林的具体步骤：

（1）对每个$t=1,2,\cdots,T$（T为决策树的个数）：

①对原训练集进行Bootstrap采样，得到新训练集D_b，并基于D_b来训练一棵决策树。

②从训练集D_b包含的所有特征中，随机选取k维特征。

③基于这k维特征，寻找决策树最优划分点，将样本划分到两个子节点中。

④反复执行②、③步骤，直到所有节点都无法继续划分。需要注意的是，在随机森林算法中通常无需对决策树进行剪枝。但在实践中，若数据集较大，可以考虑设置一定的剪枝条件，以提升计算效率、减小内存消耗。

（2）基于T棵决策树的预测结果进行投票，最终的投票结果即作为最终的集成结果。

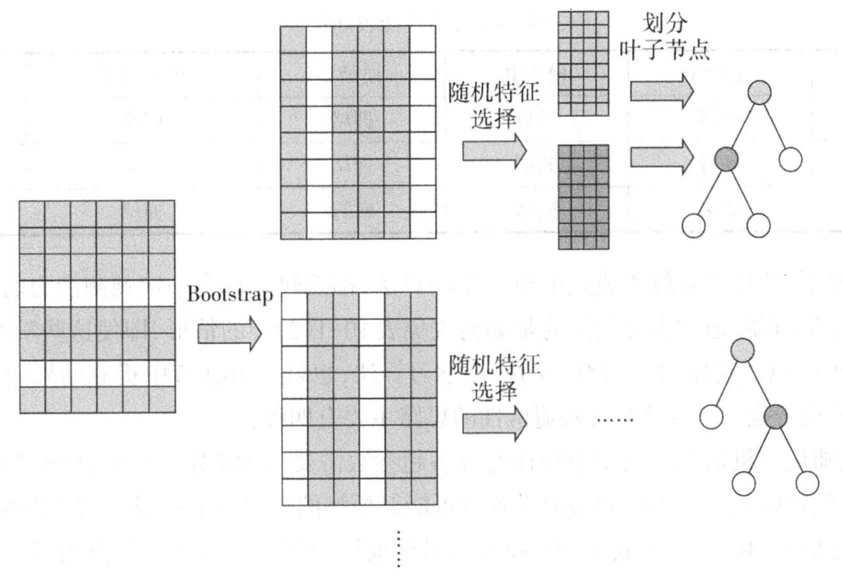

图10-4 随机森林算法示意图

通过Bootstrap采样和随机特征选择，随机森林从训练样本和输入特征两个方面为模型引入了随机因素，极大地丰富了基学习器的多样性。尽管随机森林算法的实现非常简单，但这些操作使随机森林模型不易受异常值等噪声数据的干扰，使最终集成模型的泛化性能得到很大的增强。随着基决策树数量的增加，集成模型的泛化误差通常也能进一步降低。此外，随机特征选择也提升了随机森林的算法效率。相比于普通决策树模型，随机森林中的决策树在划分子节点时，不再需要考察全部的特征，仅需要关注采样的特征子集即可。

10.4 个体学习器的多样性

集成学习的强大学习能力来源于对大量的个体学习器的组合。但是，集成学习对个体学习器的集成是有条件的。换言之，并非任意个体学习器的组合都能带来性能的巨大提升。如表10-1(1)所示，若个体学习器的性能极差，例如为各个样本随机分配标签，则不论使用什么样的集成学习算法，最终结果也不会有任何改善。如表10-1(2)所示，若个体学习器预测结果高度相似，则集成结果的意义也不大。要想建立一个理想的集成学习器，必须保证个体学习器具有一定的预测能力，同时，个体学习器之间具有一定的差异性，即表10-1(3)中展示的情形。

表10-1 不同个体学习器的集成结果

(1)个体学习器性能极差

	模型A	模型B	模型C	集成结果	真实路况
双龙大道	拥堵	畅行	畅行	畅行	拥堵
中山东路	畅行	畅行	拥堵	畅行	拥堵
龙蟠中路	畅行	拥堵	拥堵	拥堵	拥堵

(2)个体学习器高度相似

	模型A	模型B	模型C	集成结果	真实路况
双龙大道	拥堵	拥堵	拥堵	拥堵	拥堵
中山东路	畅行	畅行	畅行	畅行	拥堵
龙蟠中路	拥堵	拥堵	拥堵	拥堵	拥堵

(3)个体学习器性能较好且多样

	模型A	模型B	模型C	集成结果	真实路况
双龙大道	拥堵	畅行	拥堵	拥堵	拥堵
中山东路	畅行	拥堵	拥堵	拥堵	拥堵
龙蟠中路	拥堵	拥堵	畅行	拥堵	拥堵

在大多数情况下,使用任意较为成熟的机器学习算法,都能建立具有一定预测能力的模型。因此,对于集成学习中的个体学习器,通常需要关注的是如何避免表10-1(2)中的情形,即使这些学习器具有一定的多样性。一种最简单的想法是使用不同类型的机器学习算法,也就是10.1节中提到的异质集成,另一种方法则是为模型引入随机干扰[10]。为模型引入随机性的思路主要有四种:

(1)模型参数随机。机器学习模型中往往有许多超参数需要人为指定,例如线性回归的正则项系数、决策树的深度、SVM的核函数等。不同的参数设置有可能对模型的输出结果造成一定的影响。

(2)训练样本随机。Bagging集成中的Bootstrap采样就属于这一类方法。在使用时需要注意,不同机器学习模型对于数据扰动的敏感度不同,决策树和神经网络等模型易受数据干扰,线性回归和SVM等模型则较为稳定,而这种向训练样本增加随机性的方法很难对后者的预测结果造成较大影响,因此不适用于稳定的基学习器。

(3)输入特征随机。输入特征从多个方面反映样本的属性和特点,是机器学习算法执行分类或回归任务的依据。考虑不同的样本属性,自然可能得到不同的结果,且该方法可用于(2)中提到的稳定学习器。因此,随机森林中提到的随机特征选择方法,正是通过这种方式来增加基学习器的随机性。

(4)训练标签随机。通过对模型的训练标签进行修改也可以达到引入随机性的目的,例如改变少量训练样本的标签、为标签添加噪声等[13]。

上述方法通过引入随机性因素,都可以增加基学习器之间的差异,提高基学习器的多样性。另外,这些方法可以相互组合使用,例如随机森林就同时向训练样本和输入特征引入了随机干扰,大幅提升了模型的泛化性能。

10.5 集成学习模型的实例应用

例10-1 集成学习模型在网格拥堵程度分类中的应用

在本算例中,同样选择利用基于网约车历史轨迹路况数据提取出的网格数据,建立一个用于网格拥堵程度判别的模型,并对比基于随机森林和梯度提升决策树的分类结果。正如之前相关算例中反复探讨的,拥堵程度识别问题要求根据网格的速度、加速度、流量等交通参数,判断该网格是否为通畅、缓行或拥堵,进行分类。这样精准的路况分类对于优化出行者信息系统和及时有效的交通管理控制有着重要的意义,有利于提升居民出行体验和交通管理效率。

本案例将基于经典机器学习框架Scikit-learn中的随机森林和梯度提升决策树模块进行操作,将对比展示两种方法的分类结果。

1.数据集介绍

在构建基于集成学习的路况识别模型时,我们首先围绕交通流基本参数,提取出了9维特征作为模型的输入(具体数据结构可以参考例7-3、8-1以及9-1),这9维特征包括"时空网格编号"(rowid、colid、time_id)、"平均车速"(aveSpeed)、"加速度"(gridAcc)、"流量"(volume)、"速度标准差"(speed_std)、"平均停车次数"(stopNum)与"星期"(dayofweek)。对于决策树类模型,输入参数通常无需进行归一化处理。如叶子节点的划分基于信息增益,则类别特征(categorical feature)不需要像线性模型中一样直接进行one-hot编码。

需要注意的是，由于数据量较大，训练时间较长，为方便展示，本案例对原始数据集随机采样了50000条样本进行训练。

代码下载

2.建模预处理

首先，我们读取数据集并进行简单的清理工作。

```
import pandas as pd
import numpy as np
#读取数据文件
data = pd.read_csv('DATASET-B.csv')
#转换数据类型
for c in ['rowid', 'colid', 'time_id']:
    data[c] = data[c].astype(int)
#排序
data = data.sort_values(['date', 'rowid', 'colid', 'time_id']).reset_index(drop=True)
```

由于原始数据集中缺少时间特征，即星期信息，因此我们需要从日期信息中手动提取这一特征。首先，需要将日期信息从字符串转换为日期格式，根据日期，可以进一步提取出星期编号，如表10-2所示。

```
data['datetime'] = pd.to_datetime(data.date, format='%Y%m%d')    #转换日期格式
data['dayofweek'] = data.datetime.dt.dayofweek                  #提取星期信息
```

表10-2　提取星期编号

ID	date	datetime	dayofweek
1	20161122	2016-11-22	1
2	20161110	2016-11-10	3
3	20161101	2016-11-01	1
4	20161117	2016-11-17	3
5	20161126	2016-11-26	5

3.模型训练

为验证模型的分类性能，这里需要对数据集进行划分，随机选取30%的数据作为测试集，用于验证；其余70%作为训练集，用于模型的训练。

```
from sklearn.model_selection import train_test_split
features = [
  'rowid', 'colid', 'time_id', 'aveSpeed', 'gridAcc', 'volume',
  'speed_std', 'stopNum', 'dayofweek'
]                                                              # 特征列表
data = data.sample(50000, random_state=233)                    # 随机选取50000条数据
train, test = train_test_split(data, test_size=0.3, random_state=233)   # 数据集划分
```

下面开始建立集成学习模型，首先从Scikit-learn库中导入相关模型类，然后将模型类实例化，设置模型参数。模型参数的选取需要综合考虑数据集大小、特征维度和拟合效果。对于较小的数据集，通常需要限制决策树的最大深度和叶子节点数量，避免对训练集过拟合。本案例中，模型参数的选择是根据经验确定的，请读者自行参考5.6节中介绍的模型参数选择的方法，对参数进行调优。

```
from sklearn.ensemble import RandomForestClassifier, GradientBoostingClassifier
rf = RandomForestClassifier(
    n_estimators=256,     #森林中的决策树数量
    max_depth=9,          #决策树的最大深度
    min_samples_leaf=30,       #叶子节点包含的最小样本数量
    n_jobs=-1,                 #模型拟合使用的处理器数量
    random_state=233           #随机种子，用于获得可复制的结果
)                              #随机森林模型
gbdt = GradientBoostingClassifier(
  learning_rate=0.05,          #选择模型类型
  n_estimators=256,            #迭代轮数
   max_depth=8,                #决策树的最大深度
   subsample=0.8,              #数据采样比例
   max_features=0.9,           #特征采样比例
   min_samples_split=5,        #划分叶子节点所需的最小样本数量
   min_samples_leaf=30,        #叶子节点包含的最小样本数量
   random_state=233            #随机种子，用于获得可复制的结果
)                              #梯度提升树模型
```

完成模型的搭建，即可开始进行训练。

4.模型精度对比及可视化

当我们完成训练后，需要对比模型在训练集和测试集上的分类精度。两个模型预测精度结果如表10-3所示，可以看到在这个任务上，梯度提升决策树获得了比随机森林更高的预测精度，且在测试集上仍然表现出了很好的泛化性能。一般而言，基于Boosting的集成学习器可以获得比Bagging集成学习器更高的预测精度，但同时也存在更高的过拟合风险。

表10-3 算法性能比较

	随机森林	梯度提升树
训练集	0.945	0.993
测试集	0.941	0.946

```
'''随机森林训练'''
rf.fit(train[features], train['labels'])
rf_train_score = rf.score(train[features], train['labels'])     #计算训练集精度
rf_test_score = rf.score(test[features], test['labels'])        #计算测试集精度
```

```
print(f'随机森林模型精度：训练集：{rf_train_score:.3f}；测试集：{rf_test_score:.3f}')
'''梯度提升树训练'''
gbdt.fit(train[features], train['labels'])
gbdt_train_score = gbdt.score(train[features], train['labels'])      #计算训练集精度
gbdt_test_score = gbdt.score(test[features], test['labels'])        #计算测试集精度
print(f'GBDT模型精度：训练集：{gbdt_train_score:.3f}；测试集：{gbdt_test_score:.3f}')
```

为了进一步观察模型的训练过程和过拟合情况，我们也可以绘制模型的训练和验证曲线。从图10-5可以看出，随着不断的训练，两个模型在验证集上的表现均不断提升。对于梯度提升树，其训练集表现始终维持在较高的水平，验证集精度也随着训练不断上升。

```
import matplotlib.pyplot as plt
from sklearn.model_selection import learning_curve
def plot_learning_curve(estimator, title, X, y, ylim=None, cv=None,
                        n_jobs=None, train_sizes=np.linspace(0.1, 1.0, 10)):
  '''训练曲线绘制函数'''
  plt.figure()
  plt.title(title)
  if ylim is not None:
    plt.ylim(*ylim)
  plt.xlabel("Training examples")
  plt.ylabel("Score")
  train_sizes, train_scores, test_scores = learning_curve(estimator, X, y, cv=cv, n_jobs=n_jobs,
                                              train_sizes=train_sizes)    #获取训练曲线
  train_scores_mean = np.mean(train_scores, axis=1)
  train_scores_std = np.std(train_scores, axis=1)
  test_scores_mean = np.mean(test_scores, axis=1)
  test_scores_std = np.std(test_scores, axis=1)
  plt.grid()
  # 绘制曲线
  plt.fill_between(train_sizes, train_scores_mean - train_scores_std,
                   train_scores_mean + train_scores_std, alpha=0.1,
                   color="r")
  plt.fill_between(train_sizes, test_scores_mean - test_scores_std,
                   test_scores_mean + test_scores_std, alpha=0.1, color="g")
  plt.plot(train_sizes, train_scores_mean, 'o-', color="r",
           label="Training score")
  plt.plot(train_sizes, test_scores_mean, 'o-', color="g",
           label="Validation score")
```

```
    plt.legend(loc="lower right")
    return plt
plot_learning_curve(rf, "Random Forest", train[features], train['labels'], cv=5, n_jobs=-1)
plt.show()                                                    #绘制随机森林训练曲线
plot_learning_curve(gbdt, "GBDT", train[features], train['labels'], cv=5, n_jobs=-1)
plt.show()                                                    #绘制梯度提升树训练曲线
```

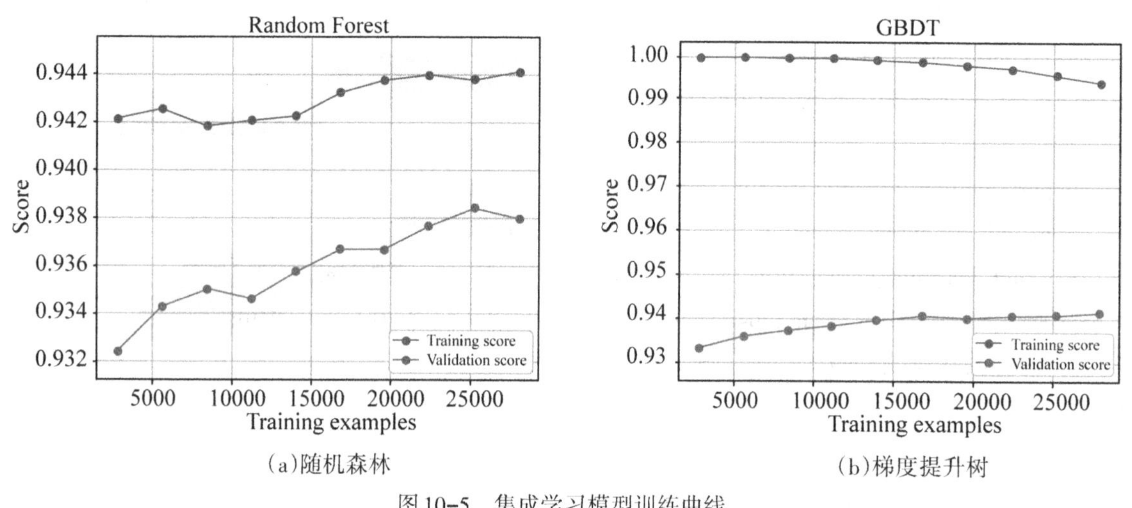

(a)随机森林　　(b)梯度提升树

图 10-5　集成学习模型训练曲线

10.6　本章小结

集成学习方法的核心思想，主要是通过组合多个分类器的分类结果，获得比单一分类器更好的分类结果。在此基础上，本章重点介绍了两类集成方法：Boosting和Bagging。

Boosting方法在数据集上顺序应用了很多不同分类器。其串行化整合方案要求个体学习器存在强依赖关系。代表性算法如AdaBoost算法，以弱学习器作为基分类器，使输入样本通过权重向量进行加权。虽然所有样本初始权重相等，但是后续迭代中，前次迭代中错分样本的权重会增大，针对新的加权样本，学习一个新的基本分类器。最后，将基本分类器的线性组合作为强分类器，其中给分类误差率小的基本分类器以大的权值，给分类误差率大的基本分类器以小的权值。这种针对错误的调节能力正是AdaBoost的长处。

Bagging方法通过随机抽样的替换方式，得到了与原始数据集规模一样的数据集。Bagging采用并行化的个体学习器生成方式，个体学习器应尽可能相互独立。随机森林便是Bagging方法的一个重要应用。随机森林在以决策树为基学习器构建Bagging集成的基础上，进一步在决策树的训练过程中引入了随机属性选择。随机属性体现在两方面：(1)随机采样：随机森林在计算每棵树时，从全部训练样本(样本数为m)中选取一个可能有重复的、大小同样为m的数据集进行训练(即有放回采样)；(2)特征选取的随机性：在每个节点随机选取所有特征的一个子集，用来计算最佳分割方式。

从第7章到目前为止，我们已经依次为大家介绍了线性模型、SVM模型、决策树模型、聚类模型以及集成学习模型，作为传统的机器学习模型，这些方法都需要我们人工构造特征，或将特征映射到目标空间，或直接挖掘特征空间的内部关系。随着机器学习的不断发展，新的方法和思路也不断改变着我们的建模思路。从下一章开始，我们将陆续介绍两种新的学习方法，神经网络与深度学习，作为复杂的网络结构模型，它们能够自主学习数据中的潜在特征以及关联程度,进而在很多复杂的实际问题中,取得了理想的效果。

10.7　本章习题

1.判断:集成学习器一定能比其基学习器的性能更优。

2.Boosting算法的基本步骤是什么?如何实现样本分布的调整?

3.随机森林算法与普通Bagging算法有什么区别?

4.使用Bagging算法处理一个二分类问题,输入特征为3维,共有3个基学习器,每个基学习器在叶子划分时随机选择2维特征。已知每个基学习器的预测精度为0.7,则最终的集成模型可能获得的最大的精度是多少?

5.假设用于AdaBoost的样本数据概率分布如下表所示。假设分类器错分样本x_2和x_9,请推演所有训练样本的概率分布更新和归一化的过程。

$p(x_1)$	$p(x_2)$	$p(x_3)$	$p(x_4)$	$p(x_5)$	$p(x_6)$	$p(x_7)$	$p(x_8)$	$p(x_9)$	$p(x_{10})$
0.07	0.07	0.07	0.07	0.07	0.07	0.07	0.17	0.17	0.17

6.为什么说Boosting关注减少模型的偏差,而Bagging关注减少方差?

7.可否将随机森林中的基分类器,由决策树替换为线性分类器?

8.梯度提升和梯度下降有什么区别和联系?

9.尝试不使用Scikit-learn或其他已封装好的机器学习库,编程实现随机森林算法,并在网约车数据集上进行训练,同时对比不同基学习器参数对集成结果的影响。

10.8　参考文献

[1] Dasarathy B V, Sheela B V. A composite classifier system design: Concepts and methodology[J]. Proceedings of the IEEE, 1979, 67(5): 708-713.

[2] Efron B. Bootstrap methods: Another look at the jackknife[M]//Kotz S, Johnson N L. Breakthroughs in Statistics. New York, NY: Springer New York, 1992: 569-593.

[3] Hansen L K, Salamon P. Neural network ensembles[J]. IEEE Transactions on Pattern Analysis and Machine Intelligence, 1990, 12(10): 993-1001.

[4] Schapire R E. The strength of weak learnability[J]. Machine Learning, 1990, 5(2): 197-227.

[5] Breiman L. Bagging predictors[J]. Machine Learning, 1996, 24(2): 123-140.

[6] Breiman L. Random forests[J]. Machine Learning, 2001, 45(1): 5-32.

[7] Chen T, Guestrin C. XGBoost: A scalable tree boosting system[C]//Proceedings of the 22nd ACM SIGKDD International Conference on Knowledge Discovery and Data Mining - KDD '16. San Francisco, California, USA: ACM Press, 2016: 785-794.

[8] Ke G, Meng Q, Finley T, et al. LightGBM: A highly efficient gradient boosting decision tree[C]//Guyon I, Luxburg U V, Bengio S, et al. Advances in Neural Information Processing Systems 30. Long Beach, California: Curran Associates, Inc., 2017: 3146-3154.

[9] Freund Y, Schapire R E. Experiments with a new boosting algorithm[C]//Proceedings of the Thirteenth International Conference on Machine Learning. Bari, Italy: Morgan Kaufmann Publishers Inc., 1996: 148-156.

[10]周志华. 机器学习[M]. 北京: 清华大学出版社, 2016.

[11]Friedman J H. Greedy function approximation: a gradient boosting machine[J]. The Annals of Statistics, 2001, 29(5): 1189-1232.

[12]Dietterich T G. An experimental comparison of three methods for constructing ensembles of decision trees: bagging, boosting, and randomization[J]. Machine Learning, 2000, 40(2): 139-157.

[13]Breiman L. Randomizing outputs to increase prediction accuracy[J]. Machine Learning, 2000, 40(3): 229-242.

[14]Amit Y, Geman D. Shape quantization and recognition with randomized trees[J]. Neural Computation, 1997, 9(7): 1545-1588.

第11章

人工神经网络

在本章和下一章，我们将介绍近年来机器学习领域发展最火热的领域——深度学习。深度学习模型的一大特点是结构复杂，参数数量众多，复杂的深度学习模型往往具有上百万个参数。这一特点也使得深度学习模型具有很好的表达能力，但同时也要防止复杂的模型出现过拟合，并需要提供大算力用于模型的训练。与传统机器学习方法比较，深度学习方法能从数据中自主学习特征，从而实现较高的拟合能力，但其内部结构类似黑箱，在可解释性上存在一定缺陷。那么，如此复杂的深度学习模型，是如何构建起来的呢？处在其最底层、最核心也是最重要的基础，便是人工神经网络（Artificial Neural Network，ANN）。

大家是否思考过，为什么人的大脑可以处理各种问题呢？人的大脑由很多神经元组成，这些神经元彼此之间相互连接，构成了非常复杂的网络，通过一定的机制来传递和处理生物信号，并反馈和输出结果。那么，既然生物神经网络有这样的能力和效果，我们是否可以模仿神经系统的结构和功能设计，构建一种人工的数学模型或计算模型，用于解决我们遇到的工程问题呢？比如对各式复杂的函数进行估计或近似？正是受到这样的启发，人工神经网络应运而生（下文我们统一简称“神经网络”）。

神经网络建立在一组被称为人工神经元的连接单元或节点上，每个连接，就像生物大脑中的突触一样，可以向其他神经元传递信号。Kohonen[1]将神经网络定义为“具有适应性的简单单元组成的广泛并行的互连的网络，它的组织能够模拟生物神经系统对世界物体所做出的交互反应”。神经网络在数学上对生物大脑中的神经元的复杂结构进行模拟，能够实现对复杂的非线性关系的拟合，11.1.2节将通过实例说明神经网络拟合能力的来源。

与大多数机器学习算法类似，神经网络不基于特定的规则，而是直接从数据中来“学习”，从而执行任务。但不同于传统的机器学习中主要依赖于人工提取的特征，神经网络最明显的区别，就是把这些人工提取的过程自动化，不限制输入变量的分布，不预设数据中的固定关系，而完全通过样本数据来“学习”和构建输入和输出间非线性的复杂关系。由于其强大的拟合能力和泛化性能，不同结构的神经网络已被广泛应用于计算机视觉、自然语言处理、人工智能机器人和各类不同的预测任务中并大多取得了超越传统方法的成绩[2-6]。

人工神经网络的起点一般被认为是1943年，由神经元解剖学家McCulloch和数学家Pitt[7]提出的M-P神经元模型。此后几十年，由于神经网络理论性质的不明确、试错性强、使用中充斥大量“技巧”的弱点，神经网络的研究经历了多次低潮期。期间影响力最大的研究成果是1986年Rumelhart等人[8]在多层神经网络模型的基础上，提出的著名的反向传播（Back Propagation，BP）算法，并给出了完整的数学推导。直到2010年前后，随着计算机性能的提升、算法改进以及大数据概念的出现，深度学习[9]（可以简单理解为多层复杂的神经网络）开始在各类应用领域取得显著成绩，神经网络又再度焕发活力，包括Google、Facebook等在内的世界顶级互联网公司纷纷布局，掀起持续至今的第三次高潮。

本章将简单介绍神经网络的基本结构、学习规则，并讨论神经网络训练过程中的一些常见问题及其解决方案。更重要的是，为了展示神经网络在部分交通大数据问题中的出色表现，本章会在案例部分，利用网约车数据集，构建一个对未来交通状况进行预测的全连接神经网络。而针对近年来不断涌现的一系列结构更加复杂的神经网络（例如卷积神经网络、循环神经网络和图神经网络等），将在下一章“深度学习”中，进行更具体的讨论。

11.1 神经网络的基本结构

11.1.1 神经元模型的基本概念

在生物神经网络中，通过突触结构，当由上游神经元输入信号电位超过某个阈值时，神经元才会进入兴奋状态，从而产生输出信号。图11-1展示了最简单的M-P神经元模型，它对生物神经元的机制进行了抽象化。如图所示，当前神经元接收来自上游n个神经元的输入信号，他们通过连接权重进行传递，先生成一个总的输入信号。图11-1所示的输入信号，可以用向量$\boldsymbol{x}$表示，其中$\boldsymbol{x}=(x_1, x_2, \cdots, x_n)$；连接权重(weights)用w表示，$\mathrm{w}=(w_1, w_2, \cdots, w_n)$，则总的输入信号为$\mathrm{w}^{\mathrm{T}}\boldsymbol{x}$。

之后，将$\mathrm{w}^{\mathrm{T}}\boldsymbol{x}$与阈值$\theta$进行比较，若$\mathrm{w}^{\mathrm{T}}\boldsymbol{x} > \theta$，则输出激活信号（神经元兴奋），否则不输出信号（神经元抑制）。该过程可用函数$f(\cdot)$表示，$f(\cdot)$也被称为激活函数。对神经元的兴奋与抑制状态的判断，可用式(11.1)所示的阶跃函数表示。阶跃函数虽然符合生物神经元突触结构的信号处理机制，但是其不连续[10]，对于数学模型的处理会造成一定的问题，因此也出现了许多不同的替代方案，我们将在11.2节中详细介绍各种类型的激活函数。

$$f(x)=\begin{cases}0 & x\leqslant 0\\ 1 & x>0\end{cases} \tag{11.1}$$

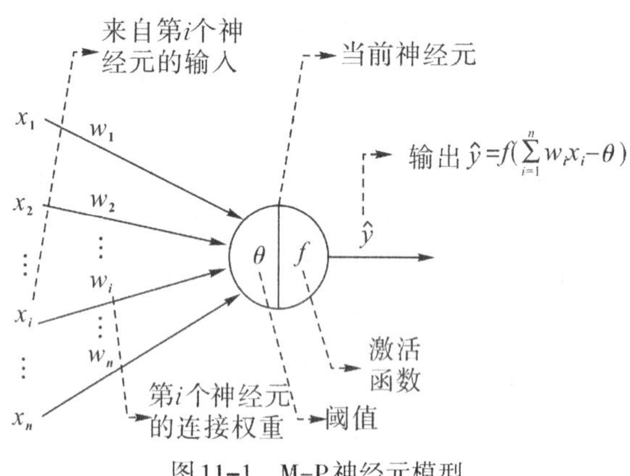

图11-1　M-P神经元模型

11.1.2 神经元模型的通用表示形式

为了方便后续的数学模型分析，我们将阈值θ也作为一个输入值来处理，此时定义符号$b=-\theta$。如图11-2所示，可以将阈值看作为一个输入恒为1、权重为b的值。此处b也被称作偏差或偏置(bias)。输入和偏差构成了一个"广义输入"$z=\mathrm{w}^{\mathrm{T}}\boldsymbol{x}+b$。则输出$\hat{y}$与输入信号之间的关系可表示为：

$$\hat{y}=f(\mathrm{w}^{\mathrm{T}}\boldsymbol{x}+b)=f(z) \tag{11.2}$$

图11-2给出了神经元模型的通用表示形式，其包含两层：输入层和输出层。输入层的神经元代表了输入变量$\boldsymbol{x}=(x_1, x_2, \cdots, x_n)$，输出层的神经元代表了输出变量$\hat{y}$。输入层和输出层之间的连接权重w、激活函数$f(\cdot)$与上文的定义相同。对于偏差，输入层中最后一个虚线表示的神经元定义了一个取值恒为1的虚拟神经元，即为一个哑元变量(dummy variable)，其权重为b。神经元模型等价于公式(11.2)中的数学方程。

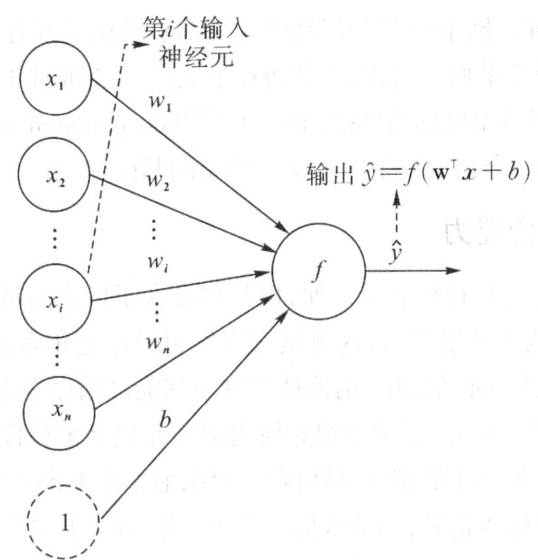

图11-2 通用神经元模型

11.1.3 多层神经网络模型

现实中使用的复杂神经网络是由许多层神经元模型组成的,每层存在多个神经元(神经元数量不一定相等)。神经网络的结构(architecture)定义了网络中的变量和它们的拓扑关系。例如,图11-3给出了一个全连接的神经网络模型,其包含4层,第一层为输入层,每个神经元代表一个输入变量;最后一层为输出层,表示输出变量;中间两层被称为隐藏层,表示中间变量,本章用符号a表示中间变量的取值(即该神经元的输出值),例如$a_1^{(2)}$表示第二层网络中第一个神经元的输出值。图11-3这种神经网络模型也被称为"前馈神经网络",其具有的特征是:每层神经元与下一层神经元全连接、不存在同层连接、不存在跨层连接。

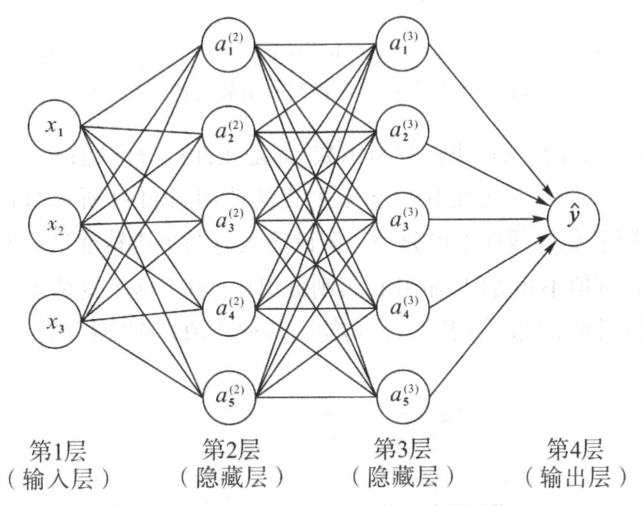

图11-3 由神经元组成的人工神经网络

给定一个神经网络模型,其一次完整计算过程是:输入数据由输入层进入隐藏层,隐藏层的神经元通过权重和偏差对数据进行线性计算,又通过激活函数完成非线性计算,通过多个隐藏层的处理,将最终的结果传递到输出层,这个计算过程被称为"前向传播"(forward propagation)。

一个训练良好的神经网络的结构可以很好地拟合输入与输出数据间非线性的复杂关系。对于一个拓扑关系已经确定的神经网络,模型的训练过程就是寻找神经网络中最优的模型参数(权重和偏差)的过程。这个过程被称为"反向传播",其基本原理是通过从输出层到输入层,逐层反向计算参数的梯度,对参数进行更新,直到获得最优值。因此,神经网络所"学习"到的丰富信息就蕴涵在连接权重与参数中。前向传播与反向传播是神经网络模型中最重要的两个过程,本章将在下文的11.2和11.3节详细介绍其计算过程。

具有多个隐藏层的神经网络模型可称为"深度神经网络"(deep neural network)。深度神经网络是最简单的深度学习模型,也是12章中所介绍的复杂深度学习模型的基础。

11.1.4 神经网络的拟合能力

神经网络模型的结构形式与计算过程非常简便,但是却蕴含了巨大的拟合能力。多层神经元叠加起来可以拟合和替代非常复杂的非线性映射关系,这也是深度学习模型近年来能够有强大生命力的根本原因。研究证明,只需要一个有足够多神经元的隐层,前馈神经网络就能高精度逼近任意复杂的连续函数[11]。

为了展示神经网络模型的拟合能力,下文介绍如何用神经元模型来替代逻辑判断函数。以"与门"、"或门"、"非门"这三种计算机科学中最基本的逻辑判断函数为例,它们的判断规则如下,假设输入信号为0和1:

(1)"与门":接收两个或多个输入信号,当输入信号都为1时,输出1,其他情况均输出0;

(2)"或门":接收两个或多个输入信号,当输入信号都为0时,输出0,其他情况均输出1;

(3)"非门":接收一个输入信号,当输入信号为0时,输出1,当输入信号为1时,输出0。

下面用神经元模型对以上三种逻辑判断函数进行拟合,如图11-4所示,其中激活函数使用式(11.1)所示的阶跃函数。我们将输入信号规范定义为一个2维向量,对于非门的处理,通过将输入变量x_2的权重置为0,实现了对输入变量x_1的"非"操作。

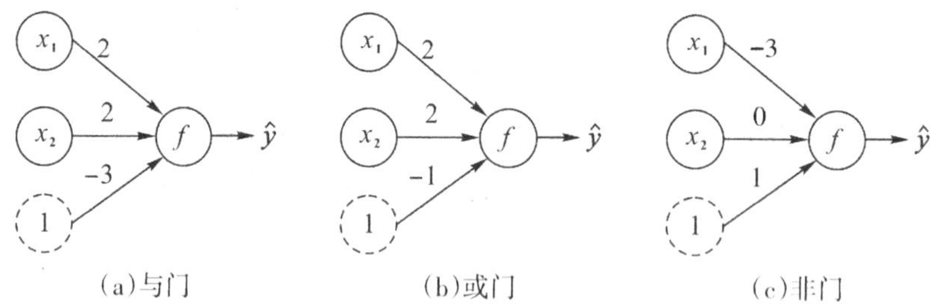

图11-4 拟合简单逻辑判断函数的神经元结构

上文的"与门"、"或门"、"非门"三种逻辑判断函数,都是线性可分问题;有关线性可分与线性不可分的概念可参考第7章7.1.1节内容。而对于线性不可分问题,无法使用图11-1所示的简单结构进行拟合。例如,逻辑判断中更加复杂的"异或门"就是线性不可分的。假设输入有两个逻辑变量x_1和x_2,各自取值为0或1,异或门的处理逻辑是:当x_1和x_2取值不相等时,输出1,否则输出0。对于这个复杂了一些的线性不可分问题,我们可构建如图11-5所示的神经网络来拟合(替代)其功能。各权重值在图中标出:

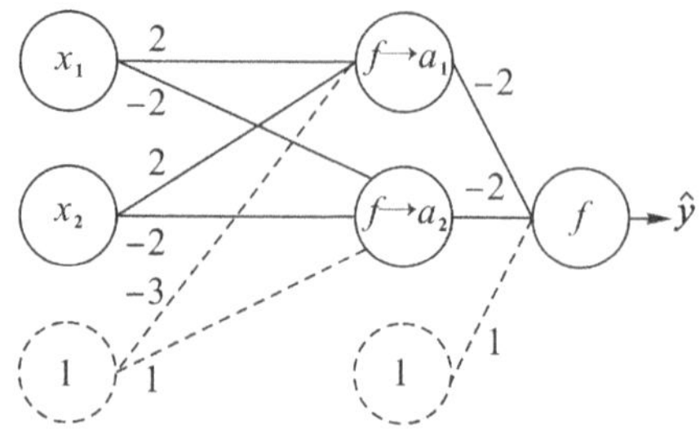

图11-5 拟合异或门网络

激活函数依然用式(11.1)所示的阶跃函数,可得:

$$\begin{aligned} a_1 &= f(2 \times x_1 + 2 \times x_2 + (-3) \times 1) \\ a_2 &= f((-2) \times x_1 + (-2) \times x_2 + 1 \times 1) \\ \hat{y} &= f(-2 \times a_1 - 2 \times a_2 + 1 \times 1) \end{aligned} \tag{11.3}$$

这一拟合“异或门”的神经网络模型可通过如下代码进行构建。

```
import numpy as np
# 非线性激活函数
def activation(z):
    return 0 if z <= 0 else 1
# 计算第二层的输出值
def fc(x, w, b):
    z = sum(x * w) + b
    a = activation(z)
    return a
# 计算输出层的输出值
def output(a, w, b):
    z = sum(a * w) + b
    y = activation(z)
    return y
# 计算各个输入样本对应的输出值
x = np.array([[0, 0], [0, 1], [1, 0], [1, 1]]) # 输入样本
for xi in x:
    w1 = np.array([2, 2])                # 第2层第1个神经元对应的权重
    b1 = -3                              # 第2层第1个神经元对应的偏差项
    a1 = fc(xi, w1, b1)                  # 第2层第1个神经元的输出值
    w2 = np.array([-2, -2])              # 第2层第2个神经元对应的权重
    b2 = 1                               # 第2层第2个神经元对应的偏差项
    a2 = fc(xi, w2, b2)                  # 第2层第2个神经元的输出值
    w_out = np.array([-2, -2])           # 输出层神经元对应的权重
    b_out = 1                            # 输出层神经元对应的偏差项
    y = output(np.array([a1, a2]), w_out, b_out)
    print(xi, (a1, a2), y)
```

表11-1给出了各种输入情况下，神经网络模型的中间层和输出层取值。可见，其完美地实现了异或门的功能。

表11-1 神经网络各层取值

x_1	x_2	a_1	a_2	$\hat{y}$
0	0	0	1	0
0	1	0	0	1
1	0	0	0	1
1	1	1	0	0

假设符号$AND(\cdot,\cdot)$表示与门，$OR(\cdot,\cdot)$表示或门，$NOT(\cdot)$表示非门。图11-5的神经网络中，x_1和x_2

到 a_1 的映射实现了 $AND(x_1, x_2)$，x_1 和 x_2 到 a_2 的映射实现了 $NOT(OR(x_1, x_2))$，a_1 和 a_2 到输出 y 的映射则实现了 $NOT(OR(a_1, a_2))$，可见，神经网络是通过线性可分问题的进一步组合，实现了对线性不可分问题（异或门）的分析。同样，对于其他复杂的非线性关系的拟合问题，复杂神经网络将多个简单的线性函数进行组合，并通过非线性激活函数，实现了对非线性关系的拟合，网络结构越复杂，其拟合能力也越强。

11.2 激活函数与前向传播

至此，我们已经介绍了神经网络中相互连接的神经元间信息传递的方式，神经元通过激活函数，对输入信号进行非线性变换得到激活值，之后再将激活值向下一层神经元进行传递。实际上，神经网络的前向传播也就是各层神经元统一地以这种方式层层传递激活值并最终得到输出的过程。本节将对激活函数与前向传播这两个神经网络中最关键的步骤进行详细介绍。

11.2.1 激活函数

激活函数 $f(\cdot)$ 对输入信息进行非线性计算，然后将计算后的值传递至下一层神经元。没有激活函数的神经元模型等价于线性模型，激活函数对数据进行非线性计算，是神经网络能够拟合各类复杂关系，具有强大表征能力的重要基础。本节将具体介绍四类常用的激活函数，读者可自行查阅相关资料了解其他激活函数[12]。不同的激活函数具有不同的性质和适用条件，根据问题的不同进行选择。

1.Sigmoid 函数

如上所述，阶跃函数是最为接近生物神经网络突触机制的激活函数，但由于其不连续，通常很少采用，而需寻求一些与之取值类似的替代函数。Sigmoid 函数便应运而生，它是神经网络中使用较早和较为广泛的激活函数。如图 11-6 所示，它本质上是将阶跃函数进行平滑化处理，其取值范围依然在 0 至 1 的范围内。输入值越大，取值越接近 1；输入值越小，取值越接近 0。Sigmoid 函数的数学定义如下：

$$\sigma(x) = \frac{1}{1+e^{-x}} \tag{11.4}$$

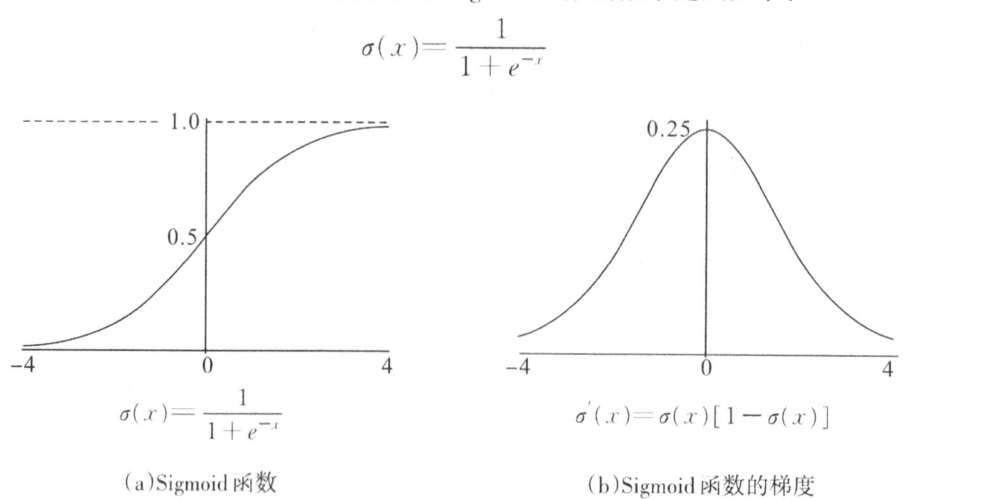

(a) Sigmoid 函数　　(b) Sigmoid 函数的梯度

图 11-6　Sigmoid 函数及其梯度函数

近年来 Sigmoid 函数在深度神经网络模型中的应用逐渐式微，主要是由于输入非常大或非常小时，函数两端非常平滑，导数接近于 0，易造成梯度值过小，进一步导致参数训练算法的收敛速度过慢，甚至无法收敛；同时由于层间梯度是乘法的关系，因此梯度层层传递会越来越小，同样影响算法的收敛效果。这一现象也被称为“梯度消失”问题，在 11.4.1 会具体介绍。

2.Tanh 函数

在参数训练更新过程中，各个参数的现有取值与其最优值相比，有的大，有的小，因此应该根据情况来调小或调大现有取值。Sigmoid函数的取值一定大于0,导致每层的输出值均大于0,而每层的参数梯度与上一层的输出值符号相关,因此在更新时所有参数都只能向同一方向更新(详见11.3节),会导致参数收敛速度过慢。为了克服这一问题,可考虑使用Tanh函数。如图11-7(a)所示,Tanh函数与Sigmoid函数的形状相似,但其取值有正有负,输出值分布于0-1之间,均值为0;因此克服了Sigmoid函数只能向同一方向更新的问题,在迭代时能具有更快的收敛速度。

$$\tanh(x)=\frac{1-e^{-2x}}{1+e^{-2x}} \tag{11.5}$$

与Sigmoid函数相比,Tanh函数的梯度变化更陡,因此可根据对梯度的使用需求来选用Sigmoid函数和Tanh函数。但是,如图12-7(b)所示,Tanh函数在函数两端的梯度接近0,仍然存在"梯度消失"问题。

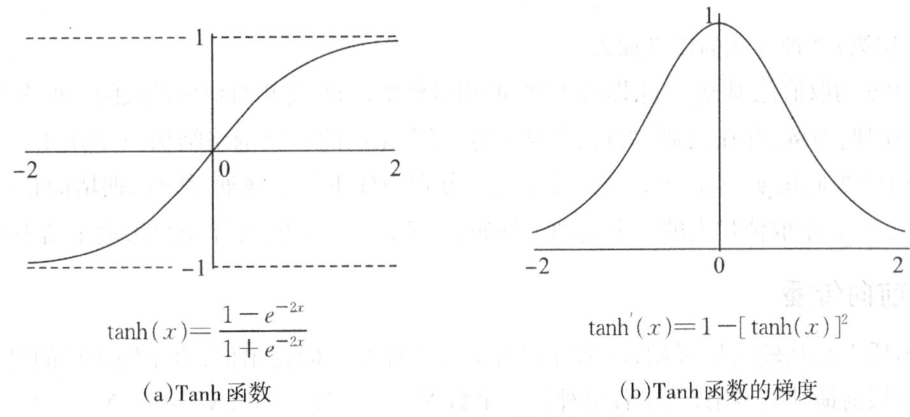

图11-7 Tanh函数及其梯度函数

3.ReLU函数

为了解决Sigmoid函数和Tanh函数都存在的梯度消失问题,可采用"修正线性单元"(Rectified Linear Unit,ReLU)函数,ReLU是目前神经网络(尤其是深度神经网络)中使用最为广泛的激活函数:

$$ReLU(x)=\begin{cases}0 & x<0\\ x & x\geqslant 0\end{cases} \tag{11.6}$$

如图11-8所示,与Sigmoid,Tanh函数相比,ReLU函数有两个优势:(1)ReLU函数形式更加简单,易于计算;(2)采用ReLU函数训练得到的网络具有一定的稀疏性,即其只对少量的输入值产生响应。输入值为负时,ReLU函数的值及梯度均为0,其对应的神经元不被激活。在每一轮的梯度计算中,只有少量的神经元被激活更新,使用ReLU为激活函数的神经网络的稀疏性使其变得高效且易于计算。有生物学研究表明,神经元只对少部分信号选择性响应,大部分处于抑制态,所以ReLU函数的稀疏性是与之相符的。

但是,ReLU函数取值为0时,同样会导致梯度消失。Leaky ReLU是ReLU函数的改进型,其在$x\leqslant 0$的取值不恒为0,读者可查阅相关资料进行了解[13]。

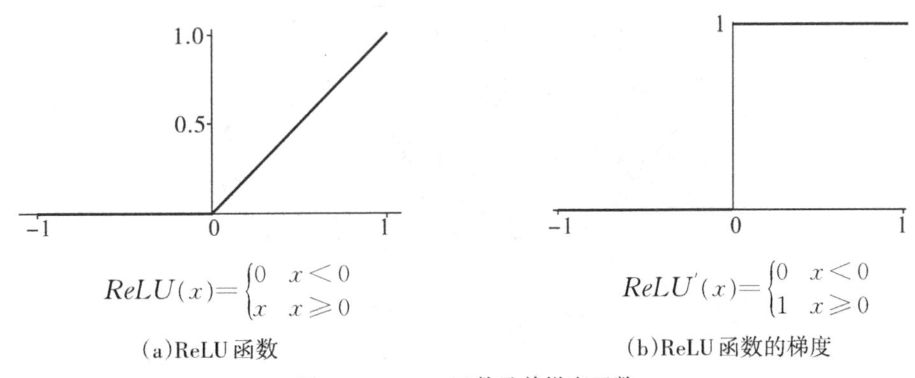

图11-8 ReLU函数及其梯度函数

4.Softmax函数

神经网络模型的输出值是一个连续值，因此只适用于回归问题。而对于分类问题，需要对输出层的结果进行处理，得到一个分类结果。Softmax函数便是为了实现这一功能。Softmax给分类问题的每一个类别都提供一个输出，得到一个输出向量；并将输出向量进行归一化，从而获得各类的相对概率，因此Softmax函数也称作归一化指数函数。

假设神经网络模型的输出层L，共有$N^{(L)}$个神经元，每个神经元对应一种输出类别。则第i个神经元经过Softmax函数激活后的输出值为：

$$\hat{y}_i=\text{softmax}_i(\boldsymbol{z}^{(L)})=\frac{\exp(z_i^{(L)})}{\sum_{j=1}^{N^{(L)}}\exp(z_j^{(L)})}, i=1,2,\cdots,N^{(L)} \tag{11.17}$$

其中，$z_i^{(L)}$是第L层第i个神经元的广义输入。

可见，上式中$\hat{y}_i$的取值范围为[0,1]，即为类别i的相对概率，通常将相对概率最大的一项作为分类结果i^*。

以拥堵分类问题为例，存在畅通、缓行、拥堵3类，那么相应的神经网络结构中，输出层应包含3个神经元，对应输出一个3维向量$\hat{\boldsymbol{y}}=(\hat{y}_1,\hat{y}_2,\hat{y}_3)^{\mathrm{T}}$。$\hat{y}_1,\hat{y}_2,\hat{y}_3$分别为样本属于畅通、缓行、拥堵的相对概率，最终的分类结果即为$\hat{y}_1,\hat{y}_2,\hat{y}_3$中取值最大的一个类别。例如，$\hat{y}_1,\hat{y}_2,\hat{y}_3=(0.2,0.54,0.26)$，输出结果为“缓行”。

11.2.2 前向传播

前向传播本质上是从输入层开始，逐渐计算每层每个神经元的输出值，直至输出层的过程。重新回到图11-3所示的4层前馈神经网络，其中各层神经元个数$N^{(1)}=3,N^{(2)}=5,N^{(3)}=5,N^{(4)}=1$。为了清晰地介绍前向传播的计算过程，图11-9以第二层第一个神经元（中间变量）$a_1^{(2)}$为例，对图11-3进行了改造：在第1层增加一个取值（输出值）恒为1的虚拟神经元，来表示第二层神经元的偏差项。该虚拟神经元与$a_1^{(2)}$连线上的权重值$b_1^{(1)}$即为$a_1^{(2)}$的偏差项，则$a_1^{(2)}$的广义输入$z_1^{(2)}=\mathbf{w}_1^{(1)\mathrm{T}}\boldsymbol{a}^{(1)}+b_1^{(1)}$。可知：

$$a_1^{(2)}=f(z_1^{(2)})=f(\mathbf{w}_1^{(1)\mathrm{T}}\boldsymbol{a}^{(1)}+b_1^{(1)}) \tag{11.8}$$

式中$\mathbf{w}_1^{(1)}=(w_{11}^{(1)},w_{21}^{(1)},w_{31}^{(1)})$，$\boldsymbol{a}^{(1)}$代表了第一层神经网络的输出值向量，即$\boldsymbol{a}^{(1)}=(x_1,x_2,x_3)$。

重复上述计算过程，我们可以逐一计算第2层的其他四个神经元，及第三层、第四层的每个神经元的输出值。为了规范化表述前向传播的计算过程，我们用角标l表示任意一层神经网络，$l=1,2,\cdots,L$，最后一层l为输出层。第l层到第$l+1$层的权重矩阵为$\mathbf{w}^{(l)}$，偏差向量为$\boldsymbol{b}^{(l)}$。第l层的广义输入为向量$\boldsymbol{z}^{(l)}$，第l层神经元的输出为向量$\boldsymbol{a}^{(l)}$。以图11-9网络中的第1层与第2层为例，$\mathbf{w}^{(1)}$的维度为3×5，$\boldsymbol{b}^{(1)}$的维度为5×1，$\boldsymbol{z}^{(2)}$和$\boldsymbol{a}^{(2)}$维度均为5×1。同理可得，第l层到第$l+1$层的权重矩阵$\mathbf{w}^{(l)}$的维度为$N^{(l)}\times N^{(l+1)}$，偏差向量$\boldsymbol{b}^{(l)}$的维度为$N^{(l+1)}\times1$；第$l+1$层中间向量$\boldsymbol{z}^{(l+1)}$和输出向量$\boldsymbol{a}^{(l+1)}$维度为$N^{(l+1)}\times1$。下文示例代码中的权重矩阵，偏差向量也如此表示。

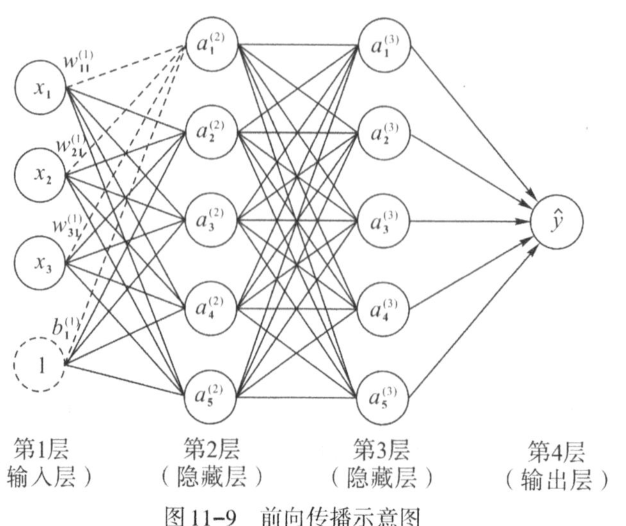

图11-9　前向传播示意图

前向传播的矩阵表达形式如下，

$$z^{(l+1)}=\mathbf{w}^{(l),\mathrm{T}}\boldsymbol{a}^{(l)}+\boldsymbol{b}^{(l)},\ l=1,2,\cdots,L-1 \tag{11.9}$$

$$\boldsymbol{a}^{(l+1)}=f(\boldsymbol{z}^{(l+1)}),\ l=1,2,\cdots,L-1 \tag{11.10}$$

11.2.3 前向传播示例

下面使用拥堵状态预测作为示例，对前向传播的过程进行讲解。本书使用的示例数据已在第1章中进行介绍，基于原始的经纬度及时间戳字段，通过第3章中介绍的网格化处理方法，我们能够获取到一系列交通流特征，假设使用aveSpeed（平均车速）、gridAcc（平均加速度）、volume（流量）、speed_std（速度标准差）、stopNum（平均停车次数）等5个特征进行分类。使用如图11-10所示的网络结构，输入层包含5个神经元，代表5个输入特征，两个隐藏层，使用Sigmoid激活函数，输出层使用Softmax激活函数，输出为一个三维向量，代表样本属于各类的概率。

代码下载

以下代码定义了Sigmoid和Softmax函数：

```
# Sigmoid激活函数
def sigmoid(z):
  return 1 / (1 + np.exp(-z))
# Softmax激活函数
def softmax(z):
  return np.exp(z) / np.sum(np.exp(z), axis=0)
```

取一个样本作为示例，其各特征取值如下，真实标签为1：

```
x = np.array([[4, 0, 2, 3, 3]])
```

首先，需要对各层权重、偏差参数进行初始化，获得初始的权重、偏差矩阵，

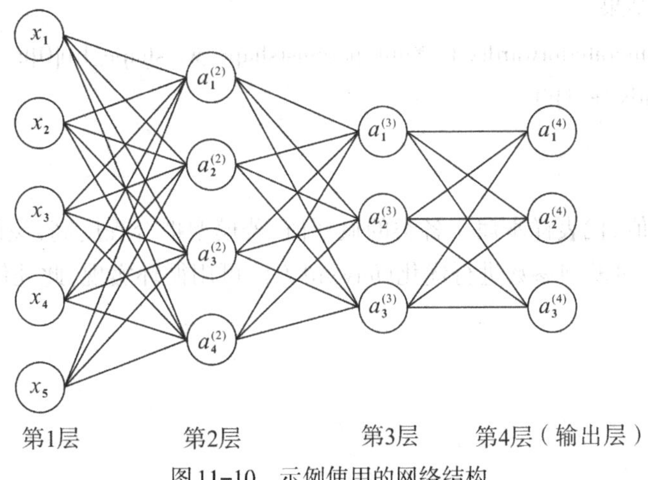

图11-10 示例使用的网络结构

现直接使用随机初始化的方法。

```
from numpy.random import seed, random
seed(42)                                    # 设置随机种子
```

```
shape_w = [(5, 4), (4, 3), (3, 3)]              # 各层神经元权重矩阵形状
shape_b = [(4, 1), (3, 1), (3, 1)]              # 各层神经元偏差项形状
def init_params(shape_w, shape_b):
  w = [random(x) for x in shape_w]              # 随机权重
  b = [random(x) for x in shape_b]              # 随机偏差项
return w, b
```

基于以上方法，计算一层的激活值的代码如下，通过更改act_func参数，可以实现不同的激活函数。

```
def fc_layer(a, w, b, act_func):   # 计算一层的z值与a值
  z = w.T @ a + b                  # 公式(11.5)
  a_out = act_func(z)              # 公式(11.6)
  return z, a_out
```

基于初始权重值和偏差值，进行逐层前向传播，代码如下：

```
def forward(x, w, b):
  # 第2层,使用Sigmoid激活函数
  z2, a2 = fc_layer(x, w[0], b[0], sigmoid)
  # 第3层,使用Sigmoid激活函数
  z3, a3 = fc_layer(a2, w[1], b[1], sigmoid)
  # 第4层,输出层,使用Softmax激活函数
  z4, a4 = fc_layer(a3, w[2], b[2], softmax)
  return [a2, a3, a4], [z2, z3, z4]
# 展示前向传播结果
for idx, a in enumerate(forward(x.T, *init_params(shape_w, shape_b))[0]):
   print(f'Layer {idx + 1}:')
   print(a)
```

最终输出类似如下的值，代表样本属于各类的概率值，若模型拟合程度高，该值应接近[0, 1, 0]，但目前输出值并不理想，因此需要对模型参数进行优化（forward方法可用循环实现，此处仅为演示便利如此写作）。

```
#Layer 2:
#[[0.99864909]
# [0.99942736]
# [0.99673028]
# [0.99756928]]
#Layer 3:
#[[0.86819114]
```

```
# [0.88344301]
# [0.91349941]]
#Layer 4:
#[[0.35280407]
# [0.2713372 ]
# [0.37585872]]
```

11.3 反向传播

11.2节介绍了神经网络前向传播的方法，给定具体的权重和偏差，前向传播都可以得到一个样本输入x对应的输出值$\hat{y}$。对于一组带标签的样本(x,y)，为了降低$\hat{y}$和y之间的误差，我们需要训练出最优的权重和偏差，反向传播算法便是为了实现这一目标。

输出值$\hat{y}$和样本标签y之间的误差可以用第5章5.4.1节介绍过的各类损失函数$\mathcal{L}(\hat{y},y)$来量化计算，其中均方误差MSE最为常用，因为其连续可微且易于求导。参数训练的过程，本质上是一个以损失函数最小化为目标方程，以权重和偏差为未知变量的非线性优化问题。

在机器学习模型和损失函数形式较为简单时，参数的最优解可以直接用公式推导出来，即解析解。然而，神经网络模型的一大特点便是结构复杂，无法得到解析解，只能通过优化算法有限次迭代来求得最优解。在这个迭代过程中，负梯度方向是一个最快的下降方向，因此，BP正是一种以负梯度方向为迭代方向的梯度下降法(gradient descent)。以权重矩阵w的更新为例，$\mathbf{w} \leftarrow \mathbf{w} - \alpha \cdot \Delta\mathbf{w}$，此处的常数$\alpha$被称为“学习率”，即梯度下降法迭代中的“步长”，$\Delta\mathbf{w}$为权重的梯度。由于神经网络模型的复杂性，学习率不会使用一维搜索算法来更新，其计算代价是不可接受的。在较为简单的机器学习任务中，学习率α不妨取用固定值。对于较为复杂的神经网络，近年来也涌现了Adam等一系列优化算法，能够动态选取学习率，且仍具有极高的计算效率。

因此，BP算法的关键是计算$\mathcal{L}(\hat{y},y)$(下文简写为$\mathcal{L}$)对于各层权重和偏差的梯度。因为$\mathcal{L}(\hat{y},y)$是定义在输出层上的，故各层的梯度需要从最后一层逐渐往前推算，“反向传播”也因此而得名。

首先，观察神经网络中任意一层l，根据链式法则，权重$\mathbf{w}^{(l)}$和偏差$b^{(l)}$的梯度为：

$$\begin{aligned}\frac{\partial \mathcal{L}}{\partial \mathbf{w}^{(l)}} &= \frac{\partial \mathcal{L}}{\partial z^{(l+1)}} \cdot \frac{\partial z^{(l+1)}}{\partial \mathbf{w}^{(l)}} = a^{(l)}\left(\frac{\partial \mathcal{L}}{\partial z^{(l+1)}}\right)^{\mathrm{T}} \\ \frac{\partial \mathcal{L}}{\partial b^{(l)}} &= \frac{\partial \mathcal{L}}{\partial z^{(l+1)}} \cdot \frac{\partial z^{(l+1)}}{\partial b^{(l)}} = \frac{\partial \mathcal{L}}{\partial z^{(l+1)}}\end{aligned} \tag{11.11}$$

能够发现，式中$a^{(l)}$是已知的，要获得第l层的参数梯度，其中关键是需要得到损失函数$\mathcal{L}$关于$l+1$层输入$z^{(l+1)}$的导数$\frac{\partial \mathcal{L}}{\partial z^{(l+1)}}$，我们一般将其称为每层的误差项，第$l$层的误差项记作$\delta^{(l)}$。因此$l$层参数梯度又可表示为，其中$l=1,2,\cdots,L-1$：

$$\begin{aligned}\frac{\partial \mathcal{L}}{\partial \mathbf{w}^{(l)}} &= a^{(l)}\delta^{(l+1),\mathrm{T}} \\ \frac{\partial \mathcal{L}}{\partial b^{(l)}} &= \delta^{(l+1)}\end{aligned} \tag{11.12}$$

由于复杂的层级结构，对于中间的隐层，z值与损失函数的关系非常复杂，因此其误差项的值也无法直接求得。而对于输出层，损失函数$\mathcal{L}$与其输入$z^{(L)}$之间的函数关系是确定且简单的，如下式：

$$\mathscr{L}=g(\boldsymbol{a}^{(L)})=g(f(\boldsymbol{z}^{(L)})) \tag{11.13}$$

其中，符号$g(\cdot)$表示损失函数的映射关系，$f(\cdot)$表示激活函数。以⊙表示哈达玛积（即逐元素相乘），则$\delta^{(L)}$可表示为：

$$\boldsymbol{\delta}^{(L)}=\frac{\partial\mathscr{L}}{\partial\boldsymbol{z}^{(L)}}=g'(\boldsymbol{a}^{(L)})\odot f'(\boldsymbol{z}^{(L)})=\frac{\partial\mathscr{L}}{\partial\boldsymbol{a}^{(L)}}\odot f'(\boldsymbol{z}^{(L)}) \tag{11.14}$$

于是，根据式(11.12)，我们能够容易得到最后一个隐层$L-1$层到输出层L层的权重$\mathrm{w}^{(L-1)}$与偏差$b^{(L-1)}$的梯度值。

此时，为了继续获得$L-2$层的参数梯度，同样根据式(11.12)，我们需要$L-1$层的误差项值$\delta^{(L-1)}$。由于$\delta^{(L)}$已知，因此只需要获知$\delta^{(L-1)}$与$\delta^{(L)}$之间的关系，即可得到$\delta^{(L-1)}$的值。首先由链式法则，如式(11.15)所示，

$$\boldsymbol{\delta}^{(L-1)}=\frac{\partial\mathscr{L}}{\partial\boldsymbol{z}^{(L-1)}}=\frac{\partial\mathscr{L}}{\partial\boldsymbol{a}^{(L-1)}}\cdot\frac{\partial\boldsymbol{a}^{(L-1)}}{\partial\boldsymbol{z}^{(L-1)}} \tag{11.15}$$

式(11.15)的前半部分$\frac{\partial\mathscr{L}}{\partial a^{(L-1)}}$的计算方法如式(11.16)，能够发现，它也与$\delta^{(L)}$有关，而$\mathrm{w}^{(L-1)}$也是已知的。

$$\frac{\partial\mathscr{L}}{\partial\boldsymbol{a}^{(L-1)}}=\frac{\partial\mathscr{L}}{\partial\boldsymbol{z}^{(L)}}\cdot\frac{\partial\boldsymbol{z}^{(L)}}{\partial\boldsymbol{a}^{(L-1)}}=\mathrm{w}^{(L-1)\mathrm{T}}\frac{\partial\mathscr{L}}{\partial\boldsymbol{z}^{(L)}}=\mathrm{w}^{(L-1)\mathrm{T}}\boldsymbol{\delta}^{(L)} \tag{11.16}$$

式(11.15)的后半部分，即$\frac{\partial\boldsymbol{a}^{(L-1)}}{\partial\boldsymbol{z}^{(L-1)}}$为激活函数的导数。激活函数的形式一般较为简单，其导数值也容易得到，如式(11.17)所示，

$$\frac{\partial\boldsymbol{a}^{(L-1)}}{\partial\boldsymbol{z}^{(L-1)}}=f'(\boldsymbol{z}^{(L-1)}) \tag{11.17}$$

于是，由式(11.15)–式(11.17)，可得$L-1$层的误差项值$\delta^{(L-1)}$为：

$$\boldsymbol{\delta}^{(L-1)}=\mathrm{w}^{(L-1)\mathrm{T}}\frac{\partial\mathscr{L}}{\partial\boldsymbol{z}^{(L)}}\odot f'(\boldsymbol{z}^{(L)})=\mathrm{w}^{(L-1)\mathrm{T}}\boldsymbol{\delta}^{(L)}\odot f'(\boldsymbol{z}^{(L-1)}) \tag{11.18}$$

继而由式(11.12)，$L-2$层的参数梯度值也容易求得。将式(11.18)推广到任意相邻两层$l-1$至l，则有：

$$\boldsymbol{\delta}^{(l)}=\mathrm{w}^{(l)\mathrm{T}}\boldsymbol{\delta}^{(l+1)}\odot f'(\boldsymbol{z}^{(l)}),\ \cdots,\ l=1,2,\cdots,L-1 \tag{11.19}$$

故而根据式(11.14)得到输出层的误差项$\delta^{(L)}$后，即可根据式(11.19)逐层向前计算，获得各层的误差项$\boldsymbol{\delta}^{(l)}$，再根据式(11.12)得到每层的参数梯度值。

最后，假设利用梯度下降法对每层参数进行更新，如式(11.20)，其中α为学习率，能够控制参数向逆梯度方向更新的步长。学习率过大时会导致模型结果震荡，无法收敛；而学习率过小时又可能导致收敛速度过慢，因此学习率也需要进行慎重选择。

$$\begin{aligned}\mathrm{w}^{(l)}&=\mathrm{w}^{(l)}-\alpha\cdot\boldsymbol{a}^{(l)}\boldsymbol{\delta}^{(l+1)\mathrm{T}}\\ \boldsymbol{b}^{(l)}&=\boldsymbol{b}^{(l)}-\alpha\cdot\boldsymbol{\delta}^{(l+1)}\end{aligned} \tag{11.20}$$

如式(11.20)，我们可以对Sigmoid激活函数均值不为0的问题进行解释，由于对于同一个神经元来说，其误差项的值为常数，因此权重梯度值的符号只与上一层的输出值有关，而Sigmoid函数的输出值恒大于0，这也就导致参数只能向同一方向更新，减慢了收敛速度。

对以上误差反向传播算法进行总结如下，假设神经网络层数为n：

输入：训练集$D=\{x_1,x_2,\cdots,x_m\}$，学习率α。

输出：权重及偏差确定的神经网络

(1)对各层权重矩阵$\mathrm{w}^{(l)}$及偏差向量$\boldsymbol{b}^{(l)}$进行初始化；

(2)对样本x_i根据式(11.5)及式(11.6)进行前向传播，计算得到估计值$\hat{y}_i$；

(3)计算损失函数$\mathcal{L}$,及输出层误差项$\delta^{(L)}=\frac{\partial \mathcal{L}}{\partial z^{(L)}}$,如式(11.14);

(4)根据式(11.19),逐层计算各层误差项;

(5)根据式(11.12),逐层计算各层权重及偏差的梯度;

(6)根据式(11.20)对权重及偏差进行更新;

(7)返回(2),对新的样本重复上面的第(2)到(6)步。

以上步骤,对每个样本都更新一次参数,其实还有其他的策略,例如对若干个样本进行前向传播和反向传播,获得梯度值后,进行加权,对参数进行更新。如图11-11所示,通过不断的前向传播与反向传播,对参数进行更新,获得最优参数值。

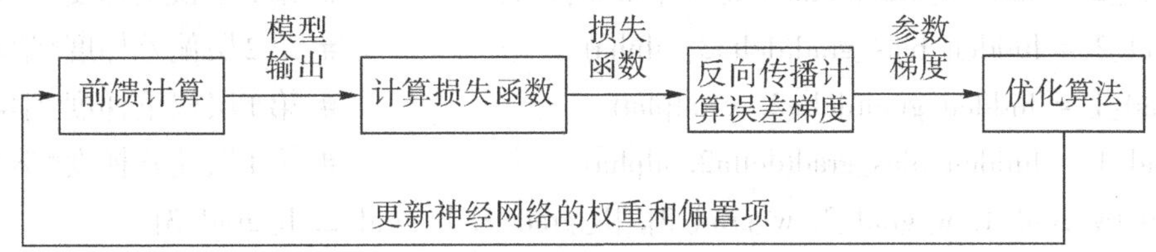

图11-11 反向传播训练神经网络示意图

神经网络内参数的更新过程,就是神经网络的"学习"过程,更具体地说,神经网络"学习"到的知识,就蕴含在模型训练后得到的所有参数中。一旦模型训练完成,神经网络的各项参数就确定下来,在神经网络的预测过程中,权重和偏差项将保持不变,仅通过对输入值的前向传播就可以得到对应的预测值。

代码下载

下面接着11.3节的例子进行模型的优化。首先定义计算各层误差项以及参数梯度的方法。其中,输出层使用Softmax激活函数,损失函数使用交叉熵损失函数,误差项$\delta^{(4)}$的计算方法如下,具体证明可查阅参考文献[14]:

$$\delta^{(4)}=\boldsymbol{a}^{(4)}-y \tag{11.21}$$

根据式(11.7),容易得到Sigmoid激活函数的导数如式(11.22)。

$$\sigma'(x)=\sigma(x)\cdot\sigma(1-x) \tag{11.22}$$

```
def sigmoid_grad(z):                                      # Sigmoid激活函数导数
    return np.multiply(sigmoid(z), (1 - sigmoid(z)))      # 公式(11.22)
def onehot(y, n_class):                                   # 将类别标签转换为独热编码
    return np.array([np.eye(n_class)[yi] for yi in y])
def delta_output(a, y):                                   # 计算输出层误差项
    return a - onehot(y, 3).T
def delta_hidden(delta, w, z, act_grad_func):             # 计算隐藏层误差项
    act_grad = act_grad_func(z)                           # 激活函数的导数
    return np.multiply(w @ delta, act_grad)               # 公式(11.19)
def hidden_grad(delta, a, alpha):                         # 计算隐藏层权重w梯度
    return alpha * a @ delta.T                            # 公式(11.20)
def hidden_bias_grad(delta, alpha):                       # 计算隐藏层偏差b梯度
    return alpha * np.mean(delta, axis=1, keepdims=1)     # 公式(11.20)
```

下一步，由后向前计算各层误差项及参数梯度值：

```
def backward(x, y, w, a_list, z_list, alpha=0.02):
  delta4 = delta_output(a_list[2], y)                              # 第4层，输出层误差
  delta3 = delta_hidden(delta4, w[2], z_list[1], sigmoid_grad) #第3层误差
  delta2 = delta_hidden(delta3, w[1], z_list[0], sigmoid_grad) #第2层误差
  w_grad_3 = hidden_grad(delta4, a_list[1], alpha)               # 第3层权重梯度*学习率
  b_grad_3 = hidden_bias_grad(delta4, alpha)                     # 第3层偏差梯度*学习率
  w_grad_2 = hidden_grad(delta3, a_list[0], alpha)               # 第2层权重梯度*学习率
  b_grad_2 = hidden_bias_grad(delta3, alpha)                     # 第2层偏差梯度*学习率
  w_grad_1 = hidden_grad(delta2, x, alpha)                       # 第1层权重梯度*学习率
  b_grad_1 = hidden_bias_grad(delta2, alpha)                     # 第1层偏差梯度*学习率
  return [w_grad_1, w_grad_2, w_grad_3], [b_grad_1, b_grad_2, b_grad_3]
```

获得各层参数梯度×学习率的值后，对各层参数进行更新。

```
def optimize(w, b, w_grad, b_grad):
  w[0] -= w_grad[0]                  # 更新第1层权重
  b[0] -= b_grad[0]                  # 更新第1层偏差
  w[1] -= w_grad[1]                  # 更新第2层权重
  b[1] -= b_grad[1]                  # 更新第2层偏差
  w[2] -= w_grad[2]                  # 更新第3层权重
  b[2] -= b_grad[2]                  # 更新第3层偏差
  return w, b
```

需要迭代多次对参数进行更新，代码如下：

```
x = np.array([[4, 0, 2, 3, 3]])
y = np.array([1])
# 输入层(5)-隐藏层(4)-输出层(3)
shape_w = [(5, 4), (4, 3), (3, 3)]                    # 各层权重矩阵大小
shape_b = [(4, 1), (3, 1), (3, 1)]                    # 各层偏差矩阵大小
w, b = init_params(shape_w, shape_b)                  # 初始化权重和偏差
for _ in range(50):
  a, z = forward(x.T, w, b)                           # 前向传播
  w_grad, b_grad = backward(x.T, y, w, a, z, 0.01) # 反向传播
  w, b = optimize(w, b, w_grad, b_grad)               # 优化参数
  print(a[-1])
```

迭代50次后，各类的预测值如下，明显优于初始模型。读者可尝试对每次迭代预测为类1的概率值绘图，能够发现其值随着迭代过程是不断增长的。

```
1. # [[0.19583416]
2. #  [0.59915657]
3. #  [0.20500927]]
```

在具体的实战中，需要对大量样本进行上述的过程，参数的更新也是根据不同样本求得的梯度进行综合得到，以上例子仅对反向传播的原理进行了简单的演示。

11.4 神经网络中常见问题的解决方法

11.4.1 梯度消失与梯度爆炸

当神经网络使用梯度下降类学习算法进行训练时，在反向传播的过程中，参数关于损失函数的梯度，会随着神经网络层数增加，而逐渐减少至零，这就是常见的梯度消失问题。基于11.2节及11.3节所介绍示例，图11-12绘制了在学习率为0.01时，该网络各隐藏层偏差的平均梯度值（取绝对值）随迭代次数的变化情况。

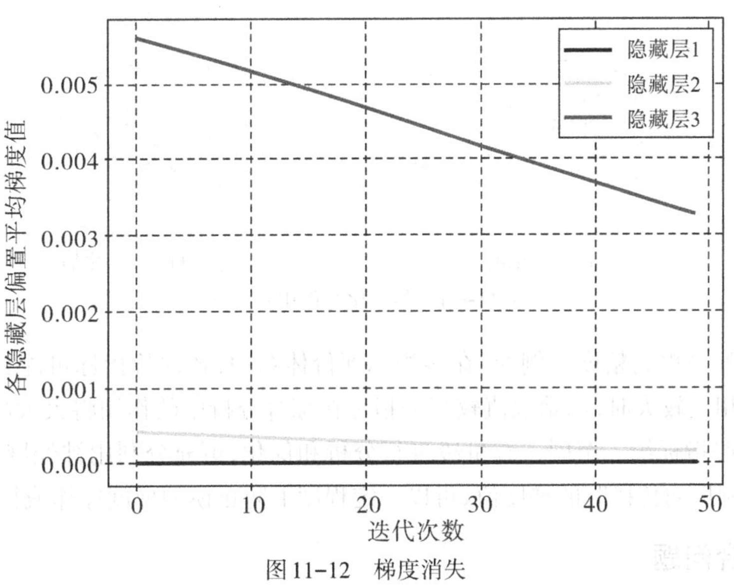

彩图效果

图11-12 梯度消失

从图11-12中可以发现，训练过程中，随着反向传播逐步往前传递，梯度迅速变小，在第三个隐层就已经变为0。在实际案例中，反向传播中的梯度变化是不稳定的，在计算过程中，梯度不仅可能会逐渐消失，也有可能会激增，这被称为梯度爆炸。这种梯度的不稳定变化是深度学习中的重要瓶颈。下面，我们用图11-13所示的，每层只有一个神经元的神经网络为例，详细解释梯度消失与梯度爆炸的原因（此处使用的激活函数均为Sigmoid）。

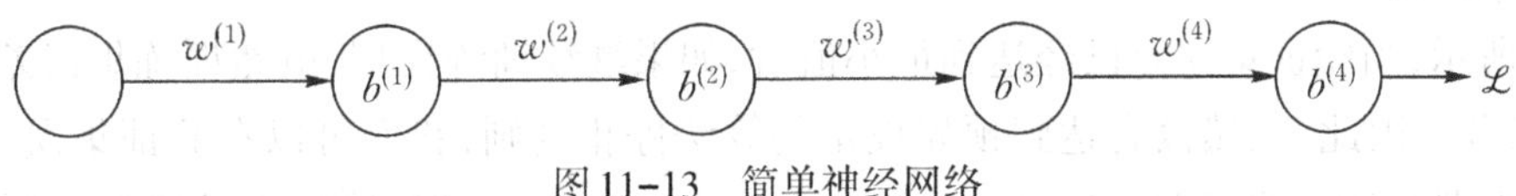

图11-13 简单神经网络

根据求导的链式法则，如式(11.11)-式(11.19)的推导过程，计算损失函数$\mathcal{L}$关于b_1的导数如下式，

$$\frac{\partial \mathcal{L}}{\partial b^{(1)}} = \sigma'(z^{(1)})w^{(2)}\sigma'(z^{(2)})w^{(3)}\sigma'(z^{(3)})w^{(4)}\sigma'(z^{(4)})\frac{\partial \mathcal{L}}{\partial a^{(4)}} \tag{11.23}$$

Sigmoid函数的导数最大值仅有0.25，若初始化权值时使用均值为0且标准差为1的正态分布，大部分权重满足正态分布，故权重乘Sigmoid导数的绝对值仍小于1，这些导数乘积逐渐积累会越来越小，最终趋近于0，导致梯度消失。但某些情况下，当权重值过大，权重乘Sigmoid导数的绝对值大于1，这就会导致前面层的梯度值越来越大，导致梯度爆炸，但此种情况较为少见。面对梯度不稳定的问题，通常有以下几种方法：采用不同的激活函数、预训练权重、梯度裁剪、权重正则等。

11.4.2 数据标准化与归一化问题

在第3章中，我们已经提到，数据的标准化是数据处理中的一项基础工作，也对最后的建模有较大的影响。数据的标准化（normalization）是将数据按某种规则缩放到一个特定的范围内。常用的数据标准化方法包括极值法、标准差法、折线法、半正态性分布法等。标准化方法的选择，会影响系统的评价结果。在数据标准化方法中最典型的就是数据的归一化处理，即将数据统一映射到[0,1]区间上。

数据归一化可以有效提升模型的收敛速度。图11-14是一个二维特征输入的神经网络优化示例，这两个特征量级差距较大时，优化过程中求得的梯度下降方向曲折，迭代很慢。相比之下，归一化后的数据对应的等高线显得很圆，在梯度下降进行求解时能较快地收敛。

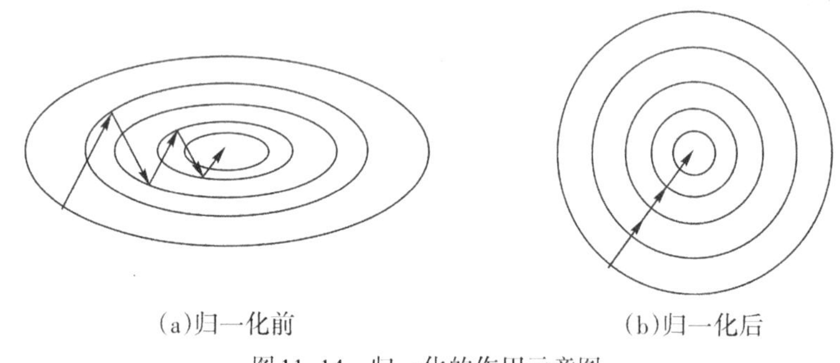

图11-14 归一化的作用示意图

归一化的另一好处是提高精度。例如，在多指标评价体系中，各评价指标可能具有不同的量纲和数量级。各指标间的量级相差较大时，原始数值较高的指标在综合分析中的作用将大大超过原始数值较低的指标。数据归一化将这些指标统一至同一数量级进行分析和优化，更充分利用神经网络的拟合能力。此外，数据归一化有助于控制反向传播时的梯度值，可以一定程度上防止模型梯度爆炸或梯度消失的现象。

11.4.3 过拟合问题

在第5章中，我们详细讨论了过拟合。第5章的各种规避过拟合的方法同样适用于神经网络模型；例如，正则化通过将模型复杂度的指标加到损失函数中，以一定程度上限制模型变得过于复杂，从而避免过拟合，详见5.5.1节。神经网络模型因为其结构的复杂性及强大的可拓展性，导致了其更容易过拟合，除了第5章谈到的几种应对过拟合的方法，本节进一步介绍另外两种适用于神经网络的常见策略：Early-Stopping策略和Dropout策略。

1.Early-Stopping

如图11-15所示，当验证集误差已经达到最小值时，如果继续训练模型，虽然训练集误差会进一步减小，但是会导致过拟合。因此，虽然没有达到预先设定的算法停止规则，我们可以在验证集误差由最小值开始变大时，提前停止训练的策略，即Early-Stopping。Early-Stopping能够有效防止过拟合，但其也会导致模型的训练不充分，代价函数未能有效地降低，即模型精度达不到理想效果。

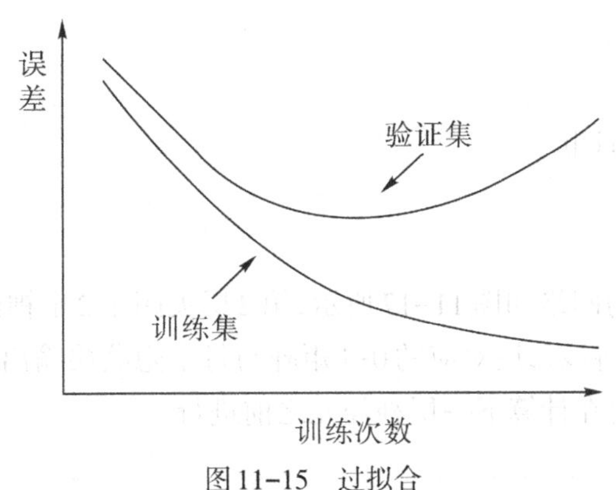

图11-15 过拟合

2.Dropout

神经网络的拟合能力来源于其宽度(神经元的数量)以及深度(网络层数)的巨大潜力,但这也容易导致过拟合。Dropout方法通过减少隐藏层中神经元的激活个数来降低模型的复杂度、防止过拟合。Dropout在训练过程中按照给定的概率P随机删除一些隐藏层的神经元(输入层和输出层的神经元不变),只更新没有被删除的神经元参数,此处的"删除"操作的实现可通过:让选中的神经元激活值(输出值)设置为0,而且不更新其参数矩阵。此举让神经网络具有了更高的稀疏性和多样性,从而减轻了不同特征之间的协同效应。而且由于每次被删除的神经元不同,所以整个网络神经元的参数也只是部分被更新,增强了神经网络的泛化能力和鲁棒性。如图11-16所示。

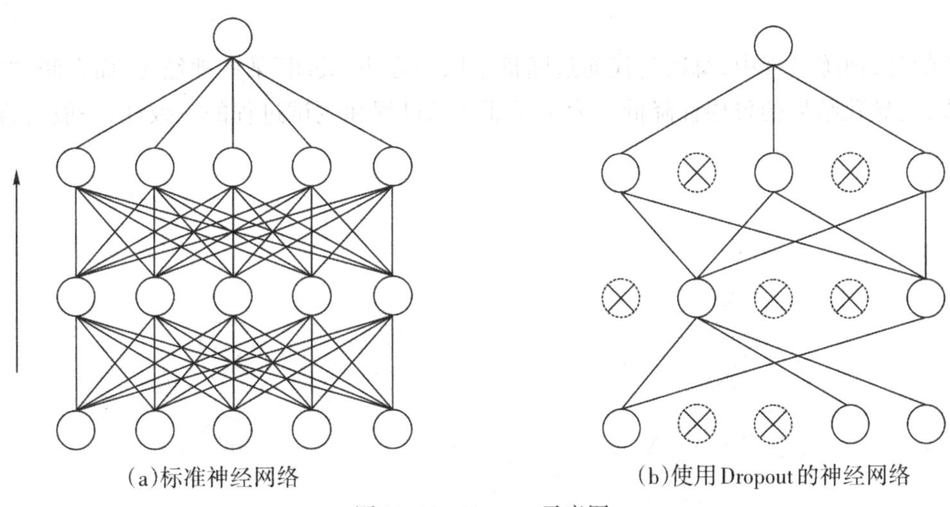

图11-16 Dropout示意图

以下代码展示了Dropout过程。首先,每次迭代为每个隐藏层生成一个与各层神经元维度相同的0-1矩阵,该矩阵用来定义哪些神经元需要关闭。

```
def getDropMat(w, prob):
    random_tensor = np.mat(np.random.binomial(n=1, p=1-prob, size=(w.shape[0], 1)))
    return random_tensor
dropoutMatList = [getDropMat(w, prob) for w in weights[:-1]]
```

例如，某个dropoutMatList是：

```
# [matrix([[0], [0], [1], [1]]),
# matrix([[0], [1], [0]])]
```

则对应的关闭选定神经元的网络如图11-17所示，第2层关闭了2个神经元，第3层关闭了2个神经元。在计算出各神经元的输出值后，将该每层对应的0-1矩阵与每个隐藏层输出矩阵逐元素相乘，从而将选定的神经元dropout，注意，此步骤需要在计算下一层神经元之前进行；

```
a2 = np.multiply(a2, dropoutMat[0])
a3 = np.multiply(a3, dropoutMat[1])
```

在反向传播过程中，将该每层对应的0-1矩阵与隐藏层梯度矩阵相乘，从而不更新dropout神经元的参数值。

```
dev2 = np.multiply(dev2, dropoutMat[1])
dev2_bias = np.multiply(dev2_bias, dropoutMat[1])
dev1 = np.multiply(dev1, dropoutMat[0])
dev1_bias = np.multiply(dev1_bias, dropoutMat[0])
```

需要注意的是，训练过程中，每次迭代通过随机选取的方法“关闭”某些神经元，而在测试过程中，如果也使用该方法，会导致结果的鲁棒性降低。为了保证训练过程和测试过程的一致性，一般会将训练得到的参数值放大。

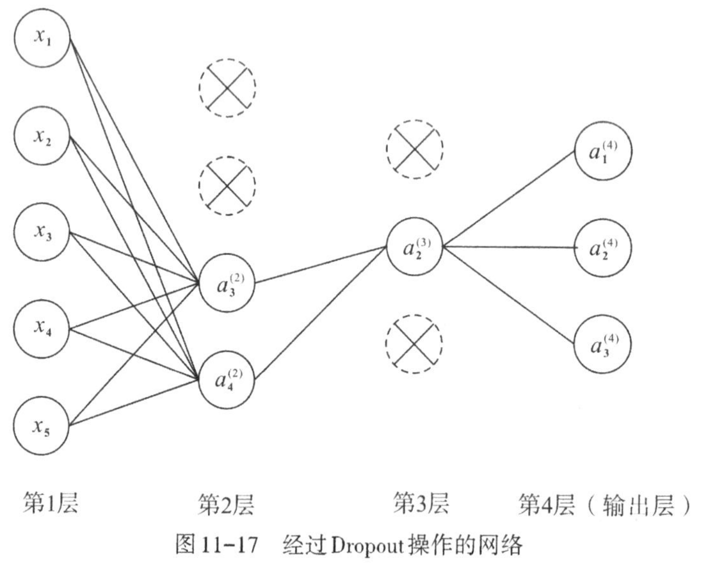

图11-17　经过Dropout操作的网络

11.5　神经网络在交通问题中的应用

例11-1基于神经网络模型的交通状态预测

使用预处理后的网约车数据（标准数据集中的DATASET-B），在被网格化的二维交通网络上，构建一个神经网络模型，预测每个网格未来10分钟的交通状态。对交通状况的精准预测可以帮助交通管理部门合理部署交通需求管控措施，确保道路交通网络顺畅运行。本案例基于Google的深度学习框架TensorFlow 2.0构建，并使用了第2章介绍过的高级API——Keras。

1.数据集介绍

在预处理的网格数据（网格边长为50米）基础上，我们考虑了数据的时间特性，进一步对数据集进行了处理。数据的输入特征共24维，分别为过去一小时的6个时间步（10分钟）的网格平均速度（aveSpeed）、加速度（gridAcc）、速度标准差（speed_std）和交通状况（labels），模型目标是预测10分钟后的交通状况（用0、1、2分别表示拥堵、缓行、畅通三种状况）。

代码下载

2.读取数据并生成特征

```
import pandas as pd
df = pd.read_csv("DATASET-B.csv")
# 生成特征
def gerData(df, lag):
  jar = []
  for i in range(1, lag+1):
    print(i)
    tmp = df.copy()
    tmp['time_id'] = tmp.time_id.values + i      # 每次循环生成t-i时间步的数据
    tmp = tmp.set_index(['rowid', 'colid', 'time_id', 'date'])
    jar.append(tmp)
  #将各时间步数据进行拼接
  jar.append(df[['rowid', 'colid', 'time_id', 'date', 'labels']].set_index(
               ['rowid', 'colid', 'time_id', 'date']))
  return pd.concat(jar, axis=1).reset_index()
used = ['rowid', 'colid', 'time_id', 'date', 'aveSpeed', 'gridAcc', 'speed_std', 'labels']
dataRaw = df[used]                          # 筛选标签
data = gerData(dataRaw, 6)                  # 生成训练数据
data = data.dropna()                        # 去除空值
```

3.数据集划分与归一化

对数据进行进一步的处理，划分训练集、验证集和测试集，并定义输入X和输出Y：

```
valid_set = data[data.date.between(20161101,20161107)]  #验证集
train_set = data[data.date.between(20161108,20161121)]  #训练集
test_set = data[data.date.between(20161122,20161131)]   #测试集
train_x = train_set.values[:, 4:-1]                     #输入
val_x = valid_set.values[:, 4:-1]
test_x = test_set.values[:, 4:-1]
train_y = train_set.values[:, -1]                       #输出
```

```
test_y = test_set.values[:, -1]
val_y = valid_set.values[:, -1]
```

之后，利用Scikit-learn库的preprocessing模块将输入归一化到0到1之间。

```
from sklearn import preprocessing
scaler = preprocessing.MinMaxScaler()
train_x = scaler.fit_transform(train_x)
val_x = scaler.transform(val_x)
test_x = scaler.transform(test_x)
```

4.构建神经网络

确定好神经网络的输入和输出后，利用Keras的Sequential模型[15]，非常便利地构建一个包含输入层、输出层和四个隐藏层的简单神经网络。四个隐藏层的神经元个数分别为64个、128个、128个和64个，可以看到除输出层使用Softmax函数以实现多分类目的外，所有隐藏层均使用ReLU激活函数。

```
import tensorflow as tf
from tensorflow.keras.layers import Dense
model = tf.keras.Sequential()
model.add(Dense(64,activation = 'relu',input_shape=(24,)))        #24 为输入维度
model.add(Dense(128,activation = 'relu'))
model.add(Dense(128,activation = 'relu'))
model.add(Dense(64,activation = 'relu'))
model.add(Dense(3,activation = 'softmax'))
print(model.summary())                                             #用于观察模型结构和参数数量
```

模型结构搭建完成后，使用compile方法确定神经网络的学习规则。这里，我们采用交叉熵作为损失函数，使用学习率为0.005的随机梯度下降优化算法，并在训练过程中监测准确率。

```
sgd = tf.keras.optimizers.SGD(learning_rate=0.005)  #定义优化器
model.compile(loss = 'sparse_categorical_crossentropy',optimizer=sgd,metrics=['accuracy'])#编译模型
```

5.模型的训练与验证

使用fit方法开始训练模型，epoch即为希望训练的轮数。batch_size是指每次更新模型参数需训练的样本数，将batch_size适当调大可加速模型的训练过程。代码运行过程将实时输出训练过程，帮助判断训练是否正常进行。通过evaluate方法可以观察模型在测试集上的表现。神经网络训练完成后，我们可以通过evaluate方法观察模型在测试集上的表现。

```
result=model.fit(train_x,train_y,epochs=20,validation_data=(val_x,val_y),batch_size=1024)  #训练模型
model.evaluate(test_x,test_y)  #评估模型
```

绘制该模型训练过程的准确率和交叉熵，如图11-18所示。可以看到，模型在5轮训练后慢慢收敛。训练完成的模型在训练集上的准确率为77.2%，验证集上为76.7%，而在测试集数据上的准确率为76.9%。

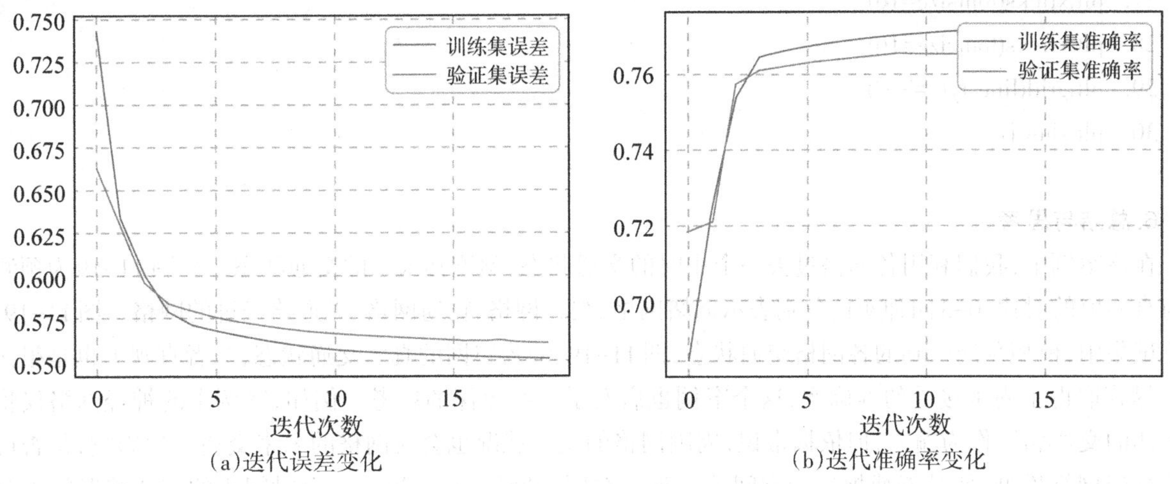

(a)迭代误差变化

(b)迭代准确率变化

图11-18 训练过程模型损失及准确率

```
import matplotlib.pyplot as plt
from matplotlib.ticker import MultipleLocator
from pylab import mpl
mpl.rcParams['font.sans-serif'] = ['SimHei'] #指定默认字体
train_loss = history['loss']
train_acc = history['acc']
val_loss = history['val_loss']
val_acc = history['val_acc']
plt.figure(figsize=(7, 5))
plt.plot(range(len(train_loss)), train_loss, linewidth=2.5)
plt.plot(range(len(val_loss)), val_loss, linewidth=2.5)
plt.legend(['训练集误差', '验证集误差'], fontsize=16)
plt.xlabel('迭代次数', fontsize=16)
ax = plt.gca()
ax.xaxis.set_major_locator(MultipleLocator(5))
plt.xticks(fontsize=16)
plt.yticks(fontsize=16)
plt.grid(linestyle='--')
plt.show()
plt.figure(figsize=(7, 5))
plt.plot(range(len(train_acc)), train_acc, linewidth=2.5)
plt.plot(range(len(val_acc)), val_acc, linewidth=2.5)
plt.legend(['训练集准确率', '验证集准确率'], loc='upper right', fontsize=16)
plt.xlabel('迭代次数', fontsize=16)
ax = plt.gca()
```

```
ax.xaxis.set_major_locator(MultipleLocator(5))
plt.xticks(fontsize=16)
plt.yticks(fontsize=16)
plt.grid(linestyle='--')
plt.show()
```

6. 总结与思考

在该案例中，我们利用各网格过去一个小时的交通状态，预测其未来的交通状态。如图11-19为预测结果与真实值的对比，0-3四种颜色分别表示拥堵网格、缓行网格、畅通网格、无道路经过的网格。图11-19(a)为测试集中，模型预测得到的各网格交通状态，图11-19(b)为路网的真实交通状态，二者直观上也是很接近的。尽管取得了尚可接受的准确率，这个案例也启发了一些更深的思考。例如，案例中的神经网络仅将网格个体的交通属性作为输入，但依据常识，周围网格的交通状况也会对网格的未来交通产生影响，是否可以改进神经网络模型，使其能捕捉这种空间关系呢？对同一网格而言，连续几个时间步的交通状况间也存在相关性，神经网络模型是否能描绘这样的时间关系呢？下一章中，对于深度学习中卷积神经网络与循环神经网络的讨论，将进一步地回答这些问题。

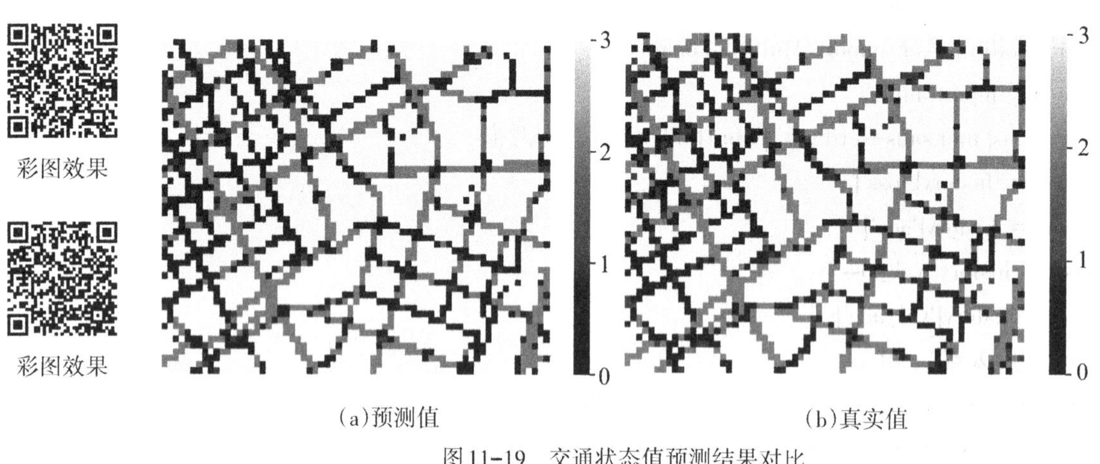

(a)预测值　　(b)真实值

图11-19　交通状态值预测结果对比

11.6　本章小结

在本章中，我们介绍了神经网络的网络结构，参数训练过程，并讨论了神经网络训练过程中的一些常见问题。实际上，作为当前最热门的机器学习算法之一，神经网络已是一个相当大的、多学科交叉的学科领域，各类优质的教材和学习资料层出不穷。阅读本书后，有兴趣的读者不妨根据自身需求选择合适的教材进一步深入学习。此处向读者推荐两份广受好评的学习资料：一是由全球知名的三位专家Ian Goodfellow、Yoshua Bengio和Aaron Courville撰写的深度学习领域奠基性的经典教材《深度学习》，内容完整翔实，覆盖面极广；二是美籍华人教授吴恩达在其创建的在线教育平台Coursera上推出的两门课程——机器学习[16]和深度学习[17]，其课程特点为重视实用性，强调直观的解释和理解，且辅以大量的编程实践项目，非常适合迫切希望打开神经网络学习大门的初学者。

这一章对神经网络的基本概念进行了基础性介绍。在下一章中，我们将介绍基于神经网络而发展出来的深度学习模型，并展示其在解决复杂交通问题上的强大能力。

11.7 本章习题

1.反向传播算法在进行误差更新时,神经元的误差更新与哪些因素有关?

2.请简述人工神经网络中激活函数的作用及其必要性。

3.请简述常用损失函数的特点,并查找资料列举2种本书中未提到的损失函数及其特征。

4.目前有哪些常用的参数优化方法?每种方法用一句话简述其主要特点。

5.使用以下的神经元结构,试给出一组权重与偏差值,使得神经网络能够模拟与门的输入输出。对应所要求输入、输出值如下表。假设使用的激活函数为

$$f(x)=\begin{cases}0,\ for\ x<0\\1,\ for\ x>0\end{cases}$$

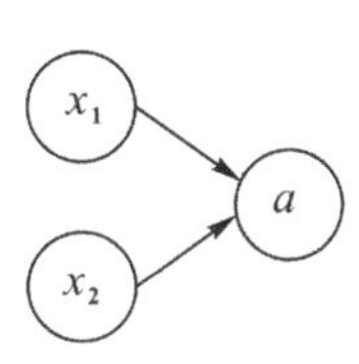

x1	x2	a
0	0	0
0	1	0
1	0	0
1	1	1

6.请简述一个神经网络模型构建与训练过程的主要步骤。

7.请用熟悉的编程语言实现Sigmoid、Tanh、ReLU激活函数及其导数。

8.请基于11.3-11.4节的例子及习题7,将隐藏层激活函数修改为ReLU函数,观察效果区别(收敛速度等)。

11.8 参考文献

[1]Kohonen T. An introduction to neural computing[J]. Neural Networks, 1988, 1(1): 3-16.

[2] Hopfield J J. Neural networks and physical systems with emergent collective computational abilities [J]. Proceedings of the National Academy of Sciences, 1982, 79(8): 2554 - 2558.

[3]Elman J L. Finding structure in time[J]. Cogrvitive Science, 1990, 14(2): 179-211.

[4]Hochreiter S, Schmidhuber J. Long short-term memory[J]. Neural Computation, 1997, 9(8): 1735-1780.

[5] Lecun Y, Bottou L, Bengio Y, et al. Gradient-based learning applied to document recognition [J]. Proceedings of the IEEE, 1998, 86(11): 2278 - 2324.

[6] Scarselli F, Gori M, Tsoi A C, et al. The graph neural network model [J]. IEEE Transactions on Neural Networks, 2008, 20(1): 61-80.

[7] Mcculloch W S, Pitts W. A logical calculus of the ideas immanent in nervous activity [J]. The Bulletin of Mathematical Biophysics, 1943, 5(4): 115-133.

[8] Rumelhart D E, Hinton G E, Williams R J. Learning internal representations by error propagation [M]// Parallel Distributed Processing: Explorations in the Microstructure of Cognition: Foundations.Cambridge: MIT Press, 1987: 318-362.

[9]Goodfellow I, Bengio Y, Courville A. Deep Learning[M]. Cambridge: MIT press, 2016.

[10]周志华.机器学习[M].北京:清华大学出版社,2016.

[11] Hornik K, Stinchcombe M, White H. Multilayer feedforward networks are universal approximators[J]. Neural Networks, 1989, 2(5): 359-366.

[12]神经网络中激活函数的真正意义[EB/OL]. (2017-10-29)[2019-12-10]. https://www.zhihu.com/question/67366051/answer/604308154.

[13] Xu B, Wang N, Chen T, et al. Empirical evaluation of rectified activations in convolutional network[J]. arXiv preprint arXiv:1505.00853, 2015.

[14]神经网络求导[EB/OL]. (2019-04-22)[2019-12-10]. https://zhuanlan.zhihu.com/p/52970697.

[15]Keras中文文档[EB/OL]. [2019-12-10]. https://keras.io/zh/.

[16]Machine Learning by Stanford University[EB/OL]. [2019-12-10]. https://www.coursera.org/learn/machine-learning.

[17]Deep Learning Specialization by deeplearning.ai[EB/OL]. [2019-12-10]. https://www.coursera.org/specializations/deep-learning.

第12章 深度学习

在现实世界中，面对纷繁复杂的问题，我们总是希望基于可获取的数据，建立一套尽可能强大的模型来刻画真实的场景。在交通领域，存在着大量半结构化和非结构化数据，如车辆轨迹、城市道路网络流量数据等，它们往往具有复杂的时空特征，一方面我们很难将其整理成结构化的输入供经典机器学习模型进行训练，另一方面经典模型也难以在这些任务上达到期望的精度。想要准确地对各类数据间的非线性关系建模，就需要假设空间更大、复杂度更高的模型。在第11章中，我们介绍过神经网络可以作为一种万能近似器[1]，拟合各类复杂的非线性映射。在此基础上，我们很容易想到，通过增加神经网络中神经元的数量或隐藏层层数，可以大大提升模型的性能。然而，受制于计算能力和数据资源，复杂的神经网络模型难以被充分地训练，且容易出现过拟合的问题。2010年前后，随着计算能力的迅猛提升和大数据的涌现，训练拥有巨量参数的模型成为可能，神经网络研究在“深度学习”的名义下又重新崛起，在计算机视觉、语音识别、自然语言处理等诸多重要领域和任务上都取得了显著的性能突破。

尽管作为一门新兴技术，深度学习在近几年才广为人知，但是其中很多概念与理念在20世纪就已出现。除了第11章介绍的全连接神经网络外，深度学习两大最具代表性的结构是卷积神经网络（Convolutional Neural Networks, CNN）和循环神经网络（Recurrent Neural Network, RNN）[2]，也将是本章的重点内容。

CNN发展自计算机视觉领域。1989年，LeCun[3]首次将CNN应用在计算机视觉分析中，用于手写数字和字母的识别。2012年，Ciresan等[4]和Krizhevsky[5]等先后建立了基于CNN的深度神经网络，并在ImageNet图像识别挑战赛中展现出大幅超越传统模型的性能，也标志着深度学习时代的开始。RNN结构的提出最早可追溯到20世纪80年代的Hopfield神经网络[6]，随后的Elman神经网络则奠定了现代RNN模型的基础[7]。但是，经典RNN存在梯度消失（gradient vanishing）及梯度爆炸（gradient exploding）的问题，训练较为困难，因此应用受到很多限制。直到1997年，Hochreiter和Schmidhuber[8]改进了经典RNN，提出长短期记忆模型（Long Short Term Memory, LSTM）。LSTM使用门控单元及记忆机制大大缓解了经典RNN训练的问题。除了CNN与RNN，近年来也涌现了大量创新的深度学习方法，例如Scarselli[9]等提出了图神经网络（Graph Neural Network, GNN），它扩展了现有的神经网络，用于处理图（Graph）等几何空间中的特征数据。GNN在对节点关系建模方面表现十分突出，在很多领域日益普及，包括社交网络、知识图谱以及交通网络。本章着重介绍深度学习中的两类重要模型：卷积神经网络与循环神经网络。从原理层面对两类模型的机理和特点进行了介绍。基于网约车数据，本章详细介绍了将这两类模型用于车流量预测问题的处理过程。最后，本章简要介绍了图神经网络。

12.1 卷积神经网络

卷积神经网络是受生物学上的感受野（receptive field）机制启发而提出的。在视觉神经系统中，一个神经元的感受野是指视网膜上的特定区域，只有这个区域内的刺激才能够激活该神经元。卷积神经网络通常适用于网格数据（定义在欧几里得空间中的数据）的处理，这里的网格并不局限于平面网格，它既可以是较为直观的二维网格，也可以是一维、三维或更高维的网格。例如一串道路流量的时间序列，在时间维度上构成一条一维网格;再如一段交通卡口视频数据,它可以构成一组三维网格,在空间维度上是一张由许多像素点组成的静态图像,在时间维度上则是一帧帧堆叠的图像。

卷积神经网络,顾名思义,采用了数学上的卷积运算。我们通常所说的卷积神经网络中,至少使用一层卷积运算,代替普通全连接层的矩阵乘法运算。卷积神经网络在结构上有三个特点:局部连接(sparse connectivity)、参数共享(parameter sharing)以及下采样(subsampling)。这些特性使得卷积神经网络具有一定程度上的平移不变性(translation invariant)。1962年,Hubel和Wiesel[10]在研究猫脑皮层中用于局部敏感和方向选择的神经元时发现其独特的局部互连网络结构可以有效地降低反馈神经网络的复杂性,继而提出了卷积神经网络。现在,卷积神经网络已经成为众多科学领域的研究热点之一,特别是在模式分类领域。该网络避免了对图像的复杂前期预处理,可以直接输入原始图像,因而得到了广泛的应用。

12.1.1 卷积运算(convolution operation)

卷积是分析数学中一种重要的运算。对于两个函数f与g,其卷积可以看作它们经过翻转和平移后重叠部分的面积。我们记卷积运算符号为$*$,则函数f和g的卷积为$f*g$:

$$(f*g)(x)=\int_{-\infty}^{\infty} f(t)g(x-t)\mathrm{d}t \tag{12.1}$$

上式为卷积定义于实数域的函数形式,定义于整数域(离散值)的形式为:

$$(f*g)(x)=\sum_{t=-\infty}^{\infty} f(t)g(x-t) \tag{12.2}$$

在卷积神经网络中,两个函数f和g被赋予了新的含义。其中,函数f为输入(input),函数g被称为卷积核(convolution kernel)。输出$f*g$则被称为特征映射(feature map),特征映射能够将数据张量映射到特征空间中。

考虑到输入计算机的数据是包含有限个元素的张量,即离散值,我们通常采用式(12.2)定义的卷积来进行运算。式(12.2)可以进一步推广到二维以及更高维度的空间,其中一维卷积常用于序列建模,例如时间序列、语言序列和轨迹序列等;二维卷积可以提取二维欧氏空间的特征;三维卷积可以用于处理时空特征。本节将主要以二维卷积为例进行介绍。卷积运算的二维形式为:

$$(f*g)(x,y)=\sum_{s=-\infty}^{\infty}\sum_{t=-\infty}^{\infty} f(s,t)g(x-s,y-t) \tag{12.3}$$

需要注意的是,在卷积神经网络的实际计算机实现中,一般使用的并不是真正的卷积运算,而是采用一种十分类似的运算——互相关运算(cross correlation),公式如下:

$$(f*g)(x,y)=\sum_{s=-\infty}^{\infty}\sum_{t=-\infty}^{\infty} f(x+s,y+t)g(s,t) \tag{12.4}$$

由于卷积神经网络中的输入与卷积核均为大小有限的矩阵(或张量),因此以上运算的结果实际上是两个矩阵(或张量)间哈达玛积(Hadamard product)的各元素之和。其中,两个同大小张量A和B的哈达玛积,是将这两个张量逐元素一一对应相乘,记作$A\circ B$。考虑到卷积核中的元素均为可学习的参数,因此使用卷积运算和互相关运算的效果是完全一致的。计算机处理卷积运算时,需要先将卷积核上下、左右“翻转”,再计算哈达玛积,而互相关运算则省去了“翻转”操作,实现更为简单。在本节接下来的叙述中,将不再对卷积运算和互相关运算进行严格区分,卷积运算将用互相关运算代替。

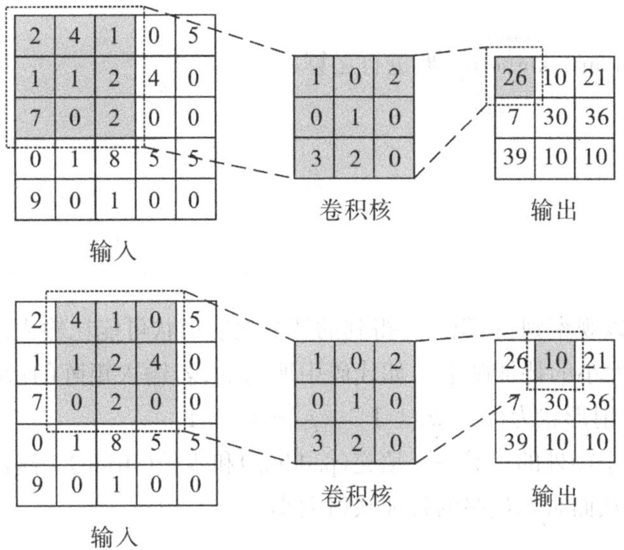

图12-1　二维卷积运算示意图

图12-1演示了一个二维卷积的计算过程，其中输入矩阵的形状为5×5，卷积核的形状为3×3。卷积核在输入矩阵上按从左至右、从上至下的顺序滑动，每一步都与输入矩阵中3×3大小的区域执行卷积运算，每一次运算在输出的特征映射中得到一个值。在这个例子中，卷积核与输入矩阵的左上角的9个元素逐个相乘并累加，即：

$$
\begin{gathered}
2\times 1+4\times 0+1\times 2+ \\
1\times 0+1\times 1+2\times 0+ \\
7\times 3+0\times 2+2\times 0=26
\end{gathered}
$$

代码下载

卷积核在输入矩阵上滑动9次后，最终得到的特征映射的形状为3×3。需要注意，实际应用中输入矩阵和卷积核的形状并不一定为方阵，输出矩阵的形状也不一定与卷积核相同。

下面是基于NumPy的一种卷积运算（互相关运算）代码实现。

```
import numpy as np
#互相关运算（与卷积结果相同）
def conv_2d(inputs, kernel):
  iw, ih = inputs.shape
  kw, kh = kernel.shape
  outputs = np.zeros((iw - kw + 1, ih - kh + 1))
  for s in range(outputs.shape[0]):
    for t in range(outputs.shape[1]):
      outputs[s, t] = (inputs[s:s + kw, t:t + kh] * kernel).sum()
  return outputs
#输入矩阵
input_arr = np.array([[2, 4, 1, 0, 5], [1, 1, 2, 4, 0], [7, 0, 2, 0, 0], [0, 1, 8, 5, 5],
[9, 0, 1, 0, 0]])
# 卷积核
kernel = np.array([ [1, 0, 2], [0, 1, 0], [3, 2, 0]])
```

```
print(conv_2d(input_arr, kernel))  # 进行运算
# 输出:
# [[26. 10. 21.]
#  [ 7. 30. 36.]
#  [39. 10. 10.]]
```

在图12-1的例子中可以观察到，卷积运算得到的特征映射形状可能比输入矩阵小。不同形状的输入矩阵和卷积核可能产生不同大小的特征映射。如代码中所写的，若输入矩阵的形状为$i_h \times i_w$，卷积核的形状为$k_h \times k_w$，则输出的特征映射形状为$(i_h - k_h + 1) \times (i_w - k_w + 1)$。

进一步地，我们引入两个额外的参数——填充（padding）和步长（stride）。这两个参数会影响输入矩阵的形状和卷积核的滑动方式，从而影响最终的特征映射大小。

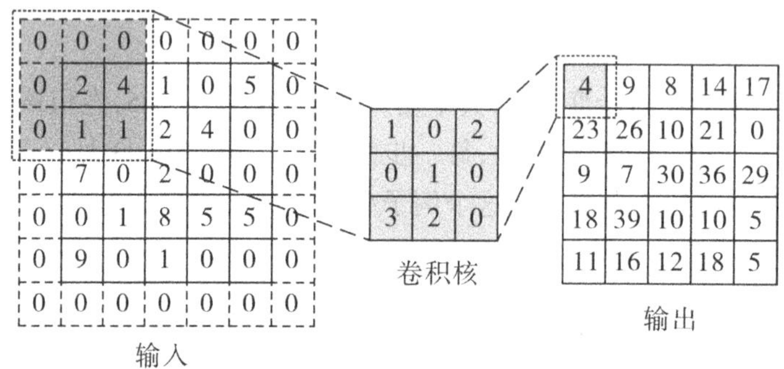

图12-2　带填充的卷积运算示意图

当指定了填充参数时，输入矩阵四周将会被填充一些新的元素，这些新元素通常取0，图12-2展示了带填充的卷积运算的基本过程。基于图12-1的输入矩阵，增加了一圈值为0的填充，卷积运算方法与前文完全一致，最终可得到如图12-2所示的特征映射。

下面同样基于NumPy演示了一种带填充的卷积运算的代码实现，输入参数与普通卷积运算一样，其中输入矩阵在宽、高方向均做了长度为1的填充。

代码下载

```
# 带填充的卷积运算
def conv_2d_pad(inputs_, kernel, padding=1):
    inputs = np.zeros((inputs_.shape[0]
                       + 2 * padding, inputs_.shape[1] + 2 * padding)) # 建立填充矩阵
    inputs[padding:-padding, padding:-padding] = inputs_          #设置原输入矩阵的值
    return conv_2d(inputs, kernel)
print(conv_2d_pad(input_arr, kernel))                              #进行运算
#输出:
#[[ 4.  9.  8. 14. 17.]
# [23. 26. 10. 21.  0.]
# [ 9.  7. 30. 36. 29.]
# [18. 39. 10. 10.  5.]
# [11. 16. 12. 18.  5.]]
```

在图12-2的例子中可以观察到，当卷积核大小为3×3时，带填充的卷积运算得到的特征映射形状与输入矩阵一样，为5×5。一般地，若输入矩阵的形状为$i_h \times i_w$，卷积核的形状为$k_h \times k_w$，在宽、高方向两侧各做长度为p_h和p_w的填充，则输出的特征映射形状为$(i_h + 2p_h - k_h + 1) \times (i_w + 2p_w - k_w + 1)$。

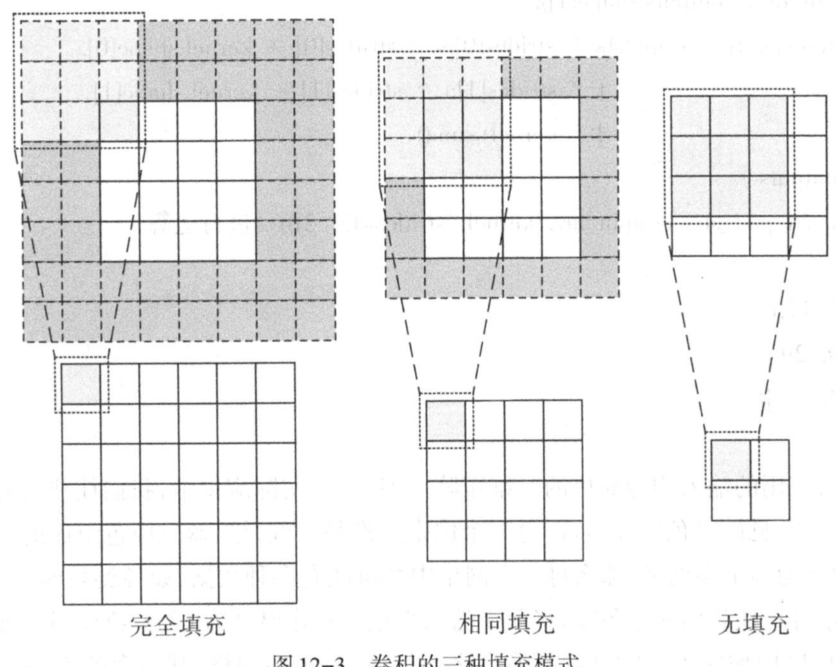

图12-3 卷积的三种填充模式

输入矩阵的填充不同，卷积核的移动范围就不同。根据卷积核的移动范围，我们一般将卷积分为三种模式——完全填充(full)、相同填充(same)和无填充(valid)。如图12-3所示，完全填充模式下，卷积核移动范围最大，需要对输入矩阵最外侧的元素也进行一次卷积运算，此时$p_h = k_h - 1, p_w = k_w - 1$；相同填充模式则要求卷积后得到的特征映射大小与输入矩阵一致；无填充模式则不进行任何填充。

除了对输入矩阵进行填充，在做卷积运算时，也可以指定卷积核滑动的步长。在前文的例子中，卷积核每次滑动只移动一格，若增大滑动的步长，则得到的特征映射的尺寸会相应的减小。以图12-2为例，当步长调整为2时，特征映射的大小会变成3×3。一般地，若输入矩阵的形状为$i_h \times i_w$，卷积核的形状为$k_h \times k_w$，在宽、高方向两侧各做长度为p_h和p_w的填充，在宽、高方向上移动步长分别为s_h和s_w，则输出的特征映射形状为$\lfloor (i_h + 2p_h - k_h + s_h)/s_h \rfloor \times \lfloor (i_w + 2p_w - k_w + s_w)/s_w \rfloor$。基于NumPy的一种带填充和步长的卷积运算代码实现如下：

代码下载

```
# 带填充和步长的卷积运算
def conv_2d_pad_stride(inputs_, kernel, strides, padding=1):
    inputs = np.zeros((inputs_.shape[0]
                      + 2 * padding, inputs_.shape[1] + 2 * padding)) # 建立填充矩阵
    inputs[padding:-padding, padding:-padding] = inputs_               # 设置原输入矩阵的值
    outputs = np.zeros(((inputs.shape[0] - kernel.shape[0] + strides[0]) // strides[0],
                        (inputs.shape[1] - kernel.shape[1] + strides[1]) // strides[1]
                        ))                                              # 建立输出矩阵
```

```
# 卷积运算
for s in range(outputs.shape[0]):
    for t in range(outputs.shape[1]):
        outputs[s, t] = (inputs[s * strides[0]:s * strides[0] + kernel.shape[0],
                               t * strides[1]:t * strides[1] + kernel.shape[1]
                               ] * kernel).sum()
return outputs
print(conv_2d_pad_stride(input_arr, kernel, strides=(2, 2))) #进行运算
#输出:
#[[ 4.  8. 17.]
# [ 9. 30. 29.]
# [11. 12.  5.]]
```

前面的例子中，使用的输入均为简单的二维矩阵。但是，在实际应用中，我们往往需要同时处理包含更多信息的数据。对于常见的彩色图片而言，每一个像素点都是由红、绿、蓝三原色组成的；在交通领域，如果将一个城市区域划分为多个小网格，那么每一个网格中都可能有多种数据，如各类兴趣点(point-of-interest，POI)的数量、交通量等。让我们换个角度，将前文的二维矩阵看作厚度为1的三维张量。面对包含较多层次信息的输入，我们可以增加输入的"厚度"。换言之，对于每一个小网格，其包含的不一定是一个单一的数值，也有可能是一个向量。我们称向量的每一维为一个通道(channel)。例如，彩色图片可能包含三个通道，对应于三种原色(红、绿、蓝)；城市网格中可能包含十余个通道，对应于各类传感器或统计手段获取的交通状态参数。

由于一个二维的卷积核无法与多通道输入直接进行卷积运算，在对多通道输入进行卷积时，需要为卷积核也赋予多个通道，即每个卷积核的通道数总是与输入的通道数保持一致。如图12-4所示，对于一个3×3×2的输入张量，我们也需要一个通道数为2的卷积核来与它进行运算。卷积核的每一个通道与输入张量的每一个通道一一对应，执行前面介绍过的卷积运算。对于每一个通道，我们都可以获得一个输出的特征映射。将两个特征映射逐元素相加，即可得到最终的输出结果。下面展示了基于NumPy的一种多通道二维卷积实现。

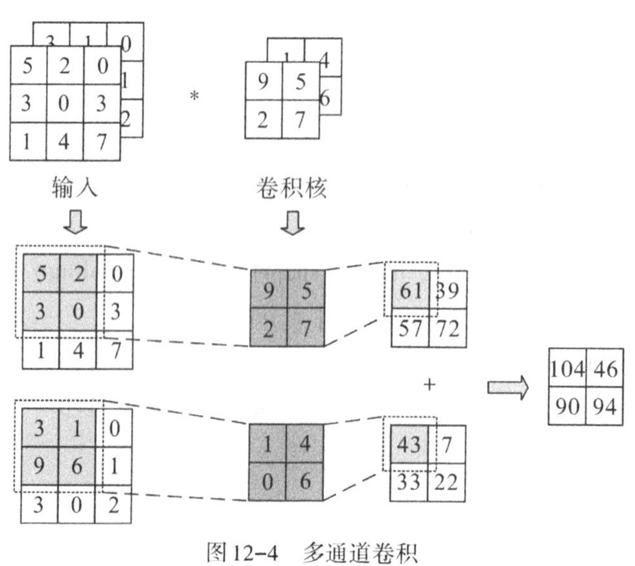

图12-4　多通道卷积

```
#多通道卷积
def conv_2d_channel(input_arr, kernel):
    outputs = np.stack([conv_2d(arr, ker)  for arr, ker in zip(input_arr, kernel)])
    return outputs.sum(axis=0)
#输入张量
input_arr = np.array([[[5, 2, 0], [3, 0, 3], [1, 4, 7]], [[3, 1, 0], [9, 6, 1], [3, 0, 2]]])
#卷积核
kernel = np.array([ [[9, 5], [2, 7]], [[1, 4], [0, 6]]])
print(conv_2d_channel(input_arr, kernel))  #进行运算
#输出：
#[[104.  46.]
# [ 90.  94.]]
```

不难发现，多通道输入经过单个卷积核运算后，输出的结果只有一个通道。如果在一次卷积运算中，采用多个不同权重的卷积核，每个卷积核都能得到一个通道的结果，最终输出张量就是将每个卷积核的结果沿着通道进行叠加，即输出张量的通道数量与卷积运算采用的卷积核数量相同。

代码下载

12.1.2 卷积层

在第11章介绍的全连接神经网络中，下一层的神经元通常与上一层的所有神经元进行连接（此处的上一层指离输入层更近的神经网络层）。而卷积神经网络则不同，每层的神经元（12.1.1中各个图片中的输入网格都可以看作是一个神经元）只与上一层的局部区域进行连接，如图12-5所示。其连接方式与传统神经网络类似，通过一个权重矩阵（即卷积神经网络中的卷积核）与上层神经元做点积得到。从本质上说，卷积核代表了一种局部的特征，它对某些局部的特征敏感，而这种敏感表现为输入与卷积核的点积值比较大。在传统计算机视觉领域，研究者人工设计了许多滤波器，用来提取图片中的关键特征，如用于边缘检测的Sobel算子，这与卷积神经网络卷积层的作用是类似的。

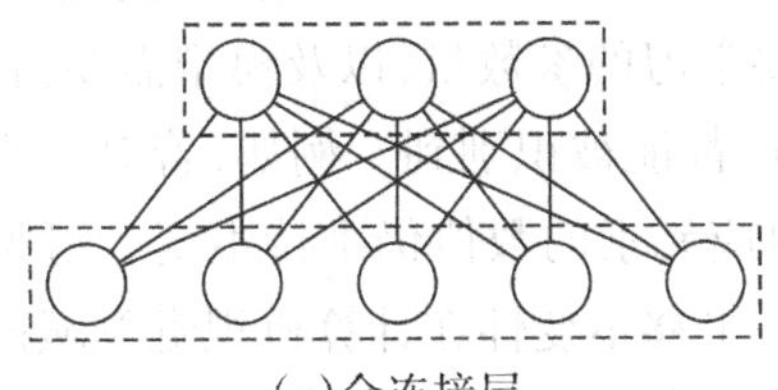
(a)全连接层

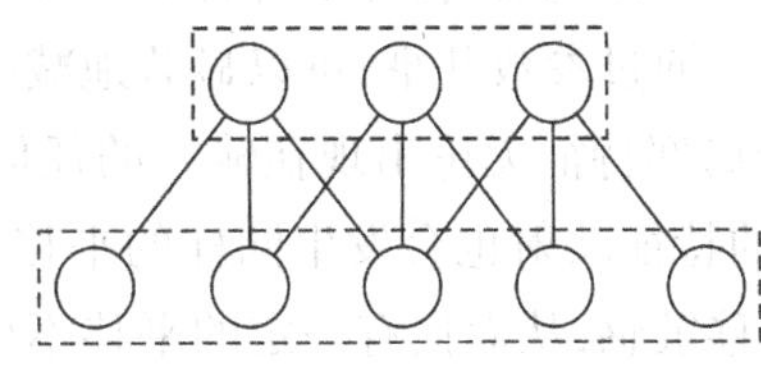
(b)卷积层

图12-5 全连接层与卷积层对比

这种局部连接的特点使得卷积神经网络下层的神经元只能直接或间接地与原始输入数据中的一部分数据相连接。这里，我们将卷积神经网络每一层输出的特征映射中每个神经元与原始输入间接连接的范围称为“感受野”。感受野更大的神经元有更大的机会获取更丰富的信息，感受野较小的神经元往往只能关注局部的细节特征。如图12-6所示，一个形状为6×6的输入矩阵，先后经过两次卷积核大小为3×3的卷积运算，分别得到了大小为4×4和2×2的两个特征映射。则在第一层卷积的输出中，每一个神经元的感受野为3（3×3的区域）；在第二层卷积的输出中，每一个神经元的感受野为5（5×5的区域）。从中也可以推断出，随着网络深度的增加，神经元的感受野也越来越大。

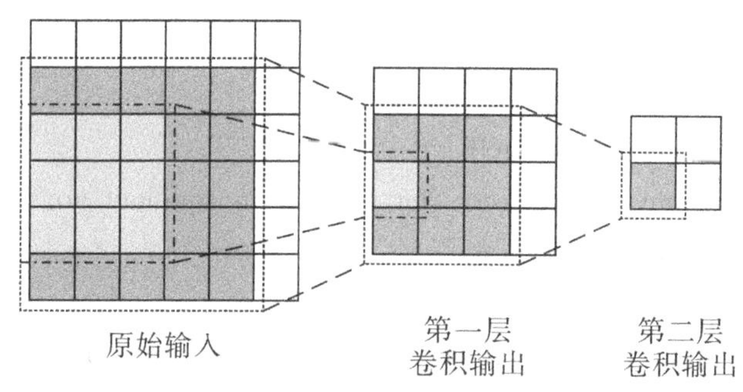

图12-6 感受野大小

但是，理论上说，层与层的神经元之间全部两两相连的全连接层也可以学习到仅有局部连接的卷积层所学习到的特征，那卷积层有什么优势呢？考虑一个全连接神经网络，设第$l-1$层有m个神经元，第l层有n个神经元，则两层间有$m\times n$个连接，对应于$m\times n$个权重参数。当m和n都很大时，权重矩阵的参数将会非常多，模型很难学习到有价值的特征，并且训练效率很低。

如果采用一维卷积层来代替全连接层，则第l层的每一个神经元都只和第$l-1$层局部范围内的神经元相连，构成一个局部连接网络。第l层的第i个神经元的输出（不考虑填充和步长）为：

$$\begin{aligned}x_i^{(l)}&=f\left(\sum_{u=0}^{U-1}w_u^{(l)}x_{i+u}^{(l-1)}+b_i^{(l)}\right)\\&=f\left(\mathrm{w}^{(l)}\boldsymbol{x}_{i:i+U}^{(l-1)}+b_i^{(l)}\right)\end{aligned}\tag{12.5}$$

其中，$\mathrm{w}^{(l)}$是长度为U的一维卷积核的权重，$x_{i,j}^{(l)}=\left[x_i^{(l)},x_{i+1}^{(l)},\cdots,x_{j-1}^{(l)}\right]^T$，$f(\cdot)$为激活函数，$\boldsymbol{b}^{(l)}$为偏差。若将卷积运算符号表示为*，第$l$层的神经元输入也可直接写作：

$$\boldsymbol{x}^{(l)}=f\left(\mathrm{w}^{(l)}*\boldsymbol{x}^{(l-1)}+\boldsymbol{b}^{(l)}\right)\tag{12.6}$$

二维卷积与一维卷积一样，同样具有局部连接的特点。记第l层和第$l-1$层的输入为$\boldsymbol{x}^{(l)}$和$\boldsymbol{x}^{(l-1)}$，则$\boldsymbol{x}^{(l)}$中一个神经元的输入可写作：

$$x_{i,j}^{(l)}=f\left(\sum_{u=0}^{U-1}\sum_{v=0}^{V-1}w_{u,v}^{(l)}x_{i+u,j+v}^{(l-1)}+b_{i,j}^{(l)}\right)\tag{12.7}$$

其中，$\mathrm{w}^{(l)}$是形状为$U\times V$的二维卷积核。第l层的神经元输入同样可以直接写作：

$$\boldsymbol{x}^{(l)}=f\left(\mathrm{w}^{(l)}*\boldsymbol{x}^{(l-1)}+\boldsymbol{b}^{(l)}\right)\tag{12.8}$$

从上面的公式中可以观察到，对于所有的神经元，权重$\mathrm{w}^{(l)}$都是相同的。这也是卷积层的另外一个重要特点——参数共享。通过参数共享，可以显著地减少需要学习的参数量，以及模型需要占用的内存。此外，参数共享使得一个局部特征无论出现在输入的任何位置，都能被识别到。例如，若对一张图片进行平移操作，则卷积后输出的特征映射也会发生同样的平移，而对应元素的数值仍维持不变。可见参数共享使得模型不会对输入的位移敏感，从而拥有一定的平移不变性。平移不变性在计算机视觉领域的应用中是一个十分重要的特性，但是当其应用在交通领域时，需要考虑这一特性是否符合相关的领域知识和工程实际。例如，我们的输入是划分好的城市网格，每一个网格的属性是与其周边的土地利用等要素密切相关的。对于两个距离较远的网格，即使它们的一些要素（如道路总长度等）是相同的，它们背后的地理位置属性依然会导致两个网格的交通状态出现很大差异，也就是说，网格中的某些观测值可能并不满足图像中的平移不变性。相比于直接套用现成的卷积神经网络，一种可能的改进思路是设法为每个网格赋予位置信息，例如将经纬度作为新的通道输入模型。

参数共享特性另外一个需要注意的点在于，卷积层中的参数共享仅限于同一个通道。若输入张量包含多个通道，则卷积核每个通道里的权重值是不同的。换言之，卷积神经网络在进行特征提取时，对于不同通道的特征是分开处理的。

由于一个卷积核只能提取一种模式的特征，即使对不同通道采用不同的权重，特征提取的限制仍然较大。因此，在实践中，常常同时使用多个卷积核，希望它们能够提取出不同类型的特征。不同卷积核之间的参数和不同通道的卷积核一样，参数也是不共享的，否则就失去了使用多个卷积核的意义。

12.1.3 下采样层

卷积层虽然可以显著减少连接的个数，但并不会减少输入特征映射的大小，即该层输入神经元个数。在实际问题中，输入的数据往往带有很多的噪声，在这些数据上训练得到的部分模型参数可能并不恰当。例如一些卷积核可能会将数据中的噪声视为某种特征，从而导致过拟合的问题，使得模型的泛化能力不足。为了避免噪声和微小扰动的影响，可以对数据进行下采样的操作，来降低模型对数据的敏感度。在卷积神经网络中，下采样通常是由池化(pooling)层来实现的。池化层在降低数据噪声影响的同时，也可以减小模型的参数量，降低运算成本。

类似于卷积层中的卷积核，池化层在运算中也需要定义一个大小固定的窗口。对于一个窗口内的输入值，池化层会使用另一个恰当的值来代替这个窗口内的值。这个值是通过下采样函数来获得的。最为常见的两种下采样函数为最大值函数和平均值函数，对应于最大值池化(max pooling)和平均值池化(average pooling)。通过池化，下层神经元的感受野也会进一步增大。

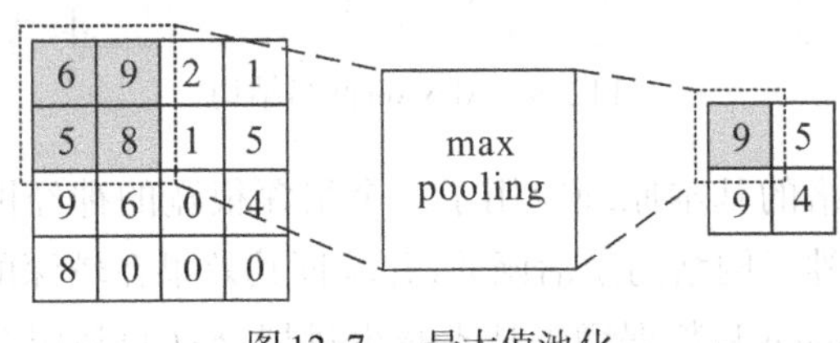

图12-7 最大值池化

池化窗口的移动方式也和卷积核的滑动方式一样，同样具有填充和步长的概念。图12-7展示了无填充、步长为2的最大值池化过程。经过池化，4×4的输入矩阵大小变为了2×2。在这个例子中，输入矩阵的左上角、右上角、左下角和右下角各4个元素分别进行了下采样，即：

$$\max(6,9,5,8)=9$$
$$\max(2,1,1,5)=5$$
$$\max(9,6,8,0)=9$$
$$\max(0,4,0,0)=4$$

池化层对于多通道的处理与卷积层是不一样的。卷积层中，对每个通道分别做卷积运算后，需要将各个结果逐元素相加。而池化层中，对每个通道分别做池化运算后，不做任何处理。换言之，池化层的输出和输入的通道数是没有差异的。

下采样与局部连接及参数共享一起，构成了卷积神经网络的三个核心特点。这使卷积神经网络得以降低学习任务的难度，同时具备了一定的平移不变性。

12.1.4 架构设计

卷积神经网络的基本模块并不复杂，真正让卷积神经网络大放异彩的关键之一，是各类设计精巧的网络架构。卷积神经网络的架构种类繁多，本节将简要介绍几种最主要的架构设计思想。

1."卷积—池化"的顺序设计

"卷积—池化"的顺序设计最早由LeCun[11]等设计并应用于手写数字识别(LeNet-5)，它的基本元素是串联的卷积层、激活函数、池化层和全连接层，如图12-8所示。这一结构包含了卷积神经网络的全部三个基本的特点，奠定了现代卷积神经网络架构设计的基础。

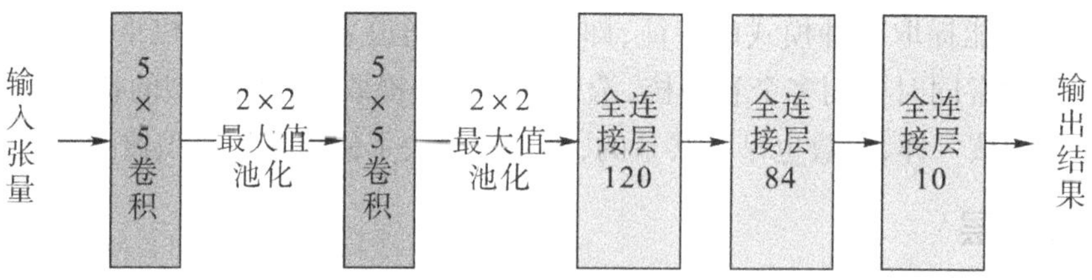

图12-8　LeNet-5网络结构

基于LeNet-5，研究者首先对网络深度进行了一些探索，提出了AlexNet[5]、VGG[12]等模型。其中，AlexNet网络是现代意义上的第一个深度卷积神经网络架构，由Krizhevsky等设计。相较之前的卷积网络架构，AlexNet最显著的特点是层次加深，参数规模变大。如图12-9所示，该网络包含5个卷积层，其中第1、2和5个卷积层后都进行了池化操作。这些卷积层之后连接3个全连接层，其中最后一层是Softmax输出层，共有1000个神经元，对应数据集中的1000类图像。

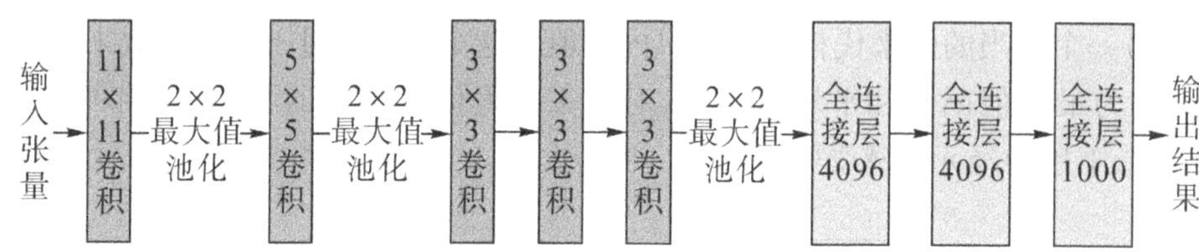

图12-9　AlexNet网络结构

AlexNet成功将卷积神经网络的基本原理应用于一个很深很宽的神经网络中，其技术上的主要创新点有：(1)成功使用ReLU作为卷积神经网络的激活函数，并验证其效果在较深的网络超过Sigmoid，显著提升训练速度；(2)在全连接层使用Dropout和数据增强技术减少过拟合；(3)利用图形处理器(Graphics Processing Unit, GPU)强大的并行计算能力，处理神经网络训练时大量的矩阵运算。AlexNet最先验证了卷积数据网络在复杂模型下的有效性，并使用GPU将训练时间控制在可接受范围内，对后续一系列复杂卷积神经网络的设计具有重要影响。

VGG是AlexNet后的又一经典卷积神经网络模型，在2014年由Simonyan和Zisserman[12]提出，该架构进一步提升了卷积网络在图像分类任务的表现。VGG最主要的改进是将大尺寸卷积核分解为多个连续的小尺寸卷积核，减少了参数数量，使网络结构能够变得更深。相比于AlexNet的8层，VGG的两个常用版本(即VGG-16和VGG-19)的网络深度分别提升至16和19层。VGG的成功验证了提升网络的深度可以直接提升卷积神经网络在图像分类任务中的性能表现。

2.多卷积核设计

多卷积核设计最早出现于Google提出的一种全新的深度卷积神经网络结构GoogLeNet(该结构也被称为Inception-V1)[13]。不同于AlexNet、VGG等结构通过增大网络的深度(层数)来获得更好的训练效果，GoogLeNet用一个新的单元结构Inception模块提升模型性能。Inception模块如图12-10所示，每个Inception包含多个不同大小的卷积核，分别是1×1、3×3和5×5，对输入图像进行卷积和最大池化操作，各卷积核的输出将结合在一起传入下一个Inception模块。Inception模块在多个尺度上同时进行卷积，能提取到不同尺度的特征，而更为丰富的特征也意味着最后分类判断时更加准确。

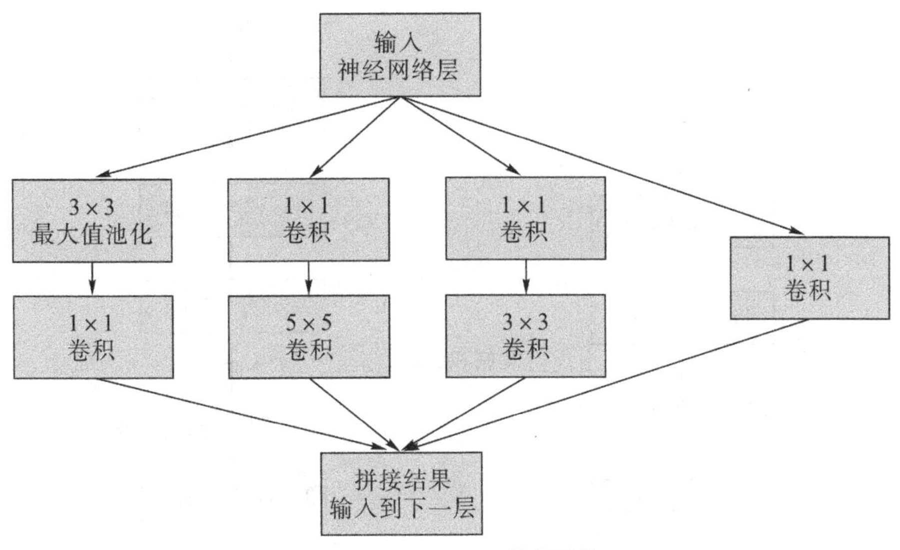

图12-10 Inception模块结构

3.跳跃连接

从LeNet到VGG的模型架构探索历程中，可以注意到一个明显的特点，也就是随着算力的提升，研究者可以通过增加网络的深度来达到更高的精度。那么模型的深度是否能够无限制地增加呢？答案是否定的。在很多实验中，研究者发现，模型在训练集上的精度在网络达到一定深度时反而开始下降，这一现象也被称为深度网络的退化(degradation)。一个主要的阻碍就是梯度消失和梯度爆炸现象。由于网络结构过深，在反向传播的过程中，模型的梯度更新十分不稳定，导致网络难以顺利收敛。

为了解决这一问题，He等[14]提出了深度残差网络(Deep Residual Network, ResNet)，介绍了一条简单而有效的思路——跳跃连接(skip/shortcut connection)。如图12-11所示，在标准的串联结构之外，ResNet在两层之外添加了一条额外的连接(即左侧的曲线)，连接输入的特征映射和卷积层的输出。类似于第10章中Boosting的思想，这条额外连接显著地降低了模型的学习难度。对于神经网络而言，每一层都在学习一个隐含的映射关系$h(x)$。然而，由于反向传播算法的限制，深层网络很难被有效地训练。因此，跳跃连接通过向网络添加一个恒等映射，将这个隐含的映射关系转变为另一种更简单的映射关系$f(x):=h(x)-x$，即前一层学习结果的残差。此时，原始的映射关系也就转变为了$f(x)+x$，这样即使深层网络未能提取新的信息，至少也能保持和浅层网络一样的性能。

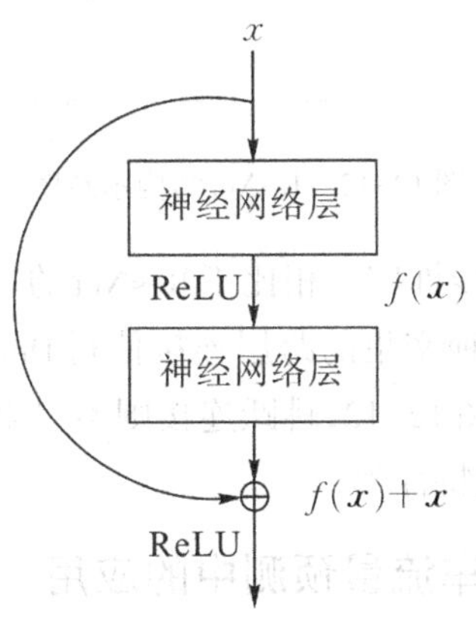

图12-11 残差模块

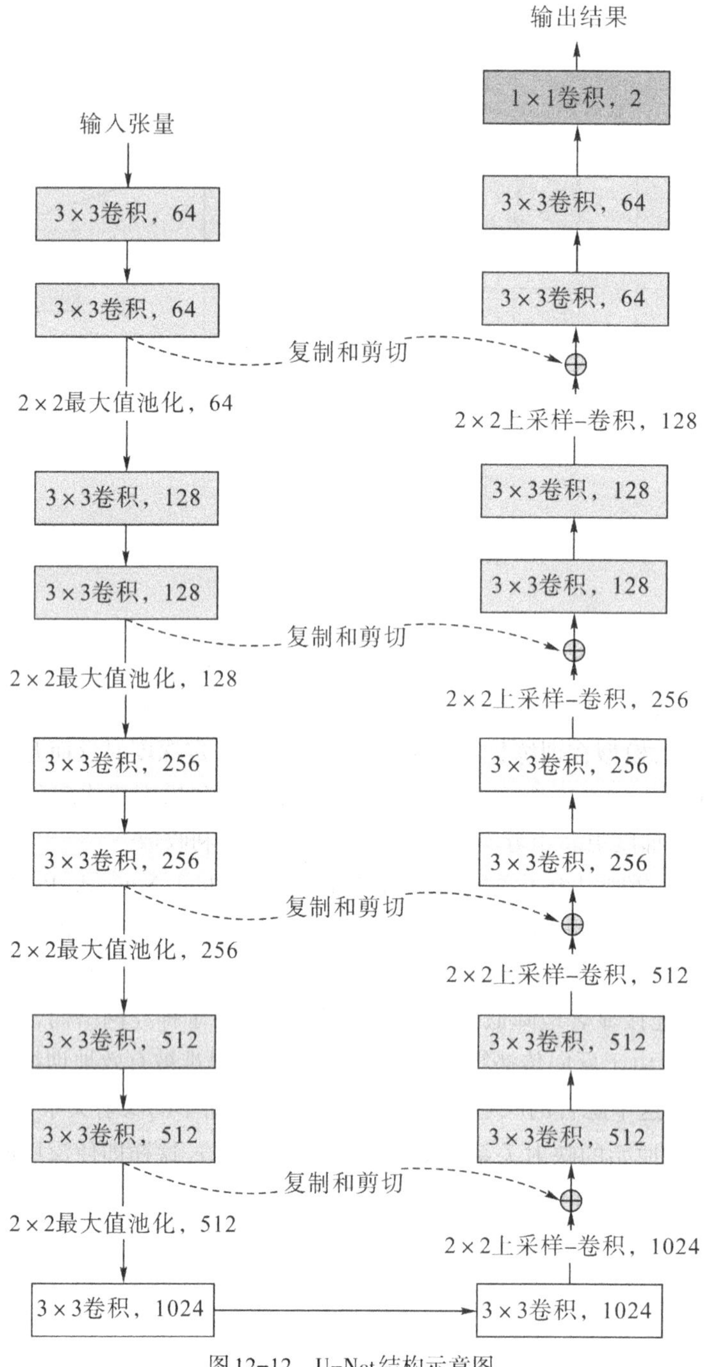

图12-12　U-Net结构示意图

这种跳跃连接的思想也可以被进一步推广。相比于ResNet的一条跳跃连接，DenseNet为数个连续的卷积模块两两添加了一条跳跃连接[15]。这种密集的跨层连接使得DenseNet可以实现不同层间特征的反复利用，提升学习的效率。而在U-Net中，如图12-12，跳跃连接则不只限于相邻层之间的连接，它能够同时结合深层和浅层的特征，捕捉到细节和宏观的特征[16]。

12.1.5　卷积神经网络在网约车流量预测中的应用

例12-1 网约车流量预测(应用卷积神经网络)

在本案例中，我们将基于网约车历史轨迹数据，建立一个用于网约车流量预测的模型。网约车服务作为一种近年来涌现的新型出行方式，以其便捷、灵活和创新的运营策略受到出行者和交通管理人员关注。

随着网约车市场规模的不断扩大，为了提升平台管理效率、合理制定调度策略、降低系统运营成本，如何准确地预测未来的流量成为亟待解决的问题。

1.应用场景解析

流量预测问题本质上属于时间序列的预测问题，但由于网约车流量的时空属性，模型的建立不应仅仅考虑时间维度的信息，必须充分考虑网约车流量在时间和空间两个维度的依赖关系。如何恰当地表示时空关系是交通预测中最为关键的问题之一。在本案例中，研究区域被切分为53×67个网格。此处我们将网格对应于图像中的像素点，使用卷积神经网络来捕捉空间流量信息之间的关联。对于一系列时间维度上的流量分布，我们则将其对应于一系列堆叠的图像，作为图像的不同通道来进行处理。

代码下载

2.数据预处理

首先，我们读取数据集并进行初步的清理工作。

```
import pandas as pd
#读取数据文件
data = pd.read_csv('DATASET-B.csv')
#转换数据类型
for c in ['rowid', 'colid', 'time_id']:
    data[c] = data[c].astype(int)
data = data.sort_values(['date', 'rowid', 'colid', 'time_id']).reset_index(drop=True)  # 排序
data['date'] -= data['date'].min()
```

通过下面的代码对数据在时空维度上进行简单的计数统计，可以观察到有很多网格的数据存在缺失。这种缺失主要有三点原因：(1)网约车的出行比例不高，车辆轨迹无法覆盖全部区域；(2)城市中大量用地为植被或建筑物等，非城市道路，网约车流量必然为0；(3)网格划分粒度过细。类似的，在时间维度上，数据也存在大量空缺，这是由于网约车流量在时间上的波动变化造成的。例如在午夜时分，网约车流量远小于早晚高峰时段。

```
print(len(data[['rowid', 'colid']].drop_duplicates()),          # 数据集中包含空间网格数量
      (data.rowid.max() + 1) * (data.colid.max() + 1))           # 空间网格总数
# 输出：2076 3551
print(data.groupby(['rowid', 'colid']).time_id.nunique().mean(), # 各空间网格平均包含的时间段数量
      data.time_id.max() + 1)                                    # 时间段总数
# 输出：106.0679190751445 144
```

将各空间网格的网约车总流量绘制成图（图12-13），可以更加直观地看出数据的空缺情况。

```
import matplotlib.pyplot as plt
import seaborn as sns
plt.figure(dpi=300)
sns.heatmap(data.groupby(['rowid', 'colid']).size().reset_index(
            name='volume').pivot_table('volume', 'rowid', 'colid'), cmap='Blues')
plt.show()
```

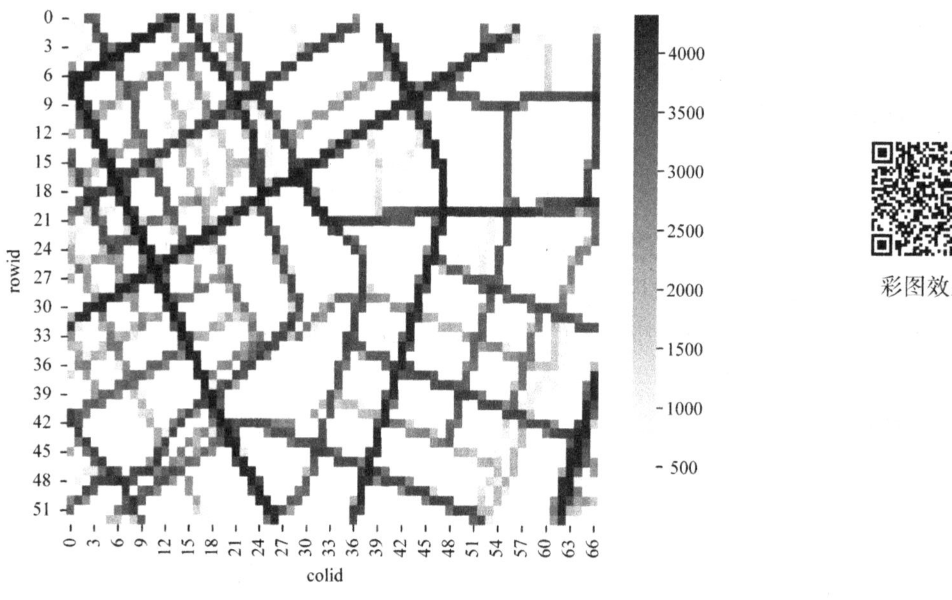

图12-13　网约车流量总体分布

彩图效果

为了保持输入数据的完整性，我们需要对数据中的缺失值填充0。函数grid_recovery可以自动填充缺失的时空网格，并对空值做补0操作。

```
def grid_recovery(df_, cols=[], lens=[]):
    '''修复缺失网格，填充0'''
    df = df_.copy()
    lcols = len(cols)
    llens = len(lens)
    if lcols != llens: # 确保输入的网格名称与网格长度信息的长度一致
        raise ValueError(f'Lengths of cols ({lcols}) and lens ({llens}) mismatch.')
    recovery_df = None
    for c, l in zip(cols, lens):
        tmp_df = pd.DataFrame({c: range(l)})          # 完整网格
        tmp_df['flag'] = True                         # 网格补全标记列
        if recovery_df is None:
            recovery_df = tmp_df.copy()
        else:
            recovery_df = recovery_df.merge(tmp_df, 'left', 'flag')
    del recovery_df['flag']
    df = recovery_df.merge(df, 'left', cols)          # 补全所有网格
    df = df.fillna(0)                                 # 对缺失值补0
    return df
NROWS = 53                                            # 空间网格行数
NCOLS = 67                                            # 空间网格列数
NTIME = 144                                           # 时间网格数
```

```
NDATE = 30                                        # 日期网格数
data = grid_recovery(data,['date', 'rowid', 'colid', 'time_id'], [NDATE, NROWS, NCOLS, NTIME])
for c in ['labels', 'volume', 'stopNum']:
    data[c] = data[c].astype(int)                 # 调整数据类型
```

如前文所述，由于初始网格粒度较细，很多网格缺失数据，或网格内流量极低。数值过小的数据易受随机扰动影响，不具有可预测性。此外，对于网约车服务平台而言，细粒度的时空网格不一定有利于车辆的调度安排，可能会给调度系统带来极大的调度难度。因此，我们对时空网格数据进行聚合。在时间维度上，本案例选取一小时作为网格粒度；在空间维度上，本案例将2×2个原网格合并为新网格。

```
data['hourid'] = data['time_id'] // 6                    # 合并时间网格
data['new_rowid'] = data.rowid // 2                      # 合并空间网格
data['new_colid'] = data.colid // 2
volume = data.groupby(                                   # 计算合并网格后各网格的流量
  ['date', 'new_rowid', 'new_colid', 'hourid']).volume.sum().reset_index()
volume.columns = ['date', 'rowid', 'colid', 'hourid', 'volume']
```

接下来需要将顺序排列的历史流量记录整理成网格形式。

```
volume_pivot = volume.pivot_table(index=['date', 'hourid', 'rowid'], columns='colid',
                                  values='volume').reset_index()        # 网格转换
volume_pivot['timeseq'] = volume_pivot['date'] * 24 + volume_pivot['hourid']   # 时间序号
volume_pivot_np = volume_pivot[[c for c in range(34)]].values                  # 提取流量数值
```

数据整理的最后一步是将数据处理成标准输入格式，即样本×通道×宽×高（$S \times C \times W \times H$）。本案例中，对于待预测时刻$t$，我们选取了过去三小时（$t-3, t-2, t-1$）和一天前（$t-24$）的流量数据作为输入的4个通道。此外，该网约车数据集覆盖时长仅有一个月，为了扩充样本数，提升训练效果，需要对训练数据进行数据增强。最常用的数据增强方法之一是裁切[5]。本案例采用长宽均为10的正方形滑动窗口，对空间网格进行进一步的裁切，使数据量增加到原来的18×25=450倍。需要注意的是，由于交通数据的特殊性，其空间坐标具有实际意义，故许多计算机视觉中常用的数据增强方法（例如：扭曲、拉伸、亮度调整等）不能直接进行应用，否则会对训练结果产生负面影响。

```
import numpy as np
def gen_movie(df, nrows=27, ncols=34, ntime=30*24, win_s=10, win_t=3):
  n_i = nrows - win_s + 1    # 18
  n_j = ncols - win_s + 1    # 25
  piece = []
```

```
    for t in range(24, ntime):
  for i in range(n_i):
      for j in range(n_j):
        # 周期特征
        prd_piece = df[t-24:t-23, i:i+win_s, j:j+win_s]
        # 邻近特征
        nbr_piece = df[t-win_t:t+1, i:i+win_s, j:j+win_s]
        piece.append(np.vstack([prd_piece, nbr_piece]))
    return np.stack(piece)
movie = gen_movie(np.asarray(volume_pivot_np.reshape((30*24, 27, 34)), order='C'))
np.save('data_x.npy', movie[:, :4])
np.save('data_y.npy', movie[:, 4])
```

3.模型构建

下面开始搭建模型。首先定义一个卷积模块,包含卷积层、批归一化层、池化层。需要注意,考虑到TensorFlow的兼容性问题,建议在装有支持CUDA核心的显卡的计算机上运行以下代码。

```
import tensorflow as tf
from tensorflow import keras
from tensorflow.keras.layers import Conv2D, BatchNormalization
from tensorflow.keras.layers import Activation, MaxPooling2D
from tensorflow.keras.regularizers import l2
# 卷积层
def conv_layer(inputs,
               num_filters=16,
               kernel_size=3,
               strides=1,
               data_format='channels_first',
               activation='relu',
               batch_normalization=True,
               maxpooling=True,
               pool_size=2,
               pool_strides=2):
    conv = Conv2D(num_filters,
                  kernel_size=kernel_size,
                  strides=strides,
                  padding='same',
                  data_format=data_format,
                  kernel_regularizer=l2(1e-4))
```

```
    x = conv(inputs)                                    # 卷积
    if batch_normalization:
        x = BatchNormalization()(x)                     # 批归一化
    if activation is not None:
        x = Activation(activation)(x)                   # 激活函数
    if maxpooling:
        x = MaxPooling2D(pool_size=pool_size,
                         strides=pool_strides,
                         data_format=data_format,
                         padding='same')(x)             # 池化
    return x
```

由于卷积和池化的操作可能会使特征图的尺寸缩小，因此有必要定义一个上采样函数，来对特征图尺寸进行还原。这里的上采样可以简单视为池化的逆操作，感兴趣的读者可以查阅相关资料进一步了解[17]。

```
from tensorflow.keras.layers import UpSampling2D
def upsample_layer(inputs,
                   up_size=2,
                   interpolation='nearest',
                   data_format='channels_first'):
    upsample = UpSampling2D(size=up_size,
                            data_format=data_format,
                            interpolation=interpolation)
    x = upsample(inputs) # 上采样
    return x
```

接下来即可建立完整的卷积神经网络模型。

```
from tensorflow.keras.layers import Input, Flatten, Dense
from tensorflow.keras.models import Model
def cnn_model(input_shape):
    inputs = Input(shape=input_shape)
    x = conv_layer(inputs, 16, pool_strides=1)
    x = conv_layer(x, 32, pool_strides=1)
    x = conv_layer(x, 32, pool_strides=1)
    x = conv_layer(x, 16)
    x = upsample_layer(x, 2)
    x = conv_layer(x, 1, maxpooling=False)
    y = Flatten(data_format='channels_first')(x)
```

```
y = Dense(128, activation='relu')(y)
y = Dense(128, activation='relu')(y)
outputs = Dense(100, activation='relu')(y)
# 建立模型
model = Model(inputs=inputs, outputs=outputs)
return model
```

4.模型训练及性能评估

当模型建立完成后，可以正式开始模型的训练。本案例选取数据集DATASET-B中2016年11月1日至2016年11月29日的数据进行训练，最后一天的数据（24 × 18 × 25 = 10800个样本）用于结果验证。模型使用Adam优化器进行优化，学习率设置为0.0004，并以MSE作为目标函数。在训练过程中，32个样本为一个训练批次，共训练50轮（为方便展示，仅训练了较少的轮数）。值得注意的是，在训练过程中，我们通过validation_split参数指定了20%的数据作为验证集，用于早停策略的执行，避免模型产生严重的过拟合。表12-1为模型在测试集上的误差，图12-14展示了两块预测区域真实流量和预测流量的对比。

```
import tensorflow as tf
from sklearn.metrics import mean_absolute_error, mean_squared_error
from tensorflow.keras.callbacks import EarlyStopping
SEED = 233                                                    # 随机种子
np.random.seed(SEED)
tf.random.set_seed(SEED)
data_x = np.load('data_x.npy')
data_y = np.load('data_y.npy')
data_x = data_x.astype('float32')
data_y = data_y.astype('float32')
data_x /= 1404                                                # 归一化
data_y /= 1404                                                # 归一化
train_x, train_y = data_x[:-10800], data_y[:-10800]           # 训练集
test_x, test_y = data_x[-10800:], data_y[-10800:]             # 测试集
model = cnn_model(train_x.shape[1:])
opt = keras.optimizers.Adam(learning_rate=4e-4)
model.compile(loss='mse',
              optimizer=opt,
              metrics=['mae', 'mse'])
batch_size = 32                                               # 训练批次大小
epochs = 50                                                   # 训练轮数
earlystop = tf.keras.callbacks.EarlyStopping(monitor='val_loss', patience=10) # 早停策略
model.fit(train_x, train_y.reshape(-1, 100),
          batch_size=batch_size,
```

```
               epochs=epochs,
               validation_split=0.2,
               callbacks=[earlystop],
               shuffle=True) # 模型训练
predictions_test = model.predict(test_x, batch_size=512)
mae_test = mean_absolute_error(predictions_test * 1404, test_y.reshape(-1, 100) * 1404)
mse_test = mean_squared_error(predictions_test * 1404, test_y.reshape(-1, 100) * 1404)
print(mae_test, mse_test, np.sqrt(mse_test))                # 测试集误差
```

表 12-1 模型性能评估

MAE	MSE	RMSE
19.876	1431.725	37.838

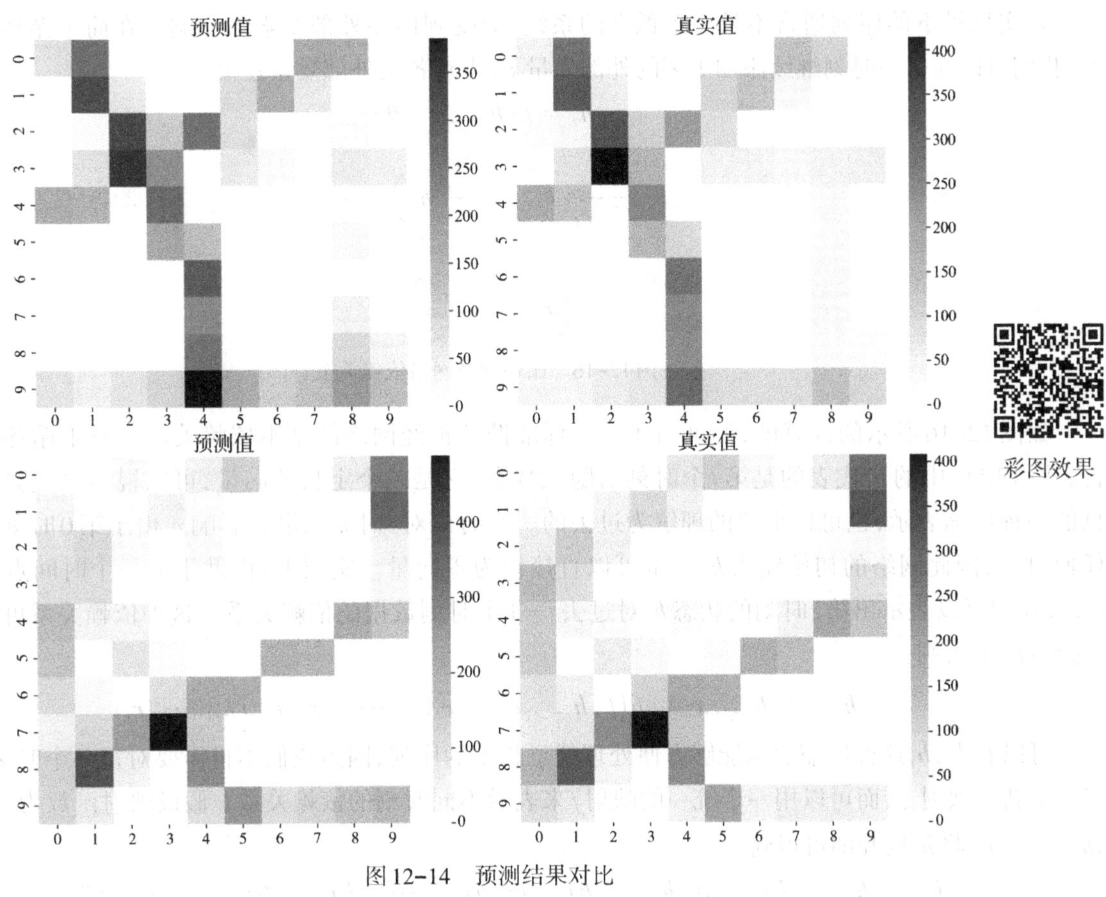

图 12-14 预测结果对比

12.2 循环神经网络

12.2.1 RNN的基本结构

在交通领域，最普遍的序列数据是时间序列数据，例如每天不断变化的交通流。序列数据在时间维度

上往往具有显著的前后依赖关系，即未来某一时刻的输出结果与过去的状态紧密相关。研究人员提出了循环神经网络对这种序列结构进行建模。循环神经网络引入了时间维度上的循环连接，在不同的时间点之间添加了新的隐藏层，使整个神经网络拥有了对序列前后关系进行建模的能力。这就意味着循环神经网络的输出信息，除了作为运算结果输出，也可以成为下一时刻的输入，影响下一时间点的输出结果。

在完整介绍循环神经网络结构之前，我们首先考虑一个长度为N的序列$\{\boldsymbol{h}_1, \boldsymbol{h}_2, \cdots, \boldsymbol{h}_N\}$。下面建立一个简单的模型，其中$t$时刻的序列状态$\boldsymbol{h}_t$仅仅依赖与前一时刻的序列状态$\boldsymbol{h}_{t-1}$，这种关系可以写作：

$$\boldsymbol{h}_t = f(\boldsymbol{h}_{t-1}) \tag{12.9}$$

其中$f(\cdot)$表示状态间的依赖映射。若为这个映射添加一些可调整参数$\boldsymbol{\theta}$，则上述关系（图12-15）可以进一步写作：

$$\boldsymbol{h}_t = f(\boldsymbol{h}_{t-1}; \boldsymbol{\theta}) \tag{12.10}$$

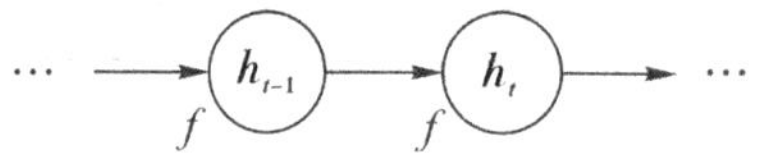

图12-15　简单序列循环依赖关系

真实场景下的序列通常不是一个孤立的系统，会受到诸多外部要素的影响。在简单循环序列的基础上，我们可以在每一时刻继续添加更多的外部变量$\boldsymbol{x}_t$，来对各类外部要素建模。

$$\boldsymbol{h}_t = f(\boldsymbol{h}_{t-1}, \boldsymbol{x}_t; \boldsymbol{\theta}) \tag{12.11}$$

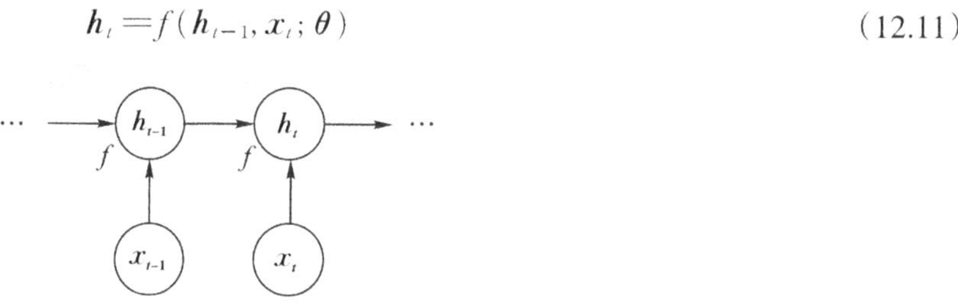

图12-16　循环神经网络依赖关系

如图12-16所示的计算图，便可描述一个标准循环神经网络的基本依赖关系。对于循环神经网络而言，式（12.11）中的$\boldsymbol{h}_t$代表的是第t个时刻的隐藏状态，它是一个定长的向量，可以视为对过去每个时刻信息的一种压缩表示，也可以形象的理解为过去的所有时刻对t时刻的潜在影响。由于第0时刻之前不存在任何时刻，因此网络的初始输入$\boldsymbol{h}_0$通常可以直接设为零向量。实质上，借助于上一个时间点的压缩表示$\boldsymbol{h}_{t-1}$，我们可以表示出第t时刻的状态$\boldsymbol{h}_t$对过去$t-1$个时刻数据的依赖关系。这种依赖关系可以写成关于t的函数$g_t(\cdot)$，则：

$$\boldsymbol{h}_t = f(\boldsymbol{h}_{t-1}, \boldsymbol{x}_t) = f\big(f(\boldsymbol{h}_{t-2}, \boldsymbol{x}_{t-1}), \boldsymbol{x}_t\big) = \cdots = g_t(\boldsymbol{x}_t, \boldsymbol{x}_{t-1}, \cdots, \boldsymbol{x}_1) \tag{12.12}$$

可以看出，$\boldsymbol{h}_t$这种压缩表示能够方便处理任意长度的序列，因为我们不再需要对每一个时刻t单独去学习一个新的映射g_t，而可以用一个统一的映射f来表示不同时刻的依赖关系。假设映射函数为$f(\boldsymbol{h}_{t-1}, \boldsymbol{x}_t) = a\boldsymbol{h}_{t-1} + b\boldsymbol{x}_t$，将$\boldsymbol{h}_t$展开即可得到：

$$\boldsymbol{h}_t = a\boldsymbol{h}_{t-1} + b\boldsymbol{x}_t = a(a\boldsymbol{h}_{t-2} + b\boldsymbol{x}_{t-1}) + b\boldsymbol{x}_t = \cdots = b\boldsymbol{x}_t + ab\boldsymbol{x}_{t-1} + \cdots + a^{t-1}b\boldsymbol{x}_1 \tag{12.13}$$

此时有$\boldsymbol{h}_t = g_t(\boldsymbol{x}_t, \boldsymbol{x}_{t-1}, \ldots, \boldsymbol{x}_1) = b\boldsymbol{x}_t + ab\boldsymbol{x}_{t-1} + \cdots + a^{t-1}b\boldsymbol{x}_1$。在实际问题中，如果使用$g_t$直接建模，那么式（12.13）中的$t$个系数（即$b, ab, \cdots, a^{t-1}b$）都将成为待学习的网络权重。而在循环神经网络中，这t个系数就可以被简化为f中的2个系数（即a和b），g_t中每个待学习的参数都可以用a和b来表示。因此，类似于卷积神经网络，循环神经网络也具有参数共享的特点，大大减小了训练一个序列模型所需的计算成本。

对于机器学习问题，我们最为关注的其实并非模型内部的隐藏状态，而是模型的输出。循环神经网络在t时刻的输出$\boldsymbol{o}_t$是隐藏状态$\boldsymbol{h}_t$的函数。基于上面的计算图，为每一个时刻再添加一个输出，这样我们就建立了一个完整的循环神经网络。

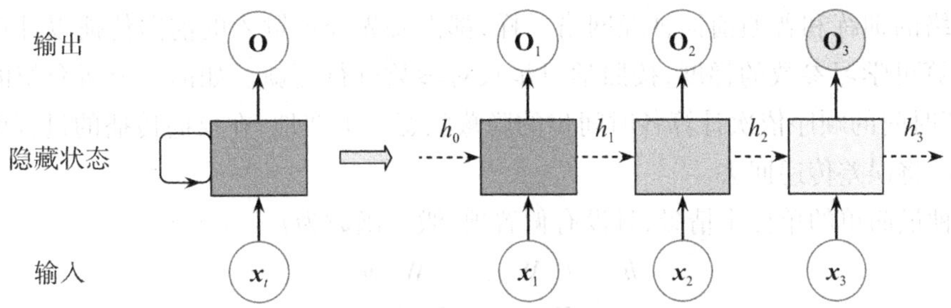

图12-17　循环神经网络基本结构

图12-17展示了标准循环神经网络的基本结构，其中右图为网络按时间维度展开后的完整计算图，左图为右图的一种简洁表示。循环神经网络中，每一个时刻一般被称为“时间步”(time step)。不同时间步之间通过隐藏层相连。记时间步t时样本数为n、维度为d的输入数据为$\boldsymbol{x}_t \in \mathbb{R}^{d \times n}$，每个循环神经元为了应对多维度的输入，内部的运算应转化为类似的矩阵运算，因此式(12.13)中参数a对应状态的隐藏层权重$\mathbf{W}_{hh} \in \mathbb{R}^{h \times h}$，参数$b$对应输入变量的隐藏层权重$\mathbf{W}_{hx} \in \mathbb{R}^{h \times d}$，时间步t的隐藏状态为$\boldsymbol{h}_t \in \mathbb{R}^{h \times n}$，新增偏置项为$\boldsymbol{b}_h \in \mathbb{R}^{h \times 1}$(偏置在计算时的实际维度为$h \times n$，由于偏差对于每一个样本相同，在工程实现中一般可略作$h \times 1$，在计算时再还原为$h \times n$，这种维度还原在工程中也称为张量运算的广播机制)，则隐层状态可以表示为：

$$\boldsymbol{h}_t = f(\boldsymbol{W}_{hx}\boldsymbol{x}_t + \boldsymbol{W}_{hh}\boldsymbol{h}_{t-1} + \boldsymbol{b}_h) \tag{12.14}$$

注意，此处及下文的$f(\cdot)$均表示激活函数。式(12.14)与全连接层十分相似，不同之处在于它比全连接层多了一项上一时间步的隐藏状态。对于每一个时间步的输出o_t，也可以通过一层全连接层得到：

$$o_t = \mathbf{W}_{oh}\mathbf{H}_t + \boldsymbol{b}_o \tag{12.15}$$

其中，$\mathbf{W}_{oh} \in \mathbb{R}^{o \times h}$为隐藏层权重，$\boldsymbol{b}_o \in \mathbb{R}^{o \times 1}$为偏差。

一般的前馈神经网络只能建立输入到输出的一对一映射，但是循环神经网络得益于其内部的时间步概念，可以拓展到序列间的映射。如图12-18所示，循环神经网络能够建立一对多、多对一或者多对多的映射关系。

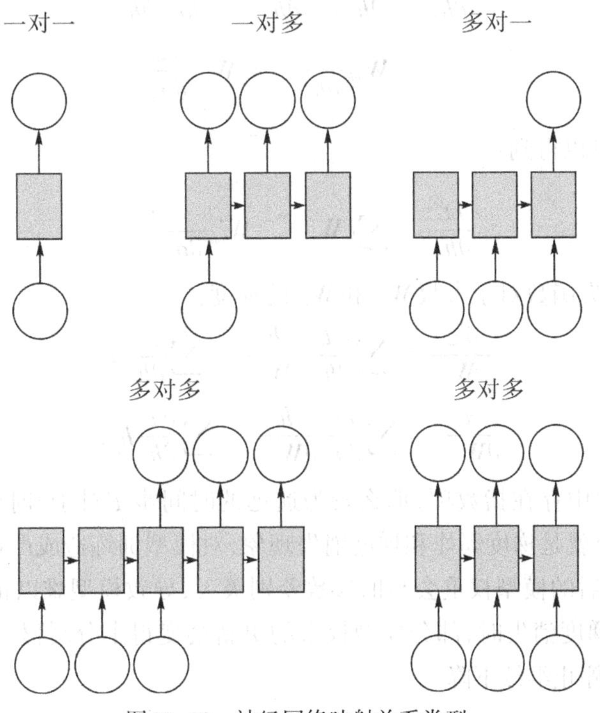

图12-18　神经网络映射关系类型

12.2.2 按时间反向传播

循环神经网络的训练和普通前馈神经网络一样，都需要先经过输入的前向传播以计算误差，并通过误差的反向传播计算可学习参数的梯度，按照学习步长对参数进行更新。如前一节所介绍的，在前向传播的过程中，需要按照时间的顺序依次计算各时间步的隐藏状态。类似地，在反向传播的过程中，也需从最后的时间步按时间顺序将误差传递回去。

下面考虑一种最简单的单样本情景，且没有偏置项，激活函数为$f(x)=x$。

$$\begin{aligned} \boldsymbol{h}_t &= f(\mathbf{W}_{hx}\boldsymbol{x}_t + \mathbf{W}_{hh}\boldsymbol{h}_{t-1}) \\ &= \mathbf{W}_{hx}\boldsymbol{x}_t + \mathbf{W}_{hh}\boldsymbol{h}_{t-1} \end{aligned} \tag{12.16}$$

$$\boldsymbol{o}_t = \mathbf{W}_{oh}\boldsymbol{h}_t \tag{12.17}$$

$$\mathcal{L} = \frac{1}{T}\sum_{t=1}^{T} \ell(\boldsymbol{o}_t, \boldsymbol{y}_t) \tag{12.18}$$

其中$\boldsymbol{h}_t$为时间步t的隐藏状态，$\boldsymbol{o}_t$为时间步t的输出，$\boldsymbol{x}_t$为时间步t的输入，$\boldsymbol{y}_t$为对应的真实结果，$\mathcal{L}$为最终的损失函数，$\ell(\cdot,\cdot)$为每个时间步的损失，T为输入的时间步总长度。

容易得到损失函数关于时间步t的输出的梯度：

$$\frac{\partial \mathcal{L}}{\partial \boldsymbol{o}_t} = \frac{1}{T}\cdot\frac{\partial \ell(\boldsymbol{o}_t, \boldsymbol{y}_t)}{\partial \boldsymbol{o}_t} \tag{12.19}$$

同样，我们可以计算损失函数关于权重$\mathbf{W}_{oh}$的梯度。注意，这里需要对全部时间步进行计算：

$$\frac{\partial \mathcal{L}}{\partial \mathbf{W}_{oh}} = \sum_{t=1}^{T}\frac{\partial \mathcal{L}}{\partial \boldsymbol{o}_t}\frac{\partial \boldsymbol{o}_t}{\partial \mathbf{W}_{oh}} = \sum_{t=1}^{T}\frac{\partial \mathcal{L}}{\partial \boldsymbol{o}_t}\cdot\boldsymbol{h}_t^{\mathrm{T}} \tag{12.20}$$

由于隐层状态h_t之间相互依赖，因此其梯度求解稍复杂一些。首先考虑最后一个时间步T，$\boldsymbol{h}_T$不被任何其他时间步的隐藏状态所依赖，则损失函数关于其梯度为：

$$\frac{\partial \mathcal{L}}{\partial \boldsymbol{h}_t} = \frac{\partial \mathcal{L}}{\partial \boldsymbol{o}_T}\frac{\partial \boldsymbol{o}_T}{\partial \boldsymbol{h}_t} = \mathbf{W}_{oh}^{\mathrm{T}}\frac{\partial \mathcal{L}}{\partial \boldsymbol{o}_T} \tag{12.21}$$

但对于其他一般时间步t，$\boldsymbol{h}_t$会被后续时间步的状态所依赖，则损失函数关于其梯度为：

$$\begin{aligned} \frac{\partial \mathcal{L}}{\partial \boldsymbol{h}_t} &= \frac{\partial \mathcal{L}}{\partial \boldsymbol{h}_{t+1}}\frac{\partial \boldsymbol{h}_{t+1}}{\partial \boldsymbol{h}_t} + \frac{\partial \mathcal{L}}{\partial \boldsymbol{o}_T}\frac{\partial \boldsymbol{o}_T}{\partial \boldsymbol{h}_t} \\ &= \mathbf{W}_{hh}^{\mathrm{T}}\frac{\partial \mathcal{L}}{\partial \boldsymbol{h}_{t+1}} + \mathbf{W}_{oh}^{\mathrm{T}}\frac{\partial \mathcal{L}}{\partial \boldsymbol{o}_T} \end{aligned} \tag{12.22}$$

按上式继续展开$\frac{\partial \mathcal{L}}{\partial \boldsymbol{h}_t}$，可以得到：

$$\frac{\partial \mathcal{L}}{\partial \boldsymbol{h}_t} = \sum_{i=t}^{T}(\mathbf{W}_{hh}^{\mathrm{T}})^{T-i}\mathbf{W}_{oh}^{\mathrm{T}}\frac{\partial \mathcal{L}}{\partial \boldsymbol{o}_{T+t-i}} \tag{12.23}$$

随后，也就可以求得损失函数对于参数$\mathbf{W}_{hx}$和$\mathbf{W}_{hh}$的梯度：

$$\frac{\partial \mathcal{L}}{\partial \mathbf{W}_{hx}} = \sum_{t=1}^{T}\frac{\partial \mathcal{L}}{\partial \boldsymbol{h}_t}\frac{\partial \boldsymbol{h}_t}{\partial \mathbf{W}_{hx}} = \sum_{t=1}^{T}\frac{\partial \mathcal{L}}{\partial \boldsymbol{h}_t}\boldsymbol{x}_t^{\mathrm{T}} \tag{12.24}$$

$$\frac{\partial \mathcal{L}}{\partial \mathbf{W}_{hh}} = \sum_{t=1}^{T}\frac{\partial \mathcal{L}}{\partial \boldsymbol{h}_t}\frac{\partial \boldsymbol{h}_t}{\partial \mathbf{W}_{hh}} = \sum_{t=1}^{T}\frac{\partial \mathcal{L}}{\partial \boldsymbol{h}_t}\boldsymbol{h}_{t-1}^{\mathrm{T}} \tag{12.25}$$

可以观察到，式(12.23)中存在指数项，那么较为遥远的时间步T对于t时刻的梯度(即t较小而T较大时)很可能会极大或极小，也就是梯度爆炸和梯度消失现象，对模型训练造成严重影响。

发生梯度爆炸时，更新后的模型权重会与旧参数差别极大，导致模型难以正常收敛，表现为模型的损失函数值剧烈波动。而发生梯度消失时，部分模型权重的更新会变得十分缓慢，以至于无法从样本中进行有效的学习，损失函数值几乎停止继续下降。

为了应对梯度爆炸问题，一个十分自然的想法就是对梯度进行限制，即梯度裁剪(gradient clipping)。当参数的梯度大于某个阈值时，我们就不允许其继续增加，使其始终小于等于阈值。但是，梯度裁剪的方法不太适合解决梯度消失问题。下一节介绍的模型通过引入门控结构的概念巧妙地解决这两个问题。

12.2.3 门控结构

由于前文提到的梯度消失与梯度爆炸现象，标准的循环神经网络难以处理较长时间步之间的依赖关系。门控结构(gated unit)的提出为处理这种长期依赖提供了新的思路。借助这些门，模型可以对信息在时间维度上的流动加以控制，让神经网络自行学习是否让信息继续传递。

最经典的带有门控结构的循环神经网络是长短期记忆模型(Long Short Term Memory，LSTM)[8]。LSTM的基本结构与标准循环神经网络类似，同样由一连串重复的模块组成，如图12-19所示。图中的外方框代表一个模块，这个模块被称为细胞(cell)，每一个细胞对应一个时间步。

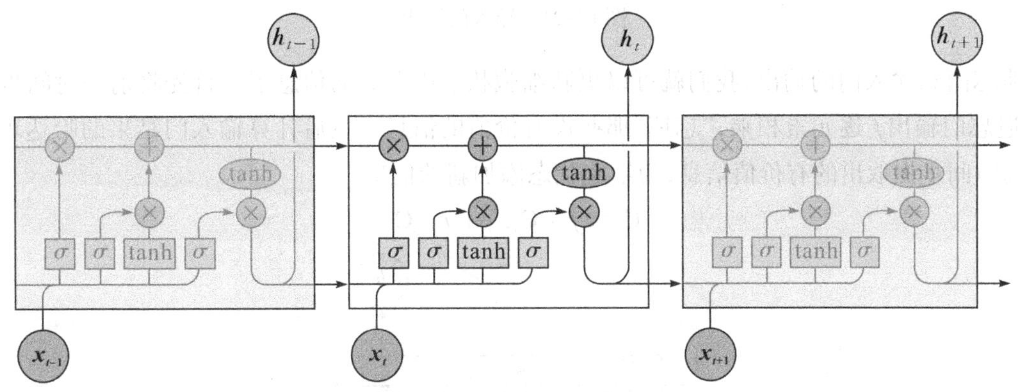

图12-19 LSTM基本结构

细胞状态(cell state)是LSTM的核心概念之一，在上图中表示为穿过细胞顶部的一条水平线，它作为一个信息的传送带，连接了不同时间步。细胞状态存储着从数据中学到的信息，它会影响当前时间步的输出，并影响下一时间步细胞状态的更新。LSTM在每一个细胞内部引入了三个门控单元——输入门(input gate)、遗忘门(forget gate)和输出门(output gate)，四个特殊的神经网络层(即上图中的小方框)取代了单个全连接层。这些门负责细胞状态中信息的添加和移除，借助于激活函数，它们可以决定让多少信息通过。

LSTM首先决定哪些信息需要从细胞状态中被抹除。遗忘门的输入是前一时间步的隐藏状态 $\boldsymbol{h}_{t-1}$ 和 x_t，如图12-20，使用Sigmoid激活函数来表征遗忘状态，其中1表示完全记住，0表示完全遗忘。其输出为：

(12.26)

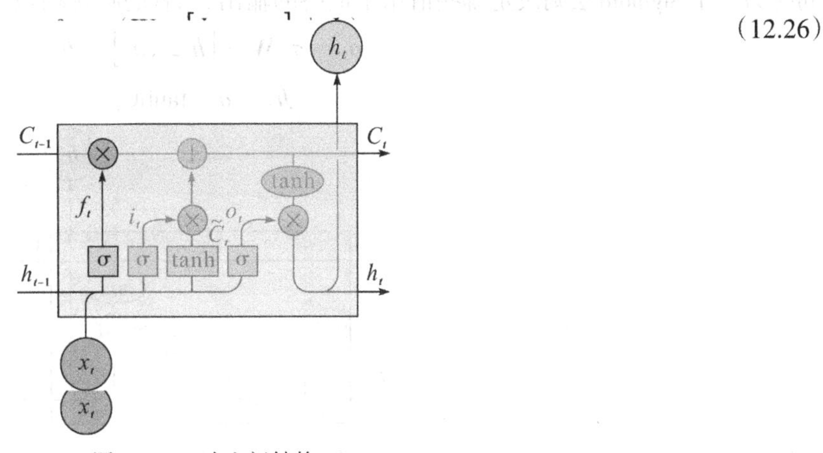

图12-20 遗忘门结构

输入门则负责控制新信息在细胞状态中的存储。它由两部分组成，第一部分决定细胞状态中的哪些值需要被更新；第二部分则负责给出可以被加入细胞状态的新信息，作为候选细胞状态。

$$i_t = \sigma(W_i \cdot [h_{t-1}, x_t] + b_i) \tag{12.27}$$

$$\tilde{C}_t = \tanh(W_C \cdot [h_{t-1}, x_t] + b_C) \tag{12.28}$$

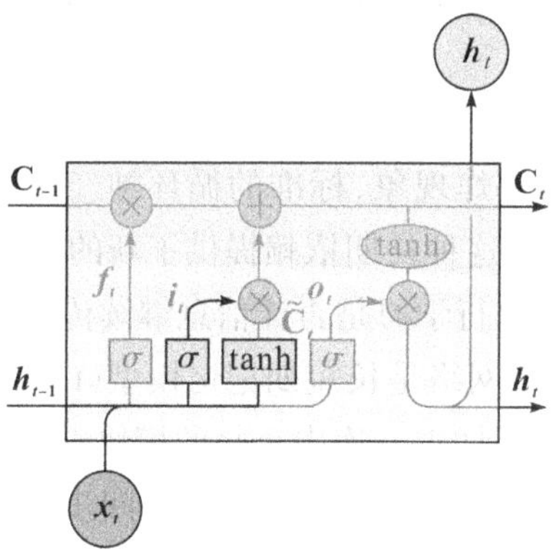

图 12-21　输入门结构

基于遗忘门和输入门的输出，我们就可以更新细胞状态中存储的信息了。首先将前一时间步的细胞状态 C_{t-1} 与遗忘门输出 f_t 逐元素相乘，“忘掉”那些没有价值的信息。然后计算输入门结果的哈达玛积 $i_t \circ \tilde{C}_t$，得到从当前时间步提取出的有价值信息，为细胞状态添加新的信息。

$$C_t = f_t \circ C_{t-1} + i_t \circ \tilde{C}_t \tag{12.29}$$

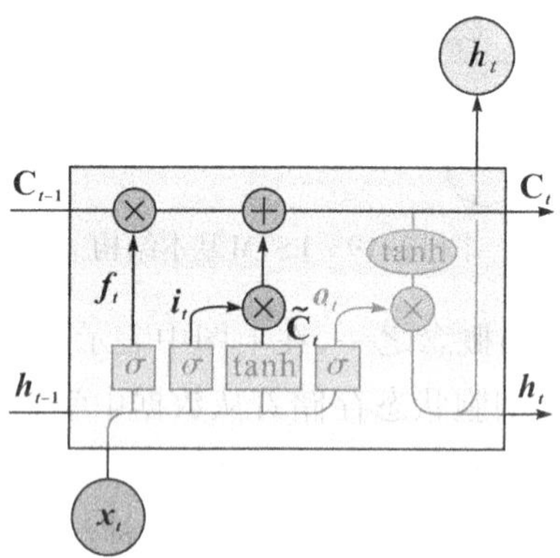

图 12-22　更新细胞状态

最后，输出门负责决定当前时间步输出哪些信息。首先使用tanh层从细胞状态中提取待输出的信息，同时另一个Sigmoid层则决定哪些值用于最终的输出，二者的哈达玛积即为当前时间步的输出结果。

$$o_t = \sigma(W_o \cdot [h_{t-1}, x_t] + b_o) \tag{12.30}$$

$$h_t = o_t \circ \tanh C_t \tag{12.31}$$

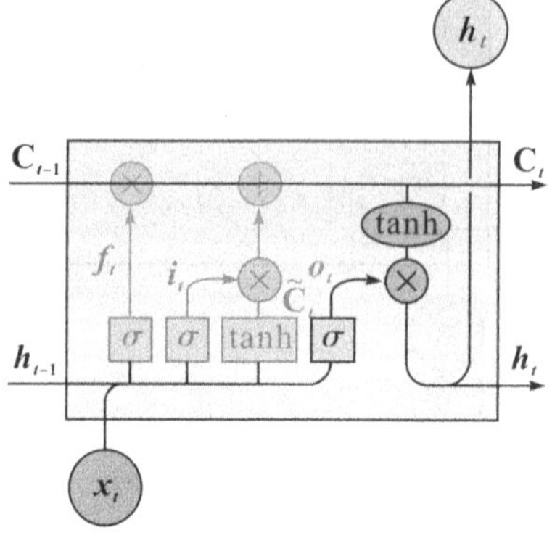

图 12-23　输出门结构

除了LSTM，还有一系列使用了不同门控结构的变体。其中最为常用的是门控循环单元模型（Gated Recurrent Unit，GRU），相比于LSTM，GRU只使用了两个门——重置门（reset gate）和更新门（update gate），计算成本更低，训练速度更快。

12.2.4　循环神经网络在网约车流量预测中的应用

例12-2 网约车流量预测（应用循环神经网络）

和例12-1一样，我们对的网约车流量进行预测，但不同的是，本案例中，将仅关注一个网格，并对未来的网约车流量进行预测。数据集的读取与清理工作与12.1.5节相同，不再赘述。接下来，我们将以坐标为（10，10）的网格为例，使用LSTM对该网格中的网约车流量进行预测。

1.建模预处理

首先，基于预处理后的数据，提取待预测的原始数据，并统计该网格中的各项特征。

代码下载

图12-24展示了数据范围内主要交通流参数随时间变化的曲线，其中浅色部分（最后五日）的数据为测试集数据。

```
data['seqid'] = data.date * 144 + data.time_id
core_data = data.loc[data.new_rowid.eq(10) & data.new_colid.eq(10)
                    ].reset_index(drop=True) # 提取待预测数据
ts = core_data.groupby(['seqid']).agg({
                                        'volume': 'sum',
                                        'aveSpeed': 'mean',
                                        'gridAcc': 'mean',
                                        'speed_std': 'mean',
                                        'hourid': 'mean',
                                        'date': 'mean',
                                        'time_id': 'mean'
                                        }).reset_index() # 统计各项特征，建立时间序列
```

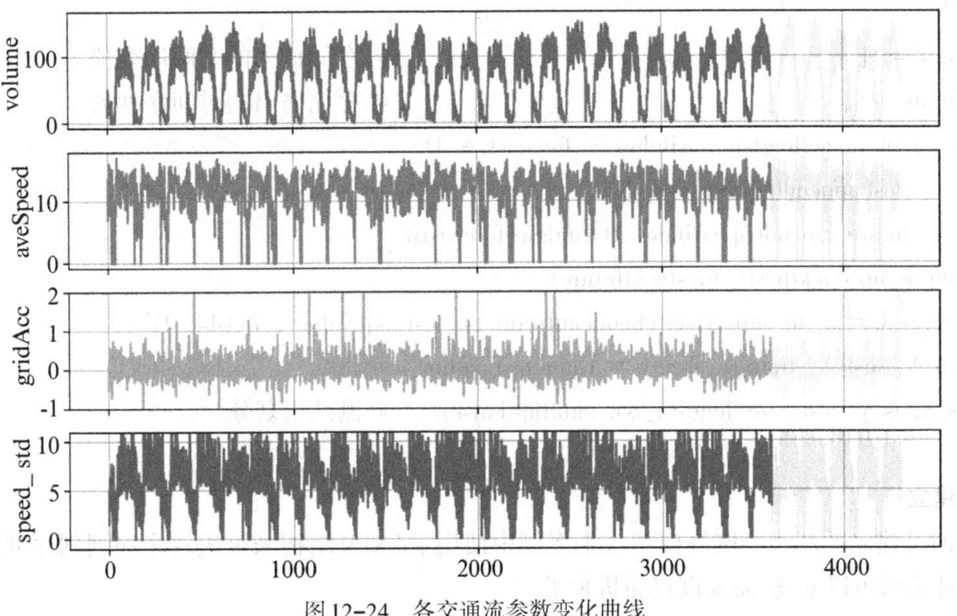

彩图效果

图12-24　各交通流参数变化曲线

接下来将最后五天的数据留出作为测试集。由于时间序列的时间粒度为10分钟，且一天共有1440分钟，测试集的样本数量为5×1440/10＝720个。除了划分数据集外，还需要使用Scikit-learn库中的MinMaxScaler对它们进行归一化的处理。

```
from sklearn.preprocessing import MinMaxScaler
train_ts = ts[:-5*144].reset_index(drop=True)[[
  'volume', 'aveSpeed', 'gridAcc', 'speed_std', 'hourid']]                # 提取训练集序列
test_ts = ts[-5*144:].reset_index(drop=True)[[
  'volume', 'aveSpeed', 'gridAcc', 'speed_std', 'hourid']]                # 提取测试集序列
y_true_test = test_ts.values[..., 0]                                      # 测试集预测值真值
scaler = MinMaxScaler()                                                   # 初始化归一化工具
scaler.fit(train_ts.values)                                               # 读取数据最值信息
train_ts = pd.DataFrame(scaler.transform(train_ts), columns=train_ts.columns) # 归一化训练集
test_ts = pd.DataFrame(scaler.transform(test_ts), columns=test_ts.columns)    # 归一化测试集
```

对于一个原始的时间序列问题，要想使用机器学习模型进行预测，需要将其转化为一个监督学习问题。具体地说，我们可以将原始时间序列转化为若干独立样本，下面的ts_to_supervise函数实现了该功能。在本例中，每个样本包含1009个时间序列值，其中前1008个为输入值(即7天)，最后1个为预测标签。

```
import numpy as np
from sklearn.model_selection import train_test_split
#将时间序列预测转换为监督学习问题.
def ts_to_supervise(ts, window, forecast):
  """
  ts: 原始时间序列
  window: 特征输入时间步数量
  forecast: 预测输出时间步数量
  """
  past = []                                  # 存储输入的时间序列值
  future = []                                # 存储输出的时间序列值
  for i in range(len(ts) - window - forecast + 1):
      past.append(ts[i:i+window])
      future.append(ts[i+window:i+window+forecast])
  return np.stack(past), np.stack(future)
ts_x, ts_y = ts_to_supervise(pd.concat([train_ts, test_ts]).values, 7*144, 1)
train_X, test_X, train_y, test_y = train_test_split(
  ts_x, ts_y, test_size=len(test_ts), shuffle=False)     # 测试集划分
```

2.模型建立

接下来即可建立循环神经网络模型。本案例中使用了LSTM结构来解决这个序列到序列的预测问题。注意为了保证结果可以复现，需要设置随机种子。

```python
import tensorflow as tf
from tensorflow.keras.models import Model
from tensorflow.keras.layers import LSTM, Dense, Input, Bidirectional
# 设定随机种子
SEED = 233
np.random.seed(SEED)
tf.random.set_seed(SEED)
# 循环神经网络模型
def rnn_model(input_shape):
  inputs = Input(shape=input_shape)
  x = LSTM(8)(inputs)
  x = Dense(8)(x)
  x = Dense(1)(x)
  model = Model(inputs=inputs, outputs=x)       # 建立模型
  return model
model = rnn_model(train_X.shape[1:])            # 实例化模型
```

3.模型训练及性能评估

模型的训练参数配置如下方代码中所示，损失函数为MSE，使用Adam优化器，学习率为0.001，并设置了早停策略防止严重过拟合训练集数据。

```python
from tensorflow.keras import optimizers
from tensorflow.keras.callbacks import EarlyStopping
batch_size = 16                                  # 每一训练批次的样本数量
epochs = 50                                      # 最大训练轮数
opt = optimizers.Adam(learning_rate=0.001)       # 优化器
model.compile(loss='mse',
              optimizer=opt,
              metrics=['mae', 'mse'])
early_stopping = EarlyStopping(monitor='val_loss', min_delta=0.001, patience=20) # 早停策略
history = model.fit(
  train_X, train_y[..., 0],
  batch_size=batch_size,
  epochs=epochs,
  validation_split=0.15,                         # 验证集比例
  use_multiprocessing=True,                      # 使用多线程
  callbacks=[early_stopping])                    # 训练模型
```

最后需要计算模型在测试集上的误差，以评估模型性能。模型的预测结果和性能指标均在表12-2和图12-25中展示。可以观察到循环神经网络成功地对网约车流量的波动趋势进行了较好的预测。

```
from sklearn.metrics import mean_absolute_error, mean_squared_error
pred_test = model.predict(test_X)                    # 预测测试集数据
inv_test_ts = test_ts.copy()
inv_test_ts.volume = pred_test
y_hat_test = scaler.inverse_transform(inv_test_ts)[:, 0]      # 还原归一化
print(mean_absolute_error(y_true_test, y_hat_test),
      mean_squared_error(y_true_test, y_hat_test),
      np.sqrt(mean_squared_error(y_true_test, y_hat_test)))
```

表 12-2　模型性能评估

MAE	MSE	RMSE
12.814	278.532	16.690

彩图效果

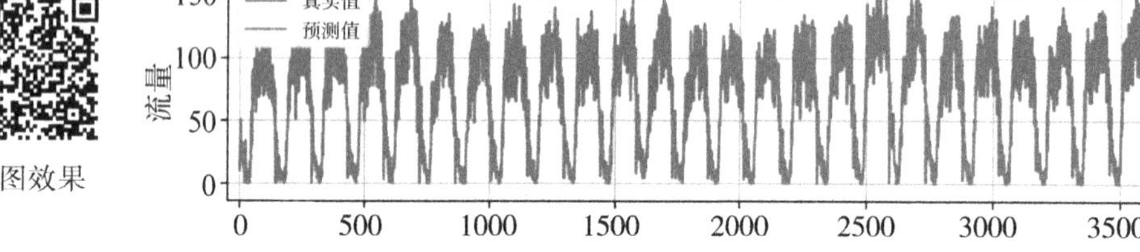

图 12-25　预测结果对比

12.3　图神经网络

近年来，诸多理论和实践已经验证了深度学习在图像、文本、视频等的有效性。但是，这些应用大多局限在欧几里得空间中的数据上。欧几里得数据最显著的特征就是有规则的空间结构，例如，计算机图像可以看作是许多像素点排布而成的网格，文字可以看作是规则的一维网格。这些规则的数据结构都可以简单地使用低维矩阵表示，并且能使用卷积神经网络高效地进行处理。而在交通领域，存在着大量无法在欧几里得空间中刻画的数据，它们不具有规则的网格状空间结构。例如图 12-26 所示的城市道路交通网络，很难使用网格结构的数据来表示，此类数据往往需要使用复杂的图结构来进行描述。

彩图效果

图 12-26　城市道路交通网络

由于图数据是一种不规则的复杂数据结构，直接在图上进行运算为现有的模型算法带来了重大挑战。每张图都具有不同的尺寸、节点顺序、连接状态，这使得一些在网格数据中很容易完成的运算（如卷积）不能直接进行应用。

为了对这类图结构数据建模，一个基本的研究思路是寻找图的低维空间表示方法。在对某个信息进行处理时，信息的表示形式往往会影响任务的难易程度。图也是类似的，我们希望找到一种恰当的表示方法来将图转化为易于处理的对象。为了使计算机能够处理这些对象，一般需要将图转化为一个向量。一种最为简单的方法是"独热编码"（one-hot encoding），类似于统计模型中的哑元变量（dummy variable），对于n个对象，我们将它们表示为n个n维稀疏单位向量，每个向量有且仅有一个元素为1，其他元素都为0。例如，n个城市可以用如图12-27所示的向量进行表示：

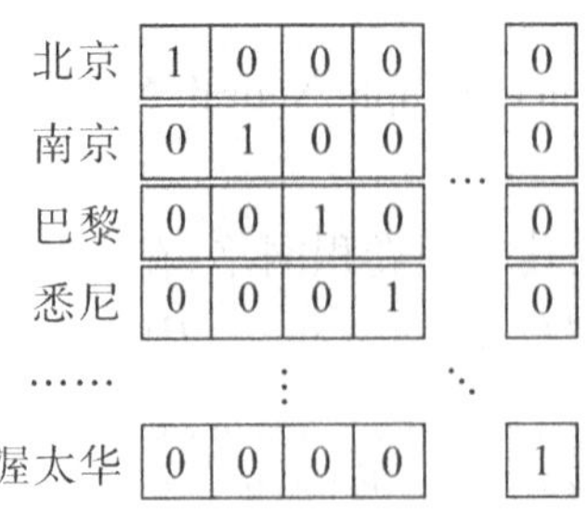

北京	1	0	0	0		0
南京	0	1	0	0	…	0
巴黎	0	0	1	0		0
悉尼	0	0	0	1		0
……		⋮			⋱	
渥太华	0	0	0	0		1

图12-27　城市的独热编码表示

显然，独热编码的维度会随着对象数量的增加而增加，且当n很大时，向量的维度会非常大，而其中大部分元素都是0。因此，有必要在一个低维空间内寻找一个稠密的向量，使其能恰当地表示原始对象。如图12-28所示，只需要较少的维度，便能够较好地对城市进行向量表示。这种将一个高维空间映射到低维空间的操作称为嵌入（embedding）。

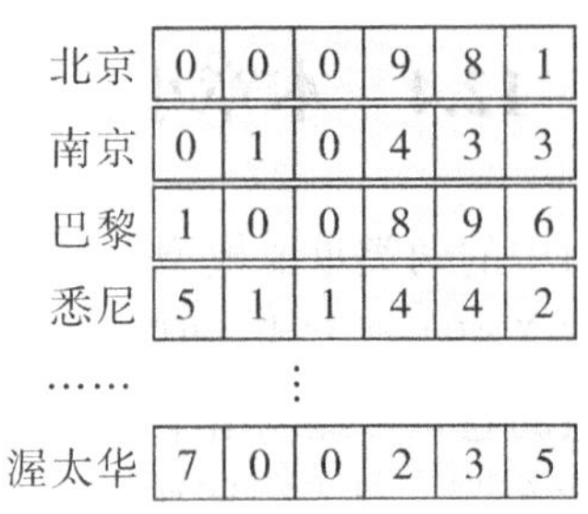

北京	0	0	0	9	8	1
南京	0	1	0	4	3	3
巴黎	1	0	0	8	9	6
悉尼	5	1	1	4	4	2
……			⋮			
渥太华	7	0	0	2	3	5

图12-28　城市的嵌入表示

需要注意，这种稠密向量的表示方法并非简单随意的数字组合，其各个维度应当能反映各个对象的内在属性。例如上图中，向量的第二维可能代表该城市是否是首都，第四维代表该城市的人口数量。但在实际应用中，研究人员不可能为嵌入向量各个维度一一指定具体的意义，且人为指定的表示方法并不一定是最优的，因此有必要设计算法，让计算机自动地挖掘数据的相关关系，找到最合适的表示方法。

关于图嵌入的研究不可胜举，当前大多图嵌入方法的基础都受到自然语言处理中的词嵌入方法Word2vec影响[18]。Word2vec的核心是利用单词之间的共现关系来求解单词的嵌入表示。类似地，在图中，我们也可以根据结点和边的共现关系来求解图的嵌入表示。为了构造类似自然语言中的"句子"，DeepWalk方法使用了一种巧妙的方法——随机游走（random walk）来得到一个类似"句子"的序列，再基于这些序列计算每个结点的嵌入表示[19]。除了DeepWalk，较为经典的图嵌入方法还包括LINE[20]、Node2vec[21]和SDNE[22]等。这些模型从最初仅仅考虑图的结构，发展到可以考虑结点和边的额外信息，能够对图结构进行很好的表示。

然而，这些图嵌入方法的计算较为复杂，并且对于大规模图而言（如大规模城市交通网络），并非最优表

示。图神经网络的出现正是为了解决这些问题。相比于图嵌入,图神经网络并没有去直接寻找图的嵌入表示,而是尝试构建一种端到端的方法,对图的相关信息进行捕捉。Gori 等[23]在 2005 年提出了图神经网络(Graph Neural Network, GNN),Scarselli 等[9]则在 2009 年做了更详尽的阐述。

图神经网络中信息的传播方式可以分为四类[24]:

(1)图卷积。图卷积网络(Graph Convolutional Network, GCN)尝试将卷积操作应用于图结构数据,可以进一步分为两类:谱图卷积(spectral convolution)和空间卷积(spatial convolution)。其中谱图卷积使用谱分解的方法,使用图的拉普拉斯矩阵分解来收集各个结点的信息;而空间卷积则直接依赖于图的拓扑结构,收集相邻结点的信息。

(2)注意力机制。图注意力网络(Graph Attention Network, GAT)尝试将注意力机制应用于图的信息收集过程,使模型关注重要的结点信息。

(3)门控机制。门控图神经网络(Gated Graph Neural Network, GGNN)将循环神经网络中的门控单元应用于结点的更新。

(4)残差连接。部分图神经网络,尤其是图卷积网络,在训练的过程中,某些连通子图的结点表示会近似收敛到相同的值,这也被称为过度平滑(over smooth)。因此,很多学者尝试将残差机制引入图神经网络。

图神经网络在交通领域也有诸多经典应用。例如,扩散卷积递归神经网络(Diffusion Convolutional Recurrent Neural Network, DCRNN)通过挖掘道路网络的拓扑结构来提升交通流量预测的精度[25]。基于 CNN 的流量预测方法往往会忽略相邻区域流量的细粒度差异,换言之,空间上相邻的道路路段并不一定有相似的流量变化规律。最常见的例子是一条道路的两个方向,虽然紧密相连,但由于交通流存在方向性特征,如早晚高峰的潮汐现象,其流量、车速等交通流参数都可能相差巨大。DCRNN 将交通流表示为有向图上的一种扩散过程,通过在图上进行随机游走,来捕捉交通流的空间相关关系;并使用编码—解码结构来捕捉时间相关关系,实现多步预测。

12.4 本章小结

在本章中,我们着重介绍了深度学习中的两类重要模型——卷积神经网络和循环神经网络。对于卷积神经网络,本章首先介绍了卷积运算的定义和实现方式,随后分析了卷积层的三个重要特点——局部连接、参数共享和下采样。此外,还对一些经典的卷积神经网络架构设计进行了简要的展示,并基于网约车数据,介绍了如何利用 TensorFlow 框架实现流量预测。对于循环神经网络,本章介绍了其循环结构的基本思想,并举例分析了按时间反向传播对梯度造成的影响。随后,介绍了基于门控结构的长短期记忆模型,并使用长短期记忆模型对网约车流量进行了预测。最后,本章简要介绍了新兴的图神经网络,及其在处理路网等非欧几里得数据方面的潜力。

深度学习是与大数据和飞速发展的算力资源相伴相生的一项新技术,它不再需要研究者手动提取数据中的特征,而是利用复杂的神经元结构去自动提取数据中有价值的信息。尽管深度学习技术免去了繁杂的特征设计工作,但读者在应用中仍应注意结合对数据性质的观察与思考,并基于领域知识让模型适应待研究的问题。

需要注意的是,深度学习作为一门新兴技术,更新迭代十分迅速,因此本章主要关注深度学习的基础概念,在实践中还需要读者结合最新技术发展,探索问题的解决方案。

12.5 本章习题

1. 在一个卷积神经网络中,输入一张像素为 30 × 30 的交通量图像,假设卷积核的尺寸为 7 × 7,填充模式

为完全填充，则在输入图像的每一侧需要做多少像素的填充？

2. 在一个卷积神经网络中，输入一张像素为20 × 20的彩色卫星图像（包含R、G、B三个通道），假设卷积核的尺寸为3 × 3，填充模式为相同填充，步长为1，输出通道数为2，试计算该卷积层的参数数量。

3. 若将习题2中的卷积层替换为全连接层，试计算所需的参数数量。

4. 判断：由于池化层没有需要计算的参数，因此它不会影响反向传播的求导计算。

5. 卷积神经网络的一大特点是“参数共享”。以下关于“参数共享”的说法正确的是：

A. 参数共享可以减少参数数量，缓解过拟合现象。

B. 在使用梯度下降法更新参数时，可以使一些参数被置零，缓解过拟合现象。

C. 它使当前模型学习到的信息可以被共享给另一个模型。

D. 它使一个特征提取器可以在输入图像的多个位置提取相似的特征。

6. 尝试将LSTM中的全连接层替换为卷积层，推导各个门的输出值。

7. 试分析12.1.4节中Inception模块所使用的1 × 1卷积的意义。

8. 请列举缓解循环神经网络梯度爆炸现象的方法。

9. 对于一个给定的数据集，用RNN中不同数量的隐层神经元进行实验，并观测它们是如何影响网络的学习能力的。

10. 尝试将LSTM中的tanh激活函数更换为ReLU等，观察输出结果的变化。

12.6　参考文献

[1] Hornik K, Stinchcombe M, White H. Multilayer feedforward networks are universal approximators[J]. Neural Networks, 1989, 2(5): 359-366.

[2] Goodfellow I, Bengio Y, Courville A. Deep Learning[M]. Cambridge, Massachusetts: The MIT Press, 2016.

[3] LeCun Y, Boser B, Denker J S, et al. Backpropagation applied to handwritten zip code recognition[J]. Neural Computation, 1989, 1(4): 541-551.

[4] Ciresan D, Meier U, Schmidhuber J. Multi-column deep neural networks for image classification[C]//2012 IEEE Conference on Computer Vision and Pattern Recognition. Providence, RI: IEEE, 2012: 3642-3649.

[5] Krizhevsky A, Sutskever I, Hinton G E. ImageNet classification with deep convolutional neural networks[C]// Advances in Neural Information Processing Systems 25. Lake Tahoe, Nevada: Curran Associates Inc., 2012: 1097-1105.

[6] Hopfield J J. Neural networks and physical systems with emergent collective computational abilities[J]. Proceedings of the National Academy of Sciences, 1982, 79(8): 2554-2558.

[7] Elman J L. Finding structure in time[J]. Cognitive Science, 1990, 14(2): 179-211.

[8] Hochreiter S, Schmidhuber J. Long short-term memory[J]. Neural Computation, 1997, 9(8): 1735-1780.

[9] Scarselli F, Gori M, Ah Chung Tsoi, et al. The graph neural network model[J]. IEEE Transactions on Neural Networks, 2009, 20(1): 61-80.

[10] Hubel D H, Wiesel T N. Receptive fields, binocular interaction and functional architecture in the cat's visual cortex[J]. Journal of Physiology, 1962, 160(1): 106-154.

[11] Lecun Y, Bottou L, Bengio Y, et al. Gradient-based learning applied to document recognition[J]. Proceedings of the IEEE, 1998, 86(11): 2278-2324.

[12] Simonyan K, Zisserman A. Very deep convolutional networks for large-scale image recognition[J]. arXiv: 1409.1556 [cs], 2014.

[13]Szegedy C, Vanhoucke V, Ioffe S, et al. Rethinking the inception architecture for computer vision[C]//2016 IEEE Conference on Computer Vision and Pattern Recognition (CVPR). Las Vegas, NV, USA: IEEE, 2016: 2818-2826.

[14]He K, Zhang X, Ren S, et al. Deep residual learning for image recognition[C]//2016 IEEE Conference on Computer Vision and Pattern Recognition (CVPR). Las Vegas, NV, USA: IEEE, 2016: 770-778.

[15]Huang G, Liu Z, van der Maaten L, et al. Densely connected convolutional networks[C]//2017 IEEE Conference on Computer Vision and Pattern Recognition (CVPR). Honolulu, HI: IEEE, 2017: 1063-6919.

[16]Ronneberger O, Fischer P, Brox T. U-Net: Convolutional networks for biomedical image segmentation[C]// Navab N, Hornegger J, Wells W M, et al. International Conference on Medical Image Computing and Computer-Assisted Intervention (MICCAI 2015). Munich, Germany: Springer, 2015, 9351: 234-241.

[17]Long J, Shelhamer E, Darrell T. Fully convolutional networks for semantic segmentation[C]//2015 IEEE Conference on Computer Vision and Pattern Recognition (CVPR). Boston, MA, USA: IEEE, 2015: 3431-3440.

[18]Mikolov T, Sutskever I, Chen K, et al. Distributed representations of words and phrases and their compositionality[C]//Proceedings of the 26th International Conference on Neural Information Processing systems. Red Hook, NY, USA: Curran Associates Inc., 2013, 2: 3111-3119.

[19]Perozzi B, Al-Rfou R, Skiena S. DeepWalk: online learning of social representations[C]//Proceedings of the 20th ACM SIGKDD International Conference on Knowledge Discovery and Data Mining-KDD '14. New York, New York, USA: ACM Press, 2014: 701-710.

[20]Tang J, Qu M, Wang M, et al. LINE: Large-scale information network embedding[C]//Proceedings of the 24th International Conference on World Wide Web - WWW '15. Florence, Italy: ACM Press, 2015: 1067-1077.

[21]Grover A, Leskovec J. node2vec: Scalable feature learning for networks[C]//Proceedings of the 22nd ACM SIGKDD International Conference on Knowledge Discovery and Data Mining - KDD '16. San Francisco, California, USA: ACM Press, 2016: 855-864.

[22]Wang D, Cui P, Zhu W. Structural deep network embedding[C]//Proceedings of the 22nd ACM SIGKDD International Conference on Knowledge Discovery and Data Mining - KDD '16. San Francisco, California, USA: ACM Press, 2016: 1225-1234.

[23]Gori M, Monfardini G, Scarselli F. A new model for learning in graph domains[C]//Proceedings. 2005 IEEE International Joint Conference on Neural Networks, 2005. Montreal, Que., Canada: IEEE, 2005, 2: 729-734.

[24]Zhou J, Cui G, Zhang Z, et al. Graph neural networks: A review of methods and applications[J]. arXiv: 1812.08434 [cs, stat], 2019.

[25]Li Y, Yu R, Shahabi C, et al. Diffusion convolutional recurrent neural network: data-driven traffic forecasting[C]//International Conference on Learning Representations. Vancouver, B.C., Canada: 2018: 1-16.